***ACCESO GRATIS** a la Lectura en la Nube*

Para visualizar el libro electrónico en la nube de lectura envíe junto a su nombre y apellidos una fotografía del código de barras situado en la contraportada del libro y otra del ticket de compra a la dirección:

ebooktirant@tirant.com

En un máximo de 72 horas laborales le enviaremos el código de acceso con sus instrucciones.

GUÍA PRÁCTICA SOBRE LAS MEDIDAS DE APOYO A LAS PERSONAS CON DISCAPACIDAD

Con esquemas, formularios y jurisprudencia actualizada y sistematizada

GUÍA PRÁCTICA SOBRE LAS MEDIDAS DE APOYO A LAS PERSONAS CON DISCAPACIDAD

Con esquemas, formularios y jurisprudencia actualizada y sistematizada

PROF. DR. JOSÉ RAMÓN DE VERDA Y BEAMONTE
Catedrático de Derecho Civil en la Universitat de Valéncia (UVEG)

PROFA. DRA. CAROLINA DEL CARMEN CASTILLO MARTÍNEZ
Catedrática de Derecho Civil en la Universitat de València (UVEG)
Magistrada en situación de excedencia voluntaria en la carrera judicial
Académica de número de la Real Academia Valenciana de Jurisprudencia y Legislación

tirant lo blanch
Valencia, 2025

Directora de colección
CAROLINA DEL CARMEN CASTILLO MARTÍNEZ

La presente obra se enmarca en el Proyecto de investigación "Impacto social de la tutela civil de las personas con discapacidad" (PID2023-151835OB-I00), financiado por el Ministerio de Ciencia, Innovación y Universidades del Gobierno de España, del que son Investigadores principales los Profesores José Ramón de Verda y Beamonte y Pedro Chaparro Matamoros; así como en el Proyecto de Investigación "Criterios interpretativos de la reforma del Código Civil en materia de discapacidad (REFDIS)" CIAICO/2023/024 financiado por la Conselleria de Educación, Universidades y Empleo de la Generalidad Valenciana, del que son Investigadores principales los profesores José Ramón de Verda y Beamonte y María José Reyes López.

EDITA: TIRANT LO BLANCH
C/ Artes Gráficas, 14 - 46010 - Valencia
TELFS.: 96/361 00 48 - 50
FAX: 96/369 41 51
Email: tlb@tirant.com
www.tirant.com
Librería virtual: www.tirant.es
DEPÓSITO LEGAL: V-70-2025
ISBN: 978-84-1095-496-0
MAQUETA: Innovatext

Índice

4. LA CURATELA

5. EL DEFENSOR JUDICIAL

6. ALCANCE DE LA VOLUNTAD DE LA PERSONA CON DISCAPACIDAD EN ORDEN AL ESTABLECIMIENTO Y EJERCICIO DE LAS MEDIDAS DE APOYO

7. LOS PRINCIPIOS DE NECESIDAD Y DE PROPORCIONALIDAD

8. LA SUPRESIÓN DE LA PATRIA POTESTAD PRORROGADA Y REHABILITADA

9. ASPECTOS PROCESALES (I). LA REFORMA DE LA LEY DE LA JURISDICCIÓN VOLUNTARIA. LA REVISIÓN DE LAS MEDIDAS DE APOYO ADOPTADAS JUDICIALMENTE CON ANTERIORIDAD A LA ENTRADA EN VIGOR DE LA LEY 8/2021, DE 2 DE JUNIO. EL RÉGIMEN TRANSITORIO PREVISTO EN LA REFORMA DE LA LEGISLACIÓN CIVIL Y PROCESAL PARA LA PROVISIÓN DE APOYOS A LAS PERSONAS CON DISCAPACIDAD

10. ASPECTOS PROCESALES (II).
LA REFORMA DE LA LEY DE ENJUICIAMIENTO CIVIL

FORMULARIOS

Introducción

La Ley 8/2021, de 2 de junio, por la que se reforma la legislación civil y procesal para el apoyo a las personas con discapacidad en el ejercicio de su capacidad jurídica, aparece en nuestro panorama normativo con el propósito de cumplir con la adaptación general de la legislación española a los parámetros de la Convención de Nueva York sobre los derechos de las personas con discapacidad, de 13 de diciembre de 2006, ratificada por España el 30 de marzo de 2007 y, específicamente, con el contenido del art. 12 de la misma, que, bajo la rúbrica "Igual reconocimiento como persona ante la ley", dispone el reconocimiento, por parte de los Estados firmantes, del principio de que "las personas con discapacidad tienen capacidad jurídica en igualdad de condiciones con las demás en todos los aspectos de la vida" (núm. 2) y la obligación de proporcionarles "las medidas de apoyo" que puedan necesitar para ejercitarla (núm. 3), mediante el establecimiento de un sistema de "salvaguardas", que respete "los derechos, la voluntad y las preferencias de la persona" (núm. 4).

En cumplimiento del patrón señalado, el art 249.I CC, con el que principia la regulación de las medidas de apoyo, en su redacción posterior a la reforma, establece que dichas medidas se dispondrán en favor de las personas "que las precisen para el adecuado ejercicio de su capacidad jurídica y tendrán por finalidad permitir el desarrollo pleno de su personalidad y su desenvolvimiento jurídico en condiciones de igualdad", debiendo estar "inspiradas en el respeto a la dignidad de la persona y en la tutela de sus derechos fundamentales" y "ajustarse a los principios de necesidad y proporcionalidad", precisando en un segundo párrafo que quienes presten apoyo "deberán actuar atendiendo a la voluntad, deseos y preferencias de quien lo requiera. Igualmente procurarán que la persona con discapacidad pueda desarrollar su propio proceso de toma de decisiones, informándola, ayudándola en su comprensión y razonamiento y facilitando que pueda expresar sus preferencias. Asimismo, fomentarán que la persona con discapacidad pueda ejercer su capacidad jurídica con menos apoyo en el futuro".

Resulta indiscutible que la reforma nos sirve un señalado cambio de paradigma, un modelo muy diferente del anterior en la regulación de la discapacidad, introduciendo un canon que abandona la perspectiva restrictiva de la tradicionalmente denominada "capacidad de obrar", fundada hasta la reforma en una inercia sustitutiva de la voluntad de la persona para la adopción de las decisiones que afectan a quien padece una discapacidad, para abordar su ordenación jurídica desde un enfoque positivo que reclama necesariamente la instauración de un sistema de apoyos y salvaguardas favorecedor de los "intereses, deseos y preferencias" de la persona con discapacidad que le posibilite y garantice el ejercicio, a ser posible siempre por sí misma, de todos los derechos cuya titularidad tiene atribuida con fundamento en su respectiva capacidad jurídica.

Desde la anterior consideración cabe concluir que, a diferencia del sistema anterior, el fundamento de la nueva regulación ya no es la incapacitación de la persona cuya capacidad de obrar se considera insuficiente para determinados actos, sino la salvaguarda de la capacidad que, inherente a su condición de persona, permite proteger la dignidad que tal condición indefectiblemente le atribuye. La consecuencia más relevante de lo expuesto se localiza en la derogación del instituto de la incapacitación (también de la prodigalidad) y, en el contexto de las medidas judiciales a adoptar, en el reemplazo de la tutela por la curatela que excepcionalmente podrá revestir carácter representativo. Así, de conformidad con la previsión contenida en el art. 250.I CC, actualmente, las medidas de apoyo son, "además de las de naturaleza voluntaria, la guarda de hecho, la curatela y el defensor judicial", quedando igualmente suprimida la patria potestad prorrogada y la rehabilitada, si bien, conforme a la disposición transitoria segunda, III, quienes actualmente la ostenten "continuarán ejerciéndola hasta que se produzca la revisión a la que se refiere la disposición transitoria quinta", precisando el apartado segundo del mismo precepto que su función "consistirá en asistir a la persona con discapacidad en el ejercicio de su capacidad jurídica en los ámbitos en los que sea preciso, respetando su voluntad, deseos y preferencias", en vinculación con "el respeto a la dignidad de la persona y en la tutela de sus derechos fundamentales", que, según dispone el art. 249.I CC, han de inspirar todas las medidas de apoyo, y que permiten, en determinados supuestos, el recurso a criterios de valoración objetivos para la toma de decisiones en beneficio de la persona apoyada.

Sentado cuanto antecede, las previsiones de la reforma sin duda se planteaban no sólo ya como deseables sino más bien como un objetivo imprescindible e ineludible. Sin embargo, la entrada en vigor de la Ley 8/2021 no se ha manifestado exenta de cuestiones polémicas no sólo de cierto calado dogmático sino también de debatida eficacia práctica.

Tal vez la primera que al estudioso de la materia se le presenta es la atinente a la tradicional distinción entre "capacidad jurídica" y "capacidad de obrar", puesta en cuestión al hilo de la eliminación de la figura de la incapacitación, toda vez que en el Preámbulo de la Ley se declara que "ha de tomarse en consideración que, como ha puesto en evidencia la Observación General del Comité de Expertos de las Naciones Unidas elaborada en 2014, dicha capacidad jurídica [la de las personas con discapacidad] abarca tanto la titularidad de los derechos como la legitimación para ejercitarlos". Particularmente, los autores de esta obra no creemos que la reforma haya suprimido la distinción, en todo caso de factura doctrinal y sin residencia normativa, tampoco demandada por el mencionado art. 12 de la Convención. Y ello a pesar de que el Comité sobre los Derechos de las Personas con Discapacidad, en la Primera de sus conocidas Observaciones Generales de 19 de mayo de 2014, expresamente la niegue, al rechazar que pueda distinguirse entre los conceptos de "capacidad jurídica" y "capacidad de obrar" (a las que, respectivamente, se viene a denominar "capacidad legal" y "legitimación para actuar"), con el argumento de que la primera queda restringida cuando se limita la segunda, incurriéndose, siempre que ello se hace, en una discriminación de las personas con discapacidad. Como hemos tenido ocasión de explicar en este trabajo, esta posición extrema plantea debilidades en su acogimiento, toda vez que (i) el concepto de "capacidad de obrar" ha tenido siempre una proyección general que abarca también el supuesto de los menores de edad no emancipados, (ii) las limitaciones a la capacidad de obrar de las personas, ya se trate de un menor o de quien presente discapacidad, tienen por único fundamento el de preservar el interés de la persona que las padece, y (iii) porque en muchas ocasiones la ciencia posibilita acreditar de manera eficaz que una persona carece del discernimiento necesario que le permite integrar libremente su voluntad, al tener dañada, en mayor o menor grado, su capacidad de entender y/o de querer. En consecuencia, de rechazarse la distinción entre "capacidad jurídica" y "capacidad de obrar", resultará imprescindible diferenciar entre la capacidad jurídica y su ejercicio, esencialmente para encontrar fundamento a la razón por la cual los contratos celebrados por ciertas personas resultan de validez claudicante, es decir, anulables. Por tal razón debe cuestionarse la eliminación de la distinción.

Con todo, no es el señalado el único aspecto polémico de la reforma. Así, además del, a nuestro juicio, infundado desplazamiento de la "capacidad de obrar", la eliminación de la consideración del principio del interés superior de la persona con discapacidad; la supresión de la aplicación a los discapaces de la figura del tutor, a partir de ahora ya reservada en exclusiva a los menores de edad y reemplazada por la del curador, que de llevar aparejadas funciones representativas asumirá funciones parangonables lo que, a último, cuestiona la justificación del cambio y plantea problemas prácticos fundados "ab initio" en la carencia de una regulación general de la institución; la promoción de la guarda de hecho vinculada al deficiente aprovechamiento práctico de la figura; la progresiva administrativización de las normas de Derecho privado aplicables a la persona y, por qué no decirlo también, el uso de recursos del lenguaje, por algún destacado autor cualificado como de "buenista", que denostan, a veces de manera injustificada, el modelo anterior, proclamando una suerte de quimérica desaparición futura de personas con restricciones en su "capacidad de obrar" o si se prefiere en el "ejercicio de su capacidad jurídica", e incluso podría inferirse que desprecian la intervención judicial en el proceso nuevamente regulado; la imperativa ordenación de que cualquier intervención del órgano judicial principie por un expediente de jurisdicción voluntaria; o la cuestionada acta previa del proceso de conformación de la voluntad, constituyen, entre otros, aspectos cuestionables cuando no manifiestamente mejorables de la Ley.

Los autores de este este trabajo no desconocen los aspectos mejorables y las deficiencias, suficientemente puestas de manifiesto tras más de tres años de vigencia, de la Ley 8/2021. Es por lo que, habiendo dedicado una destacada parte de su investigación al estudio de la reforma, concibieron esta obra con la única pretensión de que pudiera servir de instrumento útil al operador jurídico que debe transitar su actividad entre las veredas legales que la nueva regulación nos señala. Hasta aquí nuestro esfuerzo; a partir de aquí, el juicio corresponde a su destinatario.

PROF. DR. JOSÉ RAMÓN DE VERDA Y BEAMONTE
Catedrático de Derecho Civil en la Universitat de València (UVEG)

PROFA. DRA. CAROLINA DEL CARMEN CASTILLO MARTÍNEZ
Catedrática de Derecho Civil en la Universitat de València (UVEG)
Magistrada en situación de excedencia voluntaria
en la carrera judicial Académica de número de la Real Academia Valenciana
de Jurisprudencia y Legislación

1. Marco general del nuevo sistema de apoyos

1. CAMBIO DE PARADIGMA: DE LA INCAPACITACIÓN AL SISTEMA DE APOYOS

La finalidad fundamental de la Ley 8/2021, de 2 de junio, por la que se reforma la legislación civil y procesal para el apoyo a las personas con discapacidad en el ejercicio de su capacidad jurídica, es adaptar la legislación española a los parámetros de la Convención sobre los derechos de las personas con discapacidad de Nueva York, de 13 de diciembre de 2006, ratificada por España el 30 de marzo de 2007.

Más concretamente, al art. 12 de la Convención, que, bajo la rúbrica "Igual reconocimiento como persona ante la ley", prevé el reconocimiento, por parte de los Estados firmantes, del principio de que "las personas con discapacidad tienen capacidad jurídica en igualdad de condiciones con las demás en todos los aspectos de la vida" (núm. 2) y la obligación de proporcionarles "las medidas de apoyo" que puedan necesitar para ejercitarla (núm. 3), mediante el establecimiento de un sistema de "salvaguardas", que respete "los derechos, la voluntad y las preferencias de la persona" (núm. 4).

El vigente art. 249.I CC, con el que se inicia la regulación de las medidas de apoyo dice, así, que las mismas se establecerán en favor de las personas "que las precisen para el adecuado ejercicio de su capacidad jurídica tendrán por finalidad permitir el desarrollo pleno de su personalidad y su desenvolvimiento jurídico en condiciones de igualdad", debiendo estar "inspiradas en el respeto a la dignidad de la persona y en la tutela de sus derechos fundamentales" y "ajustarse a los principios de necesidad y proporcionalidad".

Añade el art. 249.II CC que "Las personas que presten apoyo deberán actuar atendiendo a la voluntad, deseos y preferencias de quien lo requiera. Igualmente procurarán que la persona con discapacidad pueda desarrollar su propio proceso de toma de decisiones, informándola, ayudándola en su comprensión y razonamiento y facilitando que pueda expresar sus preferencias. Asimismo, fomentarán que la persona con discapacidad pueda ejercer su capacidad jurídica con menos apoyo en el futuro".

Por lo tanto, se observa un claro cambio de paradigma en el tratamiento de la discapacidad, la cual ya no se contempla desde un punto de vista negativo o restrictivo de la tradicionalmente denominada capacidad de obrar; se contempla en positivo, es decir, propugnándose la creación de un sistema de apoyos y salvaguardas en favor de las personas con discapacidad, que les permita el ejercicio, por sí mismas, de los derechos de que son titulares en virtud de su capacidad jurídica.

En el Preámbulo de la Ley se habla del "cambio de un sistema como el hasta ahora vigente en nuestro ordenamiento jurídico, en el que predomina la sustitución en la toma de las decisiones que afectan a las personas con discapacidad, por otro basado en el respeto a la voluntad y las preferencias de la persona quien, como regla general, será la encargada de tomar sus propias decisiones" (I); y se observa que "el elemento sobre el que pivota la nueva regulación no va a ser ni la incapacitación de quien no se considera suficientemente capaz, ni la modificación de una capacidad que resulta inherente a la condición de persona humana y, por ello, no puede modificarse" (III).

Desde esta perspectiva, la novedad más importante es, sin duda, la supresión de la incapacitación (además de la prodigalidad) y, en el ámbito de las medidas judiciales, la sustitución de la tutela por la curatela, que solo excepcionalmente, comprenderá facultades de representación, lo que plantea evidentes problemas de Derecho transitorio (la tutela queda ahora circunscrita a los menores de edad, no sujetos a la patria potestad o que se hallen en situación de desamparo, conforme al art. 199 CC).

No obstante, la disposición transitoria segunda, I, de la Ley 8/2021 prevé, con carácter general, que los tutores y curadores nombrados conforme al régimen legal anterior "ejercerán su cargo conforme a las disposiciones de esta Ley a partir de su entrada en vigor", aplicándose a los tutores de las personas con discapacidad las normas establecidas para los curadores representativos"; y ello, hasta que se produzca el proceso de revisión de las medidas de apoyo para ajustarlas a la nueva regulación, previsto en la disposición quinta, a la que me referiré posteriormente. Por el contrario, conforme a la disposición transitoria segunda, IV, "Las medidas derivadas de las declaraciones de prodigalidad adoptadas de acuerdo con la legislación anterior continuarán vigentes hasta que se produzca la revisión prevista en la disposición transitoria quinta. Hasta ese momento, los curadores de los declarados pródigos continuarán ejerciendo sus cargos de conformidad con la legislación anterior".

Respecto de los procesos en tramitación, hay, además, que tener presente que, conforme a la disposición transitoria sexta de la Ley 8/2021, "Los procesos relativos a la capacidad de las personas que se estén tramitando a la entrada en vigor de la presente Ley se regirán por lo dispuesto en ella, especialmente en lo que se refiere al contenido de la sentencia, conservando en todo caso su validez las actuaciones que se hubieran practicado hasta ese momento".

2. TIPOLOGÍA DE LAS MEDIDAS DE APOYO

Conforme al art. 250.I CC, actualmente, las medidas de apoyo son, "además de las de naturaleza voluntaria, la guarda de hecho, la curatela y el defensor judicial", habiéndose suprimido la patria potestad prorrogada y rehabilitada, si bien, conforme a la disposición transitoria segunda, III, quienes actualmente la ostenten "continuarán ejerciéndola hasta que se produzca la revisión a la que se refiere la disposición transitoria quinta".

a) "Las medidas de apoyo de naturaleza voluntaria son las establecidas por la persona con discapacidad, en las que designa quién debe prestarle apoyo y con qué alcance" (art. 250.III CC), siendo las más importantes los poderes de representación con cláusula de subsistencia, los poderes preventivos y la autocuratela.

   Estas medidas de apoyo prevalecen, tanto respecto de las medidas formales, como informales (art. 249.I CC).

b) "La guarda de hecho es una medida informal de apoyo que puede existir cuando no haya medidas voluntarias o judiciales que se estén aplicando eficazmente" (art. 250.IV CC).

   La Ley 8/2021 ha tratado de reforzar esta figura, previendo que, cuando exista una guarda de hecho que funcione adecuadamente y sea suficiente para satisfacer las necesidades de la persona con discapacidad, no se establezcan medidas formales de apoyo, en particular, una curatela (arts. 263 y 269.I CC).

c) La curatela es una medida formal, de carácter judicial y subsidiario (sólo se acude a ella en defecto de medidas voluntarias o de existencia de guarda de hecho adecuada y suficiente), "que se aplicará a quienes precisen el apoyo de modo continuado", cuya extensión se determinara "en armonía con la situación y circunstancias de la persona con discapacidad y con sus necesidades de apoyo" (art. 250.V CC); y, como veremos en su momento, puede ser asistencial, complementadora o representativa, esto último excepcionalmente.

d) El defensor judicial es también una medida formal, pero, a diferencia de la curatela, se acudirá a ella "cuando la necesidad de apoyo se precise de forma ocasional, aunque sea recurrente" (art. 250.VI).

Por último, el art. 253 CC prevé que, "Cuando una persona se encuentre en una situación que exija apoyo para el ejercicio de su capacidad jurídica de modo urgente y carezca de un guardador de hecho, el apoyo se prestará de modo provisional por la entidad pública que en el respectivo territorio tenga encomendada esta función"; añade que "La entidad dará conocimiento de la situación al Ministerio Fiscal en el plazo de veinticuatro horas".

3. PRINCIPIOS INSPIRADORES DE LAS MEDIDAS DE APOYO

El art. 250.II CC observa que "La función de las medidas de apoyo consistirá en asistir a la persona con discapacidad en el ejercicio de su capacidad jurídica en los ámbitos en los que sea preciso, respetando su voluntad, deseos y preferencias".

Ahora bien, esta previsión encaminada a garantizar la libertad de autodeterminación de las personas con discapacidad ha de combinarse con "en el respeto a la dignidad de la persona y en la tutela de sus derechos fundamentales", que, según establece el art. 249.I CC, han de inspirar todas las medidas de apoyo, y que permiten, en ciertos casos, acudir a criterios de valoración objetivos para la toma de decisiones en beneficio de la persona apoyada.

Así mismo, "Al determinar las medidas de apoyo se procurará evitar situaciones en las que se puedan producir conflictos de intereses o influencia indebida" (art. 250.VII CC).

Es por ello, que según el art. 275.3.2.º CC, "La autoridad judicial no podrá nombrar curador, salvo circunstancias excepcionales debidamente motivadas" a "quien tenga conflicto de intereses con la persona que precise apoyo".

Por último, "No podrán ejercer ninguna de las medidas de apoyo quienes, en virtud de una relación contractual, presten servicios asistenciales, residenciales o de naturaleza análoga a la persona que precisa el apoyo" (art. 250.VIII), lo que se aplica a los cuidadores profesionales, sean estos personas físicas o jurídicas (titulares de centros de día o residenciales).

El precepto no se refiere a las entidades de carácter público, normalmente autonómico, que prestan apoyos a las personas con discapacidad, pues las mismas no actúan en virtud de una relación contractual.

4. PROHIBICIONES

El art. 251.I CC establece una serie de prohibiciones, basadas en razones objetivas, que intentan evitar que quien ejerce la medida de apoyo pueda beneficiarse indebidamente, a costa del patrimonio de la persona con discapacidad.

Se le prohíbe, así:

"1.º Recibir liberalidades de la persona que precisa el apoyo o de sus causahabientes, mientras que no se haya aprobado definitivamente su gestión, salvo que se trate de regalos de costumbre o bienes de escaso valor".

Se trata obviamente de impedir que pueda vaciarse o mermarse el patrimonio de la persona apoyada.

"2.º Prestar medidas de apoyo cuando en el mismo acto intervenga en nombre propio o de un tercero y existiera conflicto de intereses".

Si son dos personas los que ejercitan la medida de apoyo, la representación para realizar el acto recaerá en el otro, en el que no concurra el conflicto de intereses (art. 296 CC); y, en caso contrario (si no lo hay o si también respecto de él existe conflicto), deberá nombrarse un defensor judicial (art. 259.3.º CC) para que lo concluya.

"3.º Adquirir por título oneroso bienes de la persona que precisa el apoyo o transmitirle por su parte bienes por igual título".

Con esta prohibición se pretende evitar que se adquieran bienes de la persona con discapacidad o se le vendan bienes propios en condiciones desventajosas para ésta (por ejemplo, por un precio bajo, en el primer caso, o muy alto, en el segundo).

La prohibición está formulada en términos muy estrictos, partiendo de la sospecha hacia quien ejerce la medida de apoyo, por lo que le impide adquirir o transmitir a la persona con discapacidad bienes en condiciones que pudieran ser beneficiosas para ella, impedimento que debiera poderse salvar con una previa autorización judicial que apreciara la utilidad o conveniencia del acto dispositivo para la persona apoyada, lo que, sin embargo, no parece posible.

En cualquier caso, las prohibiciones contenidas en el precepto no resultarán de aplicación a las medidas voluntarias de apoyo, "cuando el otorgante las haya excluido expresamente en el documento de constitución" de las mismas (art. 251.II CC).

5. ¿SUBSISTE LA DISTINCIÓN ENTRE CAPACIDAD JURÍDICA Y CAPACIDAD DE OBRAR?

Comúnmente se piensa que la Ley 8/2021, al suprimir la incapacitación, ha venido a poner en cuestión la tradicional distinción entre capacidad jurídica y capacidad de obrar.

A) Los términos de la cuestión

A ello contribuye una frase del Preámbulo, I, *in fine*, de la Ley, en el que se afirma que "ha de tomarse en consideración que, como ha puesto en evidencia la Observación General del Comité de Expertos de las Naciones Unidas elaborada en 2014, dicha capacidad jurídica [la de las personas con discapacidad] abarca tanto la titularidad de los derechos como la legitimación para ejercitarlos".

Tradicionalmente se ha distinguido entre capacidad jurídica y capacidad de obrar.

a) La capacidad jurídica, concepto equivalente al de personalidad, es la aptitud para ser sujeto de derechos y de obligaciones. Se dice que tiene carácter absoluto, en la medida en que, como posteriormente veremos, el ordenamiento jurídico atribuye dicha aptitud a toda persona, por el mero hecho de serlo y como consecuencia del reconocimiento de su dignidad como ser humano: toda persona, con independencia de su edad (un recién nacido) o de su aptitud para gobernarse por sí misma (una persona con discapacidad), puede, en abstracto, ser propietaria de un bien.

b) La capacidad de obrar, por el contrario, venía referida a la aptitud para celebrar, válida y eficazmente, actos y negocios jurídicos (p. ej., contratos). A diferencia de la personalidad, se decía que tenía carácter relativo, por depender de la edad y de la aptitud de la persona para gobernarse por sí misma. Se consideraba, así, que tenían plena capacidad de obrar (y, por tanto, para contratar) los mayores de edad, que no hubieran sido incapacitados judicialmente, por padecer una enfermedad persistente, física o psíquica, que así lo hiciera necesario.

En realidad, no creemos que, en sentido estricto, la Ley 8/2021 rechace esta distinción, que, teniendo carácter doctrinal, no era acogida en la redacción anterior del Código civil; y tampoco parece que su supresión venga exigida por el art. 12 de la Convención. Sin embargo, lo cierto es que el Comité sobre los Derechos de las Personas con Discapacidad, en sus conocidas Observaciones Generales de 19 de mayo de 2014 (concretamente, en la Primera de ellas), la ha rechazado, con una serie de argumentos cuestionables.

B) Las Observaciones del Comité sobre los Derechos de las Personas con Discapacidad

En las Observaciones se afirma que "no se ha comprendido en general que el modelo de la discapacidad basado en los derechos humanos implica pasar del paradigma de la adopción de decisiones sustitutiva a otro que se base en el apoyo para tomarlas". Pero, además, se niega que pueda distinguirse entre los conceptos de "capacidad jurídica" y "capacidad de obrar" (a las que, respectivamente, se llama "capacidad legal" y "legitimación para actuar"), con el argumento de que la primera queda restringida cuando se limita la segunda, incurriéndose, siempre que ello se hace, en una discriminación de las personas con discapacidad.

Se dice (en el núm. 15 de las Observación Primera) que las restricciones se basan en la circunstancia de que, "si la persona puede o no entender la naturaleza y las consecuencias de una decisión y/o en si puede utilizar o sopesar la información"; y se califica dicho criterio como "incorrecto", "por dos motivos principales: a) porque se aplica en forma discriminatoria a las personas con discapacidad; y b) porque presupone que se pueda evaluar con exactitud el funcionamiento interno de la mente humana y, cuando la persona no supera la evaluación, le niega un derecho humano fundamental, pertinente".

C) Consideraciones críticas

Las anteriores afirmaciones parecen un tanto desmesuradas:

En primer lugar, porque la noción de "capacidad de obrar" no se ha referido, exclusivamente, a las personas con discapacidad, sino que ha tenido siempre un alcance general, sirviendo, por ejemplo, para explicar, por qué ciertos contratos celebrados por menores no emancipados son anulables (sin que ello implique negarles aptitud para ser titulares de derechos, los cuales podrán ser adquiridos a través de sus representantes legales).

En segundo lugar, porque las restricciones de la capacidad de obrar de cualquier persona (también de las que sufren una discapacidad) no han tenido otro fundamento que el de su protección. Por ello, solo se han establecido cuando se ha considerado estrictamente necesario, por concurrir en ella una circunstancia que le impida apreciar razonablemente las consecuencias de su actuación, evitando que sea víctima de su propia inexperiencia o discapacidad o del propósito ajeno de sacar provecho de ella.

En tercer lugar, porque afirmar, con carácter general, que no se puede "evaluar con exactitud el funcionamiento interno de la mente humana" es, obviamente absurdo, dado que, por desgracia, hay casos en los que, debido a una enfermedad, es patente que una persona carece de capacidad de discernimiento y, por ello, no puede formar libremente su voluntad. Parece que el Comité está pensando, simplemente, en ciertos casos de discapacidad, como, por ejemplo, la sensorial o la provocada por enfermedades como el síndrome de Down, en los que, efectivamente, la restricción de la tradicionalmente llamada capacidad de obrar carece de sentido o resulta desproporcionada, por lo que lo procedente es establecer un sistema de apoyos tendente a posibilitar el ejercicio de los derechos de las personas que las padecen, por ellas mismas, de acuerdo con las propias inclinaciones y preferencias. Pero habrá casos, cada vez más frecuentes, dado el avance de la esperanza media de vida, en que, necesariamente, habrá que acudir a un sistema de adopción de medidas sustitutivas, a través de la actuación de un representante legal que obre en nombre de la persona con discapacidad (curador con facultades de representación).

Si se abandona la distinción entre capacidad jurídica y capacidad de obrar, no obstante, será necesario distinguir entre la capacidad jurídica y su ejercicio; y ello, para explicar la razón por la cual los contratos celebrados por ciertas personas son inválidos (anulables).

Los contratos celebrados por menores no emancipados (con las excepciones previstas en el art. 1265.1.° CC) son, en efecto, anulables (art. 1302.2 CC), debiendo, por ello, ser celebrados en su nombre por sus representantes legales (padres o tutores). Son también anulables los contratos celebrados por personas con discapacidad, sin la intervención del curador, cuando esta sea necesaria para el ejercicio de su capacidad jurídica (por exigirlo, así, la sentencia constitutiva de la curatela) (arts. 267.II CC y 1302.3 CC), y, en el caso de que, excepcionalmente, se nombre un curador con facultades de representación (figura que guarda evidentes similitudes con el antiguo tutor de los incapacitados) (art. 267. III CC), por no ser posible averiguar cuál sea la voluntad, deseos y preferencias, será dicho curador quien, representando a la persona con discapacidad, contrate en nombre de esta, necesitando, sin embargo, autorización judicial para los contratos de especial trascendencia personal, familiar o económica previstos en el art. 287.2.º CC.

Cabe preguntase hasta qué punto es conveniente abandonar una distinción (capacidad jurídica y capacidad de obrar), que tiene perfiles claros y precisos, y ha sido unánimemente aceptada por la doctrina y la jurisprudencia, para sustituirla por otra (capacidad jurídica y ejercicio de la misma), que, en definitiva, con otras palabras, viene a decir, sustancialmente, lo mismo.

A nosotros, no nos lo parece.

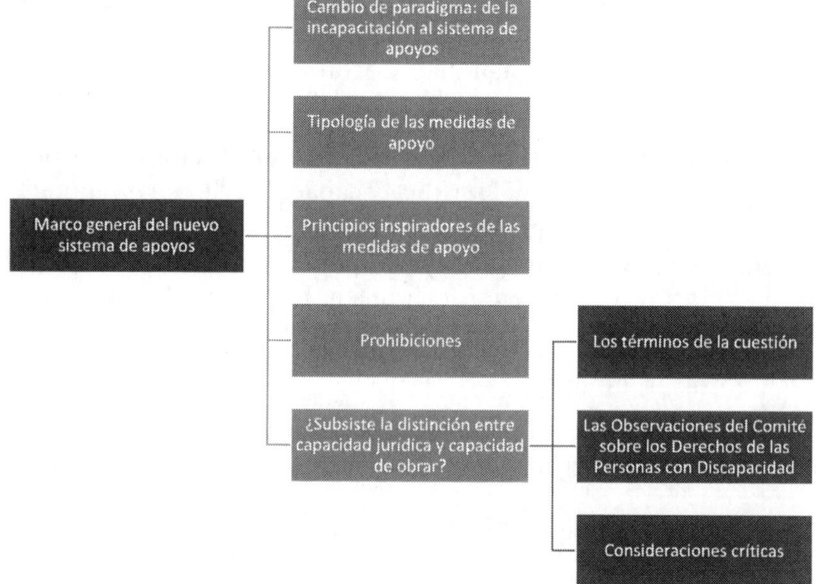
Marco general del nuevo sistema de apoyos
Cambio de paradigma: de la incapacitación al sistema de apoyos
Tipología de las medidas de apoyo
Principios inspiradores de las medidas de apoyo
Prohibiciones
¿Subsiste la distinción entre capacidad jurídica y capacidad de obrar?
Los términos de la cuestión
Las Observaciones del Comité sobre los Derechos de las Personas con Discapacidad
Consideraciones críticas

2. *Las medidas de apoyo voluntarias*

SUMARIO: 1. PREFERENCIA DE LAS MEDIDAS DE APOYO VOLUNTARIAS. 2. LOS PODERES CON CLÁUSULA DE SUBSISTENCIA O DE CARÁCTER PREVENTIVO. 3. LA AUTOCURATELA.

1. PREFERENCIA DE LAS MEDIDAS DE APOYO VOLUNTARIAS

Entrando en las ideas fundamentales inspiradoras de la Ley 8/2021, hay que observar que las medidas judiciales (y, por lo tanto, la curatela) tienen un claro carácter subsidiario, porque es propósito de la Ley dar una clara preferencia a las medidas de apoyo de naturaleza voluntaria, es decir, a "las establecidas por la persona con discapacidad, en las que designa quién debe prestarle apoyo y con qué alcance" (art. 250.III), de modo que las "de origen legal o judicial solo procederán en defecto o insuficiencia de la voluntad de la persona de que se trate" (249.I CC).

Lo constata la SJPII (núm. 4.º) Massamagrell 16 noviembre 2021, rec. n.º 430/2021 (ECLI:ES:JPII:2021:922), que ha denegado las medidas judiciales de apoyo solicitadas, por no ser necesarias en el momento en que se pedían (apreciando el médico forense una situación de capacidad psíquica para el gobierno de su persona o bienes), pero, además, por la existencia de una previsión de medidas futuras por parte de la persona afectada para la complementación de una eventual y futura incapacidad, consistentes en una escritura de autotutela y en una escritura de poder, en la que expresaba su voluntad de nombrar a una de sus hijas como su apoderada y representante.

Las medidas de apoyo de naturaleza voluntaria fundamentales son la autocuratela (arts. 271 a 274), los poderes con cláusula de subsistencia, si en el futuro el poderdante precisa apoyo en el ejercicio de su capacidad (art. 256 CC), y los poderes preventivos, dados solo para dicha eventualidad (art. 257 CC).

2. LOS PODERES CON CLÁUSULA DE SUBSISTENCIA O DE CARÁCTER PREVENTIVO

Los poderes con cláusula de subsistencia o de carácter preventivo prevalecen sobre otras medidas de apoyo que posteriormente hubieran podido constituirse.

La SAP Sevilla (Sección 2.ª) 27 febrero 2024, rec. n.º 433/2022 (ECLI:ES:APSE:2024:201) (*Tol 10122719*), observa que, para poder hallarnos en presencia de un poder preventivo, es necesario que en él se determine claramente, que como dice el art. 257 CC, el poderdante lo otorga "para el supuesto de que en el futuro precise apoyo en el ejercicio de su capacidad". Por ello, considera que un poder para la administración de bienes, sin ninguna referencia específica a esta circunstancia, dado hace más de dieciséis añose, en una fecha en que la enfermedad (Parkinson) "se encontraba en un primer momento sin las secuelas actuales", no es "un poder preventivo en los términos de la ley como documento notarial que permite a una persona designar a otra para que actúe representando sus intereses en caso de que llegase a carecer de la capacidad necesaria para manifestar su voluntad".

La utilidad de otorgar poderes de representación con cláusula de subsistencia se explica, porque, según resulta del art. 1732.5.º CC, dichos poderes no se extinguen, contra lo que es la regla general, por la constitución de una curatela representativa en apoyo del poderdante.

En realidad, si los poderes contemplan la totalidad de las actuaciones que sea necesario realizar en apoyo de la persona con discapacidad, la curatela no deberá constituirse (art. 269.I CC); y, si los poderes sólo se refieren a un determinado aspecto de su vida, por ejemplo, el patrimonial, "mantendrán su vigencia (art. 258.I CC) y serán complementados por la medida judicial de apoyo, que sólo habrá de extenderse a lo no previsto en ellos, por ejemplo, al ámbito de la salud o de la asistencia cotidiana.

La SAP León (Sección 1.ª) 8 febrero 2024, rec. n.º 760/2023 (ECLI:ES:APLE:2024:232) (*Tol 9976118*), revocó la sentencia recurrida, que, ignorando el poder otorgado por la madre (antes de la entrada en vigor de la Ley 8/2021) en favor de los tres hijos, exigiendo la actuación mancomunada de al menos dos de ellos, con cláusula de subsistencia para el caso de que la poderdante fuera incapacitada, había constituido una curatela, por entender que las medidas voluntarias no podían funcionar al existir una situación de conflictividad entre los apoderados. Por el contrario, confirma la eficacia de dicho poder, que comprendía amplísimas facultades de representación de naturaleza patrimonio, con la obligación de los apoderados de rendir cuentas semestrales, constituyendo una curatela, referida exclusivamente al ámbito personal y de la salud (no previsto en el apoderamiento), que se encomienda a una de las hermanas.

Ambos poderes de representación se basan en la confianza de quienes los otorgan en el apoderado, razón por la cual "El ejercicio de las facultades representativas será personal, sin perjuicio de la posibilidad de encomendar la realización de uno o varios actos concretos a terceras personas", si bien "Aquellas facultades que tengan por objeto la protección de la persona no serán delegables" (art. 261 CC).

Los poderes con cláusula de subsistencia son más frecuentes en la práctica, porque producen efectos desde su otorgamiento, mientras que la eficacia de los dados para el supuesto de que en el futuro se precise un apoyo se subordinan a que se acredite "que se ha producido la situación de necesidad de apoyo", para lo cual se estará a las previsiones del poderdante", otorgándose, si fuera preciso para garantizarlas, un "acta notarial que, además del juicio del Notario, incorpore un informe pericial en el mismo sentido" (art. 257 CC), planteándose, en cualquier caso, un problema de prueba.

Tanto uno, como otro tipo de poderes, deberán haber sido otorgados válidamente, esto es, conservando el poderdante, en el momento del otorgamiento, su capacidad natural de entender y de querer la naturaleza del acto que realiza, debiendo, además, constar en escritura pública, con el fin de que el notario pueda valorar su grado de discernimiento, e inscribirse en el Registro Civil, para lo cual el notario autorizante deberá comunicarlos de oficio y sin dilación al referido Registro (art. 260 CC).

La STS (Sala 1.ª, Pleno) 4 noviembre 2024, rec. n.º 9015/20223 (ECLI:ES:TS:2024:5267) (*Tol 10261294*) ha precisado que "La validez y la eficacia del poder no está supeditada a su inscripción en el Registro Civil, pues el mismo "confiere legitimación al margen de su inscripción, a la que la ley no confiere naturaleza constitutiva".

Este tipo de poderes tienen una clara ventaja: otorgan un amplio ámbito de libertad de actuación a quien se conceden, el cual no deberá pedir autorización judicial para llevar a cabo los actos jurídicos para cuya realización el poderdante le haya legitimado, con lo que podrá gestionar el patrimonio de la persona con discapacidad de modo mucho más ágil que un curador, el cual, por el contrario, tiene que pedir autorización judicial para poder representar a la persona a la que apoya en todos los actos y contratos enumerados en el art. 287 CC. Por ello, si hay confianza en la persona que ha de ejercer la medida de apoyo y se quiere una actuación ágil por parte de esta, conviene evitar la autocuratela, que, en definitiva, va a desembocar en una medida judicial de apoyo

Esta ventaja respecto de la curatela (también en relación con la autocuratela) va, sin embargo, acompañada de un evidente peligro: la ausencia de control judicial posibilita actuaciones del apoderado que puedan ir en contra de los intereses de la persona con discapacidad, por lo que el tipo de poderes de que estamos hablando sólo debieran darse, si existe una absoluta confianza en la persona a quien se conceden.

Ciertamente, según el art. 258.III CC, "El poderdante podrá establecer, además de las facultades que otorgue, las medidas u órganos de control que estime oportuno, condiciones e instrucciones para el ejercicio de las facultades, salvaguardas para evitar abusos, conflicto de intereses o influencia indebida y los mecanismos y plazos de revisión de las medidas de apoyo, con el fin de garantizar el respeto de su voluntad, deseos y preferencias", por ejemplo, que los apoderados, si son varios, deban actuar mancomunadamente, o una rendición periódica de cuentas.

La Circular informativa 3/2021 de la Comisión Permanente del Consejo General del Notariado de 27 de septiembre, sobre el ejercicio de la capacidad jurídica por las personas con discapacidad, afirma que estas salvaguardas estarán "en función de la confianza en los apoyos y de las circunstancias personales y patrimoniales de la persona de que se trate". Se refiere a reglas "que aseguren la prudente prestación del apoyo", por ejemplo, a "la necesidad de asesorarse antes o de obtener el consejo de determinadas personas, profesionales o no", o a "la fijación de instrucciones concretas tanto a la persona que preste el apoyo como a los posibles órganos auxiliares de consejo, control o fiscalización".

Sin embargo, parece evidente que estas medidas de control nunca podrán ser tan eficaces como las judiciales; y, si fueran excesivas, en buena medida, privarían de utilidad a los poderes preventivos o con cláusula de subsistencia, la cual consiste, precisamente, en conceder un amplio margen de libertad a la persona que ejercita la medida de apoyo, eludiendo los estrictos controles a los que está sujeto el curador.

En cualquier caso, el art. 259 CC prevé que, cuando el poder "comprenda todos los negocios del otorgante, el apoderado, sobrevenida la situación de necesidad de apoyo, quedará sujeto a las reglas aplicables a la curatela en todo aquello no previsto en el poder, salvo que el poderdante haya determinado otra cosa", lo que significa que, en defecto de previsión contraria, será exigible la previa autorización judicial para llevar a cabo los actos de trascendencia personal, familiar o patrimonial, a los que se refiere el art. 287 CC.

No obstante, esta remisión no tendrá lugar respecto de los poderes preventivos otorgados con anterioridad a la entrada en vigor de la Ley 8/2021, ya que, si bien dichos poderes quedarán sujetos a ésta, la disposición transitoria tercera de la Ley, párrafo II, prevé que, "cuando, en virtud del artículo 259, se apliquen al apoderado las reglas establecidas para la curatela, quedarán excluidas las correspondientes a los artículos 284 a 290 del Código Civil".

Los poderes podrán, lógicamente, ser revocados, en cualquier momento, por el poderdante, siempre que, al hacerlo, conserve su capacidad de formar libremente su voluntad, siendo aconsejable que lo haga en la misma forma en los que los otorgó, esto es, en escritura pública, pues ello posibilitará que el notario constate que, en dicho momento, conserva su capacidad natural de entender y de querer, sin cuya constatación, evidentemente, no autorizará la escritura de revocación, que deberá comunicarse al Registro Civil para su constancia en el mismo.

> El AAP Almería (Sección 1.ª) 5 diciembre 2023, rec. n.º 804/2023, (ECLI:ES:APAL:2023:1823A) (*Tol 10.031.041)*, ha desestimado la pretensión del poderdante de poderes preventivos, de que el procedimiento de provisión de apoyos iniciado por el Ministerio Fiscal, se acordara la sustitución de la persona del apoderado (una prima que ya no podía desempeñar la medida de apoyo). Observa que, en su trámite de oposición al recurso, el poderdante "tiene la posibilidad de dejar sin efecto la medida designada y establecer otra acorde a su voluntad".

Los poderes se extinguen, "si en el apoderado concurre alguna de las causas previstas para la remoción del curador, salvo que el poderdante hubiera previsto otra cosa" (art. 258.IV CC). En particular, cuando "se hubieren otorgado a favor del cónyuge o de la pareja de hecho del poderdante, el cese de la convivencia producirá su extinción automática, salvo que medie voluntad contraria del otorgante o que el cese venga determinado por el internamiento de este" (art. 258.II CC). El poderdante "Podrá también prever formas específicas de extinción del poder" (art. 258.III CC, in fine).

3. LA AUTOCURATELA

Respecto de la autocuratela, hay que tener en cuenta que, según la disposición transitoria tercera de la Ley 8/2021, "Las previsiones de autotutela se entenderán referidas a la autocuratela y se regirán por la presente Ley".

Conforme al art. 271.I CC, quien acude a la autocuratela, "en previsión de la concurrencia de circunstancias que puedan dificultarle el ejercicio de su capacidad jurídica", "podrá proponer en escritura pública el nombramiento o la exclusión de una o varias personas determinadas para el ejercicio de la función de curador".

Obviamente, el otorgante de la escritura deberá tener capacidad natural de entender y de querer el acto que realiza, la cual deberá ser apreciada por el Notario, siendo revisable su valoración judicialmente con apoyo en dictámenes médicos.

El AAP Málaga (Sección 6.ª) 14 febrero 2024, rec. n.º 10/2023 (ECLI:ES:APMA:2024:96A) (*Tol 10.105.971*), consideró invalida la autocuratela constituida, deduciendo de dos informes periciales que no cabía duda de que "en el momento de su otorgamiento el compareciente no reunía las capacidades necesarias para ser consciente de sus actos y, en cuanto tal, no podía acordar las medidas de autocuidado más beneficiosas para él, y entre ellas la de designación de las personas que ejerciesen la fusión de curadores". Afirma que, "tratándose de apreciar la capacidad cognitiva de una persona para realizar un determinado acto volitivo, parece obvio que no puede colocarse en el mismo plano para su valoración a un notario y a dos peritos cualificados como son un médico-psiquiatra y un médico forense, por lo que, en caso de contradicción, ha de prevalecer el criterio del experto en medicina frente al del fedatario público".

La propuesta del otorgante vinculará al Juez al constituir la curatela (art. 272.I CC), si bien podrá apartarse de ella, "siempre mediante resolución motivada, si existen circunstancias graves desconocidas por la persona que las estableció o alteración de las causas expresadas por ella o que presumiblemente tuvo en cuenta en sus disposiciones" (art. 272.II CC), por ejemplo, que seguiría estando casado con la persona designada como curadora.

La STS (Sala 1.ª) 19 octubre 2021, rec. n.º 305/2021 (ECLI:ES:TS:2021:3770) (*Tol 8628066*), ha revocado la sentencia recurrida, que se había apartado de lo previsto en la disposición testamentaria en la que se había constituido la autotutela. En ella, una madre con seis hijos, había designado como tutora a una de sus hijas y, en su defecto y por orden sucesivo, a dos de sus hijos, manifestando su deseo de que no se nombrara "a cualquiera de los otros tres hijos ni a ninguna asociación, ni pública ni privada ni a ningún organismo similar". Sin embargo, en primera instancia, se nombró tutora a la Agencia Madrileña para la Tutela de Adultos y, en segunda instancia, mancomunadamente, a uno de los hijos, no designado en primer lugar por la madre para el cargo, y a otro, que había sido expresamente excluido por ella; y ello, con una argumentación que el TS considera "pobre", e "insuficiente", "amparada en el razonamiento inasumible de que como hay dos grupos de tres hermanos, que se llevan bien entre sí y mal con los otros tres", se "adopta la salomónica decisión de designar a una persona de cada grupo, prescindiendo de la voluntad, deseos o preferencias de la demandada".

El TS entiende que no "se dan las causas legales previstas para prescindir del criterio preferente de la voluntad de la demandada, ya que no concurren circunstancias graves desconocidas por la misma, o variación de las contempladas al fijar la persona que le prestará apoyos", puesto que la madre "convivía y sigue conviviendo con su hija" designada en primer lugar para ser tutora, "que es la persona que le asiste en sus necesidades conforme a sus propios deseos notarialmente expresados, que deben ser respetados, toda vez que, dentro del marco de la esfera de disposición de las personas, se comprende la elección de la que, en atención a su disponibilidad, cercanía, empatía, afecto o solicitud, desempeñe el cargo de curadora" (se aplica ya la Ley 8/2021, por lo que la autotutela se convierte con autocuratela).

Por esta razón, concluye que no cabe "la imposición de otro sistema alternativo de curatela", como "la mancomunada impuesta por la Audiencia, con la atribución además del cargo de curador a una persona expresamente excluida por la demandada. Amén de resultar contraproducente el ejercicio de tal cargo bajo el régimen jurídico de la mancomunidad, dado el conflicto existente entre hermanos, que dificultaría la unidad de actuación que exige la curatela, cuyo ejercicio no es susceptible de conciliarse con discrepancias en las funciones asistenciales o, en su caso, excepcionales de representación".

El art. 272.II CC, literalmente, sólo permite al juez apartarse de la designación hecha en la escritura por motivos basados en la voluntad expresa o presunta del otorgante, presuponiendo que no puede exteriorizarla en el momento en el que se ha de adoptar la medida de apoyo, por haber perdido su capacidad de discernimiento. Sin embargo, también podrá prescindir de ella, cuando la persona designada esté incursa en una causa de inhabilidad o cuando objetivamente no sea idónea para el desempeño de la medida de apoyo, que, como exige el principio general contenido en el art. 249.I CC, deberá estar inspirada "en el respeto a la dignidad de la persona y en la tutela de sus derechos fundamentales".

El AAP Málaga (Sección 6.ª) 14 febrero 2024, rec. n.º 10/2023 (ECLI:ES:APMA:2024:96A) (*Tol 10.105.97*), que consideró inválida la autocuratela constituida por una persona carente de capacidad natural de entender y de querer, así como la designación como curadores de dos de sus hijos, afirma que "no existe un mandato legal imperativo e inexorable de atender la voluntad de la persona que precisa la medida de apoyo para identificar y designar a quien vaya a ejercer su curatela, debiendo ser la mejor salvaguarda de los intereses dela persona con discapacidad el parámetro determinante de la resolución judicial al respecto o, en palabras" del art. 249 CC, el "respeto a la dignidad de la persona y en la tutela de sus derechos fundamentales". Considera constatado que los dos hijos designados originariamente como curadores por el padre habían ejercido una influencia indebida sobre él para obtener tal designación y, "conociendo sus limitaciones física y psíquicas y el nombramiento de una curadora representativa por vía judicial", formalizaron "con el discapaz determinados contratos, como el alquiler de sus tierras o la cesión de maquinaria agrícola, claramente perjudiciales para su padre, dada la escasa renta que le abonan, existiendo indicios de que lo han hecho en beneficio propio". Por ello, confirma el auto recurrido, que había nombrado curadora representativa a otra hija.

Hay, además que tener en cuenta que, si el otorgante conserva capacidad de discernimiento para manifestar claramente en el procedimiento que quiera que ocupe de ella una persona distinta a la nombra en la escritura de autocuratela, habrá que estar a su voluntad actual.

La SAP La Coruña 31 marzo 2023, rec. n.º 709/2022 (ECLI:ES:APC:2023:561) (*Tol 9584652*), reconoce que, si bien a la persona necesitada de apoyo había designado en escritura notarial (otorgada antes de la reforma de 2021) a la recurrente como tutora, "lo cierto es que en el proceso manifestó claramente ante la autoridad judicial haber cambiado de parecer" y no desear ya que fuera curara la persona anteriormente designada, sino su sobrino. Atiende a su voluntad actual, "pues su patología o deterioros no llegan al punto

> de impedirle manifestar de manera consciente su voluntad, deseos y preferencias acerca de quién quiere que se ocupe de ella, o sea la persona propuesta como curador. Así lo demuestran las respuestas coherentes" "en la audiencia o exploración judicial, recogidas en el acta con bastante amplitud, al margen de que pudiera haber alguna inexactitud, y los informes médicoforense y del psiquiatra", diagnosticando un trastorno o deterioro leve o leve-moderado en relación a las esferas a que se refiere la sentencia".

"Si al establecer la autocuratela se propone el nombramiento de sustitutos al curador y no se concreta el orden de la sustitución, será preferido el propuesto en el documento posterior. Si se proponen varios en el mismo documento, será preferido el propuesto en primer lugar" (art. 273 CC).

Esta norma se aplica cuando la persona que prevé la autocuratela no ha querido que la medida de apoyo fuese ejercitada por varios curadores simultáneamente (de manera solidaria o mancomunada) o distribuir entre ellos diversas funciones, encomendando, por ejemplo, a uno la asistencia en las actividades de la vida cotidiana y en el ámbito de la salud, y al otro, la realización de los actos de administración y disposición de su patrimonio.

"Se podrá delegar en el cónyuge o en otra persona la elección del curador de entre los relacionados en escritura pública por la persona interesada" (art. 274 CC).

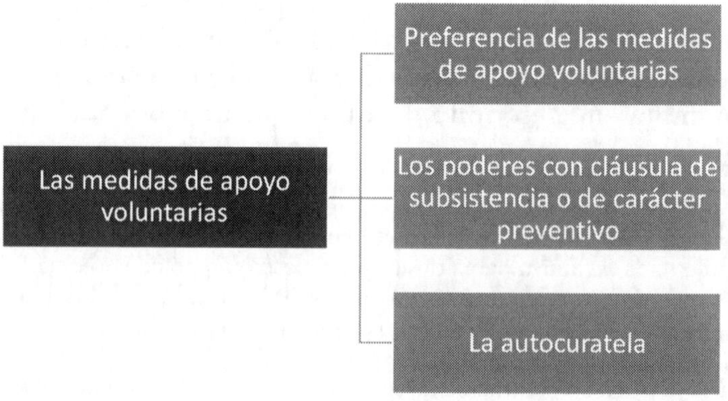

3. La guarda de hecho

SUMARIO: 1. EL REFORZAMIENTO DE LA GUARDA DE HECHO COMO MEDIDA DE APOYO INFORMAL. 2. QUIÉN PUEDE SER GUARDADOR DE HECHO. 3. FACULTADES DEL GUARDADOR. A) Facultades asistenciales. B) Facultades representativas. a) Por Ministerio de la Ley. b) Previa autorización judicial. 4. LA PRUEBA DE LA GUARDA DE HECHO. A) Ante las Administraciones públicas. B) El acta de notoriedad. C) Dificultades de prueba ante entidades bancarias o aseguradoras: la posibilidad de instar un auto judicial de declaración de la condición de guardador de hecho. D) La denominada "declaración responsable ante la entidad bancaria". 5. CONTROL JUDICIAL DE LA ACTUACIÓN DEL GUARDADOR. 6. REMBOLSO DE GASTOS, INDEMNIZACIONES Y RETRIBUCIÓN. 7. CAUSAS DE EXTINCIÓN DE LA GUARDA DE HECHO.

1. EL REFORZAMIENTO DE LA GUARDA DE HECHO COMO MEDIDA DE APOYO INFORMAL

Uno de los propósitos fundamentales de la Ley 8/2021 es conseguir una "razonable desjudicialización", que pasa por el reforzamiento de la guarda de hecho, la cual, como se dice en el Preámbulo, había sido "entendida tradicionalmente como una situación fáctica y de carácter provisional", debiendo ahora "convertirse en una verdadera guarda de derecho, otorgándole la categoría de institución jurídica de apoyo".

El art. 269.I CC dice, así, que "La autoridad judicial constituirá la curatela mediante resolución motivada cuando no exista otra medida de apoyo suficiente para la persona con discapacidad", de donde se deduce que, cuando no hayan sido previstas medidas de naturaleza voluntaria, "Quien viniere ejerciendo adecuadamente la guarda de hecho de una persona con discapacidad continuará en el desempeño de su función" (art. 263 CC), de modo que la constitución de la curatela es subsidiaria, exclusivamente, para el caso de que no existiera una guarda de hecho que funcionase correctamente.

En el Preámbulo se explica que "La realidad demuestra que en muchos supuestos la persona con discapacidad está adecuadamente asistida o apoyada en la toma de decisiones y el ejercicio de su capacidad jurídica por un guardador de hecho —generalmente un familiar, pues la familia sigue siendo en nuestra sociedad el grupo básico de solidaridad y apoyo entre las personas que la componen, especialmente en lo que atañe a sus miembros más vulnerables—, que no precisa de una investidura judicial formal que la persona con discapacidad tampoco desea"; y que "Para los casos en que se requiera que el guardador realice una actuación representativa, se prevé la necesidad de que obtenga una autorización judicial ad hoc, de modo que no será preciso que se abra todo un procedimiento general de provisión de apoyos, sino que será suficiente con la autorización para el caso, previo examen de las circunstancias".

2. QUIÉN PUEDE SER GUARDADOR DE HECHO

El guardador de hecho es la persona, normalmente, un familiar o allegado de quien sufre una discapacidad, a quien, de modo espontáneo y habitual, le presta asistencia cotidiana, de manera desinteresada, en virtud de una relación de confianza y afecto mutuo, sin que entre ambos exista una relación contractual (como, por ejemplo, un contrato de vitalicio o alimentos o un arrendamiento de servicios, en el caso de cuidadores profesionales), siendo, además, frecuente su convivencia bajo un mismo techo, aunque es posible que el guardador de hecho no conviva con la persona con discapacidad, atendiéndola mediante los servicios de un cuidador personal o, incluso, estando aquélla ingresada en una residencia.

La SAP La Coruña (Sección 3.ª) 17 julio 2022, rec. n.º 238/2022 (ECLI:ES:APC:2022:1903) (*Tol 9227360*). Reconoce, así, como guardadora de hecho a una ONG, denominada "Comité Ciudadano Anti-SIDA, A Coruña", al no existir un contrato de asistencia entre dicha entidad y la persona con discapacidad, "por lo que no concurre la prohibición del artículo 250 del Código Civil. La relación se enmarca en una actividad social de voluntariado, sin perjuicio de que, para la Xunta de Galicia les conceda subvenciones, deban cumplir con unos protocolos de actuación".

Es posible que exista más de un guardador de hecho, por ejemplo, dos padres que se ocupen del hijo que sufre una discapacidad o varios hijos que cuiden de un padre enfermo, plateándose, en tal caso, si los guardadores deben actuar mancomunadamente o pueden hacerlo solidariamente, siendo, a nuestro parecer, preferiblemente esta última solución, dada la naturaleza prioritariamente asistencial de la labor que lleva a cabo el guardador. Si existiere un desacuerdo puntual entre ellos, se procederá al nombramiento de un defensor judicial (art. 264.IV CC) (aunque no creemos o que sea estrictamente necesario, pudiendo el Juez atribuir la facultad de decisión del caso a uno de los guardadores, del mismo modo en que puede encomendar la facultad de decidir una cuestión controvertida a uno de los padres, en caso de discrepancia entre ellos, conforme al art. 156.III CC); y, si los desacuerdos fueran graves o reiterados, de modo que afectaran al correcto funcionamiento de la guarda de hecho, lo procedente sería la constitución de una curatela.

Es también posible que la guarda de hecho coexista con otras medidas de apoyo, voluntarias o judiciales, lo que podrá ocurrir en dos casos.

En primer lugar, cuando dichas medidas estén circunscritas al ámbito puramente patrimonial, por lo que el cuidado de la persona con discapacidad podrá ser asumido por un guardador distinto de quien tiene encomendado el ejercicio de aquellas.

La SAP Sevilla (Sección 2.ª) 27 febrero 2024, rec. n.º 433/2022 (ECLI:ES:APSE:2024:201) (*Tol 10122719*), limita la curatela representativa que constituye al ámbito económico-jurídico-administrativo, al existir ya una guardadora de hecho que se ocupaba de la asistencia cotidiana y cuidado de la salud de la persona con discapacidad (su pareja, desde hacía más de veinte años).

En segundo lugar, como, expresamente prevé el art. 263 CC, cuando existan medidas voluntarias o legales, pero las mismas "no se estén aplicando eficazmente"; y ello, mientras subsista esta situación: en este caso, serían válidos los actos realizados por el guardador, actuando dentro de su esfera de legitimación.

3. FACULTADES DEL GUARDADOR

Las facultades del guardador pueden ser asistenciales o representativas.

A) Facultades asistenciales

Las facultades del guardador son, básicamente, asistenciales, centrándose habitualmente en el cuidado cotidiano y personal de quien sufre la discapacidad, también en el ámbito de la salud, y en la administración ordinaria de su patrimonio (siempre dentro de los límites marcados por el art. 264.III CC, cuando la misma implique actos de representación), sin perjuicio de que esa asistencia pueda también manifestarse ocasionalmente, ayudándole a formar su voluntad para celebrar actos jurídicos o contratos (también ante Notario), presupuesto que tenga capacidad para consentirlos.

Pero, en este caso, su función es puramente auxiliar, siendo, pues, bien distinta de la que corresponde al curador, quien ha de intervenir, necesariamente, en los supuestos en que así lo haya previsto la sentencia constitutiva de la curatela, consintiendo la celebración del contrato celebrado por la persona con discapacidad, siendo, en caso contrario, anulable dicho contrato (art. 1302.III CC). No sucede lo mismo respecto del guardador, pues, no siendo su intervención precisa (no es requisito de validez), su ausencia no determina la anulabilidad del contrato.

Esta idea aparece claramente expresada en la Circular informativa 3/2021 de la Comisión Permanente del Consejo General del Notariado, de 27 de septiembre, sobre el ejercicio de la capacidad jurídica por las personas con discapacidad, en la cual se observa que la guarda de hecho "no tiene que acreditarse ante notario, ni su existencia representa un condicionante para la actuación de la persona con discapacidad", por lo que el guardador de hecho "puede comparecer ante el notario para prestar simplemente su apoyo instrumental", "para ayudar a la persona con discapacidad a entender y ser entendida, sin que su intervención represente una confirmación o aprobación de la decisión adoptada por el interesado en el ejercicio de su capacidad jurídica". A continuación, se pregunta, si, "por imitación a la curatela", "debe el notario, atendidas las circunstancias del caso, demandar su asentimiento", concluyéndose que "El notario no es un juez, que pueda condicionar el otorgamiento del instrumento público a la aprobación del guardador", y que "La función del guardador de hecho, en el ámbito notarial, no debe ir más allá de prestar su auxilio a la persona con discapacidad para expresar o tomar su decisión y comprender el contenido del instrumento público notarial".

En definitiva, no cabe aproximar el guardador de hecho al curador carente de facultades representativas, para llegar a la errada conclusión de que, al igual que este, ha de consentir los contratos celebrados por la persona a quien apoya (cuando se le atribuye esta función en la sentencia constitutiva de la curatela). Cuestión distinta es que el guardador de hecho pueda actuar sustitutivamente, en representación de la persona con discapacidad en los casos previstos en el art. 264.III CC, así como en el art. 264.I CC (aquí, previa autorización judicial).

B) Facultades representativas

Tras la reforma, al guardador se le encomiendan, no solo funciones asistenciales, sino también representativas: unas, por ministerio de la Ley; otras, previa autorización judicial.

a) Por Ministerio de la Ley

"No será necesaria autorización judicial cuando el guardador solicite una prestación económica a favor de la persona con discapacidad, siempre que esta no suponga un cambio significativo en la forma de vida de la persona, o realice actos jurídicos sobre bienes de esta que tengan escasa relevancia económica y carezcan de especial significado personal o familiar" (art. 264.III CC).

En las "Conclusiones de las Jornadas de Fiscales especialistas de las secciones de atención a personas con discapacidad y mayores", celebradas en Madrid los días 27 y 28 de septiembre de 2021, se dice que "La determinación de cuales sean estos actos dependerá del caso concreto, por lo que resulta necesario tener en cuenta el contexto personal, su modo de vida, ingresos (atender al 'histórico bancario' puede resultar revelador a esos efectos), etc.".

Las SSAP Cádiz (Sección 5.ª) 5 septiembre 2022, rec. n.º 861/2022 (ECLI:ES:APCA:2022:2152) (*Tol 9285277*) y 5 septiembre 2022. rec. n.º 529/2022 (ECLI:ES:APCA:2022:2126) (*Tol 9285608*), observan que "Las posibles actuaciones en las que el guardador de hecho puede ejercer su función como medida de apoyo, pueden concretarse en otros numerosos contextos, como señala el Ministerio fiscal: peticiones de recursos sociales, pensiones, plazas residenciales, centros de día, ayuda a domicilio, matriculaciones en centros de educación o formación profesional, entre otras, solicitudes a los bancos, etc. La función del guardador tiene reconocimiento en otros entornos. En el ámbito de la salud, el guardador de hecho se encuentra asimilado al cuidador principal, Allegado o persona vinculada por razones familiares o de hecho (art. 5.3 y 9.2 de la Ley 41/2002 de 14 de noviembre, básica reguladora de la autonomía personal y derechos y obligaciones en materia de información y documentación clínica y ANEXO III apartado 7.7 del Real Decreto 1030/2006 de 15 de septiembre por el que se establece la cartera de servicios comunes del sistema nacional de salud y el procedimiento para su actualización. Las peticiones de auxilio a las FFCCSE por parte de los guardadores de hecho ante agitaciones, incidentes, altercados familiares de la persona con discapacidad o transtorno mental, tienen amparo en el marco del artículo 11.1 de la LO 2/1986 de Cuerpos y fuerzas de Seguridad del Estado".

El Documento 1.º, de julio de 2023, relativo a "La guarda de hecho en la Ley 8/21", interpretativo del Protocolo Marco de Colaboración para la efectividad de las medidas de apoyo a la capacidad jurídicas de las personas con discapacidad en el ámbito bancario, entre la Fiscalía General del Estado y las Asociaciones

Bancarias, de 19 de julio de 2023, interpreta el concepto de actos "escasa relevancia económica", para cuya conclusión el art. 264.III CC legitima al guardador de hecho.

Afirma que "No presenta dificultades la categorización como tales de los gastos y disposiciones finalistas que respondan a cargos habituales en cuenta o contra factura por tratarse de la atención de necesidades básicas de cuidado personal, habitación, alimentación, vestido o salud; gastos relativos a la conservación ordinaria de su patrimonio en la parte necesaria para asegurar su disponibilidad para sus necesidades de cuidado; pago de suministros y prestaciones de servicios vitales; finalmente, otros gastos que, sin ser esenciales para su cuidado, sean acordes con sus deseos y preferencias y se hubieran consolidado en su trayectoria anterior siempre que sean acordes a sus medios y posibilidades".

Por el contrario, entiende que, "En cuanto a las disposiciones de efectivo no finalistas —como salvaguarda en consideración a que el guardador de hecho no rendirá habitualmente cuenta judicial de su gestión—, se hace imprescindible como buena práctica establecer límites cuantitativos de referencia"; y añade: "A tal efecto, son útiles, como pautas o cuantificaciones orientativas, las que resultan de los índices estadísticos oficiales relativos a gasto medio por persona y/u hogar que periódicamente publica el Instituto Nacional de Estadística (al vencimiento del primer semestre del año siguiente). El establecimiento de esas referencias no obsta a su flexibilización en razón de las circunstancias —medios y necesidades—del caso concreto".

b) Previa autorización judicial

El art. 264.I CC prevé que, "Cuando, excepcionalmente, se requiera la actuación representativa del guardador de hecho, este habrá de obtener la autorización para realizarla a través del correspondiente expediente de jurisdicción voluntaria, en el que se oirá a la persona con discapacidad. La autorización judicial para actuar como representante se podrá conceder, previa comprobación de su necesidad, en los términos y con los requisitos adecuados a las circunstancias del caso. La autorización podrá comprender uno o varios actos necesarios para el desarrollo de la función de apoyo y deberá ser ejercitada de conformidad con la voluntad, deseos y preferencias de la persona con discapacidad".

El guardador deberá solicitar la autorización "a través del correspondiente expediente de jurisdicción voluntaria, en el que se oirá a la persona con discapacidad", por lo que, "antes de tomar una decisión, la autoridad judicial entrevistará por sí misma a la persona con discapacidad y podrá solicitar un informe pericial para acreditar la situación de esta. También podrá citar a la comparecencia a cuantas personas considere necesario oír en función del acto cuya autorización se solicite" (art. 52.3 LJV).

Nótese que el juez deberá oír a la persona con discapacidad, pero no dice que deba seguir su voluntad, en todo caso. Creemos, así, que el juez podrá conceder la autorización, si existe una clara necesidad de realizar un acto, aun oponiéndose aquella, cuando la misma no pueda formar libremente su voluntad, por sufrir una enfermedad que le prive de la facultad de discernimiento.

Según el Documento definitivo, Anexo I, del Grupo de trabajo sobre el nuevo sistema de provisión judicial de apoyos a personas con discapacidad y su aplicación transitoria (Cód. EX2201) de 2022, "Cuando el guardador de hecho solicite una autorización para representar a la persona con discapacidad en la enajenación de bienes inmuebles, se seguirá el procedimiento previsto en los arts. 61 y ss. LJV, por ser el más específico para este acto, y no el general del art. 52.3 LJV".

En particular, conforme al art. 63.1 LJV, "En la solicitud deberá expresarse el motivo del acto o negocio de que se trate, y se razonará la necesidad, utilidad o conveniencia del mismo; se identificará con precisión el bien o derecho a que se refiera; y se expondrá, en su caso, la finalidad a que deba aplicarse la suma que se obtenga". Además, "Con la petición que se deduzca se presentarán los documentos y antecedentes necesarios para poder formular juicio exacto sobre el negocio de que se trate y, en su caso, las operaciones particionales de la herencia o de la división de la cosa común realizada". Según el art. 63.2 LJV, "En el caso de autorización solicitada para transigir, se acompañará, además, el documento en que se hubieren formulado las bases de la transacción". Por último, a tenor del art. 63.3 LJV, "podrá también incluirse en la solicitud la petición de que la autorización se extienda a la celebración de venta directa, sin necesidad de subasta ni intervención de persona o entidad especializada. En este caso, deberá acompañarse de dictamen pericial de valoración del precio de mercado del bien o derecho de que se trate y especificarse las demás condiciones del acto de disposición que se pretenda realizar".

El AJPI (núm. 5) Córdoba 570/2022 15 septiembre 2022, Procedimiento de Jurisdicción Voluntaria Genérico 1297/2021, constatando la condición de guardadora de hecho de la hija de una persona con demencia avanzada, ha aplicado los arts. 61 y ss. LJV, para autorizar a aquella a vender directamente la cuota de un inmueble, por considerar que dicha venta revertiría en beneficio de la madre, que se encontraba en una residencia, "no pudiendo afrontar el gasto total de su estancia con las pensiones que percibe", observando que el resto de comuneros estaban de acuerdo en la operación y que se había aportado una copia del preacuerdo de venta, en el que constaban los datos de las partes, vendedora y compradora, así como el precio de venta, que era ligeramente superior al valor de tasación fijado en el informe adjuntado. Se acuerda también requerir a la guardadora de hecho para que acredite que el dinero correspondiente a su madre "se ha destinado a las finalidades expuestas en la demanda (ingreso en una cuenta bancaria de la persona con discapacidad para atender los gastos de ésta)".

4. LA PRUEBA DE LA GUARDA DE HECHO

La desjudicialización que supone el reforzamiento de la guarda de hecho como medida de apoyo parece totalmente razonable, pero debe ir acompañada de un sistema que facilite la prueba de la condición de guardador, pues, en caso contrario, este difícilmente podrá actuar en representación de la persona con discapacidad en los actos a los que se refiere el art. 264.III CC, los cuales, aunque de escasa cuantía económica (razón por la que, precisamente, no requieren autorización judicial), pueden tener una gran trascendencia práctica.

A) *Ante las Administraciones públicas*

La Consulta INSS 30 noviembre 2021, en relación a la competencia para solicitar y percibir prestaciones del sistema de la Seguridad Social cuando los beneficiarios de las mismas son personas mayores de edad con discapacidad, ha declarado que "el guardador de hecho puede solicitar la prestación económica de Seguridad Social en favor de la persona con discapacidad, sin requerirse para ello autorización judicial, ingresándose la pensión en la cuenta bancaria de la persona con discapacidad", añadiendo que "La condición de guardador de hecho puede acreditarse mediante libro de familia (que acredite, en su caso, la relación de parentesco que mantienen el guardador y la persona con discapacidad), certificado de empadronamiento o documentación que acredite convivencia, así como aquellos documentos de los que se desprenda claramente dicha condición".

Por su parte, diversas administraciones autonómicas, en orden a las solicitudes de reconocimiento de grado de discapacidad, están empezando a admitir las presentadas por guardadores de hecho a través de declaraciones de responsabilidad sobre los siguientes extremos: que se tiene la guarda de hecho de la persona con discapacidad, con expresión de las razones por las que se ostenta; que "a su juicio dicha persona no tiene capacidad de autogobierno"; y la relación de parientes, con indicación de nombres y apellidos, edad, tipo de parentesco y dirección.

B) *El acta de notoriedad*

No hay ningún obstáculo a que la prueba de la guarda de hecho se realice mediante un acta de notoriedad, al amparo del art. 209 del Reglamento Notarial, pues, aunque se trata de una situación de hecho informal, sin embargo, tiene un carácter estable;

y, desde luego, no cabe duda de que quien la desempeña, está legitimado para realizar actos con trascendencia jurídica en la esfera personal y patrimonial de la persona con discapacidad. No obstante, dado que el cambio de guardador es posible, parece que deberá prestarse atención a la fecha del acta de notoriedad, en orden a considerar que quien pretende realizar un acto en nombre de la persona con discapacidad sigue siendo su guardador.

El Notario deberá constatar que la persona con discapacidad, examinadas sus capacidades cognitivas y volitivas, necesita de medias de apoyo estables para el ejercicio de su capacidad; y esto presupuesto, como observa la Circular de la Junta Directiva del Colegio Notarial de las Islas Canarias, adoptada en Acuerdo de 29 de abril de 2022, 6, "la existencia de la guarda de hecho; su adecuado ejercicio; y que no existan medidas de apoyo de naturaleza voluntaria o judicial que se estén aplicando eficazmente".

La Circular referida afirma que, "Con carácter general el requerimiento debe formularse conjuntamente por el guardador de hecho y por la persona apoyada. Ambos tienen que comparecer y aseverar bajo su responsabilidad la certeza del hecho cuya notoriedad se pretende establecer, es decir: la existencia de la guarda de hecho; que el guardador viene prestando su apoyo de forma adecuada; que no existen medidas de apoyo de naturaleza voluntaria o judicial que se estén aplicando eficazmente; y que no concurre entre la persona apoyada y el guardador relación contractual que le obligue a la prestación de servicios asistenciales, residenciales o de naturaleza análoga u otros apoyos (art. 250 CC)".

Observa que, "En los casos excepcionales en los que la persona guardada no tenga aptitud para consentir (pensemos en las situaciones de personas mayores que están bajo el cuidado de un familiar pero que no tienen aptitud para prestar consentimiento) el acta de notoriedad puede ser también un instrumento que permita la actuación del guardador dentro de los límites legales que señala el artículo 264 del Código civil"; y concluye que, "En ese caso, el Notario dejará constancia de la imposibilidad de hecho de manifestar y conformar voluntad y de la inaptitud de prestar consentimiento por parte de la persona guardada, debiendo en este supuesto advertir expresamente de que la actuación del guardado queda dentro de los límites del artículo 264, requiriéndose autorización judicial en los casos prevenidos en dicho artículo, si bien, "no será necesaria autorización judicial cuando el guardador solicite una prestación económica a favor de la persona con discapacidad, siempre que esta no suponga un cambio significativo en la forma de vida de la persona, o realice actos jurídicos sobre bienes de esta que tengan escasa relevancia económica y carezcan de especial significado personal o familiar'.".

Estos extremos no añaden nada a lo que ya dice el art. 264 CC, pero su constatación en el acta puede ser útil en el tráfico jurídico, para disipar dudas de las personas u organismos que deban tratar con el guardador.

La posterior Circular Informativa 1/2023, de 27 de mayo, del Consejo General del Notariado, sobre la actuación notarial en las medidas de apoyo voluntario y para la declaración de notoriedad de la guarda de hecho (Ley 8/2021), expone que, "Con carácter general el requerimiento debe formularse conjuntamente por el guardador de hecho y por la persona apoyada", pero que, "Si ésta última no puede conformar o expresar su voluntad, al existir imposibilidad de hecho, aún con la ayuda de medios o apoyos para ello, será requirente únicamente el guardador de hecho. Añade que "Excepcionalmente podrá formular el requerimiento el guardador de hecho dando razón del motivo por el que no comparece la persona apoyada (por razón de imposibilidad o de movilidad). En este caso el Notario habrá de personarse en su domicilio con el fin de dar cuenta a la persona apoyada del requerimiento o, en su caso, constatar la situación de imposibilidad".

Respecto de los elementos de prueba, la Circular de la Junta Directiva del Colegio Notarial de las Islas Canarias, se remite al art. 209 del Reglamento Notarial, el cual prevé que "el Notario practicará, para comprobación de la notoriedad pretendida, cuantas pruebas estime necesarias, sean o no propuestas por el requirente". Concretamente, considera "recomendable, dada la naturaleza de los hechos a probar, la prueba testifical", precisando que "Los testigos han de conocer al guardador y a la persona apoyada y les debe constar que son ciertos los hechos manifestados por los requirentes, en especial la existencia de la guarda y que se viene ejerciendo adecuadamente". "Otras pruebas recomendables a practicar —continúa— podrían ser solicitar informe al trabajador social, la obtención de información del Registro Civil o cualesquiera otras pruebas que el Notario considere conveniente. "No parece aconsejable —concluye— la publicación de edictos a fin de preservar el derecho a la intimidad de la persona con discapacidad".

Más estricta es en este punto la Circular Informativa 1/2023, de 27 de mayo, del Consejo General del Notariado, según la cual, "Entre las posibles pruebas, es imprescindible, dada la naturaleza de los hechos a probar, la prueba testifical, especialmente de los parientes y personas próximas al guardador y guardado. Los testigos, por tanto, han conocer al guardador y a la persona apoyada, les debe constar que son ciertos los hechos manifestados por los requirentes, en especial la existencia de la guarda y que se viene ejerciendo adecuadamente. En este punto es relevante la declaración que puedan realizar los familiares".

En las actas de notoriedad, frecuentemente, se protocolizan los siguientes documentos de prueba: certificado de discapacidad, emitido por el organismo de la Comunidad Autónoma de residencia; certificado de empadronamiento, del que se desprende la convivencia entre los requirentes; fotocopia del Libro de familia acreditativa del parentesco entre ambos; y partida de nacimiento de la persona con discapacidad, de la que resulta la inexistencia de medidas de apoyo judiciales o voluntarias, inscritas o anotadas.

La Circular Informativa 1/2023, de 27 de mayo, del Consejo General del Notariado, entiende que, "A fin evitar que circulen 'datos informativos cuya difusión debe ser cuidadosamente valorada, se considera conveniente que [el acta de notoriedad] se formalice en dos instrumentos públicos, lo que permite que se acredite la existencia de la notoriedad solo con la exhibición del acta de cierre, en la que consta la declaración de notoriedad".

Por lo tanto, según la referida Circular, el acta de notoriedad, "incluso aunque se inicie, se practiquen las pruebas y concluya en el mismo día y en un solo acto, se debe documentar en dos instrumentos públicos": un acta inicial, que "contendrá las declaraciones, las pruebas y documentación" y se incorporará al protocolo como instrumento independiente; y, un acta final, que sólo "contendrá una escueta relación de las pruebas practicadas, sin entrar en detalles y el juicio de notoriedad por el Notario".

C) *Dificultades de prueba ante entidades bancarias o aseguradoras: la posibilidad de instar un auto judicial de declaración de la condición de guardador de hecho*

En la práctica, surgen dificultades con las entidades de crédito (y, en menor medida, que son renuentes a permitir que el guardador de hecho pueda retirar fondos de una cuenta bancaria de la que es titular la persona con discapacidad. Para constatar que se es guardador de hecho, como ya he dicho, es posible acudir a un acta de notoriedad y, en los casos de negativa infundada, cabrá instar un auto de declaración de la condición de guardador de hecho frente a la entidad bancaria a través de un proceso de jurisdicción voluntaria.

El AJPI (núm. 3) Córdoba 8/2022 11 enero 2022, procedimiento Jurisdicción Voluntaria, genérico, 1641/2021, ha reconocido, así, dicha condición respecto de la madre frente a BBK BANK CAJASUR y, en consecuencia, ha declarado que "se encuentra legitimada por ley para realizar respecto de cuentas bancarias de la que su hija sea titular, funciones de administración ordinaria y disposición".

En cualquier caso, como dice la SAP León (Sección 1.ª) 21 marzo 2022, rec. n.º 1105/2021 (ECLI:ES:APLE:2022:489) (*Tol 9009439*) (si bien respecto de un caso en el que la identificación de los guardadores se realiza en el marco de un juicio de modificación de la capacidad de obrar iniciado bajo la vigencia de la legislación anterior), "Como la guarda de hecho no es un cargo jurídico que se deba constituir por el tribunal", la autoridad judicial, se limitará "a dejar constancia de ella para identificar a quienes la ejercen".

Ciertamente, resulta paradójico que, siendo la guarda de hecho una medida de apoyo informal, el guardador se vea obligado a acudir a un Juzgado para que se le declare formalmente como tal, a fin de poder realizar una actuación representativa, para la cual está expresamente legitimado por el art. 264.III CC (parece, pues, que asistimos a una suerte de "judicialización" de la "desjudicialización").

El AJPI (núm. 5) Córdoba 8/2022 7 febrero 2022, Prov. Medidas judiciales de apoyo a personas con discapacidad 1030/2021, constata dicha paradoja, al estimar la demanda de reconocimiento de la condición de guardadora de hecho de una hermana. Dice, así, que "la guarda de hecho no precisa de una investidura judicial formal", pero que la guardadora "se ve necesitada de recabar el auxilio judicial con el objeto de que se reconozca por parte de entes públicos y privados las facultades que ya vienen reconocidas legalmente en aras, única y exclusivamente, a tutelar los intereses de su hermana, cuya discapacidad consta acreditada en autos"; y añade: "Esta cuestión no deja de ser preocupante pues lleva ínsito un desconocimiento e incumplimiento por parte de dichos entes de la nueva regulación legal para la protección de las personas con discapacidad, obstaculizando, entorpeciendo y retrasando que puedan ejercitar sus derechos a través de sus guardadores de hecho". Observa que la guardadora de hecho no necesita que se declare judicialmente su condición de tal, a efectos de poder cancelar una cuenta bancaria de su hermana, solicitar los atrasos a los que esta tiene derecho, por la pensión de orfandad que tiene reconocida por el INSS, ni para disponer de la cantidad que le corresponde por un seguro de defunción de Mapfre del que es beneficiaria, porque el Código civil "establece que la guarda de hecho no precisa de una investidura judicial formal para la guarda de hecho ni para los actos descritos". Sin embargo, dado los obstáculos a los que se enfrenta la demandante para poder ejercer sus funciones, se accede a su pretensión y se le declara guardadora de hecho de su hermana "a todos los efectos legales".

También en el Documento definitivo, Anexo I, del Grupo de trabajo sobre el nuevo sistema de provisión judicial de apoyos a personas con discapacidad y su aplicación transitoria (Cód.

EX2201) de 2022, se dice que "Cuando en el expediente de Jurisdicción voluntaria incoado por la solicitud de provisión judicial de medidas de apoyo, tras la entrevista con la persona con discapacidad y la práctica de las pruebas consideradas necesarias, se advierta que existe una guarda de hecho adecuada y suficiente, procedería dictar un auto de archivo del expediente sin adoptar las medidas de apoyo judicial solicitadas". No obstante (sin duda a efectos prueba de la condición de guardador), se añade que "Es recomendable que ese mismo auto deje constancia de la existencia de una guarda de hecho ejercida por NN en relación a la persona de NN, y reseñar las funciones que el Código Civil atribuye al guardador de hecho".

Esto es lo que hace la SAP La Coruña (Sección 3.ª) 17 julio 2022, rec. n.º 238/2022 (ECLI:ES:APC:2022:1903) (*Tol 9227360*), que confirma la sentencia que había desestimado la pretensión de constituir una curatela en apoyo de una persona que, según el informe médico forense, "presentaba un deterioro cognitivo grave, en contexto de la enfermedad de SIDA, de carácter crónico, con tendencia a un mayor deterioro, no siendo esperable mejoría, no pudiendo tomar decisiones en relación con su persona y administración de bienes"; y ello, por existir una guarda de hecho, ejercida por una ONG. Sin embargo, considera conveniente la declaración judicial de la condición de guardador de hecho de la referida ONG, "a los meros efectos de acreditar esa condición frente a terceros", y especifica, con bastante detalle, los actos que la guardadora puede realizar, sin limitarse a hacer una genérica remisión al art. 264.III CC. Dice, así, que "podrá representar plena y totalmente" a la persona con discapacidad en los siguientes actos: 1) En la obtención y renovación de un certificado digital electrónico de la Fábrica Nacional de Moneda y Timbre, a fin de poder realizar gestiones telemáticas en las que sea precisa la utilización de tal medio de identificación y firma. 2) En la gestión, administración y disposición ante la entidad bancaria [en la que a la persona con discapacidad le ingresan la pensión no contributiva]. 3) En las solicitudes de actos médicos, toma de decisiones y en su caso suscripción del consentimiento informado para la realización de intervenciones médicas. 4) En cualquier acto ante la Administración General del Estado y organismos dependientes, como AEAT y la Dirección General de Tráfico, ante la Xunta de Galicia y organismo dependientes, y ante la Administración Local; y en general, en cualquier acto de gestión de los intereses ordinarios de [la persona con discapacidad]". También lo faculta para realizar un acto, que no es de los comprendidos en el art. 264.III CC, ante la existencia de una necesidad actual de autorización judicial; y ello, sin duda, con la finalidad de evitar que posteriormente tuviera que iniciarse un procedimiento de jurisdicción voluntaria para obtener dicha autorización: "En la aceptación, cobro y suscripción de carta de pago de la herencia de su difunto padre; y, especialmente, para el cobro de una cantidad correspondiente a un seguro, cuya cuota parte ya percibieron sus hermanos". Concluye: "Cualquier otra necesidad de apoyo representativo puntual que pudiera surgir en el futuro deberá ser solicitada por el cauce del expediente de jurisdicción voluntaria".

La SAP Álava (Sección 1.ª) 17 enero 2023, rec. n.º 1948/2022 (ECLI:ES:APVI:2023:32) (*Tol 9641703*), procede de manera semejante, rechazando la pretensión de constitución de curatela, por existir una guarda de hecho desempeñada por la madre, desde que su hijo había alcanzado la mayoría de edad, "si bien, parece oportuno realizar una declaración judicial sobre el carácter de guardadora de hecho" de aquélla, "aunque sea a los meros efectos de acreditar esa condición frente a terceros". Además, precisa que la guardadora podrá representar a su hijo en los siguientes actos: "1) En la obtención y renovación de DNI/pasaporte y obtención de un certificado digital electrónico de la Fábrica Nacional de Moneda y Timbre, a fin de poder realizar gestiones telemáticas en las que sea precisa la utilización de tal medio de identificación y firma. 2) En la toma de decisiones de contenido económico, educativo, así como, gestión, administración y disposición ante la entidad bancaria en la que [el hijo] tenga abierta una cuenta corriente 3) En las solicitudes de actos médicos, toma de decisiones y en su caso suscripción del consentimiento informado para la realización de intervenciones médicas. 4) En cualquier acto ante la Administración y Tribunales, y en general, en cualquier acto de gestión de los intereses ordinarios de [del hijo] ante la Administración y Tribunales". Concluye que "Cualquier otra necesidad de apoyo representativo puntual que pudiera surgir en el futuro deberá ser solicitada por el cauce del expediente de jurisdicción voluntaria".

No deja de ser curioso, que esta sentencia establece una revisión de la declaración de guardador de hecho a los tres años, medida ésta que el art. 268.II CC sólo contempla para las medidas judiciales de apoyo, lo que es una manifestación más de la paradoja de la judicialización de la desjudicialización. Establece, además, la obligación de la guardadora de informar de su actuación el mes de enero de cada año.

En las "Conclusiones de las Jornadas de Fiscales especialistas de las secciones de atención a personas con discapacidad y mayores", de 2021, se afirma que "realizado un proceso de revisión de medida que concluya en el archivo de una tutela, curatela o patria potestad prorrogada o rehabilitada, acordadas con anterioridad a la reforma, por entenderse ahora suficiente y adecuada para la persona la guarda de hecho, dicha resolución constituirá un título acreditativo extraordinario sobre esta institución, así como la propia sentencia que en su día las constituyó".

D) La denominada "declaración responsable ante la entidad bancaria"

El Documento 1.º, de julio de 2023, relativo a "La guarda de hecho en la Ley 8/21", interpretativo del Protocolo Marco de Colaboración para la efectividad de las medidas de apoyo a la capacidad jurídicas de las personas con discapacidad en el ámbito bancario, entre la Fiscalía General del Estado y las Asociaciones Bancarias, de 19 de julio de 2023, contempla lo que llama una "declaración responsable ante la entidad bancaria", documento, que deberá ser suscrito "por el titular del producto bancario que comunica a la entidad la existencia de la guarda de hecho y firmado por el guardador (o guardadores en caso de pluralidad en el apoyo)".

Sin embargo, dicho documento, en rigor, es un poder realizado ante el banco por la persona, que, aun teniendo una discapacidad, no obstante, puede manifestar una voluntad libremente formada; y ello, con la finalidad de legitimar a quien designa como guardador, para realizar una serie de operaciones dentro de los límites establecidos en el documento de apoderamiento.

Se dice, así, que "la declaración responsable ante la entidad financiera reflejará, entre otros, los siguientes contenidos: la identificación de los sujetos intervinientes ; la relación de parentesco o vínculo que les une, el alcance y modalidad de la actuación del guardador o guardadores ante la entidad; los niveles de acceso a la información bancaria; las autorizaciones de gestión operativa; la precisión y adecuación al caso concreto (...) de los límites de la gestión económica de escasa relevancia ; la autorización o no de medios de pago —que nunca podrán implicar financiación o endeudamiento, en cuanto se asimilarían a operaciones de crédito precisadas de autorización judicial— y las modalidades operativas pactadas para los mismos; la especificación de la (...) cuenta bancaria de referencia para la operativa a desarrollar con la intervención del guardador y la relación de los productos vinculados a la misma".

En el Documento interpretativo se afirma que "La eficaz salvaguarda de la buena actuación del apoyo aconseja como buena práctica la reconducción y vinculación a una única cuenta bancaria de todos los ingresos y gastos ordinarios de la persona con discapacidad, así como los productos accesorios a la misma, como pueden ser las tarjetas monedero y otros medios de pago a débito. Esta previsión evitará la afectación de la privacidad de otros eventuales cotitulares".

Se añade que "La singularización en una sola cuenta de la gestión ordinaria de la guarda enervará el riesgo de confusión de patrimonios, evitará la posible actuación fraudulenta de presentarse como guardador ante distintas entidades bancarias interesando la capacidad de gasto máxima en cada una de ellas sobre los referidos índices de referencia y permitirá, en su caso, la adecuada rendición judicial de cuentas por el guardador de hecho".

Cabe preguntarse por qué se denomina "declaración responsable" a lo que no es, sino un apoderamiento.

La razón estriba en que, en un principio, esta "declaración responsable" se concibió como una declaración del guardador de hecho, en los supuestos en que la persona con discapacidad no puede exteriorizar una voluntad libremente formada, la cual era semejante a la que el guardador realiza ante las administraciones públicas para solicitar prestaciones económicas. Se pretendía, pues, que dicha declaración acreditara ante el banco la condición de guardador de hecho y que, en consecuencia, éste pudiera actuar en representación de la persona necesitada de apoyo, para concluir en su nombre operaciones bancarias para cuya conclusión le habilita el art. 264.III CC.

Sin embargo, posteriormente, se cambió de opinión, seguramente, ante el temor de que dicha declaración de responsabilidad, hecha por el propio guardador, pudiera posibilitar actuaciones en perjuicio de la persona con discapacidad. En su lugar, se previó el actual documento de apoderamiento suscrito por ambas partes, conservándose, sin embargo, la denominación de "declaración de responsabilidad", lo que, a todas luces, resulta inadecuado a la naturaleza del documento, que es un título voluntario de legitimación del guardador para actuar dentro de los límites y con las salvaguardas en él establecidas.

Por lo tanto, la llamada "declaración de responsabilidad" es inoperante en el caso para el que originariamente se pensó, es decir, para la acreditación de la condición de guardador de hecho de la persona que no puede manifestar una voluntad libre y responsable, caso este, en el que el Documento interpretativo resalta la "especial eficacia" de las actas de notoriedad, "por aportar mayor seguridad jurídica", "en cuanto dan fe de los elementos esenciales de la guarda, es decir, la discapacidad que requiere el apoyo, el vínculo entre las partes y la suficiencia y adecuación de la propia guarda".

Precisa, además, una idea importante, al observar que la prueba realizada a través del acta de notoriedad "reflejará un momento temporal preciso, por lo que deberá tenerse en cuenta la necesidad de cierta actualización periódica para detectar eventuales cambios de situación en la guarda, sin perjuicio de la obligación del guardador de comunicar dichas circunstancias desde el mismo momento en que se produzcan".

5. CONTROL JUDICIAL DE LA ACTUACIÓN DEL GUARDADOR

El art. 265 CC prevé los siguientes controles judiciales de la actuación del guardador.

a) "A través de un expediente de jurisdicción voluntaria, la autoridad judicial podrá requerir al guardador en cualquier momento, de oficio, a solicitud del Ministerio Fiscal o a instancia de cualquier interesado, para que informe de su actuación" (art. 265.I CC).

Esta previsión se complementa con lo dispuesto en el art. 52.1 LJV, conforme al cual, "A instancia del Ministerio Fiscal, de la persona que precise medidas de apoyo o de cualquiera que tenga un interés legítimo, la autoridad judicial que tenga conocimiento de la existencia de un guardador de hecho podrá requerirle para que informe de la situación de la persona y bienes del menor o de la persona con discapacidad y de su actuación en relación con los mismos".

Un sector de la doctrina ha criticado —creemos que, con razón— la redacción de este último precepto, constatando que la misma guarda evidentes similitudes con la del anterior art. 303.1.I CC, siendo posible encontrar en ella un reflejo de la tradicional desconfianza con que antes de la reforma de 2021 se contemplaba la guarda de hecho, como una situación provisional que, por "sospechosa", debía desembocar en la constitución de tutela.

Sin embargo, la existencia de un potencial control judicial del guardador nos parece razonable, siempre que se aplique con prudencia. En la actual regulación de la discapacidad, donde se quiere potenciar la guarda de hecho como una medida de apoyo prioritaria (respecto a las de carácter judicial) la existencia de un guardador no puede verse como algo "sospechoso", sino al contrario, como algo deseable, en cuanto que, en principio, evita la necesidad de iniciar un procedimiento para constituir una curatela. Ahora bien, ello no obsta para que, si el Juez tiene conocimiento, no de la mera existencia de una guarda de hecho, sino de la posibilidad de que la misma no funcione debidamente, requiera al guardador para que le informe de su actuación.

b) En expediente de jurisdicción voluntaria el Juez podrá también "establecer las salvaguardias que estime necesarias" (art.

265.I CC), previendo el art. 52.2 LJV que "El Juez podrá establecer las medidas de control y de vigilancia que estime oportunas".

Entre dichas salvaguardas, podría incluirse el nombramiento de un defensor judicial, si en algún punto concreto existe un conflicto de intereses entre el guardador de hecho y la persona con discapacidad. Se ha apuntado también la posibilidad excepcional de exigir al guardador la formación de inventario o la prestación de fianza, para poder seguir ejerciendo la medida de apoyo.

c) "Asimismo [la autoridad judicial], podrá exigir que el guardador rinda cuentas de su actuación en cualquier momento" (art. 265.II CC).

La exigencia de rendición de cuentas al guardador parece un tanto contradictoria, en relación con una medida de apoyo que surge espontáneamente y se desarrolla al margen de la autoridad judicial, por lo que solo parece tener sentido en dos casos: bien, cuando el Juez tenga sospechas o indicios de un comportamiento indebido por parte del guardador, bien para comprobar el resultado de actos para cuya realización haya dado una previa autorización, al no poder llevarlos a cabo el guardador sin ella.

La imponen, sin embargo, anualmente, sin existir especiales motivos, las SSJPII (núm.) 2 Tafalla 3 febrero 2022, rec. n.º 347/2021 (ECLI: ES:JPII:2022:47) (*Tol 8.961.608*) y 3 febrero 2022 (ECLI:ES:JPII:2022:40) (*Tol 8.961.601*).

En el Documento definitivo, Anexo I, del Grupo de trabajo sobre el nuevo sistema de provisión judicial de apoyos a personas con discapacidad y su aplicación transitoria (Cód. EX2201) de 2022, se afirma que "Cuando se conceda una autorización al guardador de hecho para que actúe en representación de la persona con discapacidad, también sería conveniente establecer salvaguardas para comprobar la correcta realización del acto y su destino al interés de la persona con discapacidad".

Tales salvaguardas pueden exigirse en virtud del art. 66 LJV, según el cual "El Juez podrá adoptar las medidas necesarias para asegurar que la cantidad obtenida por el acto de enajenación o gravamen, así como por la realización del negocio o contrato autorizado se aplique a la finalidad en atención a la que se hubiere concedido la autorización".

> El AJPI (núm. 5) Córdoba 570/2022 15 septiembre 2022, Procedimiento de Jurisdicción Voluntaria Genérico 1297/2021, que autorizó a la guardadora de hecho para vender directamente la cuota de un inmueble de la madre, porque no podía pagar la residencia donde vivía con el importe de las pensiones que cobraba, acordó que la hija debía acreditar que el importe de la venta se había "destinado a las finalidades expuestas en la demanda (ingreso en una cuenta bancaria de la persona con discapacidad para atender los gastos de ésta)".

6. REMBOLSO DE GASTOS, INDEMNIZACIONES Y RETRIBUCIÓN

Conforme al art. 266 CC, "El guardador tiene derecho al reembolso de los gastos justificados y a la indemnización por los daños derivados de la guarda, a cargo de los bienes de la persona a la que presta apoyo".

a) La expresión "gastos justificados" no significa que, simplemente, se hayan probado, sino que hay que ponerlos en relación con su finalidad, que es la prestación del apoyo.

El guardador podrá reclamar —desde luego— el reembolso de los gastos hechos que fuesen necesarios para el cuidado de la persona con discapacidad (por ejemplo, de adquisición de medicamentos o de limpieza de la vivienda) o para la administración ordinaria de su patrimonio (gastos de reparación de una cosa propia o alquilada), pero también —creemos— el de los gastos meramente convenientes, que, siendo de cuantía moderada, redunden en beneficio de la persona bajo su guarda o de su patrimonio, teniendo en consideración su concreta personalidad: así, por ejemplo, puede estar perfectamente justificada la compra de una entrada para un concierto de un artista por el que aquella siente especial predilección.

Incluso cabe reclamar el reembolso de gastos superfluos decididos por la persona con discapacidad, siempre que la misma se encuentre en condiciones de formar su voluntad libremente y sean acordes con su nivel de vida: decide que quiere la compra de un mueble del que se ha encaprichado o realizar un viaje a un lugar que le apetece visitar.

b) Respecto de la "indemnización por los daños derivados de la guarda", creemos que el precepto está pensando, básicamente, en los causados por la persona a quien desinteresadamente cuida, pareciendo establecer el precepto un caso de responsabilidad objetiva, lo que resulta lógico, dado que, en muchas ocasiones, la persona con discapacidad no será imputablemente civilmente y, en consecuencia, no podrá afirmarse su culpa en la causación del daño.

El precepto tiene una redacción diversa a la del art. 281.I CC, que reconoce al curador la posibilidad de pedir la "indemnización de los daños sufridos sin culpa por su parte en el ejercicio de su función". Sin embargo, no creemos que el guardador de hecho pueda solicitar la reparación de los daños causados por su culpa, pues esto supondría una desviación absoluta de las reglas generales en materia de responsabilidad civil (la culpa exclusiva de la víctima rompe el nexo de causalidad). Además, si bien es cierto que el guardador de hecho no tiene obligación de asumir esta medida de apoyo, una vez que lo hace, debe ejercerla con la debida diligencia.

c) El art. 266 CC, a diferencia del art. 281.I CC, en sede de curatela, no prevé una retribución a cargo del guardador de hecho, lo cual es lógico, porque estamos ante una medida de apoyo que se caracteriza por su carácter altruista.

Es discutible si puede concedérsela voluntariamente la persona con discapacidad. A nuestro parecer es dudoso, pues, si la retribución es una especie de contraprestación pactada por los cuidados que recibe, estaríamos ante una relación contractual, que excluiría la existencia de una auténtica guarda de hecho (art. 250.VIII CC); y, si se trata de una donación, la misma está prohibida, "salvo que se trate de regalos de costumbre o bienes de escaso valor" (art. 251.I.1.º CC).

Sí que, en cambio, podrá hacer disposiciones *mortis causa* en favor del guardador que sea pariente con derecho a sucederle *ab intestato* (art. 753.IV CC); y, en general, siempre que se trate de una persona física, utilizando el testamento notarial abierto (art. 753.III CC).

7. CAUSAS DE EXTINCIÓN DE LA GUARDA DE HECHO

Las causas de extinción de la guarda de hecho están previstas en el art. 267 CC, que contempla cuatro supuestos.

1.º) "Cuando la persona a quien se preste apoyo solicite que este se organice de otro modo".

Cabe aquí pensar en varias posibilidades.

a) La primera es que la persona con discapacidad desee que lo asista una nueva persona, lo que, en puridad, no comportará una extinción de la guarda de hecho, sino, simplemente, la sustitución de la persona del guardador, siempre que haya quien acepte serlo y se hallare en condiciones de desempeñar adecuadamente su función, pues, en caso contrario, habría que acudir a las medidas judiciales de apoyo.

Sería también posible, que, si se encontrara en condiciones de hacerlo, acudiera al Notario y se nombrase como apoderado a otra persona distinta a la que ejerce la guarda, en cuyo caso, esta medida voluntaria de apoyo desplazaría a la guarda de hecho (art. 255.V CC).

b) La segunda posibilidad es que la persona bajo la guarda de hecho pida, ella misma, la constitución de una curatela (siempre se halle en condiciones de hacerlo), lo que raramente tendrá lugar, siendo más frecuente que la soliciten sus familiares, solicitud a la que se accede más fácilmente si la persona con discapacidad muestra su conformidad.

En cualquier caso, conforme al art. 42 bis b) 3 LJV, en el marco del procedimiento de jurisdicción voluntaria en que solicite la constitución de la curatela, "En la comparecencia se procederá a celebrar una entrevista entre la autoridad judicial y la persona con discapacidad, a quien, a la vista de su situación, podrá informar acerca de las alternativas existentes para obtener el apoyo que precisa, bien sea mediante su entorno social o comunitario, o bien a través del otorgamiento de medidas de apoyo de naturaleza voluntaria".

c) La tercera posibilidad sería una solicitud, por parte de la persona con discapacidad, de que se pusiera fin a la guarda de hecho, rechazando todo tipo de medida de apoyo, también las juridiciales.

En este punto hay que tener en cuenta que, como veremos más adelante, la jurisprudencia entiende que es posible establecer medidas judiciales de apoyo en beneficio de una persona que las rechaza expresamente, cuando sufre una enfermedad que le impide apreciar que objetivamente las necesita.

Por supuesto, no procederá establecer las medidas judiciales de apoyo cuando la enfermedad que padece la persona no impida a esta tomar conciencia de su conveniencia o, incluso necesidad, pero, aun así, en ejercicio de su libertad, decida rechazarlas.

2.º) "Cuando desaparezcan las causas que la motivaron".

Este supuesto se dará cuando cese la situación de necesidad de apoyos, bien por muerte de la persona sujeta a la guarda, bien por mejoría de la enfermedad que padecía, en cuyo caso no hay porqué prolongar la guarda de hecho: la "necesidad" ha de apreciarse teniendo en cuenta la situación actual de la persona, no, en atención a circunstancias pasadas o a riesgos futuros; y se trata, además, de un concepto distinto al de la mera "conveniencia" estimada según parámetros ajenos a los valorados por la propia persona con discapacidad.

3.º) "Cuando el guardador desista de su actuación, en cuyo caso deberá ponerlo previamente en conocimiento de la entidad pública que en el respectivo territorio tenga encomendada las funciones de promoción de la autonomía y asistencia a las personas con discapacidad".

Esta causa de extinción de la guarda de hecho obedece a la circunstancia de que nadie está obligado a ejercer esta medida de apoyo, razón por la cual el guardador puede renunciar a esta condición, cuando así lo estime oportuno, sin que deba invocar motivo alguno. Sin embargo, con el fin de evitar que se causen daños a la persona con discapacidad se le obliga a comunicar su voluntad de no querer seguir ejerciendo la guarda, siendo, por lo tanto, responsable de los que se le originen como consecuencia de una comunicación tardía.

4.º) "Cuando, a solicitud del Ministerio Fiscal o de quien se interese por ejercer el apoyo de la persona bajo guarda, la autoridad judicial lo considere conveniente".

El juez constituirá una curatela, en el caso de que aprecie que la guarda de hecho no funciona correctamente no es suficiente para satisfacer las necesidades de apoyo.

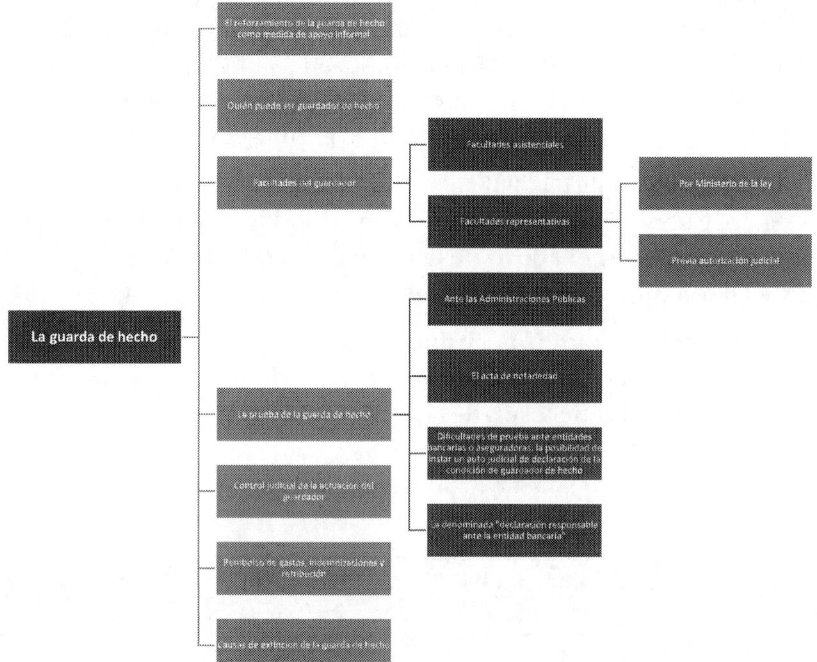
La guarda de hecho
El reforzamiento de la guarda de hecho como medida de apoyo informal
Quién puede ser guardador de hecho
Facultades del guardador
Facultades asistenciales
Facultades representativas
Por Ministerio de la ley
Previa autorización judicial
La prueba de la guarda de hecho
Ante las Administraciones Publicas
El acta de notariedad
Dificultades de prueba ante entidades bancarias o aseguradoras. la posibilidad de instar un auto judicial de declaración de la condición de guardador de hecho
La denominada "declaración responsable ante la entidad bancaria"
Control judicial de la actuación del guardador
Reembolso de gastos, indemnizaciones y retribución
Causas de extinción de la guarda de hecho

4. La curatela

SUMARIO: 1. LA CURATELA COMO PRINCIPAL MEDIDA DE APOYO DE ORIGEN JUDICIAL. 2. CLASES DE CURATELA. 3. EL TEÓRICO CARÁCTER SUBSIDIARIO DE LA CURATELA. 4. CASOS EN LOS QUE ES NECESARIO ACUDIR A LA CURATELA. A) Falta de ejercicio adecuado de la medida de apoyo por parte del guardador. a) Desatención de la persona con discapacidad. b) Desatención del patrimonio. c) Dificultad para seguir ejercitando la guarda de hecho. d) Carácter temporal de la residencia en la entidad que ejerce la guarda de hecho. B) Insuficiencia de la guarda de hecho como medida de apoyo. a) Existencia de conflictos reiterados con la persona con discapacidad. b) Existencia de conflictos entre los guardadores de hecho o las personas, que, por razones familiares, podrían llegar a serlo. c) Situaciones de riesgo familiar provocadas por la enfermedad de las personas con discapacidad. d) Tendencia al gasto que no puede controlarse a través de la guarda de hecho. e) Existencia de un patrimonio, cuya administración requiera la petición de continuas autorizaciones judiciales para realizar actuaciones representativas. f) Existencia de un precario estado de salud que requiere tratamientos médicos reiterados. 5. NOMBRAMIENTO DE CURADOR. A) Quién puede ser curador. B) Causas de inhabilidad no dispensables. C) Causas de inhabilidad dispensables judicialmente por circunstancias excepcionales. D) Orden de nombramiento. E) Pluralidad de curadores. F) Excusa. 6. LA CURATELA CON FACULTAD DE REPRESENTACIÓN. A) Carácter excepcional de la curatela representativa. B) Actos para los que el curador necesita autorización judicial. a) Actos de transcendencia personal o familiar. b) Actos de enajenación o gravamen. c) Donaciones. d) Renuncia de derechos, transacción o arbitraje. e) Aceptación pura y simple o repudiación de herencia o de donaciones. f) Gastos extraordinarios. g) Interposición de demandas. h) Préstamos y garantías personales. i) Seguros de vida, renta vitalicia y otros análogos. C) Actos realizados por el curador sin la preceptiva autorización judicial. D) Actos sujetos a aprobación judicial posterior (partición de herencia y división de cosa común. E) Imposibilidad de representación en los casos de existencia de conflicto de intereses. 7. OBLIGACIONES DEL CURADOR. A) Al tomar posesión del cargo. a) La obligación eventual de prestar fianza. b) La formación de inventario por parte del curador representativo. B) Durante el desempeño de la medida de apoyo. C) La obligación de rendición de cuentas. D) Responsabilidad del curador. 8. RETRIBUCIÓN. 9. REMOCIÓN. 10. EXTINCIÓN.

1. LA CURATELA COMO PRINCIPAL MEDIDA DE APOYO DE ORIGEN JUDICIAL

La principal medida judicial que actualmente se contempla (teniendo la intervención del defensor judicial carácter esporádico para actos concretos) es la curatela, que, sin embargo, tiene carácter subsidiario, dado que sólo podrá acudirse a ella cuando no existan medidas voluntarias establecidas por el propio interesado, que se extiendan a todos los ámbitos en que necesite ser apoyado, o no haya una guarda de hecho que funcione adecuadamente.

El Preámbulo de la Ley 8/2021, se refiere, así, a la curatela como "la principal medida de apoyo de origen judicial para las personas con discapacidad", explicándose que "El propio significado de la palabra curatela —cuidado—, revela la finalidad de la institución: asistencia, apoyo, ayuda; por tanto, como principio de actuación y en la línea de excluir en lo posible las figuras de naturaleza representativa, la curatela será, primordialmente, de naturaleza asistencial"; pero, con evidente sentido común, se añade que, "No obstante, en los casos en los que sea preciso, será posible atribuir al curador funciones representativas, que solo de manera excepcional y ante casos especialmente graves de discapacidad, podrán tener alcance general" (III).

Por lo tanto, suprimida la tutela, a la persona con discapacidad no se le nombrará ya un tutor que actúe en su nombre, sino, cuando sea necesario, un curador que la asista, apoyándola en el ejercicio de sus derechos, de acuerdo con "su voluntad, deseos y preferencias" (art. 283.III CC), y procurando que "pueda desarrollar su propio proceso de toma de decisiones" (art. 283.IV CC); sólo, excepcionalmente, podrá representarla.

2. CLASES DE CURATELA

En el Preámbulo de la Ley 8/2021 se contrapone la curatela "asistencial" a la curatela "representativa".

Sin embargo, desde un punto de vista, puramente conceptual, nos parece que cabe diferenciar tres tipos posibles de curatela, en atención a la intensidad jurídica del apoyo que de ella resulta:

a) La curatela "asistencial", orientada a la atención cotidiana de la persona con discapacidad (alimentación, vestido, higiene personal) y al de su salud (toma de medicamentos, visitas médicas, análisis clínicos), conservando ésta la facultad de actuar en su propio nombre en el tráfico jurídico, sin necesidad de que los actos que realice sean consentidos por el curador.

b) La curatela "complementadora" del ejercicio de la capacidad jurídica, comúnmente proyectada en la esfera patrimonial, la cual suele convivir con la estrictamente asistencial en el ámbito de la salud, y que exige el consentimiento del curador a los actos y contratos concluidos por la persona a la que apoya, como requisito de validez de los mismos.

Este era el rasgo que, con anterioridad a la reforma de 2021, principalmente definía a la curatela frente a la tutela, que otorgaba la representación legal del incapacitado a quien ejercía el cargo de tutor; y ello, a diferencia del curador, cuya intervención era necesaria para la validez del acto, pero no tenía carácter sustitutivo.

A nuestro parecer, en la actualidad, este tipo de curatela sólo debe operar cuando expresamente se prevea en la sentencia que la constituya, no bastando para afirmar su existencia que se asignen al curador facultades de supervisión o de control del patrimonio de la persona con discapacidad.

Así lo hace la STS (Sala 1.ª) 18 septiembre 2024, rec. n.º 7339/2022 (ECLI:ES:TS:2024:4400) (*Tol 10197239*), que ha considerado procedente establecer una curatela en apoyo de una persona que sufría un trastorno bipolar, que le provocaba una tendencia desmesurada al gasto, observando que su contenido se concreta en asistir a la persona apoyada para la "realización de actos de administración y disposición complejos, para cuya validez requerirán de la autorización del curador".

No se puede presuponer que la mera calificación como "asistencial" de una curatela comporte la atribución al curador de la facultad de complementar el ejercicio de su capacidad jurídica, porque los términos "asistir" y "complementar" no son sinónimos.

Sin embargo, en la mayoría de ocasiones, las sentencias se limitan a calificar las curatelas no representativas, como "asistenciales", produciéndose una gran inseguridad jurídica, respecto del concreto alcance de la intervención del curador, probablemente, para no contravenir el principio, previsto en el art. 249.II CC, de que el mismo actúe "atendiendo a la voluntad, deseos y preferencias" de la persona apoyada; pero, de esta manera, se constituyen curatelas que no constituyen una medida de apoyo suficiente para la persona con discapacidad (concretamente, para la protección de su patrimonio).

La SAP Madrid (Sección 22.ª) 21 mayo 2024, rec. n.º263/2023 (ECLI:ES:APM:2024:8439) (*Tol 10181829*), es un ejemplo de ello. Conoció del caso de una personada con discapacidad según relata, "cobra su pensión y se gasta todo el dinero", "se administra mal", "pide créditos continuamente", "le gusta consumir, comprar por comprar", "en cuanto ve dinero, compra algo" y "debe dinero a los vecinos". Considera insuficiente una guarda de hecho, pero revoca la sentencia apelada, afirmando que, por respeto a los principios de necesidad y proporcionalidad, la curatela en la esfera patrimonial debe ser "asistencial, y no representativa", "a fin de observar las reglas de intervención mínima y mantenimiento de la autonomía que prevé la nueva ley". Sin embargo, no prevé que la validez de los actos requiriera el consentimiento del curador, razón por la cual la curatela establecida no garantiza suficientemente la protección de una persona, que, como la apoyada, realizaba gastos desmedidos.

A veces, aunque la curatela se califica como "asistencial", por los términos en los que se describe la actuación del curador, parece que, en realidad, es "complementadora".

La SAP Valencia (Sección 10.ª) 20 octubre 2021, rec. n.º 45/2020 (ECLI:ES:APV:2021:3651) (*Tol 8747618*), por ejemplo, constituyó una curatela calificada como "asistencial" para supervisar "los actos patrimoniales de mayor trascendencia, que son los de naturaleza económica enunciados en el artículo 287 del Código Civil", frase esta última de la que parece deducirse que se estaba encomendando al curador una función de complemento de ejercicio de la capacidad de la persona apoyada.

c) La curatela "representativa", que, excepcionalmente, faculta al curador para actuar, sustitutivamente, en nombre de la persona sujeta a curatela.

Son evidentes la analogías de la curatela representativa con la antigua tutela, pero no se pueden identificar ambas figuras, puesto que, de un lado, el curador deberá actuar, teniendo "en cuenta la trayectoria vital de la persona con discapacidad, sus creencias y valores, así como los factores que ella hubiera tomado en consideración, con el fin de tomar la decisión que habría adoptado la persona en caso de no requerir representación" (art. 249.II CC); y, de otro, los principios de necesidad y de proporcionalidad imponen una estricta determinación de los concretos actos de representación que el curador puede llevar a cabo (art. 269.III CC).

3. EL TEÓRICO CARÁCTER SUBSIDIARIO DE LA CURATELA

Es claro que en la nueva regulación legal las medidas judiciales de apoyo, en concreto, la curatela tiene un claro carácter subsidiario, por lo que solo procederá constituir una curatela cuando no exista una guarda de hecho que se ejerza adecuadamente (art. 263 CC) y, siempre —claro está— que no se hayan previsto medidas de apoyo de naturaleza voluntaria, pues las "de origen legal o judicial solo procederán en defecto o insuficiencia de la voluntad de la persona" con discapacidad (249.I CC).

Sin embargo, esta idea, expresión de la desjudicialización propugnada por la Ley 8/2021, no ha sido acogida por igual en la jurisprudencia de instancia.

a) Un sector de la jurisprudencia considera que, siendo la guarda de hecho la figura primordial de apoyo de las personas con discapacidad, si la misma existe y se ejerza adecuadamente, no procede el nombramiento de un curador con facultades de representación (que sería lo más semejante al antiguo tutor de los incapacitados), sino que lo procedente es que el demandante continúe ejercitando la guarda de hecho, tal y como lo venía haciendo, pidiendo la correspondiente autorización judicial en el caso excepcional de que debiese realizar algún acto representativo.

La SAP Córdoba (Sección 1.ª) 22 marzo 2022, rollo de apelación 68/2022, confirmó la falta de necesidad de establecer una curatela, porque existía una guarda de hecho, que había "estado funcionando *de facto* durante muchos años y correctamente", reconociendo la condición de guardadora a una de las hermanas de la persona con discapacidad (de acuerdo con sus preferencias), dado que aquella se dedicaba a su cuidado con mayor intensidad que el resto de los familiares (en la sentencia recurrida se había reconocido tal condición a los padres, que, sin embargo, dada su avanzada edad y las enfermedades que padecían, debían también a ser atendidos). Observa que las necesidades de la persona con discapacidad "no son sino las usuales de una persona con esta situación, supervisión de actos elementales y realizar por él otras para las que no alcanza a tener conocimiento", y que "No consta la existencia de un patrimonio que precise actos de administración, ni intereses que precisen de una especial intervención y control de lo que en su nombre se pueda ir realizando por la persona a quien se le encomiende esa actuación". Concluye: "Se trata por tanto de persona actualmente con 51 años, que lo que precisa es asistencia personal, precisamente la que ha estado teniendo a lo largo de su vida, sin que se haya visto en la necesidad de mayores formalidades, habiendo dado muestras en la entrevista de estar muy confortable con la situación de la que ha gozado y goza en el presente".

La SAP Cantabria (Sección 2.ª) 31 mayo 2022, rec. n.º 830/2021 (ECLI:ES:APS:2022:623) (*Tol 9096082*), consideró improcedente la adopción de las medidas judiciales de apoyo pretendida por los padres de una persona de 18 años, que tenía una discapacidad intelectual media (coeficiente intelectual de 58 y edad mental de 7 años) y a la que se le había reconocido la situación de discapacidad administrativa del 67% y de dependencia en grado II. Dicha persona requería ayuda en actividades cotidianas no primarias, pero conservaba autonomía para realizar actividades básicas y cotidianas de la vida diaria y tenía una "buena adaptación social y familiar", precisando, sin embargo, "supervisión para las decisiones de transcendencia personal y para la administración económica y disposición de sus bienes". Observa que la valoración positiva "sobre la suficiencia y adecuación de la guarda de hecho que sobre la persona con discapacidad realizan sus padres no ofrece ninguna duda para seguir proyectándola en el futuro, pues reside con ellos, le atienden, cuidan y apoyan satisfactoriamente desde su minoría de edad para el desarrollo pleno de su personalidad y para que en el futuro requiera de un menor apoyo y están, en fin, en perfectas condiciones para seguir voluntariamente haciéndolo en el futuro". Los padres, en el recurso de apelación contra la sentencia de primera instancia, habían argumentado que la solución de no adoptar medidas judiciales de apoyo, desembocaría en un "previsible colapso de la Administración de Justicia por la necesidad de interesar constantes autorizaciones de los guardadores al juez". Frente a ello, la Audiencia responde que, con este argumento, "se impugna más una decisión del legislador que el fondo de la decisión judicial" (que fue confirmada en segunda instancia).

La SAP Cádiz (Sección 5.ª) 5 septiembre 2022, rec. n.º 529/2022 (ECLI:ES:APCA:2022:2126) (*Tol 9285608*), confirmando la sentencia recurrida, entendió que procedía la desestimación de la demanda de provisión de apoyos, "actualmente innecesaria", puesto que los padres de la persona con discapacidad desempeñaban "con absoluta dedicación y de manera adecuada, la guarda de hecho". Dice, así, que, desde "el punto de vista asistencial, tiene cubiertas sus necesidades"; y, desde "la óptica de la administración de sus bienes, sus padres gestionan y administran su pensión y la cuenta en la que se ingresa la misma y, desde la misma, abona los gastos correspondientes de la asistencia que recibe, pudiendo, como guardadores de hecho realizar todas las gestiones que son precisas en el Banco". Tajantemente, concluye que "El presente procedimiento constituye una rémora del régimen de incapacidad que felizmente ha sido superado con la actual reforma, viéndose obligada la familia a instancia de instituciones a la iniciación del mismo cuando, con el devenir del tiempo y el cambio de la legislación, dicha iniciación ha devenido absolutamente innecesaria".

La SAP Castellón (Sección 4.ª) 16 septiembre 2022, rec. n.º 236/2022 (ECLI:ES:APCS:2022:1106) (*Tol 9668524*) , confirmó la sentencia recurrida, que había desestimado la pretensión de constitución de curatela, dado que quien pretendía ser nombrado curador era guardador de hecho y desempeñaba la medida de apoyo de manera adecuada. El apelante sostenía que la enfermedad de su madre (Alzheimer, grave, en fase avanzada) era "una de las patologías más inhabilitantes", teniendo carácter irreversible, pretendiendo, "asumir formal y solemnemente la obligación de cuidar de la misma, con todas las de la Ley", "no como algo de facto sino de iure", esto es, "no como una mera obligación moral, sino como una auténtica obligación jurídica, merecedora del correspondiente auxilio para poder cumplirla cabalmente, dotando de certeza, seguridad jurídica y permanencia a una situación que a todas luces lo requiere". Frente a ello, la Audiencia afirma que no procedía la constitución de la curatela, pues la madre tiene "ya un guardador de hecho, el propio recurrente que se postula como curador representativo, cuya eficaz actuación como tal guardador de hecho supone suficiente apoyo para la misma, tanto a nivel personal como de administración ordinaria de sus bienes, fundamentalmente sus pensiones, facilitado esto por la cotitularidad de la cuenta bancaria".

La SAP La Coruña (Sección 6.ª) 31 enero 2023, rec. n.º 115/2022 (ECLI:ES:APC:2023:162) (*Tol 9438990*) , ha revocado la sentencia recurrida, que había considerado procedente constituir una curatela en favor de una persona de 92 años de edad, que padecía un deterioro cognitivo grave por demencia prefrontal con trastorno de conducta, como consecuencia de lo cual precisaba "apoyo en cuanto a las funciones de su autocuidado en el ámbito de su salud y toma de decisiones de carácter tanto sanitario como contractual y procesal, siendo totalmente dependiente en todos los aspectos de su vida". Observa que la "prueba revela que existe una guarda de hecho que supone apoyo suficiente y adecuado, clara y encomiablemente desde el punto de vista asistencial", "y también desde el punto de vista representativo". Evidencia que la sentencia recurrida fundamenta la constitución de la curatela en la necesidad de representar a la persona con discapacidad "en todas aquellas situaciones y gestiones que pudieran resultar necesarias para el adecuado desarrollo de su vida diaria, como pudieran ser, en el ámbito sanitario tratamientos médicos o intervenciones quirúrgicas, o cuestiones patrimoniales (pagos de IBI, declaraciones o pagos de impuestos, recibos, etc.), gestiones bancarias o solicitudes de ayudas o prestaciones a las administraciones públicas". Frente a ello, afirma que "Puede entenderse, en sencia, que resultan ser las funciones representativas implícitas en la guarda de hecho conforme al art. 264 del Código Civil", es decir, que se trata de actos para cuya realización el guardador ya está legitimado por Ministerio de la Ley por el párrafo tercero de dicho precepto. No obstante, dada la "dificultad acreditativa de la condición de guardador de hecho", estima conveniente constatar la condición de guardadora de hecho de la hija, extendiendo sus facultades representativas en materia de salud, ante la redacción del art. 6 de la Ley 3/2001 gallega a diferencia del art. 9 de la Ley 41/2002, que ya supone habilitación legal expresa para que pueda actuar un familiar y con mayor razón, se estima, un guardador de hecho reconocido".

b) Sin embargo, hay otra orientación jurisprudencial distinta, existiendo sentencias que constituyen una curatela, debido a la gravedad de la enfermedad que padece la persona con discapacidad; y ello, a pesar de existir un guardador de hecho, que se ocupa eficazmente de aquélla, por considerar que, concurriendo una discapacidad severa, la guarda de hecho no puede funcionar correctamente.

La SJPII (núm. 4.º) Massamagrell 21 septiembre 2021, rec. n.º 275/2019 (ECLI:ES:JPII:2021:916) (*Tol 8.764.563*), sujetó, así, a curatela representativa a una persona de 83 años con Alzheimer y otras patologías "persistentes de carácter psíquico que le impiden en absoluto gobernarse por sí misma", lo que, según el informe del médico forense, le originaba, de manera continuada e irreversible, "una anulación cuasi absoluta de facultades". En el acto de la vista se apreció en la misma "un discurso muy limitado, con falta de respuesta a preguntas sencillas", reconociendo "que la persona que se encarga de sus necesidades era su hijo Pablo en quien confía". Dicho hijo, que convivía con él, era, en realidad su guardador de hecho y, según se desprende de sus declaraciones, así como de la del resto de los parientes más próximos, la guarda de hecho funcionaba correctamente. Sin embargo, se le nombró curador de su padre con facultades de representación, con preferencia a la madre, que tenía una edad avanzada y se encontraba sujeta a medidas de apoyo; y ello, "por motivos de mayor disponibilidad temporal existiendo además convivencia, y una manifestada actuación del mismo para ayudar a su padre en las cuestiones médicas, administrativas o económicas". Respecto a la extensión de la curatela establecida, en la esfera personal, comprendía la facultad de representar a la persona con discapacidad en decisiones relativas al seguimiento del tratamiento médico, traslados a residencias o centros de asistencia, asistencia a centros terapéuticos, ocupacionales, centros de día o asimilados, etc.; y, en la esfera económica, la facultad de representarle en las "decisiones con trascendencia patrimonial que supongan la reducción del patrimonio", "precisando de autorización judicial expresa para dar dinero a título gratuito, obtener préstamos o financiaciones, gravar o enajenar inmuebles y el resto de actos previstos en el art. 287 CC".

La SJPII (núm. 1) Tafalla 23 noviembre 2021, rec. n.º 68/2021 (ECLI:ES:JPII:2021:1137) (*Tol 8.827.334*), constituyó también una curatela en apoyo de una persona enferma de Alzheimer, con ceguera parcial bilateral e hipoacusia de intensidad importante; y ello, a pesar de existir una guarda de hecho, ejercida por su sobrina política y una amiga, que había funcionado "de una forma adecuada y atendiendo a los intereses y necesidades de la misma". Precisamente, nombró, como curadora a la sobrina, anterior guardadora de hecho, como curadora, atribuyéndole facultades de representación, dado que, por la enfermedad que padecía, no es posible "determinar cuáles son su voluntad, deseos y preferencias", para cualquier tipo de decisión que "quiera adoptar respecto a su persona y patrimonio".

La SAP Valencia (Sección 10.ª) 19 enero 2022, rec. n.º 391/2021 (ECLI:ES:APV:2022:111) (*Tol 8870403*), igualmente, estableció una curatela respecto de una persona que sufría un Alzheimer agudo, nombrándose curador a su marido de 86 años, a pesar de venir ejerciendo este la guarda de hecho correctamente, desestimando la pretensión de tres hijos de ejercer la medida de apoyo conjuntamente, por entenderse no acreditado "que en el momento actual su edad (86 años) suponga impedimento u obstáculo que le impida el adecuado cumplimiento de las obligaciones que impone el cargo de curador con funciones de representación".

La SAP Badajoz (Sección 3.ª) 27 junio 2022, rec. n.º 178/2022 (ECLI:ES:APBA:2022:952) (*Tol 9218464*), pertinente mantener una curatela con facultad de representación en apoyo de una persona con Alzheimer, a pesar de existir una guardadora de hecho (nombrada curadora), una hija, que acudía todos los días al domicilio de sus padres, sin que su madre pudiera "sola hacer prácticamente ninguna tarea de la casa ni manejar por ejemplo el dinero de la pensión, 720 euros mensuales" que cobraba. Desestimó el recurso del Ministerio Fiscal, que argumentaba que, existiendo una guarda de hecho que funcionaba correctamente, no procedía la constitución de una curatela. Frente a ello, la Audiencia la consideró necesaria, "sin que sea posible otra solución jurídica más adecuada", en atención a las circunstancias personales de la madre, sin que "sea suficiente para lograr el desarrollo pleno de la personalidad de aquella y su desenvolvimiento jurídico en condiciones de igualdad el simple mantenimiento de la guarda de hecho, a todas luces insuficiente aquí".

La SAP Málaga (Sección 6.ª) 20 septiembre 2022, rec. n.º 557/2022 (ECLI: :ES:APMA:2022:4362) (*Tol 9513643*), revocó la sentencia recurrida, que, aplicando el art. 263 CC, había considerado improcedente constituir una curatela, por existir una guarda de hecho que funcionaba correctamente. Por el contrario, la Audiencia constató que la persona con discapacidad padecía "una enfermedad psíquica de carácter persistente" que le impedía "expresar su voluntad, deseos, preferencias, de manera libre" y que en la entrevista no había sido "capaz de siquiera de llegar a comunicarse y no pudo moverse de la silla de ruedas". De ello dedujo que la guarda de hecho no era suficiente medida de apoyo, "por cuanto requerir de las personas guardadoras que para *todos* los actos que deban hacerse deban acudir a la autorización siendo estos *todos* en el presente caso, supone un gravamen perjudicial para la persona que necesita dichos apoyos, por el retraso que puede conllevar y por tanto para su mejor calidad de vida". Nombró curadora con facultades de representación a la sobrina, anterior guardadora de hecho.

La SAP Badajoz (Sección 3.ª) 10 octubre 2022, rec. n.º 247/2022 (ECLI:ES:APBA:2022:1338) (*Tol 9302373*), también la sentencia que había denegado la constitución de la curatela por considerarla improcedente, al existir una guarda de hecho, que, según el Juez *a quo*, funcionaba correctamente. Por el contrario, constituyó una curatela representativa en apoyo de una persona, que padecía un Alzheimer y una demencia grave, considerando insuficiente la guarda de hecho para apoyarla, nombrando curadora a la hija, tanto en la esfera personal, como en la patrimonial. Insiste en la grave situación en la que se encuentra la persona con discapacidad, lo que en la entrevista personal "le ha impedido contestar y comunicarse incluso, no respondiendo a ninguna de las preguntas que se le han realizado, de lo que se deduce su deterioro cognitivo". Por su parte, su hija "responde que su madre se encuentra actualmente ingresada en un centro adecuado a sus necesidades y que necesita ayuda para todo, pues no come sola, ni casi camina ya", manifestando "su disponibilidad para hacerse cargo de ella como curadora" y "aclarando a su letrada que necesita este nombramiento para cualquier gestión relacionada con su madre".

La SAP (Sección 1.ª) León 8 febrero 2023, rec. n.º 1007/2022 (ECLI:ES:APLE:2023:186) (*Tol 9454274*), revocando la sentencia apelada, constituyó una curatela con facultades de representación amplísimas en apoyo de una persona diagnosticada de demencia de tipo Alzheimer, en fase severa. Afirma que la guarda de hecho deja de ser suficiente "cuando es preciso extender los apoyos de manera generalizada", "salvo cumplida demostración en contrario". En este caso, observa que "la guarda de hecho es notoriamente insuficiente, pero no porque su hija no la cuide y atienda debidamente [de hecho, se nombra curadora a la guardadora], sino porque el mero apoyo asistencial no es suficiente: en casi todos los ámbitos de su vida [la persona con discapacidad] precisa adoptar decisiones que requieren una capacidad de comprensión de la que carece y una iniciativa ejecutiva que no tiene"; y continúa diciendo: "Estas limitaciones llevarían a la guardadora de hecho a un peregrinaje constante para solicitar autorización judicial en relación con actos tan nimios como sacar pequeñas cantidades de dinero de la cuenta de su madre para comprarlos alimentos que esta precisa o ropa que le resulte necesaria, medicamentos...".

La SAP Alicante (Sección 6.ª) 20 febrero 2023, rec. n.º 945/2022 (ECLI:ES:APA:2023:598) (*Tol 9663952*), revocando también la sentencia recurrida, nombró curadora con facultades de representación a la hija de una persona afectada por un Parkinson en fase avanzada, que padecía un grave deterioro cognitivo, como consecuencia del cual carecía de la posibilidad de "expresar su voluntad o deseos"; y ello, a pesar de existir una guarda de hecho desempeñada por dicha hija. Afirma que "Esta Sala no desconoce que existe otra corriente entre una parte de las Audiencias Provinciales que limitan la designación de curador, cuando existe una guarda de hecho que se desarrolla de forma eficaz, siguiendo el art. 255 in fine del CC". Pero añade: "Sin embargo, al entender de esta Sala en aquellos supuestos en que la persona discapaz que precisa de medidas de apoyo, carece de toda forma de expresar su voluntad o deseos, de tomar decisiones por sí mismo, no pudiendo desarrollar las más mínimas habilidades de la vida, y por tanto teniendo nula capacidad, pese a tener un guardador/a de hecho. Se hace totalmente necesario establecer una curatela representativa al ser aquella guarda insuficiente".

Se observa que el argumento en que reposa esta orientación jurisprudencial es el de que la gravedad de la enfermedad que padece la persona con discapacidad le imposibilita para exteriorizar su voluntad, por lo que es necesario que el apoyo se realice a través de reiteradas actuaciones de carácter sustitutivo, lo cual exige el nombramiento de un curador con facultades de representación, con el fin de evitar que el guardador de hecho tenga que pedir repetidas autorizaciones judiciales para actuar en nombre de la persona a la que apoya.

Este argumento olvida que el guardador de hecho tiene atribuidas directamente facultades de representación por el art. 264. III CC y que, si bien es cierto que, para realizar actos no contemplados en dicho precepto, deberá recabar autorización judicial en los términos del art. 264.I CC, sin embargo, también lo es que el curador con facultades de representación tendrá que pedir autorización, cuanto menos, para realizar todos los actos enunciados en el art. 287 CC.

Por otro lado, una cosa es que una persona no pueda prestar su consentimiento habitualmente, como consecuencia de la discapacidad que padece, y otra muy distinta, que, para apoyarla, sea necesario llevar a cabo constantes actuaciones representativas no previstas en el art. 264.III CC: esto último no tiene por qué suceder, por ejemplo, si no tiene un cuantioso patrimonio que administrar.

El Tribunal Supremo ha abordado la cuestión en diversas sentencias.

1.º) En STS (Sala 1.ª) 23 enero 2023, rec. n.º 9739/2021 (ECLI:ES:TS:2023:1291) (*Tol 9500850*), optó claramente por la tesis de que, "En el nuevo régimen legal, con independencia del grado de discapacidad, las medidas de apoyo judiciales son subsidiarias", de modo que, "si de hecho hay alguien que (...) se está encargando eficazmente de prestar el apoyo que necesita la persona con discapacidad, no se da el presupuesto que exige la nueva ley para que el juez adopte una medida de apoyo". Constata que la Ley 8/2021 "consagra la realidad sociológica de que la mayor parte de las personas con algún tipo de discapacidad reciben el apoyo de su entorno más cercano, generalmente por parte de algún familiar, sin que esta situación requiera ser modificada por resultar el apoyo prestado adecuado". Consiguientemente, ha considerado procedente que el hijo, que se ocupaba de la madre, continuara haciéndolo, en concepto de guardador de hecho, por no haberse constatado la existencia de problemas o dificultades que llevaran a concluir que la guarda de hecho no funcionara "eficazmente" y fuera preciso recurrir a las medidas judiciales de apoyo.

Es, pues, claro que el TS, en esta sentencia, rechaza la tesis de que un grado de discapacidad intenso, por sí mismo, determine la necesidad de constituir una curatela, incluso, aunque existiera una guarda de hecho que funcionara correctamente. Ahora bien, hay que tener en cuenta que, en este caso, no concurría un alto grado de discapacidad, que afectara gravemente a la capacidad de discernimiento y a la posibilidad de exteriorizar una voluntad libremente formada. De hecho, el TS afirma que la solución adoptada por las resoluciones de instancia, que habían sometido a tutela a la persona con discapacidad y, por tanto, a representación, ni siquiera eran conformes a la regulación vigente en el momento en que se habían dictado (la anterior a la reforma llevada a cabo por la Ley 8/2021), pues se habían limitado "a transcribir el diagnóstico de la enfermedad", sin prestar atención a cómo la misma afectaba "a su funcionalidad en su vida diaria", ni tener "en cuenta su autonomía para los actos cotidianos que realiza ella sola". En definitiva, que "un apoyo representativo como el que se ha establecido en las sentencias de instancia resulta innecesario y desproporcionado".

2.º) En una segunda STS (Sala 1.ª) 20 octubre 2023, rec. n.º 8533/2022 (ECLI:ES:TS:2023:4129) (*Tol 9740872*), el Alto Tribunal cambia de posición y sigue la tesis de que el carácter grave de la discapacidad determina la constitución de una curatela con facultades de representación, por considerar que, en tal supuesto, la guarda de hecho es una medida de apoyo insuficiente.

De hecho, relata que "La Audiencia toma en consideración (...) el relato de la esposa acerca de las dificultades a que se enfrenta en la vida diaria (actividades cotidianas, medicación, manejo del dinero, incluso que firma por él), problemas para relacionarse con la administración por no tener conferida la representación de su esposo".

El TS afirma, así: "Es cierto que la regulación de la guarda de hecho permite al guardador de hecho solicitar y obtener una autorización judicial para actuar en representación de la persona con discapacidad, y que la autorización puede comprender uno o varios actos necesarios para el desarrollo de la función de apoyo (art. 264 CC), pero cuando por la discapacidad que afecta a la persona no puede prestar consentimiento y es precisa de manera diaria la actuación representativa de quien presta el apoyo, es obvio que la necesidad de acudir al expediente de previa autorización judicial de manera reiterada y continua revela la insuficiencia de la guarda de hecho, la falta de agilidad en su actuación y en el desempeño de la prestación de apoyos, su falta de adecuación a la necesidad del apoyo requerido y, en consecuencia, la conveniencia de una medida judicial".

3.º) La STS (Sala 1.ª) 18 junio 2024, rec. n.º 6466/2023 (ECLI:ES:TS:2024:3527) (*Tol 10081671*), sigue la misma tesis que en la anteriormente expuesta.

Desestimando el recurso del Ministerio Fiscal, confirmó la sentencia recurrida, que había considerado procedente la constitución de una curatela con funciones de representación en apoyo de una persona con deterioro cognitivo muy avanzado de origen degenerativo, tipo Alzheimer, que la hacía totalmente dependiente para todas las actividades básicas de la vida diaria.

Entendió que no era obstáculo para el establecimiento de la curatela la circunstancia de que uno de los hijos, al que nombró curador, estuviera ya ejerciendo la guarda de hecho de la madre, con el consentimiento del resto de los hermanos, dadas las frecuentes dificultades con las que el guardador se encontraba en el ámbito administrativo y bancario para cualquier gestión que intentara llevar a cabo en nombre de su madre, "dificultades que no tendría si tuviera reconocida judicialmente la representación".

A nuestro parecer, las dos últimas sentencias expuestas son la constatación de un fracaso, pues en los casos por ellas resueltos, la guarda de hecho, objetivamente considerada, no era una medida de apoyo inadecuada, sino que el problema radicaba en las dificultades con las que, en la práctica, se encontraba el guardador para ser reconocido como tal en las actuaciones representativas cotidianas para las que el art. 264.III CC le legitima directamente.

Seguramente, el legislador ha errado, al no haber previsto medios de prueba adecuados de la condición de guardador de hecho en el tráfico jurídico, pero, en cualquier caso, la relativización del carácter subsidiario de la curatela, se explica también por la mayor seguridad jurídica que ésta ofrece a quienes apoyan a las personas con discapacidad y a los operadores jurídicos; y, no sólo, porque es una medida constituida por una resolución judicial que concreta los actos en los que la intervención del curador es necesaria, sino, sobre todo, porque se trata de una figura con la que se está tradicionalmente familiarizado y de la que, por lo tanto, no se desconfía.

Existe, además, otro motivo, que es extrínseco a los problemas de inseguridad jurídica que provoca la guardia de hecho.

La supresión de la incapacitación provocó un problema, en el ámbito de la Seguridad Social, desde el momento en el que la disposición adicional vigésima quinta del TRLGSS (anterior a la reforma llevada a cabo por el Real Decreto Ley 2/2023, de 16 de marzo, de medidas urgentes para la ampliación de derechos de los pensionistas, la reducción de la brecha de género y el establecimiento de un nuevo marco de sostenibilidad del sistema público de pensiones) establecía que "A los efectos de la aplicación de esta ley, se entenderá que están afectadas por una discapacidad en un grado igual o superior al 65 por ciento aquellas personas que judicialmente hayan sido declaradas incapaces".

En concreto, se planteaban dos problemas: de un lado, la suerte de personas que habían sido incapacitadas con arreglo a la legislación anterior, y que ya no lo están; y, de otro, la situación de las personas, en cuyo favor, con arreglo a la nueva legislación, se establezcan medidas de apoyo.

Al problema trató de atender la disposición adicional quinta de la Ley 21/2021, de 28 de diciembre, de garantía del poder adquisitivo de las pensiones y de otras medidas de refuerzo de la sostenibilidad financiera y social del sistema público de pensiones, que establecía que "En el plazo de seis meses, el Gobierno elaborará un informe que elevará a la Comisión de Seguimiento y Evaluación de los Acuerdos del Pacto de Toledo para adecuar la asimilación que se prevé en la disposición adicional vigésimo quinta de la Ley General de la Seguridad Social de las personas afectadas por una discapacidad en un grado igual o superior al 65 por ciento, con las medidas de apoyo para el ejercicio de la capacidad jurídica establecidas en el título XI, capítulo I, del Código Civil, tras su modificación por la Ley 8/2021, de 2 de junio, por la que se reforma la legislación civil y procesal para el apoyo a las personas con discapacidad en el ejercicio de su capacidad jurídica".

El Criterio de Gestión 10/2022, de 16 de febrero de 2022, de la Subdirección General de Ordenación y Asistencia Jurídica del INSS, disponía que "En tanto no se lleve a término lo previsto en la disposición adicional quinta de la Ley 21/2021, no es posible la aplicación de la asimilación prevista en la disposición adicional vigésima quinta del TRLGSS a las medidas de apoyo para el ejercicio de la capacidad jurídica establecidas en el título XI, capítulo I, del Código Civil, tras su modificación por la Ley 8/2021. Si bien, en aquellos supuestos en los que la incapacidad judicial haya sido declarada mediante sentencia con anterioridad a la entrada en vigor de la citada Ley 8/2021, deberá continuar produciéndose la asimilación a la discapacidad en grado igual o superior al 65% prevista en la disposición adicional vigésima quinta del TRLGSS".

El Real Decreto Ley 2/2023, de 16 de marzo, de medidas urgentes para la ampliación de derechos de los pensionistas, la reducción de la brecha de género y el establecimiento de un nuevo marco de sostenibilidad del sistema público de pensiones), en su disposición transitoria tercera, ha confirmado que "Aquellas personas que judicialmente hayan sido declaradas incapaces mediante sentencia con anterioridad a la entrada en vigor de la Ley 8/2021, de 2 de junio, por la que se reforma la legislación civil y procesal para el apoyo a las personas con discapacidad en el ejercicio de su capacidad jurídica, se entenderá que están afectadas por una discapacidad en un grado igual o superior al 65 por ciento a efectos de la aplicación del texto refundido de la Ley General de la Seguridad Social, aprobado por el Real Decreto Legislativo 8/2015, de 30 de octubre".

Pero, además, el artículo único del Real Decreto Ley 2/2023, en su apartado Treinta y uno, ha dado nueva redacción a la disposición adicional vigésima quinta del TRLGSS, que queda con el siguiente tenor: "A efectos de la aplicación de esta ley, sin perjuicio de poder acreditarse el grado de discapacidad, en grado igual o superior al 65 por ciento, mediante el certificado emitido por el Instituto de Mayores y Servicios Sociales o por el órgano competente de la comunidad autónoma, se entenderá que están afectadas por una discapacidad, en un grado igual o superior al 65 por ciento, aquellas personas para las que, como medida de apoyo a su capacidad jurídica y mediante resolución judicial, se haya nombrado un curador con facultades de representación plenas para todos los actos jurídicos".

Por lo tanto, se ha asimilado al antiguo tutor "el curador con facultades de representación plena para todos los actos jurídicos"; y, de ahí, el interés de los familiares de las personas con discapacidad en que se constituya una curatela.

4. CASOS EN LOS QUE ES NECESARIO ACUDIR A LA CURATELA

Hay supuestos en que claramente procede la constitución de una curatela, bien, porque el guardador de hecho no ejerce adecuadamente la medida de apoyo (o no puede seguir ejerciéndola), bien porque la naturaleza de la discapacidad hace que la guarda de hecho no sea una medida de apoyo suficiente.

Con mayor razón, procederá la curatela, cuando la persona que necesite medidas de apoyo carezca de guardador. Repárese en que el art. 263 CC establece el principio de conservación de la guardia de hecho ejercida correctamente, pero no permite denegar la constitución de una curatela, con el argumento de que es posible apoyar a la persona con discapacidad a través del ejercicio de una guarda de hecho, pudiendo asumir la condición de guardador quien, al tramitarse el procedimiento, no lo es, pero está dispuesto a ser nombrado curador.

La SAP La Coruña (Sección 4.ª) 24 abril 2023, rec. n.º 903/2022 (ECLI:ES:APC:2023:1048) (*Tol 9869114*), revocó la sentencia, que había denegado la constitución de una curatela con el argumento de que la persona con discapacidad era atendida por dos de sus hijos. Se trataba de una persona, internada en una residencia, que padecía una enfermedad de Parkinson diagnosticada hace más de veinticinco años, por lo que tenía un deterioro cognitivo avanzado, sin posibilidad de comunicación verbal, ni de otra clase, siendo "absolutamente dependiente de la ayuda de terceros para las más elementales actividades de la vida diaria".

La Audiencia observa que "no todo familiar próximo" de la persona con discapacidad "ha de ser reconocido, por esa sola circunstancia, como su guardador de hecho, y que tampoco la cercanía familiar y/o afectiva de una persona con discapacidad con respecto a otras de su entorno —sus cinco hijos, en este caso— selecciona automáticamente a cualquiera de ellas como guardador de hecho, con las obligaciones y responsabilidades inherentes".

Afirma que la persona con discapacidad al enviudar y perder a su marido, "perdió también a su verdadero guardador de hecho, a la persona que la había cuidado y asistido desde que hace aproximadamente veinticinco años aparecieron los primeros síntomas de la enfermedad", añadiendo que "La situación que se produjo con el óbito [del marido] es, precisamente, la que la Ley contempla: no existe otra medida de apoyo suficiente para la persona con discapacidad (art. 269)", descartando que la circunstancia de que los hijos reaccionaran, inmediatamente, para atender a su madre, buscándole habitación en una residencia especializada, y de que, un mes después del fallecimiento del padre, presentaran solicitud de provisión judicial de apoyos, no los convertía en guardadores de hecho. Nombro, así, curadora con facultades de representación, en la esfera personal y patrimonial, a una de las hijas, con la aquiescencia del resto de los hermanos.

A) *Falta de ejercicio adecuado de la medida de apoyo por parte del guardador*

Podemos considerar los siguientes supuestos.

a) Desatención de la persona con discapacidad

Un caso evidente es el que tiene lugar cuando el guardador no presta la asistencia debida a la persona con discapacidad.

La SAP Cádiz (Sección 5.ª) 3 junio 2022, rec. n.º 1385/2021 (ECLI:ES:APCA:2022:1662) (*Tol 9230999*), contempló el supuesto de una persona que padecía "Corea de Hutchington" y que, según el informe del médico forense, no tenía autonomía personal (era dependiente en vestido y aseo, había que prepararle la comida, darle de comer, no se desplazaba y no sabía la medicación que tomaba), no podía prestar un "consentimiento válido en actos de la vida civil" y carecía de la capacidad de gestionar su patrimonio. Valoró el esfuerzo del guardador de hecho, uno de los hijos de la persona con discapacidad, "para atender y cuidar a su padre dentro de sus posibilidades y pese a la escasa ayuda recibida por parte de sus familiares", pero constató que no estaban "cubiertas sus necesidades básicas", pues el padre presentaba un estado higiénico-dietético muy deficiente, las condiciones higiénicas de la casa en la que vivía eran "deplorables", hallándose, además, en un estado de aislamiento, sin que durante, aproximadamente, cinco años hubiera salido de la vivienda y sin que apenas se levantase de la cama. Por ello, consideró que la guarda de hecho ejercida por la familia no era "la medida idónea para salvaguardar los apoyos necesarios", confirmando la sentencia recurrida, que había encomendado la tutela a una entidad pública, si bien sustituyendo la tutela por curatela (aplicando ya la Ley 8/2021) y desestimando el recurso del guardador de que se le nombra curador de su padre.

b) Desatención del patrimonio

Otro caso claro es el del guardador que descuida la administración del patrimonio de la persona con discapacidad, bien por negligencia, bien por mala fe, abusando de la confianza de aquel a quien cuida o ejerciendo una influencia indebida sobre su voluntad en su propio beneficio.

En este sentido se orienta el Documento definitivo, Anexo I, del Grupo de trabajo sobre el nuevo sistema de provisión judicial de apoyos a personas con discapacidad y su aplicación transitoria (Cód. EX2201) de 2022, que considera que la guarda de hecho no es adecuada cuando existen "abusos del guardador de hecho o influencia indebida del mismo sobre la persona con discapacidad".

También es procedente la constitución de una curatela, cuando no es imputable al guardador de hecho una falta de diligencia en la administración del patrimonio de la persona que se halla bajo su guarda, pero no puede llevarla a cabo adecuadamente, por la conducta de esta última, que, con su actuación, pone en riesgo su propio patrimonio.

Así lo entendió la STS (Sala 1.ª) 20 octubre 2023, rec. n.º 7437/2022 (ECLI:ES:TS:2023:4212) (*Tol 9740661*), que, desestimando el recurso de casación del Ministerio Fiscal, confirmó la sentencia recurrida, la cual había establecido una curatela con facultad de representación en apoyo de un anciano de 92 años, que, como consecuencia de diversas enfermedades psiquiátricas, de carácter muy severo, carecía de la capacidad de gobernarse por sí mismo. Consideró que la guarda de hecho, ejercida por el hijo con el que convivía (nombrado curador), no era suficiente medida de apoyo, pues el padre "se escapa de la casa sin avisar, que mismo se va al banco para sacar dinero, o incluso aperturar nuevas cuentas y adoptar distintos sistemas de gestión, lo que supone un riesgo por la vulnerabilidad del mismo".

c) Dificultad para seguir ejercitando la guarda de hecho

Otro caso que puede determinar la constitución de una curatela es la existencia de una dificultad para seguir desempeñando adecuadamente la guarda de hecho (por ejemplo, la avanzada edad o empeoramiento de salud de quien la ejerce), lo que pueda llevar al guardador a desistir de sus funciones (art. 267.3.º CC).

La SAP Valencia (Sección 10.ª) 20 octubre 2021, rec. n.º 265/2021 (ECLI:ES:APV:2021:3743) (*Tol 8744555*), constituyó una curatela en apoyo de una persona con un cuadro negativo de esquizofrenia típico, que recibía atención domiciliaria, la cual tenía una conciencia ambivalente de su enfermedad, por lo que no era posible asegurar que siguiera el tratamiento médico, necesitando, además, supervisión para organizar adecuadamente las actividades de la vida diaria. La madre, con quien vivía, era su guardadora de hecho y administraba las dos pensiones que percibía (por orfandad y minusvalía), pero tenía 84 años y necesitaba que su hija mayor acudiera diariamente a la vivienda, para encargarse de hacer la comida, la limpieza y atenderla. En estas condiciones se consideró razonable establecer una curatela, nombrándose curadora a la hermana mayor (de acuerdo con la preferencia manifestada por la persona con discapacidad).

La SAP Valencia (Sección 10.ª) 6 mayo 2022, rec. n.º 1409/2021 (ECLI:ES:APV:2022:1877) (*Tol 9167127*), constituyó también una curatela, nombrando al IVASS curador de la persona con discapacidad, "porque ni su madre, ni sus hermanos, se han mostrado con disposición para desempeñar el cargo, aduciendo la madre su edad e impotencia, y los hermanos, la necesidad de un apoyo especializado".

d) Carácter temporal de la residencia en la entidad que ejerce la guarda de hecho

Puede también determinar la constitución de una curatela el carácter necesariamente temporal de la residencia de la persona con discapacidad en la entidad, guardadora de hecho.

La SAP Cádiz (Sección 5.ª) 27 octubre 2021, rec. n.º 1231/2020 (ECLI:ES:APCA:2021:2247) (*Tol 8764765*), confirmó la sentencia recurrida, que había sujetado a una persona con esquizofrenia paranoide a curatela de la Fundación Gaditana de Tutela, contra su voluntad y el parecer del Ministerio Fiscal para quien la guarda de hecho, ejercida por una institución de salud mental en la que residía, por haber ingresado en ella voluntariamente, "viene a garantizar los apoyos necesarios para la realización de los actos de la vida civil", conviviendo los fines de semana en el domicilio familiar. En el informe forense y en la declaración de la psiquiatra que trata ordinariamente a la persona con discapacidad se pone de manifiesto "la necesidad de contar con los apoyos necesarios que garanticen la continuidad del tratamiento que viene recibiendo por motivo de su enfermedad mental", la parcial conciencia de su enfermedad (con el consiguiente riesgo de abandono del tratamiento) y el carácter provisional del ingreso en la institución sanitaria (que, por protocolo, no puede exceder de dos años), lo que la coloca en situación de no tener dónde ir, "dado el rechazo de su núcleo familiar habida cuenta de los problemas de convivencia con sus familiares relacionados con las fases de descompensación", cuando abandona el tratamiento, momento en el que surgen "numerosos enfrentamientos y episodios de agresividad" (que dieron lugar a procesos penales por malos tratos y lesiones). En consecuencia, la Audiencia no considera que la guarda de hecho ejercida por la institución sanitaria "sea la medida idónea para salvaguardar los apoyos necesarios que permitan asegurar la efectividad del tratamiento", ya que se "impone una labor asistencial continuada de supervisión en el seguimiento del tratamiento", que "sólo mediante el ejercicio de la curatela puede procurarse".

B) Insuficiencia de la guarda de hecho como medida de apoyo

En otros ocasiones es la naturaleza de la discapacidad la que hace necesario o muy conveniente constituir una curatela.

a) Existencia de conflictos reiterados con la persona con discapacidad

La guarda de hecho no funciona correctamente cuando existen continuos conflictos entre la persona con discapacidad y sus familiares.

A este supuesto se refiere El Documento definitivo, Anexo I, del Grupo de trabajo sobre el nuevo sistema de provisión judicial de apoyos a personas con discapacidad y su aplicación transitoria (Cód. EX2201) de 2022 (puede consultar en línea en el Foro Justicia y Discapacidad en la web del Poder Judicial).

> La SJPI (núm. 9.º) Castellón de la Plana 23 septiembre 2021, procedimiento n.º 222/2021 (ECLI:ES:JPI:2021:479) (*Tol 8504129*), sujetó a curatela a una persona de 19 años, que estudiaba en una academia un grado de administración, la cual padecía un retraso mental no diagnosticado, alteraciones de la conducta, ansiedad, trastorno de déficit de atención con hiperactividad y antecedentes clínicos psicóticos. La persona con discapacidad reconoció en el acto de la audiencia que precisaba de apoyo, costándole mucho el autocuidado personal y "que si tiene dinero sin que nadie le ayude a administrarlo lo malgasta". Se constató la existencia de conflictos con el padre (hasta el momento, guardador de hecho), porque, en muchas ocasiones, no aceptaba de forma voluntaria los tratamientos y no sabía gestionar bien las frustraciones y los límites. Se estableció una curatela con carácter asistencial: en la esfera personal, en relación con la correcta realización de las tareas de la vida diaria, sobre el cuidado personal, aseo, alimentación y salud, y, especialmente respecto al consentimiento y cumplimiento de tratamiento; y, en la esfera patrimonial, en orden a que la hija pudiera "administrar su dinero de forma que no pueda dilapidarlo en gas-

tos indebidos y siendo necesaria su intervención en los contratos que realice", "ayudándole a formar su voluntad correctamente" (incluyendo, pues, la facultad de complemento del ejercicio de su capacidad jurídica). Se nombró al padre como curador, dado que la hija "manifestó que a su madre hacía seis meses que no la veía, que con ella no tiene mucha relación, que sus padres están separados, que su madre también sufre la enfermedad de esquizofrenia y que estaba viviendo con su padre que es quien la ayuda, de forma que quería que fuese su padre quien le apoye en lo que necesite".

Más extremo es el caso resuelto por la SAP Valencia (Sección 10.ª) 20 octubre 2021, rec. n.º 148/2021 (ECLI:ES:APV:2021:3705) (*Tol 8747620*), relativo a una persona diagnosticada de esquizofrenia paranoide, con abuso de sustancias psicoactivas, cannabis y ludopatía, por lo que, según el informe médico forense, presentaba una disminución importante de sus facultades intelectuales, de su conducta adaptativa y de su capacidad de entender, así como de su capacidad de independencia personal y social. La Audiencia constituyó una curatela con facultades de representación, nombrando como curador al IVASS, "en atención a las graves dificultades en las que se desarrolla la relación" de la persona con discapacidad "con su familia y que impiden que se puedan hacer cargo su hijo y hermano, respectivamente". La madre y los hermanos, en efecto, en sus declaraciones, habían puesto de manifiesto todos ellos la imposibilidad actual de convivencia con el demandando, "admitiendo no poder hacerse cargo de su hijo y hermano".

También la SAP Valencia (sección 10.ª) 6 mayo 2022, rec. n.º 808/2021 (ECLI:ES:APV:2022:1877) (*Tol 9167127*), entendió procedente la constitución de una curatela, nombrando curadora a la misma entidad pública, en apoyo de una persona que padecía un trastorno límite de la personalidad, un trastorno depresivo crónico y un trastorno explosivo, como consecuencia del consumo de cannabis, cocaína y alcohol. Dice, así, que, "Habida cuenta de la situación en el hogar en el que habita el demandado, y los problemas que plantea la convivencia con sus padres, se considera necesario que el Instituto Valenciano de Atención Social y Sanitaria, organismo encargado de la curatela del demandado a falta de otra persona más idónea para el ejercicio del cargo, habida cuenta de la avanzada edad de los progenitores, procure al demandado una vivienda tutelada, de acuerdo con el deseo del propio apelante, y también el de sus padres".

La SAP Alicante (Sección 6.ª) 27 abril 2023, rec. n.º 1022/2022 (ECLI:ES:APA:2023:623) (*Tol 9663977*) , consideró igualmente procedente la curatela encomendada al IVASS, constituida por la sentencia recurrida, rechazando el recurso de la mujer de la persona con discapacidad, la cual argumentaba que "era ella misma la que estaba desempeñando el papel de guardadora de hecho del demandado y era quien debía asumir su curatela". Frente a ello, la Audiencia afirma que es evidente que la convivencia entre los cónyuges "es insostenible", "habiéndose producido, incluso, episodios de violencia de género", y que en el acto de la vista la mujer "llegó a manifestar que no quería convivir con su esposo, y que, si lo hacía, debía ser a cambio de una pensión compensatoria", manifestando, además, éste que no quería seguir conviviendo con aquélla. Concluye que "Dicha situación permite descartar la existencia de una guarda de hecho eficaz y adecuada y determina la necesidad de designar un curador".

b) Existencia de conflictos entre los guardadores de hecho o las personas, que, por razones familiares, podrían llegar a serlo

Un caso frecuente, que motiva el nombramiento de un curador, es el motivado por la existencia de conflictos entre los guardadores o entre el guardador y los familiares próximos de la persona con discapacidad.

La SAP Sevilla (Sección 2.ª) 4 octubre 2022, rec. n.º 2640/2022 (ECLI:ES:APSE:2022:2424) (*Tol 9465521*), revocó la sentencia (dictada con anterioridad a la entrada en vigor de la Ley 8/2021), que había prorrogado la patria potestad de ambos progenitores, respecto de un hijo con un "profundo retraso mental", nombrando curadora a la madre, tras constatar que "las relaciones entre los padres no son buenas, lo que corrobora objetivamente el posterior proceso de divorcio y el resultado de la audiencia de ambos en esta segunda instancia".

La SAP Pontevedra (Sección 6.ª) 1 febrero 2023, rec. n.º 873/2022 (ECLI:ES:APPO:2023:288) (*Tol 9485697*), revocó la sentencia recurrida, que había considerado improcedente constituir una curatela en favor de una persona de 92 años, que padecía una demencia severa, tipo Alzheimer, por lo que necesitaba "apoyo intenso para realizar todas las actividades de la vida, tanto simples como complejas". Constató la "existencia de diferencias" entre los hijos "en cuestiones de ámbito económico que afectan al uso de la vivienda", en la que actualmente vivía uno de los hijos y cuyo usufructo correspondía a la persona con discapacidad, habiendo "también discrepancias entre los hermanos acerca del pago de los gastos por suministros de esa vivienda". Se nombró curadora con facultad de representación a la hija con la que convivía aquélla.

c) Situaciones de riesgo familiar provocadas por la enfermedad de las personas con discapacidad

Tampoco funciona (o puede funcionar) correctamente la guarda de hecho cuando la enfermedad de la persona con discapacidad provoca una situación de riesgo para los familiares que han asumido o que podrían asumir aquella, de no existir dicha situación, en cuyo caso se suele nombrar curadora a un entidad pública que dispone de centros residenciales.

La SAP Valencia (Sección 10.ª) 16 septiembre 2021, rec. n.º 240/2020 (ECLI:ES:APV:2021:3274) (*Tol 8660565*), conoció del caso de una persona que padecía un trastorno esquizo-afectivo y de la personalidad grupo B y consumo tóxico, con alteraciones del comportamiento, como consecuencia de tal consumo, siendo tal patología de carácter crónico y persistente. Como consecuencia de dichas patologías, veía parcialmente afectadas sus facultades de autogobierno y, en fase de descompensación de la enfermedad, podían verse mermadas sus capacidades intelectivas y volitivas. No era consciente de la enfermedad, por lo que era necesario supervisar el tratamiento médico, que incluía ingresos en centros adecuados en épocas de desestabilización. La Audiencia revocó la sentencia de primera instancia, que había incapacitado al demandado, sujetándolo a tutela del IVASS y (de acuerdo ya con la Ley 8/2021) estableció una curatela con facultad de representación, que comprendía la supervisión del autocuidado, del consentimiento para el tratamiento médico y para el manejo de la medicación, y de la supervisión de las actividades económicas, jurídicas y administrativa, pudiendo la persona con discapacidad disponer de dinero de bolsillo (40 euros mensuales). Se constató la existencia de una situación de riesgo familiar, por haberse producido numerosos incidentes violentos, de modo que todos los hermanos estaban asustados, razón por la cual la curatela se encomendó al IVASS. En este supuesto, el demandado estaba de acuerdo con la sustitución de la tutela por una curatela con facultades de representación, pero había pedido que se designara a sus hermanos como curadores, petición que no fue atendida.

d) Tendencia al gasto que no puede controlarse a través de la guarda de hecho

La guarda de hecho no es adecuada en situaciones de una desmesurada tendencia al gasto, en cuyo caso es conveniente que la eficacia jurídica de los contratos realizados por la persona con discapacidad se subordine al consentimiento de un curador para evitar que pueda dilapidar su patrimonio.

La STS (Sala 1.ª) 18 septiembre 2024, rec. n.º 7339/2022 (ECLI:ES:TS:2024:4400) (*Tol 10197239*), constituyó una curatela complementadora en apoyo de una persona con trastorno psíquico, centrada en los "actos de administración y disposición patrimonial complejos", "para cuya validez requerirán de la autorización del curador", "por el riesgo de que algunas personas abusaran de él y que, en poco tiempo, "por no estar en condiciones de administrar con la mínima prudencia el patrimonio heredado (70.000 euros)", se quedara en la indigencia. Constata la existencia de "compras absurdas (una furgoneta de 20.000 euros, que finalmente no se consumó), de abusos o engaños sufridos en la contratación (en la reforma de la vivienda le duplicaron facturas de aparatos sanitarios y fue tan mal realizada que hubo que volver a hacerla), el exceso de liberalidades (entrega de 800 euros a una persona para evitar que ingrese en prisión y el alojo gratuito de personas en su casa, sin que compartan gastos)".

La SAP Madrid (Sección 22.ª) 25 octubre 2021, rec. n.º 1808/2019 (ECLI:ES:APM:2021:12716) (*Tol 8.738.265*), sujetó a curatela a una persona que padecía un trastorno psicótico no especificado y rasgos paranoides de personalidad, la cual no tenía "conciencia de enfermedad", por lo que no seguía el tratamiento psicofarmacológico pautado, y, "al no tener conocimiento cierto de la realidad tampoco lo tiene sobre su economía": en el informe forense de primera instancia se dice que "gastó 20.000 euros en el día a día" y que "puede gastar en un día la mayor parte de la pensión confiando en las ayudas que recibe de su familia". Revocó la sentencia de incapacitación (dictada con arreglo al régimen legal anterior) y estableció una curatela de carácter asistencial, nombrando como curador al hijo que en primera instancia había sido designado como tutor. Previó la asistencia del curador en el ámbito de la salud de la madre, "en concreto, la asistencia a consultas médicas, el seguimiento del tratamiento farmacológico pautado y cualquier otro que guarde directa relación con ello"; así como en el "ámbito de la administración y disposición de sus bienes, exceptuando el dinero de bolsillo" (facultad de complemento de ejercicio de capacidad).

Incluso, hay casos, en que la curatela se constituye con carácter representativo, lo que parece ser contrario al principio de proporcionalidad, pues, con ello, se llega a una solución más rigurosa que la prevista en la legislación anterior a la reforma de 2021, en el que el pródigo quedaba sujeto a una curatela, que entonces era meramente complementadora, pues, cuando era necesario realizar actuaciones representativas en nombre del incapacitado, se le nombraba un tutor.

La SJPI (núm. 9.º) Castellón de la Plana 4 octubre 2021, procedimiento n.º 487/2021 (ECLI:ES:JPI:2021:1531) (*Tol 8.622.355*), contempló el supuesto de una persona soltera de 35 años, que convivía con sus padres, guardadores de hecho, la cual padecía un trastorno esquizoafectivo con patrón bipolar, lo que le provocaba fases en que presentaba vivencias expansivas con dimensión delirante de tipo megalómano. Durante dichas fases era vulnerable a influencias externas, habiendo sido instrumentalizada económicamente por terceras personas, que la habían inducido a adquirir bienes que luego tuvo que malvender, así como por oportunistas, habiendo podido salir de situaciones comprometidas por la protección de la familia con la que vivía. Por ello, consideró precisa la existencia de un apoyo judicial, para evitar que la persona con discapacidad tomara decisiones e hiciera planes desajustados que pusieran en riesgo su vida y sus bienes, dado que no era consciente de la descompensación que presentaba, mostrando aquella su conformidad con el establecimiento de las medidas de apoyo y aceptando que las asumiera cualquiera de sus progenitores, aunque mostrando su preferencia por el padre. En consecuencia, nombró al padre como curador con facultades de representación: en el ámbito personal, en orden a consentir tratamientos médicos y su internamiento cuando se descompensara de su enfermedad y hasta su estabilización; y, en el ámbito económico, respecto de los actos de administración y disposición económica y celebración de contratos, debiendo solicitar autorización judicial en los supuestos contemplados en el art. 287 CC, no siendo necesario nombrar un curador para el resto de apoyos que precisaba, dado que los efectuaban sus padres, como guardadores de hecho, sin problema alguno.

La SAP Málaga (Sección 6.ª) 13 julio 2022, rec. n.º 357/2022 (ECLI:ES:APMA:2022:4042) (*Tol 9513703*), confirmando la sentencia recurrida, ha considerado procedente constituir una curatela con facultades de representación en contra de la voluntad de una persona, que padecía una enfermedad psíquica, que le originaba una acusada tendencia a la prodigalidad. Afirma que "no puede elevarse a obstáculo insalvable en la toma de este tipo de decisiones la negativa del afectado a la adopción de medidas de apoyo, siendo posible proveerse un apoyo judicial en contra de la voluntad manifestada del interesado", "dado que de no adoptarse existe un riesgo grave y probable" de que aquél realizara "actos de dilapidación de su patrimonio", lo que le colocaría "en una situación de grave riesgo". En el informe forense se puso de manifiesta que la enfermedad "le puede producir trastornos de estabilidad, con riesgo de comportamientos de prodigalidad, dado que estas personas son influenciables y pueden entregarse a quienes les ayudan, siendo imprescindible un determinado control ante el riesgo de gastos desmesurados"; y se da "un alto grado de credibilidad" al testimonio de la persona con discapacidad, quien se había referido a "los actos de dispendio realizados por su hermano antes de que se adoptasen las medidas de apoyo y control de gasto, poniendo de manifiesto un riesgo evidente de que determinadas personas que rodean a su hermano puedan aprovecharse de su enfermedad y de su propensión al dispendio si no tiene control sobre sus bienes". La curatela se restringió, exclusivamente, al ámbito puramente patrimonial ("realización de actos de carácter económico administrativo complejo y la toma decisiones al respecto"), nombrándose curadora a una entidad pública. Se constató que la "enfermedad psíquica de carácter persistente" no impedía al afectado "realizar con plena autonomía sus actividades diarias, relativas a su vida independiente (autocuidado y actividades cotidianas), además del seguimiento de sus pautas alimenticias, así como la administración de medicación pautada y consiguientemente para tratamiento médico e intervenciones quirúrgicas e igualmente puede manejar dinero de bolsillo".

La SAP La Coruña (Sección 5.ª) 2 mayo 2023, rec. n.º 534/2022 (ECLI:ES:APC:2023:1075) (*Tol 9863581*), revocó la sentencia recurrida, que había denegado la constitución de una curatela, con el argumento de que la persona con discapacidad estaba ya apoyada de manera suficiente y adecuada por la hermana, guardadora de hecho, que es la que pretendía ser nombrada curadora. Según el informe médico diagnosticada, la persona con discapacidad, sufría "una esquizofrenia paranoide, enfermedad que cursa con brotes, con ideaciones delirantes y juicio de la realidad alterado" y que "para evitar estos episodios es imprescindible seguir el tratamiento continuamente", lo cual no acontecía en el caso juzgado en el que, en diversas ocasiones, se había abandonado el tratamiento, lo que había provocó diversos brotes; y, en trámites de aclaraciones, se evidenció que la enferma no conocía los precios de las cosas, no daba los datos económicos, "decía que no sabía, por lo que sería muy influenciable para que alguien la pudiera engañar". La promotora del procedimiento había declarado que su hermana "ha sido estafada, que la estafa llegó a unos 60.000 euros, que su hermana ha realizado compras compulsivas, que ahora pasa todo el día en la residencia por el miedo que tiene a salir, miedo que se vincula a aquellos hechos". La Audiencia nombró curadora a la hermana con facultades de representación, "para lo relativo a las actividades de carácter médico y que afecten al ámbito de salud, concediéndole facultades de representación salud (consentimiento del tratamiento médico, suministro medicación pautada, consentimiento de intervenciones quirúrgicas, seguimiento pautas alimenticias, toma medicación) y para aquellas actividades de carácter económico-jurídico-administrativas y contractuales (seguimiento de sus cuentas, ingresos, gastos, para administrar sus ingresos, para gestionar sus gastos ordinarios, para realizar actos de carácter económico o administrativo complejos como prestamos, enajenaciones, donaciones), sin perjuicio de que, en las cuestiones cotidianas, se respeten sus gustos y preferencias".

Hay que recordar que la Ley 8/2021 ha eliminado la figura de la prodigalidad como figura autónoma que protegía el derecho de alimentos de los parientes, mediante la sujeción al pródigo a curatela.

En el Preámbulo se explica que la supresión de "la prodigalidad como institución autónoma" se debe a "que los supuestos contemplados por ella encuentran encaje en las normas sobre medidas de apoyo aprobadas con la reforma".

No obstante, la explicación es más profunda, porque, si bien sigue siendo posible sujetar a curatela al pródigo, ha cambiado el interés que con ella se trata de proteger, que no es ya el de los parientes que, por hallarse en situación de necesidad, pueden exigir alimentos del pródigo, sino el interés de este último a no quedar en la indigencia, por realizar gastos absolutamente desproporcionados, impulsado por una enfermedad, cuyos efectos no puede controlar (por ejemplo, un trastorno bipolar).

En el caso de la prodigalidad, son necesarias medidas judiciales de apoyo, porque una de las desventajas de la guarda de hecho, en relación con la curatela que incluye la facultad de complemento del ejercicio de la capacidad jurídica, es la circunstancia de que, en el caso de existencia de guarda de hecho, los contratos celebrados por la persona con discapacidad (en este caso, el pródigo), no pueden ser anulados por la falta de intervención del guardador, como, en cambio, sucede con los concluidos sin la asistencia del curador, cuando la misma fuera precisa (art. 1302.3 CC), debiendo, en su caso, acudirse a la acción de nulidad por falta de consentimiento, si se carece de la capacidad natural de entender y de querer las consecuencias del concreto acto celebrado, o a la de anulación del contrato por dolo, cuyo éxito suscita más dificultades de prueba que la mera circunstancia objetiva, fácilmente constatable, de la falta de intervención del curador.

Sin embargo, esta ventaja de la curatela se circunscribe, según la dicción del vigente art. 1302.3 CC, al supuesto en que sea la propia persona con discapacidad quien demande la anulación del contrato, pues, si es el curador quien lo hace, para que pueda reconocerse legitimación, no bastará con constatar su no intervención, sino que será preciso probar que el otro contratante era "conocedor de la existencia de medidas de apoyo en el momento de la contratación o se hubiera aprovechado de otro modo de la situación de discapacidad obteniendo de ello una ventaja injusta".

Respecto de la anulación por dolo, hay que tener en cuenta que, habitualmente, el dolo se resuelve en un error, es decir, provoca en el declarante un estado psicológico de falso conocimiento de la realidad, determinante de la prestación de su consentimiento, por lo que es usual calificar al dolo como un error provocado por la mala fe de la parte contraria. Sin embargo, lo cierto es que no parece que haya de excluir apriorísticamente la existencia de hipótesis de dolo-vicio, que no sean reconducibles a un error propiamente dicho. De hecho, existen algunas sentencias (ciertamente escasas), en las cuales se aprecia la existencia de dolo concurrente en casos en que uno de los contratantes, abusando de una situación de prevalencia, capta ilícitamente la voluntad del otro (una persona anciana, enferma o aislada socialmente), sin inducirlo a un error en el sentido estricto del término.

Es el caso de las SSTS (Sala 1.ª) 13 febrero 1967 (ECLI: ECLI:ES:TS:1967:1655) (*Tol 4300923*), 15 julio 1987 (ECLI:ES:TS:1987:8558) (*Tol 1740062*), 27 febrero 1989 (ECLI:ES:TS:1989:8944) (*Tol 1732388*) o 28 septiembre 2011, rec. n.º 809/2008 (ECLI:ES:TS:2011:6046) (*Tol 2246826*), la cual anuló por dolo una donación de varias fincas hecha por una anciana octogenaria, cediendo a la presión provocada por un estado emocional creado por su hijo, que pretendía "arrancar" el consentimiento de aquella de forma irreflexiva.

e) Existencia de un patrimonio, cuya administración requiera la petición de continuas autorizaciones judiciales para realizar actuaciones representativas

En el Documento definitivo, Anexo I, del Grupo de trabajo sobre el nuevo sistema de provisión judicial de apoyos a personas con discapacidad y su aplicación transitoria de 2022 (Cód. EX2201), se afirma que podrá entenderse que la guarda de hecho no es una medida de apoyo suficiente, "cuando, por las circunstancias de la persona con discapacidad, se advierta que va a ser necesaria la solicitud de autorizaciones judiciales por el guardador, para actuar en representación de la persona con discapacidad de forma reiterada, y por ello deberá acudir de modo reiterado al juzgado (p. ej. en caso de patrimonio que por su entidad o cantidad implica una administración superior a la entendida ordinaria)".

La SAP (Sección 31.ª) Madrid 14 diciembre 2022, rec. n.º 226/2022 (ECLI:ES:APM:2022:20020) (*Tol 9440731*), confirmando la sentencia recurrida, consideró precedente constituir una curatela con facultad de representación en apoyo de una persona "con deterioro cognitivo con grave repercusión a nivel funcional", nombrando curador al marido, anterior guardador de hecho. Afirma que "No puede decirse que hasta ahora no haya funcionado correctamente la guarda de hecho, pero ello no impide considerar que en este caso es más conveniente mantener la curatela acordada por el Juzgador de instancia y ello por ser necesario el apoyo (...) de modo permanente". Precisa que "La guarda de hecho puede resultar apropiada en aquellos supuestos en que sea suficiente por no precisar de decisiones representativas pudiéndose limitar el guardador a adoptar las medidas más convenientes en el ámbito personal, o cuando deba acudirse en contadas ocasiones a realizar actuaciones representativas. Pero en el caso que nos ocupa tanto el guardador de hecho, esposo de la persona afectada por la discapacidad, como sus tres hijas consideran precisa la constitución de la curatela atendiendo fundamentalmente a la envergadura de las decisiones que deben adoptarse en el ámbito patrimonial".

La SAP Sevilla (Sección 2.ª) 27 febrero 2024, rec. n.º 433/2022 (ECLI:ES:APSE:2024:201) (*Tol 10122719*), consideró procedente nombrar un curador con facultades de representación a una persona que padecía un Parkinson idiopático de más de 14 años de evolución, con graves síntomas de carácter "crónico, progresivo e irreversible", por lo que requería "apoyo continuado para realizar las actividades complejas de la vida diaria", que le prestaba la guardadora de hecho (su pareja). Sin embargo, se nombró curador representativo en el ámbito económico, jurídico y administrativo a su yerno, a quien había concedido un poder para administrar sus bienes, que había venido ejerciendo durante dieciséis años, alquilando sus nueve viviendas y cuatro o cinco locales de su propiedad, "ante la complejidad del patrimonio y la situación conflictiva entre los distintos hijos" de la persona apoyada, y, ante la declaración de ésta de "que confía en él y lo tiene apoderado".

Hay que tener en cuenta que lo que hace conveniente el nombramiento del curador no es la cuantía económica de un determinado acto, sino la necesidad de intervención frecuente en el tráfico jurídico.

La SAP Cádiz (Sección 5.ª) 27 mayo 2022, rec. n.º 133/2022 (ECLI:ES:APCA:2022:929) (*Tol 9200886*), afirma que la necesidad de vender la vivienda de una persona con discapacidad, para poder pagar la residencia en la que vive, no justifica la constitución de una curatela, al existir una guarda de hecho, ejercida por sus hijos, que funcionaba correctamente, siendo lo pertinente que los guardadores de hecho pidiesen autorización para realizar la venta en expediente de jurisdicción voluntaria. En consecuencia, revoca la sentencia que había constituido una curatela representativa, nombrando curadora a una de las hijas. En las declaraciones testificales todos los hijos "afirmaron que el motivo de la demanda es que todos los hermanos consideran necesaria la venta del domicilio propiedad de su madre, para hacer frente a los gastos de la residencia, pues con su pensión no es suficiente".

La SAP Cádiz (Sección 5.ª) 17 junio 2022, rec. n.º 187/2022 (ECLI:ES:APCA:2022:1636) (*Tol 9226651*), observa que tampoco era motivo para constituir la curatela solicitada la necesidad de aceptar la herencia a la que estaba llamada una persona con discapacidad, por existir una guarda de hecho, ejercida por su mujer, que funcionaba adecuadamente, sino que lo procedente era que la guardadora de hecho pidiese autorización para aceptar tal herencia en expediente de jurisdicción voluntaria. Revoca, así, la sentencia recurrida, que había constituido una curatela representativa, nombrando curadora a la mujer, que era quien cuidaba de su marido, tanto en el aspecto personal y médico, como en la gestión de su economía, estando autorizada en su cuenta y administrando sus ingresos. En declaración testifical, tanto la mujer, como el hijo, habían afirmado "que el motivo de la demanda es la aceptación de la herencia de la madre del discapaz".

f) Existencia de un precario estado de salud que requiere tratamientos médicos reiterados

Tampoco es suficiente, en la práctica, la guarda de hecho, cuando la persona con discapacidad se encuentra en una situación de salud tal, que necesita un tratamiento médico constante y no pueda, por sí misma, prestar el consentimiento informado.

Ciertamente, el art. 9.3 a) de la Ley 41/2002, de 14 de noviembre, básica reguladora de la autonomía del paciente y de derechos y obligaciones en materia de información y documentación clínica, permite al guardador de hecho prestar el consentimiento en representación en cuando persona vinculada al enfermo, "por razones familiares o de hecho", pero no lo es menos que, para ello, se ve obligado a tener que probar su condición de guardador de hecho constantemente, pudiéndose encontrarse con sanitarios que se nieguen a reconocérsela.

Es, pues, mucho más práctico, nombrarle un curador representativo en el ámbito de la salud.

El AAP León (Sección 2.ª) 4 junio 2024, rec. n.º 534/2023 (ECLI:ES:APLE:2024:717A) (*Tol 10188581*), nombró curador con facultades de representación al hijo que venía ejerciendo la guarda de hecho respecto de su madre, extendiéndola, en particular, al ámbito de la salud. La madre padecía Alzheimer, con índice de Barthel de 0, "indicativo de dependencia total para todas las actividades básicas de la vida diaria". Explica que, partiendo del informe Médico Forense, "acerca de la falta de habilidades en el ámbito sanitario y de la salud", y de "su incapacidad para interpretar la información y para tomar decisiones, resulta conveniente que su hijo, para tomar las decisiones precisas en cada caso pueda contar con la representación suficiente, tanto para recibir información como para tomar decisiones".

El nombramiento de curador será todavía más conveniente cuando la persona con discapacidad rechace el tratamiento, con agresividad, al no ser consciente de la enfermedad que padece.

La SAP Jaén (Sección 1.ª) 14 septiembre 2022, rec. n.º 106/2022 (ECLI:ES:APJ:2022:1123) (*Tol 9285247*), se mostró favorable a constituir una curatela con facultad de representación respecto de una persona que, según el informe forense, padecía una "demencia degenerativa primaria asociada a componente vasculo-degenerativo en estadio severo", con "trastornos cognitivos y conductuales", que podían "producir estados continuados de incapacidad", los cuales requerían "de apoyos en las áreas detalladas en sus capacidades adaptativas", teniendo dicha patología "un carácter evolutivo crónico e irreversible". La persona con discapacidad se negaba sistemáticamente a recibir todo tipo de tratamiento médico, mostrándose agresiva cuando se intentaba suministrárselo.

Nombró curador a uno de los hijos, que, de acuerdo, con los demás, había aceptado dejar de trabajar para ocuparse de su padre, sustituyendo en esa tarea a otro de los hermanos, que, hasta ese momento, había ejercido la guarda de hecho, pero que tenía que seguir trabajando. Dice, así, que "la actual situación de guarda de hecho resulta insuficiente ante el delicado estado de salud psíquica del demandado, y aún más en los meritados episodios que viene sufriendo. Sin que pueda conminarse al actual guardador o a quien ahora se postula como tal (el aquí recurrente) a acudir a la autoridad judicial cada vez que su padre necesite tratamiento médico y/o farmacológico y éste se niegue al recibirlo, dada la nula conciencia en la materia que padece, suficientemente constatada en las pruebas practicadas como ha quedado dicho. A lo

> que se añade que la tramitación de un expediente judicial para la obtención de la correspondiente autorización, en cada caso el episodio en que sea preciso, es indudable supondría una dilación o retraso en la necesaria y urgente atención médica y asistencial del [padre], por completo inconveniente dado su estado de salud".

5. NOMBRAMIENTO DE CURADOR

El nombramiento de curador se realizará en expediente de jurisdicción voluntaria, conforme a lo dispuesto en el art. 42 bis LJV, siempre, que, como dice el n.º 4 del precepto, no haya "oposición de la persona con discapacidad a cualquier tipo de apoyo" o del Ministerio Fiscal o de cualquiera de los interesados a "la adopción de las medidas de apoyo solicitadas", en cuyo se pondrá fin al expediente y acudir al juicio contencioso.

A) Quién puede ser curador

Conforme al art. 275.1 CC, "Podrán ser curadores las personas mayores de edad que, a juicio de la autoridad judicial, sean aptas para el adecuado desempeño de su función"; e igualmente "las fundaciones y demás personas jurídicas sin ánimo de lucro, públicas o privadas, entre cuyos fines figure la promoción de la autonomía y asistencia a las personas con discapacidad". Por ejemplo, las entidades autonómicas, que, como Agencia Madrileña para el Apoyo a las Personas Adultas con Discapacidad o el Instituto Valenciano de Servicios Sociales, tienen asignado este cometido.

B) Causas de inhabilidad no dispensables

El art. 275.2 CC excluye que pueden ser curadores (sin posibilidad de dispensa):

"1.º Quienes hayan sido excluidos por la persona que precise apoyo.

2.º Quienes por resolución judicial estuvieran privados o suspendidos en el ejercicio de la patria potestad o, total o parcialmente, de los derechos de guarda y protección.

3.º Quienes hubieren sido legalmente removidos de una tutela, curatela o guarda anterior".

Normalmente, la exclusión para ejercer el apoyo se realizará en la escritura pública de autocuratela, pero nada impide que se haga en la escritura en la que se otorguen otras medidas voluntarias, por ejemplo, poderes preventivos que no agoten todos los ámbitos en los que se pueda necesitar apoyos, caso en el que, si procede, deberá constituirse una curatela.

C) *Causas de inhabilidad dispensables judicialmente por circunstancias excepcionales*

El art. 275.3 CC prevé que el juez no pueda nombra curador, "salvo circunstancias excepcionales debidamente motivadas, a las personas siguientes:

"1.º A quien haya sido condenado por cualquier delito que haga suponer fundadamente que no desempeñará bien la curatela".

Por ejemplo, por un delito de administración desleal en la administración del patrimonio de quien es guardador de hecho, por retirar, para fines propios, fondos de una cuenta bancaria de la que es titular la persona con discapacidad.

"2.º A quien tenga conflicto de intereses con la persona que precise apoyo".

La situación de conflicto se dará en aquellos casos en los que alguien intereses propios, personales o económicos, contrapuestos a los de quien, de ser curador, habría de representar, lo que podría llevarle a actuar en provecho propio, más que en beneficio de la persona a quien debe apoyar.

La SAP Castellón (Sección 4.ª) 20 junio 2022, rec. n.º 218/2022 (ECLI:ES:APCS:2022:1551) (*Tol 9906081*), desestimó el recurso interpuesto por uno de los hijos de la persona con discapacidad contra la sentencia, que había nombrado curadora a una de sus hermanas, argumentando que había un conflicto de intereses con el hermano apoyado, al existir diversos procesos que enfrentaban a la curadora con una sociedad familiar en la que cada uno de los hermanos tenía una participación del 20% Se trataban de dos juicios por despido, interpuestos por la curadora contra la sociedad, que acabaron en desistimiento; y de un juicio de desahucio por precario, promovido por la sociedad contra la curadora, que finalizó mediante un auto que homologó el acuerdo alcanzado por las partes. La AP entiende que de los juicios por despido no se puede inferir un conflicto de intereses entre la curadora y su hermano, "sino entre ella y la sociedad familiar" (de la que el recurrente era administrador), "habiendo desaparecido ya el conflicto al haber finalizado ambos procedimientos mediante resolución firme", enmarcándose los despidos en la lucha que ambos litigantes mantienen "por el control de la empresa familiar y que, desgraciadamente, está interfiriendo en el tema de las medidas de apoyo que precisa su hermano con discapacidad". Respecto del juicio de desahucio afirma que resulta paradójico que el recurrente reproche a su hermana haber alcanzado un acuerdo durante la tramitación del procedimiento, cuando él mismo "intervino en dicho acuerdo como legal representante de la empresa familiar".

No se refiere el precepto a la existencia de conflictos puntuales que puedan ser salvados con el nombramiento de un defensor judicial, por ejemplo, en el caso de partición de una herencia a la que ambos (siendo parientes) están llamados.

"3.º Al administrador que hubiese sido sustituido en sus facultades de administración durante la tramitación del procedimiento concursal".

"4.º A quien le sea imputable la declaración como culpable de un concurso, salvo que la curatela lo sea solamente de la persona".

D) *Orden de nombramiento*

Conforme al art. 276.I CC, el juez nombrará curador "a quien haya sido propuesto para su nombramiento por la persona que precise apoyo" o por quien ésta hubiera delegado en la escritura de autocuratela, salvo lo previsto en el art 272.II CC; y siempre —claro está— que en el designado no concurra una causa de inhabilidad.

En defecto de propuesta, según el art. 276.II CC, se nombrará curador, por el siguiente orden:

"1.º Al cónyuge, o a quien se encuentre en una situación de hecho asimilable, siempre que convivan con la persona que precisa el apoyo.

2.º Al hijo o descendiente. Si fueran varios, será preferido el que de ellos conviva con la persona que precisa el apoyo.

3.º Al progenitor o, en su defecto, ascendiente. Si fueren varios, será preferido el que de ellos conviva con la persona que precisa el apoyo.

4.º A la persona o personas que el cónyuge o la pareja conviviente o los progenitores hubieran dispuesto en testamento o documento público.

5.º A quien estuviera actuando como guardador de hecho.

6.º Al hermano, pariente o allegado que conviva con la persona que precisa la curatela.

7.º A una persona jurídica en la que concurran las condiciones indicadas en el párrafo segundo del apartado 1 del artículo anterior".

Sin embargo, el art. 276.III CC prevé que el juez pueda alterar dicho orden, "una vez oída la persona que precise apoyo"; se entiende que para averiguar quién prefiere que sea nombrado curador, también entre personas que se hallen en el mismo ordinal.

La SAP Ciudad Real (Sección 2.ª) 29 noviembre 2021, rec. n.º 731/2020 (ECLI:ES:APCR:2021:1470) (*Tol 8833055*), revocó la sentencia recurrida, que había nombrado a la Comisión de Tutelas de Castilla La Mancha curadora de una persona con un deterioro cognitivo de perfil cortical (que, además, sufría de otras enfermedades, trombosis pulmonar, glaucoma, diabetes mellitus tipo 2, entre ellas). Por el contrario, consideró procedente designar al sobrino como curador con facultades de representación, en atención a lo manifestado por el interesado en la vista, siendo aquel quien "se ha venido ocupando, tras la pandemia, de su cuidado tanto personal como en la administración de su patrimonio, que no es escaso, adecentando su vivienda y llevando un control telemático", y, a juicio del Tribunal, "muy adecuado tanto en lo personal como en lo patrimonial, y que pese a residir en localidad distinta, puede ejercer de forma adecuada la supervisión que necesita".

La SAP Asturias (Sección 6.ª) 25 junio 2024, rec. n.º 215/2024 (ECLI:ES:APO:2024:2453) (*Tol 10196194*), nombró curadora con facultad de representación a una de las hijas, con la que había venido conviviendo la persona con discapacidad, con preferencia a los hermanos, que pretendían que la madre ingresara en una residencia. El informe del médico forense había constado que madre sufría "un deterioro cognitivo leve, fallaba en operaciones de cálculo básicas, mostrando desorientación temporal y lagunas de memoria, pero concluye que, pese a lo que se lleva expuesto, su estado mental era sorprendentemente bueno para su edad, entendiendo con claridad el fin u objeto del presente procedimiento". La Audiencia afirma que, sentada esa primera premisa, se constata "que la anciana manifestó por activa y por pasiva su disgusto y rechazo a la alternativa residencial planteada por el resto de sus hijos y su deseo de continuar conviviendo con su hija".

El art. 276.IV CC añade que, cuando, oída la persona necesitada de apoyo, "no resultare clara su voluntad, la autoridad judicial podrá alterar el orden legal, nombrando a la persona más idónea para comprender e interpretar su voluntad, deseos y preferencias".

La STS (Sala 1.ª) 24 septiembre 2024, rec. n.º 1030/2024 (ECLI:ES:TS:2024:4661) (*Tol 10210262*), observa que la audiencia de la persona con discapacidad se exige "con idea de conocer su voluntad y para actuar en función de ella".

La redacción del precepto es confusa, pues pudiera interpretarse en el sentido de que, siempre que resultara clara la voluntad de la persona con discapacidad, el juez, inexorablemente, habría de atenerse a ella y sólo cuando no lo sea, podrá apartarse de ella, lo que no es correcto, pues, en ocasiones, podrá prescindir de la misma, pero siempre, de manera suficientemente motivada.

Exige motivación fundada la STS (Sala 1.ª) 23 diciembre 2021, rec. n.º 1504/2021 (ECLI:ES:TS:2021:4879) (*Tol 8739270*), que revoca la sentencia recurrida (dictada antes de la entrada en vigor de la Ley 8/2021), estimando un recurso extraordinario de infracción procesal, por entender que hubo falta de motivación suficiente de la decisión de "prescindir de la voluntad exteriorizada del demandado de que sea designado como curador la persona por él elegida y nombrada por el juzgado", estableciendo, en cambio, una tutela en favor de la Agencia Madrileña de Tutela de Adultos, "pues es organismo preparado, técnico, profesional y objetivo"; y ello, frente a la mujer, "que se lleva mal o regular actualmente" con el demandado, y frente a la hija, "que se lleva mal o regular con su madre; y parece ser, aún en formación".

Pero lo cierto es que la sentencia revocada no explicaba por qué no se había nombrado tutor a la persona querida por la persona con discapacidad, la cual no era, ni su mujer, ni su hija, más allá de constatar la adecuación de la Agencia para ejercer el cargo. El TS afirma, así, que, para "prescindir de la voluntad exteriorizada por el demandado, dada la trascendencia que se le otorga en la nueva ley", se "requiere una motivación especial que brilla por su ausencia, con lo que, en la nueva sentencia que se dicte, se deberá manifestar expresamente al respecto, explicitando las concretas razones por las que, en su caso, se prescinde de la voluntad y preferencia en tal aspecto exteriorizada por el demandado".

La STS (Sala 1.ª) 24 septiembre 2024, rec. n.º 1030/2024 (ECLI:ES:TS:2024:4661) (*Tol 10210262*), observa también que, "para separarse de la voluntad manifestada por la persona sobre la que se constituye la curatela, se requiere una motivación especial que explicite las concretas razones por las que se prescinde de la voluntad y preferencia manifestada por el demandado".

En el caso por ella resuelto la sentencia recurrida había incurrido en un error, al entender que el informe en que se había considerado que una de las hermanas no era idónea para desempeñar la curatela era la hermana por la que la persona con discapacidad había mostrado su preferencia. Constatado el error, se procedió a nombrar a esta última como curadora, en sustitución de la AMTA.

Podrá, así, prescindirse de la voluntad de la persona con discapacidad:

a) cuando la voluntad expresada, aun siendo "clara", no haya sido rectamente formada, al sufrir quien la manifiesta una enfermedad que excluya o merme gravemente su capacidad de discernimiento;

b) cuando la persona por la que expresa una preferencia esté incursa en una causa de inhabilidad o no quiera, fundamente, asumir el cargo (invocando una causa legal de excusa);

> La SAP Valencia (Sección 10.ª) 16 septiembre 2021, rec. n.º 240/2020 (ECLI:ES:APV:2021:3274) (*Tol 8660565*), nombró a una fundación como curadora de una persona que padecía un trastorno esquizo-afectivo y de la personalidad grupo B y consumo tóxico. La Audiencia se apartó de la voluntad manifestada por aquella, de que se designara como curadores a sus hermanos, porque estos estaban asustados, constatando la existencia de una situación de riesgo familiar, por haber tenido lugar numerosos incidentes violentos.
>
> La SAP Madrid (Sección 22.ª) 4 junio 2024, rec. n.º 499/2023 (ECLI:ES:APM:2024:8450) (*Tol 10181833*), confirmó el sentencia recurrida, desestimando el recurso de la hermana de la persona apoyada, en el que se pedía que fuera nombrada curadora de la misma, afirmando que, aunque hubiera "afecto" y un "estrecho e intenso vínculo", existía un conflicto de intereses entre ambas, pues la apelante había recibido un préstamo de su hermana, por importe de 50.000 euros, del cual restaba por devolver, la cantidad de 20.212,96 euros, resaltando que "el entonces tutor no pidió la preceptiva autorización judicial para realizar este préstamo y desde luego la apelante tampoco observó la diligencia debida para aceptarlo"; concluye que "los posibles deseos de la persona con discapacidad (verbigracia, artículos 249 o 268 del CC) no pueden en este caso atentar contra su propio interés, que es el que debe primar".

c) cuando el juez considere que no sea idónea, no sólo (como dice el 276.IV CC) para "comprender e interpretar" la "voluntad, deseos y preferencias" del discapaz (suponiendo que pueda exteriorizarlas), sino, más en general, para el correcto desempeño de la medida de apoyo, cuyo ejercicio debe también estar inspirado "en el respeto a la dignidad de la persona y en la tutela de sus derechos fundamentales" (art. 249.I CC), que ha de procurar hacer efectivos.

La SAP La Coruña (Sección 3.ª) 11 noviembre 2021, rec. n.º 526/2021 (ECLI:ES:APC:2021:2586) (*Tol 8777316*), designó a una entidad pública curadora de una persona que sufría una esquizofrenia paranoide, la cual pretendía que fuera curador su hermano, deseo expresado, tanto en el escrito del recurso de apelación, como en el acto del juicio en segunda instancia. Prescindió de su voluntad, porque "no ha existido una implicación familiar", necesitando "supervisión diaria de medicación, comidas, manejo del dinero, y ello no lo podría realizar su hermano, al cual solo ve esporádicamente", quien, además, "reconoce que su hermano está muy bien en el centro y atendido por la asociación", que dirigía el piso tutelado en el que residía.

La SAP Madrid (Sección 22.ª) 27 octubre 2023, rec. n.º 971/2021 (ECLI:ES:APM:2023:16771) (*Tol 9844904*), desestimó el recurso de apelación interpuesto por la persona con discapacidad, en el que solicitaba el nombramiento de su hijo como curador representativo, en lugar de la AMAPAD. La desestimación del recurso se basó en que el hijo, que tenía 70 años, no se ocupaba "lo suficiente de su madre pues aun cuando dice que la acompaña al médico ha quedado acreditado que no acude a las visitas médicas que le prescriben, que no sabe el nombre de la medicación que debe tomar su madre, no acepta la situación que presenta la misma considerando que no necesitan ayuda, y poniendo trabas e impedimentos para la asistencia social".

La SAP Vizcaya (Sección 4.ª) 18 diciembre 2023, rec. n.º 693/2023 (ECLI:ES:APBI:2023:1129) (*Tol 9878916*), revocó la sentencia recurrida, que, atendiendo a lo manifestado por la persona con discapacidad, había nombrado como curadora con facultades de representación a su madre. Por el contrario, la Audiencia afirma la "falta de idoneidad" de la madre, "ya que durante la práctica totalidad de la vida de su hijo no le ha prestado los cuidados y atenciones", habiendo estado "desde su corta edad tutelado por instituciones públicas". Dice, así, que "atender los deseos" del hijo "respecto del nombramiento de curador, iría en contra de su interés y beneficio, puesto que en la actualidad cuenta con todos los apoyos adecuados que precisa y que son proporcionados en base a las ayudas que recibe en el centro tutelado por el Instituto Tutelar de Bizkaia en el ámbito personal, de la salud, residencial, social y de ocio, laboral y económico".

En los casos expuestos, en principio, el juez deberá atenerse al orden previsto el art. 276.II CC, pero, motivadamente, podrá alterarlo para nombrar a la persona que, objetivamente, considere más idónea para ejercer la curatela, siendo en la práctica frecuente que sea nombrado el familiar que venía ejerciendo la guarda de hecho; y lo mismo cuando sean varios quienes están en el mismo ordinal y pretendan ser curadores.

La SAP Castellón (Sección 4.ª) 20 junio 2022, rec. n.º 218/2022 (ECLI:ES:APCS:2022:1551) (*Tol 9906081*), nombró curadora a una de las hermanas de la persona con discapacidad, desestimando la pretensión de otro de los hermanos de que fuera él el designado para ejercitar la medida de apoyo. Para ello, tuvo en cuenta que la hermana designada había hecho gestiones ante los Servicios Sociales y la Seguridad Social en beneficio de la persona apoyada; había suscrito en nombre del hermano discapaz el contrato de ingreso en su actual residencia, había sido la persona de referencia y contacto de dicha residencia y había tenido una participación activa en las cuestiones médicas.

E) Pluralidad de curadores

El art. 277.I CC contempla la posibilidad de nombrar "más de un curador si la voluntad y necesidades de la persona que precisa el apoyo lo justifican".

Sin embargo, esto no suele ser frecuente, porque la existencia de varios curadores, en particular, si han de actuar mancomunadamente, complica el desempeño de la medida de apoyo.

La SAP León (Sección 1.ª) 8 febrero 2024, rec. n.º 760/2023 (ECLI:ES:APLE:2024:232) (*Tol 9976118*), nombró curador a una de las hijas (eran dos hermanas y un hermano) en el ámbito de la salud y de la atención cotidiana de la madre, por entender que "dispone de tiempo —está recientemente jubilada— y conocimientos —ha trabajado profesionalmente en educación especial— para desempeñar el cargo de curadora", afirmando que "designar a dos de los hijos para el ámbito personal que va a ocupar esencialmente la función de la curatela, restaría agilidad a la actuación del curador que se considera que es más operativa si se ejerce por una única persona".

"En particular, podrán separarse como cargos distintos los de curador de la persona y curador de los bienes" (art. 277.I CC, *in fine*).

La SAP Madrid (Sección 22.ª) 4 junio 2024, rec. n.º 499/2023 (ECLI:ES:APM:2024:8450) (*Tol 10181833*), confirmó la sentencia recurrida, que había removido al tutor (nombrado antes de la reforma del 2021), por haber concedido a la hermana de la persona apoyada un préstamo de 50.000 euros sin autorización judicial, nombrándolo, exclusivamente, curador representativo de la persona en el ámbito de la salud, pero no, en el patrimonial, respecto del cual encomendó la curatela, también representativa, a la Agencia Madrileña para el Apoyo a las Personas Adultas con Discapacidad.

Sin embargo, esta separación no es frecuente, pues supone una duplicidad que, en muchos casos, puede ser distorsionadora.

La SAP Huelva (Sección 2.ª) 14 junio 2024, rec. n.º 50/2024 (ECLI:ES:APH:2024:263) (*Tol 10197931*), consideró, así, contraproducente separar el apoyo en la espera personal y económica de la persona apoyada, "a fin de no impedir o dificultar la gestión y administración de su patrimonio".

"Cuando la curatela sea confiada a varias personas, la autoridad judicial establecerá el modo de funcionamiento, respetando la voluntad de la persona que precisa el apoyo" (art. 277.II CC), esto es, si han de actuar solidaria o mancomunadamente.

F) Excusa

El desempeño de la medida judicial de apoyo es una obligación de la persona nombrada como curador, si bien se admiten justos motivos de excusa.

Así, según el art. 279.I CC, "Será excusable el desempeño de la curatela si resulta excesivamente gravoso o entraña grave dificultad para la persona nombrada para el ejercicio del cargo; y "También podrá excusarse el curador de continuar ejerciendo la curatela cuando durante su desempeño le sobrevengan los motivos de excusa".

Respecto las circunstancias que hacen "excesivamente gravoso" el ejercicio de la curatela o que entrañan una "grave dificultad" para desempeñarla, podemos considerar aquellas a las que se refería en anterior art. 251 CC, esto es, la "edad, enfermedad, ocupaciones personales o profesionales" de la persona designada, así como la "falta de vínculos de cualquier clase" con la persona a la que debe apoyar.

Igualmente, la existencia de graves conflictos con ella o de una conducta agresiva o violenta, que haga difícil la convivencia bajo el mismo techo y aconseje encomendar la curatela a una persona jurídica que disponga de centros residenciales.

En particular, "Las personas jurídicas privadas podrán excusarse cuando carezcan de medios suficientes para el adecuado desempeño de la curatela o las condiciones de ejercicio de la curatela no sean acordes con sus fines estatutarios" (art. 279.II CC).

Por el contrario, "No concurrirá causa de excusa cuando el desempeño de los apoyos haya sido encomendado a entidad pública" (art. 281.IV CC).

"El interesado que alegue causa de excusa deberá hacerlo dentro del plazo de quince días a contar desde que tuviera conocimiento del nombramiento. Si la causa fuera sobrevenida podrá hacerlo en cualquier momento" (art. 279.III CC).

La solicitud de excusa del curador se tramitará en expediente de jurisdicción voluntaria, exigiéndose la "previa celebración de comparecencia, en la que necesariamente se oirá a la persona que se excuse, a la que le vaya a sustituir en el cargo y al afectado si tuviere suficiente madurez" y, "en todo caso, al Ministerio Fiscal" (art. 50.2 LJV).

"Mientras la autoridad judicial resuelva acerca de la excusa, el nombrado estará obligado a ejercer su función. Si no lo hiciera y fuera necesaria una actuación de apoyo, se procederá a nombrar un defensor judicial que sustituya al curador, quedando el sustituido responsable de los gastos ocasionados por la excusa, si esta fuera rechazada" (art. 279.IV CC).

Si admite la excusa se procederá al nombramiento de nuevo curador, "debiendo remitir, en su caso, la correspondiente comunicación al Registro Civil" (art. 50.4 LJV).

"El curador nombrado en atención a una disposición testamentaria que se excuse de la curatela por cualquier causa, perderá lo que en consideración al nombramiento le hubiere dejado el testador" (art. 280 CC).

6. LA CURATELA CON FACULTAD DE REPRESENTACIÓN

Las facultades del curador dependerán de la clase de curatela de que se trate y deberán proyectarse sobre los actos a los que se refiera la sentencia constitutiva de la medida de apoyo.

A) Carácter excepcional de la curatela representativa

Conforme al art. 249.II CC, solo "En casos excepcionales, cuando, pese a haberse hecho un esfuerzo considerable, no sea posible determinar la voluntad, deseos y preferencias de la persona, las medidas de apoyo podrán incluir funciones representativas".

En este punto, con evidente sentido común, el legislador español se aparta de las Observaciones Generales del Comité sobre los Derechos de las Personas con Discapacidad, de 19 de mayo de 2014 (en particular, de la Primera de ellas), que se manifiesta en términos tales, de los que es posible deducir que propone la supresión de todo tipo de medidas de apoyo de carácter sustitutivo. Dice, así, que "La obligación de los Estados parte de reemplazar los regímenes basados en la adopción de decisiones sustitutiva por otros que se basen en el apoyo a la adopción de decisiones exige que se supriman los primeros y se elaboren alternativas para los segundos. Crear sistemas de apoyo a la adopción de decisiones manteniendo paralelamente los regímenes basados en la adopción de decisiones sustitutiva no basta para cumplir con lo dispuesto en el artículo 12 de la Convención" (núm. 28).

Pudiera pensarse que, dado lo previsto por la Ley 8/2021, la mayoría de las nuevas curatelas habrían de ser asistenciales o complementadoras; sin embargo, en la mayoría de los casos en los que se constituye una curatela, por lo general, se hace con carácter representativo, quizás, porque sólo los casos más graves llegan a los juzgados, y los que no lo son han venido resolviéndose, en ocasiones, a través del mantenimiento de la guarda de hecho, ya ejercida por quien promueve la medida judicial de apoyo.

B) Actos para los que el curador necesita autorización judicial

El ejercicio de las facultades representativas del curador, al igual que sucedía con las del antiguo tutor, está subordinado a la previa autorización judicial, cuando pretenda llevar a cabo actos de trascendencia personal o familiar o los actos de carácter patrimonial previstos por el vigente art. 287 CC, autorización que sólo podrá darse, tras oírse al Ministerio Fiscal y a la persona apoyada, debiendo el juez recabar "los informes que le sean solicitados o estime pertinentes" (art. 290 CC).

El curador no necesita autorización para realizar otro tipo de actos representativos que le hayan sido encomendados en la sentencia constitutiva de la medida de apoyo, por ejemplo, solicitar ayudas o prestaciones económicas, realizar actos de disposición sobre bienes muebles de escasa relevancia económica o retirar fondos de cuentas corrientes bancarias.

> La SAP Sevilla (Sección 2.ª) 27 febrero 2024, rec. n.º 433/2022 (ECLI:ES:APSE:2024:201) (*Tol 10122719*), la persona designada para prestar apoyos, "Como curador representativo no precisa autorización judicial para la solicitud de prestaciones económicas si no son de importancia y no suponga un cambio significativo en la forma de vida de la persona ni para realizar los actos jurídicos sobre bienes que tengan escasa relevancia económica y carezcan de especial significad o personal o familiar pero sí deberá recabar autorización judicial a sensu contrario y en todo caso para los actos enumerados en el artículo 287 y 289 del CC y 763 de la LEC".

Los actos para los que el curador necesitará autorización judicial, según el art. 287 CC son los siguientes:

a) Actos de transcendencia personal o familiar

"Realizar actos de transcendencia personal o familiar cuando la persona afectada no pueda hacerlo por sí misma, todo ello a salvo lo dispuesto legalmente en materia de internamiento, consentimiento informado en el ámbito de la salud o en otras leyes especiales" (art. 287.1.º CC).

En particular, la autorización judicial para poder llevar a cabo intromisiones en el derecho al honor, a la intimidad y a la propia imagen de la persona con discapacidad, que, conforme al art. 3.2 de la Ley Orgánica 1/1982, de 5 de mayo, deberá ser recabada por quien preste medidas de apoyo, cuando, comunicado el proyecto inicial de consentimiento al Ministerio Fiscal, éste se oponga en el plazo de ocho días, se tramitarán conforme a lo previsto en los arts. 59 y 60 LJV.

Es discutible si el curador puede pedir autorización judicial para reconocer un hijo en nombre de la persona apoyada o para consentir el reconocimiento de aquélla.

La cuestión no es clara, porque los arts. 121.II y 123.II CC, reformados en 2021, tienen una redacción confusa.

A tenor del vigente art. 121.II CC, "Para la validez del reconocimiento otorgado por personas mayores de edad respecto de las que hayan establecido medidas de apoyo se estará a lo que resulte de la resolución judicial o escritura pública que las haya establecido. Si nada se hubiese dispuesto y no hubiera medidas voluntarias de apoyo, se instruirá la correspondiente revisión de las medidas de apoyo judicialmente adoptadas para completarlas a este fin".

A nuestro parecer, el precepto no prohíbe que se conceda autorización al curador para reconocer a un hijo de la persona con discapacidad, pues lo que es un acto personalísimo insustituible es la decisión de ser padre, pero no la de reconocer a un hijo.

Ahora bien, la autorización, en nuestra opinión, sólo deberá concederse, cuando se acredite la existencia de una filiación biológica (no cabe aquí un reconocimiento de complacencia) y el examen de la trayectoria vital de la persona apoyada permita deducir que, de haber podido ésta prestar su consentimiento para reconocer al hijo, lo habría dado (art. 249.III CC). No procederá, por tanto, cuando antes de ser establecidas las medidas de apoyo, hubiera manifestado un claro rechazo a llevar a cabo el reconocimiento.

Por su parte, el actual art. 123.II CC, prevé que "El consentimiento para la eficacia del reconocimiento de la persona mayor de edad con discapacidad se prestará por esta, de manera expresa o tácita, con los apoyos que requiera para ello. En caso de que exista resolución judicial o escritura pública que haya establecido medidas de apoyo, se estará a lo allí dispuesto".

Tampoco creemos que este precepto impida al curador pedir autorización para consentir el reconocimiento de la persona representada, siempre que el mismo pueda redundar en beneficio de ella, pudiendo permitir iniciar o reforzar lazos afectivos con su padre bilógico y disfrutar de ventajas hereditarias respecto del patrimonio del mismo (condición de legitimario, posibilidad de disfrutar del fideicomiso sobre la legítima estricta de los demás herederos forzosos sin discapacidad previsto en el art. 808.IV CC).

El art. 287.1.º CC, como se ha visto deja a "salvo lo dispuesto legalmente en materia de internamiento, consentimiento informado en el ámbito de la salud o en otras leyes especiales".

En materia de internamiento no voluntario por razón de trastorno psíquico se aplica el art. 763 LEC, de modo que, como se dice en el número 2.º del precepto, deberá ser previamente autorizado por el juez "salvo que razones de urgencia hicieren necesaria la inmediata adopción de la medida. En este caso, el responsable del centro en que se hubiere producido el internamiento deberá dar cuenta de éste al tribunal competente lo antes posible y, en todo caso, dentro del plazo de veinticuatro horas, a los efectos de que se proceda a la preceptiva ratificación de dicha medida, que deberá efectuarse en el plazo máximo de setenta y dos horas desde que el internamiento llegue a conocimiento del tribunal".

Por lo tanto, al curador con facultades representativas en el ámbito de la salud no podrá autorizársele para internar a la persona apoyada sin la voluntad de ésta, sino que, cuando sea necesario llevar a cabo esta medida, deberá solicitar autorización judicial para ello, salvo lo dicho en el caso de concurrencia de razones de urgencia.

Respecto a la prestación del consentimiento informado, podrá el curador prestarlo, siempre que la sentencia constitutiva de la curatela la extienda al ámbito de la salud, sin necesidad de autorización judicial previa, en virtud del art. 9.3.b) de la Ley 41/2002, de 14 de noviembre (con las debidas adaptaciones para ajustarlo a la regulación resultante de la Ley 8/2021, "atendiendo siempre al mayor beneficio para la vida o salud del paciente" (art. 9.6 de la Ley 41/2002).

Entre las leyes especiales a que se refiere el art. 287.1 CC, se encuentra Ley Orgánica 3/2021, de 24 de marzo, de regulación de la eutanasia, que prevé que "La decisión de solicitar la prestación de ayuda para morir ha de ser una decisión autónoma" (art. 4.2) e "individual", por lo que no cabe extender la curatela representativa a este ámbito, sin perjuicio de que se adopten las "medidas pertinentes para proporcionar acceso a las personas con discapacidad al apoyo que pueden necesitar en el ejercicio de los derechos que tienen reconocidos en el ordenamiento jurídico".

No obstante, según el art. 5 de la Ley 41/2022, "en aquellos casos en los que el médico responsable certifique que el paciente no se encuentra en el pleno uso de sus facultades ni puede prestar su conformidad libre, voluntaria y consciente para realizar las solicitudes", sufra "una enfermedad grave e incurable o un padecimiento grave, crónico e imposibilitante" y "haya suscrito con anterioridad un documento de instrucciones previas, testamento vital, voluntades anticipadas o documentos equivalentes legalmente reconocidos", "se podrá facilitar la prestación de ayuda para morir conforme a lo dispuesto en dicho documento"; añadiendo que, "En el caso de haber nombrado representante en ese documento será el interlocutor válido para el médico responsable".

Cabría, pues, que en la escritura de constitución de autocuratela se facultara a la persona designada como curadora para presentar la solicitud de la prestación de ayuda para morir (y lo mismo al apoderado en poderes con cláusula de subsistencia o preventivos) o atribuirle esta facultad en un documento posterior de instrucciones previas.

Por cuanto concierne al cambio se sexo, el art. 43.3 de la Ley 4/2023, de 28 de febrero, para la igualdad real y efectiva de las personas trans y para la garantía de los derechos de las personas LGTBI, prevé que "Las personas con discapacidad podrán solicitar, con las medidas de apoyo que en su caso precisen, la rectificación registral de la mención relativa al sexo".

Parece, pues, que se trata de una decisión personal, que podrá ser apoyada, pero no sustituida, por lo que no cabe encomendarla a un curador representativo.

La Ley 14/2006, de 26 de mayo, sobre técnicas de reproducción humana asistida, no ha sido reformada por la Ley 8/2021. El art. 5.6 sigue exigiendo que los donantes tengan "plena capacidad de obrar", de lo que se deduce que no cabe atribuir a un curador la facultad de decidir, en nombre de la persona apoyada, una donación de gametos de ésta; y el art. 6.1 de la Ley 14/2006 subordina el acceso a las técnicas de reproducción asistida a la "plena capacidad de obrar" de la receptora o usuaria, por lo que en este ámbito tampoco caben actuaciones sustitutivas.

La Ley 30/1979, de 27 de octubre, sobre extracción y trasplante de órganos, tampoco ha sido afectada por la Ley 8/2021. Su art. 4.b) exige que "el donante goce de plenas facultades mentales y haya sido previamente informado de las consecuencias de su decisión", previendo la letra e) del precepto que "Si el donante fuese una persona con discapacidad", "la información y el consentimiento deberán efectuarse en formatos adecuados, siguiendo las reglas marcadas por el principio del diseño para todos, de manera que le resulten accesibles y comprensibles a su tipo de discapacidad".

Parece, pues, que la decisión de donar órganos de personas vivas es personalísima.

Sin embargo, el art. 6.c) de la Ley 30/1979, sí prevé la posibilidad de que el consentimiento para la recepción de órganos sea prestado por el "tutor", si el receptor, mayor de edad, "estuviera incapacitado", lo que trasladado a la regulación actual significa que el curador con facultades de representación en el ámbito de la salud, podrá consentir el trasplante de un órgano en favor de la persona apoyada.

El mismo precepto establece que, "Tratándose de personas con discapacidad con necesidades de apoyo para la toma de decisiones, se estará a la libre determinación de la persona una vez haya dispuesto de los apoyos y asistencias adecuados a sus concretas circunstancias", pero esta previsión parece que sólo debe aplicarse en el caso de curatelas meramente asistenciales.

b) Actos de enajenación o gravamen

"Enajenar o gravar bienes inmuebles, establecimientos mercantiles o industriales, bienes o derechos de especial significado personal o familiar, bienes muebles de extraordinario valor, objetos preciosos y valores mobiliarios no cotizados en mercados oficiales de la persona con medidas de apoyo, dar inmuebles en arrendamiento por término inicial que exceda de seis años, o celebrar contratos o realizar actos que tengan carácter dispositivo y sean susceptibles de inscripción. Se exceptúa la venta del derecho de suscripción preferente de acciones" (art. 287.2 CC).

Entre los contratos de carácter dispositivo, susceptibles de inscripción, se encuentran el de hipoteca y el de opción de compra en el que concurran los requisitos del art. 14 RH.

Añade el precepto que "La enajenación de los bienes mencionados en este párrafo se realizará mediante venta directa salvo que el Tribunal considere que es necesaria la enajenación en subasta judicial para mejor y plena garantía de los derechos e intereses de su titular".

La autorización judicial para la realización de actos de disposición, gravamen u otros que se refieran a los bienes y derechos de las personas con discapacidad deberá solicitarse conforme a lo dispuesto en los arts. 61 y ss. LJV.

En la solicitud de autorización "deberá expresarse el motivo del acto o negocio de que se trate, y se razonará la necesidad, utilidad o conveniencia del mismo; se identificará con precisión el bien o derecho a que se refiera; y se expondrá, en su caso, la finalidad a que deba aplicarse la suma que se obtenga" (art. 63.1 LJV): por ejemplo, pagar la residencia en la que se encuentra la persona apoyada; así mismo, "se presentarán los documentos y antecedentes necesarios para poder formular juicio exacto sobre el negocio de que se trate" (art. 63.2 LJV).

El AAP Valencia (Sección 10.ª) 10 febrero 2024, rec. n.º 71/2023 (ECLI:ES:APV:2024:259A) (*Tol 10073250*), observa que "el Juez debe controlar la existencia de una causa de utilidad o necesidad que justifique la realización del acto, resolviendo sobre la bondad intrínseca del mismo, sobre su conveniencia o inconveniencia para los intereses" de la persona con discapacidad. En concreto, confirma la autorización para la venta de una casa para una finalidad más bien genérica, consistente en satisfacer las "necesidades presentes y futuras" de la persona apoyada, si bien es cierto que la misma no residía en dicha casa, pues vivía con la tutora, su hermana. No obstante, estima el recurso en el sentido de aumentar el precio mínimo de venta, en consonancia con la nueva valoración pericial presentada, explicándose la reducción del valor de la vivienda, por las lluvias acaecidas y por hallarse deshabitada.

Podrá autorizarse la venta directa, en cuyo caso en la solicitud deberá presentarse un "dictamen pericial de valoración del precio de mercado del bien o derecho de que se trate y especificarse las demás condiciones del acto de disposición que se pretenda realizar" (63.3. LJV).

El AAP León (Sección 1.ª) 4 mayo 2023, rec. n.º 83/2023 (ECLI:ES:APLE:2023:524A) (*Tol 9739369*), autorizó la venta directa de seis fincas, pertenecientes, por partes iguales, a la curadora y a la persona apoyada, afirmando que tal venta facilitaba la extinción del condominio y que, "en este caso, más que de conflicto de intereses", cabía "hablar de concurrencia de intereses"; además, se había presentado la preceptiva tasación del valor de los bienes y el auto recurrido se había fijado el precio mínimo de venta y la necesidad de ingresar el que se obtuviera en una cuenta de titularidad exclusiva de la persona apoyada en la proporción correspondiente a su cuota en la comunidad, "debiendo acreditar tal circunstancia documentalmente".

El art. 62.3 LJV establece que "No será preceptiva la intervención de abogado ni procurador siempre que el valor del acto para el que se inste el expediente no supere los 6.000 euros"; y que "Cuando lo supere, la solicitud inicial podrá realizarse sin necesidad de ambos profesionales, sin perjuicio de que el Juez pueda ordenar la actuación de todos los interesados por medio de abogado cuando la complejidad de la operación así lo requiera o comparezcan sujetos con intereses enfrentados".

El Preámbulo de la Ley 8/2021 explica que, "De esta manera se pretende ahorrar costes al menor y a la persona con discapacidad en relación con actos que carecen de dificultad técnica o jurídica, habida cuenta de que en este tipo de actuaciones siempre va a existir un control judicial en el momento de decidir sobre la aprobación de lo solicitado".

Si la autorización se concede para la realización de algún acto de gravamen sobre bienes o derechos o para la extinción de derechos reales "se ordenará seguir las mismas formalidades establecidas para la venta, con exclusión de la subasta" (art. 65.4 LJV).

"El Juez podrá adoptar las medidas necesarias para asegurar que la cantidad obtenida por el acto de enajenación o gravamen, así como por la realización del negocio o contrato autorizado se aplique a la finalidad en atención a la que se hubiere concedido la autorización" (art. 66 LJV). Por ejemplo, si se autoriza la venta de casa que la persona apoyada no habita, para pagar los gastos del centro en el que la misma reside, que el precio de venta del bien se ingrese en la cuenta bancaria de la que sea titular y se justifiquen documentalmente los pagos al centro a través de una rendición de cuentas.

No es, desde luego, necesaria autorización judicial para que el curador pueda comprar bienes en nombre de la persona a la que apoya.

La RDGRN 18 julio 2023 (*Tol* 9156479) observa, así, que, entre los "actos dispositivos necesitados de autorización judicial no se encuentra la compra de inmuebles".

c) Donaciones

"Disponer a título gratuito de bienes o derechos de la persona con medidas de apoyo, salvo los que tengan escasa relevancia económica y carezcan de especial significado personal o familiar" (art. 287.3 CC).

Este número se refiere a donaciones, no a disposiciones de última voluntad, pues, siendo el testamento un acto personalísimo, no cabe que el curador teste en nombre de la persona apoyada.

Desde luego, la autorización judicial deberá concederse muy excepcionalmente, porque la donación no tendrá como finalidad atender una situación de "necesidad" de la persona apoyada, ni redundará en utilidad o conveniencia de la misma (lo que se exige para autorizar actos de disposición a título oneroso).

Para autorizar la donación creemos que el juez deberá tener en cuenta la cuantía de la misma en relación con el patrimonio del donante y su hipotética voluntad, deducible de su trayectoria vital y del grado de relación con el donatario, en el caso de haber conocido la circunstancia que puede justificarla (art. 249.III CC), por ejemplo, la situación de necesidad económica en la que pudiera hallarse un hijo.

d) Renuncia de derechos, transacción o arbitraje

"Renunciar derechos, así como transigir o someter a arbitraje cuestiones relativas a los intereses de la persona cuya curatela ostenta, salvo que sean de escasa relevancia económica. No se precisará la autorización judicial para el arbitraje de consumo" (art. 287.IV CC).

La escasa relevancia económica parece que hay que entenderla, teniendo en cuenta la relación de su cuantía con el entero patrimonio de la persona representada.

Según el art. 63.2 LJV, en la solicitud de la autorización para transigir, se acompañará "el documento en que se hubieren formulado las bases de la transacción"; y, concedida la autorización, el juez expedirá "testimonio que se entregará al solicitante para el uso que corresponda" (art. 65.2 LJV).

e) Aceptación pura y simple o repudiación de herencia o de donaciones

"Aceptar sin beneficio de inventario cualquier herencia o repudiar esta o las liberalidades" (art. 287.5 CC).

Por lo tanto, el curador no necesitará autorización judicial para aceptar una donación, ni una la herencia a beneficio de inventario, pero sí, para aceptarla pura y simplemente.

No obstante, si existe conflicto de intereses, por estar llamado también el curador a la herencia, no podrá éste ser autorizarlo a aceptar la herencia pura y simplemente, debiéndose proceder al nombramiento de un defensor judicial para que lleve a cabo la aceptación en dicha forma.

El AAP León (Sección 1.ª) 9 octubre 2023, rec. n.º 447/2023 (ECLI:ES:APLE:2023:1029A) (*Tol 9859944*), considera "evidente" que al, concurrir el tutor (nombrado antes de la reforma de 2021) a la misma herencia, junto con la persona apoyada, no podía ser autorizado para aceptarla pura y simplemente, sino que, para ello, debía procederse al nombramiento de un defensor judicial, lo que ya había sido considerado necesario por el auto recurrido, el cual, sin embargo, se había diferido su nombramiento para un momento posterior. La Audiencia considera que ello "supone una abierta contradicción: el nombramiento de defensor judicial es para que éste intervenga en el proceso en representación de la persona con discapacidad, y no para que se le nombre después de que se haya otorgado la autorización". Concluye, así, que "El nombramiento de defensor judicial debe ser previo a la resolución que se dicte, por conflicto de intereses".

f) Gastos extraordinarios

"Hacer gastos extraordinarios en los bienes de la persona a la que presta apoyo" (art. 287.6 CC).

Para precisar este concepto puede ser útil acudir por analogía al art. 500 CC, con apoyo en el cual cabe considerar gastos extraordinarios que no vengan exigidos por "los deterioros o desperfectos que procedan del uso natural de las cosas y sean indis pensables para su conservación".

g) Interposición de demandas

"Interponer demanda en nombre de la persona a la que presta apoyo, salvo en los asuntos urgentes o de escasa cuantía. No será precisa la autorización judicial cuando la persona con discapacidad inste la revisión de la resolución judicial en que previamente se le hubiesen determinado los apoyos" (art. 287.7 CC).

La dicción de este número es confusa, porque, tanto la persona apoyada, como quien ejercita la medida de apoyo, están legitimados instar el procedimiento de revisión, sin necesidad de autorización judicial previa, según el art. 42 bis c) 2 LJV, por lo que parece que lo que quiere dejarse claro es que ambos pueden solicitar la revisión directamente.

h) Préstamos y garantías personales

"Dar y tomar dinero a préstamo y prestar aval o fianza" (art. 287.8 CC).

La exigencia de autorización se explica, porque dar un préstamo implica un riesgo para el patrimonio de la persona con discapacidad (no devolución de la cantidad prestada); y lo mismo tomar dinero a préstamo, que normalmente, comportará el pago de intereses del capital prestado, así como prestar un aval o fianza, ante la eventualidad de impago por el deudor avalado o afianzado.

El AAP Valencia (Sección 10.ª) 20 mayo 2024, rec. n.º 463/2023 (ECLI:ES:APV:2024:631A) (*Tol 10173468*), removió a la curadora, que había acompañado a la persona apoyada a una entidad bancaria, en la que solicitó un préstamo de 12.000 euros, sin facilitar la documentación de la curatela, ni haber pedido la correspondiente autorización judicial para la suscripción del préstamo. Confirmó el auto recurrido, por considerar que la curadora "faltó a las obligaciones elementales de su cargo al permitir la suscripción de un préstamo a cargo de su madre, sin autorización judicial ni justificación, máxime habida cuenta los exiguos recursos económicos de la persona discapacitada, que ascienden a 484, 61 euros al mes por una pensión no contributiva".

i) Seguros de vida, renta vitalicia y otros análogos

"Celebrar contratos de seguro de vida, renta vitalicia y otros análogos, cuando estos requieran de inversiones o aportaciones de cuantía extraordinaria" (art. 287.9 CC).

La exigencia de autorización judicial para que el curador pueda celebrar este tipo de actos ha sido introducida por la Ley 8/2021, pues anteriormente no se le requería al tutor.

C) Actos realizados por el curador sin la preceptiva autorización judicial

Se plantea la suerte de los contratos realizados por el guardador sin la preceptiva autorización judicial. Un sector de la doctrina los considera anulables, tesis esta, que no compartimos, pues, a nuestro parecer, estamos ante un caso de falta de legitimación para realizar el acto, que, en puridad, no afecta a la validez del mismo, sino, simplemente, a su eficacia traslativa. Estamos, en definitiva, ante un negocio incompleto, susceptible de ratificación conforme al art. 1259.II CC.

La solución que propongo la sostiene la STS (Sala 1.ª) 22 abril 2010, rec. n.º 483/2006 (ECLI:ES:TS:2010:2561) (*Tol 1864654*), en la cual se mantiene que, en el caso de contratos celebrados por los titulares de la patria potestad, sin la previa autorización judicial, debe aplicarse lo dispuesto en el art. 1259.II CC, porque la autorización judicial para la realización del acto por el representante legal cuando la ley lo requiera no es un simple complemento de capacidad, como ocurre en la curatela, sino un elemento del acto de disposición, puesto que los padres solos no pueden efectuarlo. La misma tesis reitera la STS (Sala 1.ª) 8 julio 2010, rec. n.º 1871/2006 (ECLI:ES:TS:2010:4705) (*Tol 1954246*), la cual afirma que "debe aplicarse también a los casos de actuación del tutor sin autorización judicial, porque obedece a la misma finalidad que la ya explicada en relación a los padres titulares de la patria potestad".

Sin embargo, posteriormente, la STS (Pleno) 10 enero 2018, rec. n.º 2111/2015 (ECLI:ES:TS:2018:56) (*Tol 6484713*), ha considerado que el contrato celebrado por el tutor, sin la previa autorización judicial, cuando la misma es preceptiva, es anulable, siendo, además, susceptible de confirmación posterior por la autoridad judicial.

También el art. 222-46 CC Cat. se inclina por la anulabilidad de los contratos celebrados por el tutor sin la necesaria autoridad judicial.

D) *Actos sujetos a aprobación judicial posterior (partición de herencia y división de cosa común*

"No necesitarán autorización judicial la partición de herencia o la división de cosa común realizada por el curador representativo, pero una vez practicadas requerirán aprobación judicial" (art. 289 CC).

La aprobación judicial se realizará conforme a lo previsto en los arts. 61 y ss. LJV.

En la solicitud se presentarán "los documentos y antecedentes necesarios para poder formular juicio exacto sobre (…) las operaciones particionales de la herencia o de la división de la cosa común realizada" (art. 63.1.II LJV).

"El Juez, teniendo en cuenta la justificación ofrecida y valorando su conveniencia a los intereses" de la persona con discapacidad "resolverá concediendo o denegando la autorización o aprobación solicitada" (art. 65.1 LJV), no sin antes oír al Ministerio Fiscal y a la persona con medidas de apoyo y recabar "los informes que le sean solicitados o estime pertinentes" (art. 290 CC).

E) Imposibilidad de representación en los casos de existencia de conflicto de intereses

El curador no podrá representar a la persona con discapacidad "cuando en el mismo acto intervenga en nombre propio o de un tercero y existiera conflicto de intereses" (art. 251.2.° CC), por ejemplo, para realizar la partición de una herencia a la que ambos estén llamados, en cuyo caso deberá nombrarse un defensor judicial, debiéndose aprobar judicialmente la partición por él hecha, "salvo que se hubiera dispuesto otra cosa al hacer el nombramiento" (art. 289 CC).

El AAP León (Sección 1.ª) 4 mayo 2023, rec. n.º 83/2023 (ECLI:ES:APLE:2023:524A) (*Tol 9739369*), autorizó la venta de seis fincas de las que eran copropietarios, por mitad, la curadora y la persona a la que representaba, por entender que, en este supuesto, se facilita la extinción del condominio y "la propia curadora tendrá interés en lograr el mayor o mejor precio posible. En consecuencia, parece que en este caso, más que de conflicto de intereses, cabe hablar de concurrencia de intereses". Además, en la solicitud se había presentado la preceptiva tasación del valor de los bienes y en el Auto confirmado se había establecido el precio mínimo de venta y la necesidad de que la curadora ingresara el que obtuviera en una cuenta de titularidad exclusiva de la persona con discapacidad en la proporción que le correspondiera en la comunidad, "debiendo acreditar tal circunstancia documentalmente".

Por el contrario, el AAP Vizcaya (Sección 4.ª) 14 julio 2023, rec. n.º 217/2023 (ECLI:ES:APBI:2023:583A) (*Tol* 9872585), revocando la resolución recurrida, consideró procedente nombrar un defensor judicial para llevar a cabo la venta de una finca de la que eran propietarias la tutora (nombrada con anterioridad a la reforma de 2021) y la hermana a la que apoyaba. Afirma que las condiciones de la venta "pueden verse alteradas, y pueden surgir cuestiones a negociar durante el proceso, que aconsejan que los intereses de la tutelada se encuentren representados por alguien ajeno a dicho proceso de venta". En este caso, era la propia tutora la que había solicitado el nombramiento de defensor judicial para evitar la posible denegación de la inscripción de la transmisión en el Registro de la Propiedad, una vez efectuada.

Además, a la curatela con facultad de representación le son aplicables, como a las restantes medidas de apoyo, las normas de los arts. 251.1.º y 3.º CC, que, en este supuesto, dan lugar a un supuesto de autocontratación prohibido por la ley.

Así sucederá, si recibe donaciones de la persona a la que apoya o adquiere bienes de ella, a título oneroso, o se los transmite por igual título, actuando en su nombre propio y en el de la persona representada.

7. OBLIGACIONES DEL CURADOR

A) Al tomar posesión del cargo

Hay una serie de obligaciones que el curador debe asumir al tomar posesión de su cargo.

a) La obligación eventual de prestar fianza

La prestación de fianza es una obligación que sólo tendrá lugar cuando, cuando el juez "lo considere necesario por concurrir razones excepcionales" (por ejemplo, la existencia de un complejo patrimonio) para asegurar el cumplimiento de las obligaciones del curador (y garantizar, por ejemplo, el resarcimiento de los daños que hubiera podido causar por una administración negligente), determinando "la modalidad y cuantía de la misma" (art. 284.I CC)

Una vez constituida, "será objeto de aprobación judicial" (art. 284.I CC).

Conforme al art. 46.2 LJV, "Prestada la fianza, si se hubiera exigido, el Juez la declarará suficiente y acordará en la misma resolución las inscripciones, depósitos, medidas o diligencias que considere conveniente para la eficacia de la fianza y conservación de los bienes" de la persona con discapacidad.

"En cualquier momento la autoridad judicial podrá modificar o dejar sin efecto la garantía que se hubiese prestado" (art. 284.II CC).

b) La formación de inventario por parte del curador representativo

El curador con facultades representativas "estará obligado a hacer inventario del patrimonio de la persona en cuyo favor se ha establecido el apoyo dentro del plazo de sesenta días, a contar desde aquel en que hubiese tomado posesión de su cargo" (art. 285.I CC).

Con esta obligación, que, a diferencia de la anterior es exigible, siempre y sólo cuando la curatela sea representativa (no cuando sea meramente asistencial o complementadora) se trata de garantizar que los bienes de la persona apoyada le serán devueltos a él o a sus herederos, una vez extinguida la curatela.

"El inventario se formará ante el letrado de la Administración de Justicia, con citación de las personas que estime conveniente" (art. 285.II CC), pudiendo prorrogar el plazo previsto, "si concurriere causa para ello" (art. 285.III CC).

El curador presentará, "dentro del plazo otorgado, el inventario de bienes, que contendrá la relación de los bienes del afectado, así como las escrituras, documentos y papeles de importancia que se encuentren"; a continuación, el letrado de la Administración de Justicia fijará día y hora para su formación y citará a los interesados, a las personas afectadas si tuvieran suficiente madurez"; y, "en todo caso", al Ministerio Fiscal (art. 47.1 LJV).

"Si se suscitare controversia sobre la inclusión o exclusión de bienes en el inventario", el letrado de la Administración de Justicia "citará a los interesados a una vista, continuando la tramitación con arreglo a lo previsto para el juicio verbal, suspendiéndose su formación hasta que la misma sea resuelta"; la "sentencia que se pronuncie sobre la inclusión o exclusión de bienes en el inventario dejará a salvo los derechos de terceros" (art. 47.2 LJV).

"Si no hubiera oposición o resuelta ésta, el letrado de la Administración de Justicia aprobará el inventario (art. 47.3 LJV).

"El dinero, alhajas, objetos preciosos y valores mobiliarios o documentos que, a juicio del letrado de la Administración de Justicia, no deban quedar en poder del curador serán depositados en un establecimiento destinado a este efecto" (art. 285.IV CC).

Esta previsión se explica, porque se trata de bienes que fácilmente pueden circular en el tráfico jurídico y salir del patrimonio de la persona apoyada o ser ocultados.

Los gastos de formación de inventario "correrán a cargo de los bienes de la persona en cuyo apoyo se haya establecido la curatela" (art. 285.V CC).

"En el caso de que el curador no incluya en el inventario los créditos que tenga contra la persona a la que presta apoyo, se entenderá que renuncia a ellos" (art. 286 CC).

B) Durante el desempeño de la medida de apoyo

Todo curador "estará obligado a mantener contacto personal con la persona a la que va a prestar apoyo y a desempeñar las funciones encomendadas con la diligencia debida" (art. 282.II CC).

Existen, además, una serie de obligaciones que, pese al silencio de la ley, sólo son aplicables a ciertos tipos de curatela.

Así sucede con las prevista en el art. 282.III CC, según el cual "El curador asistirá a la persona a la que preste apoyo en el ejercicio de su capacidad jurídica respetando su voluntad, deseos y preferencias".

Esta previsión tiene escaso sentido respecto de la curatela representativa, pues en ella no es posible conocer la voluntad de la persona apoyada, por lo que habrá de tenerse en cuenta su trayectoria, "sus creencias y valores, así como los factores que ella hubiera tomado en consideración, con el fin de tomar la decisión que habría adoptado la persona en caso de no requerir representación" (art. 249.III CC).

Del mismo modo, está solo pensada para la curatela asistencial y la complementadora la obligación contemplada en el art. 282. IV CC, conforme al cual "El curador procurará que la persona con discapacidad pueda desarrollar su propio proceso de toma de decisiones".

En cambio, puede ser predicable de todo tipo de curatela la previsión del art. 282.V CC, según el cual "El curador procurará fomentar las aptitudes de la persona a la que preste apoyo, de modo que pueda ejercer su capacidad con menos apoyo en el futuro"; y ello, porque hay curatelas representativas que pueden ser temporales, en particular, cuando son fruto de enfermedades ciclotímicas.

C) La obligación de rendición de cuentas

La obligación de cuentas puede realizase periódicamente, si así lo establece la sentencia constitutiva de la curatela, y, necesariamente, cuando el curador cesa en el desempeño de la medida de apoyo.

La rendiciones de cuenta, sean periódicas o definitivas, se realizarán conforme a lo dispuesto en el art. 51 LJV.

No es inusual que la sentencias que establezcan la curatela obliguen a la rendición periódica de cuentas, por ejemplo, anualmente, aunque es posible que la misma se haga coincidir con el momento en que se deba llevar a cabo la revisión de la medida de apoyo.

El curador, en todo caso, "al cesar en sus funciones deberá rendir ante ella la cuenta general justificada de su administración en el plazo de tres meses, prorrogables por el tiempo que fuere necesario si concurre justa causa" (art. 292.I CC).

El Juez dará traslado del informe a la persona con discapacidad, a aquellos que aparecieran como interesados en el expediente y al Ministerio Fiscal; y, si alguno de ellos "lo solicitara en el plazo de diez días, se citará a todos ellos a una comparecencia, pudiéndose proponer de oficio o a instancia de parte las diligencias y pruebas que se estimen oportunas (art. 52.2.I LJV).

En el Preámbulo de Ley 8/2021 se remarca la novedad introducida en el procedimiento de rendición de cuantas "de que la comparecencia ante el juez no siempre debe tener lugar, sino solo cuando algún interesado lo solicite, con lo que se evita la actual proliferación de vistas que en la mayoría de las ocasiones carecen de sentido ante la ausencia de complejidad y oposición a las cuentas presentadas".

El Juez, de oficio, podrá ordenar, a costa del patrimonio del asistido, "una prueba pericial contable o de auditoría aun cuando nadie haya solicitado la comparecencia, si en el informe se describieran operaciones complejas o que requieran una justificación técnica" (art. 51.2.II LJV).

Estamos también ante una novedad introducida por la Ley 8/2021, en cuyo Preámbulo se explica que "responde a una necesidad que los tribunales han puesto de manifiesto en reiteradas ocasiones, en la línea de alcanzar una mayor protección de los intereses del menor o de la persona con discapacidad".

El plazo de prescripción de la acción para exigir la rendición de esta cuenta es de cinco años, "contados desde la terminación del plazo establecido para efectuarla" (art. 292.II CC).

Antes de resolver sobre la aprobación de la cuenta, el Juez "oirá también en su caso al nuevo curador, a la persona a la que se prestó apoyo, o a sus herederos" (art. 292.III CC).

"La aprobación judicial de las cuentas no impedirá el ejercicio de las acciones que recíprocamente puedan asistir al curador y a la persona con discapacidad que recibe el apoyo o a sus causahabientes por razón de la curatela" (art. 292.IV CC), por ejemplo, al curador, para reclamar gastos que le deban ser reintegrados o retribuciones que le sean debidas, o a la persona apoyada, para reclamar los daños causados en su patrimonio por una administración negligente.

"Los gastos necesarios de la rendición de cuentas serán a cargo del patrimonio de la persona a la que se prestó apoyo" (art. 293.I CC).

"El saldo de la cuenta general devengará el interés legal, a favor o en contra del curador. Si el saldo es a favor del curador, el interés legal se devengará desde el requerimiento para el pago, previa restitución de los bienes a su titular. Si es en contra del curador, devengará el interés legal una vez transcurridos los tres meses siguientes a la aprobación de la cuenta" (art. 293.II CC).

Repárese en que la regulación del Código civil está pensando en una rendición de cuentas respecto a actuaciones de carácter económico, pero nada impide que se exija también informar sobre las de carácter extrapatrimonial.

De hecho, el art. 51.1 LJV, prevé que "De acuerdo con la legislación civil aplicable o con la resolución judicial correspondiente", el "curador presentará, en su caso, informes sobre la situación personal" de persona con discapacidad".

La SAP Huelva (Sección 2.ª) 14 junio 2024, rec. n.º 50/2024 (ECLI:ES:APH:2024:263) (*Tol 10197931*), establece la obligación del curador representativo de rendir cuenta de su gestión, informando "de la situación personal y patrimonial", "con carácter anual".

La SAP Vizcaya (Sección 4.ª) 18 diciembre 2023, rec. n.º 693/2023 (ECLI:ES:APBI:2023:1129) (*Tol 9878916*), prevé igualmente la presentación de un informe anual sobre la "situación personal" de la persona apoyada y "la rendición de cuentas de la gestión y administración de sus ingresos y patrimonio".

D) Responsabilidad del curador

Conforme al art. 294.I CC, "El curador responderá de los daños que hubiese causado por su culpa o negligencia a la persona a la que preste apoyo", en particular, en su patrimonio, como consecuencia de una descuidada administración del mismo.

Se trata de una consecuencia de la obligación que tiene todo curador de desempeñar "las funciones encomendadas con la diligencia debida" (art. 282.II CC).

El plazo de prescripción de la acción para reclamar esta responsabilidad es de tres años, "contados desde la rendición final de cuentas" (art. 294.II CC).

Por cuanto concierne a la responsabilidad del curador por los daños causados por la persona apoyada, el nuevo art. 1903.IV CC contiene una disposición enigmática, según la cual los "curadores con facultades de representación plena" son responsables "de los perjuicios causados por la persona a quien presten apoyo, siempre que convivan con ella".

Esta previsión suscita perplejidad, sencillamente, porque los principios de necesidad y de proporcionalidad impiden privar a la persona apoyada de la posibilidad de adoptar todo tipo de decisiones en cualquier ámbito de su vida.

Habrá, pues, que esperar qué entiende la jurisprudencia por "representación plena".

Es distinto el caso de que los daños causados por la persona con discapacidad sean fruto de un hecho delictivo del cual no sean responsables penalmente, en cuyo caso, según el art. 118.1.1.ª CP, también responderán civilmente "quienes ejerzan su apoyo legal o de hecho, siempre que haya mediado culpa o negligencia por su parte y sin perjuicio de la responsabilidad civil directa que pudiera corresponder a los inimputables".

Por lo tanto, a diferencia de lo que sucede en los daños procedentes de meros ilícitos civiles, responderá todo curador que haya incurrido en culpa, sea o no, representativo, y conviva, o no, con la persona apoyada, aunque esta circunstancia deberá ser tenida en cuenta para apreciar su posible negligencia en la supervisión de los actos llevados a cabo por la persona con discapacidad, que responderá objetivamente de los daños causados por ella.

Más dudosa es la cuestión de la responsabilidad civil de la persona apoyada por daños derivados de ilícitos civiles.

En el Preámbulo de la Ley 8/2021, la comprensión de las personas con discapacidad como sujetos plenamente capaces, en la doble dimensión de titularidad y ejercicio de sus derechos, ha de repercutir también de modo ineluctable en la idea de responsabilidad, lo que ha de conllevar el correlativo cambio en el concepto de imputación subjetiva en la responsabilidad civil por hecho propio y en una nueva y más restringida concepción de la responsabilidad por hecho ajeno".

De este precepto parece deducirse que se propugna una sustitución del criterio de imputación por culpa por otro puramente objetivo. Sin embargo, la Ley 8/2021 no ha llevado a cabo tal sustitución, pues no ha modificado el art. 1902 CC, que sigue subordinando el resarcimiento del daño a la "culpa o negligencia" del autor del mismo, sea discapaz o no; y no se puede llegar al absurdo de considerar que la responsabilidad de las personas con discapacidad es objetiva y la de persona que no está sujeta a medidas de apoyo presupone su culpa.

8. RETRIBUCIÓN

A diferencia del guardador de hecho, el "curador tiene derecho a una retribución, siempre que el patrimonio de la persona con discapacidad lo permita" (art. 281.I CC), fijando el juez fijará su importe y el modo de percibirla, "para lo cual tendrá en cuenta el trabajo a realizar y el valor y la rentabilidad de los bienes" (art. 281.II CC).

No se establecen ahora topes, mínimos o máximos para la retribución, como, en cambio, hacía el anterior art. 274 CC, que preveía que el juez procuraría "en lo posible" que su cuantía no bajara del 4 % ni excediera del 20 % del rendimiento líquido de los bienes.

El derecho a la retribución se justifica, especialmente, cuando el grado de discapacidad es tal, que requiere una atención personal constante por parte del curador, de modo que éste no puede compatibilizar el ejercicio de la medida de apoyo con el desempeño de un trabajo, pudiendo, incluso, verse obligado a abandonarlo o a pedir una reducción de jornada laboral. También cuando el patrimonio de la persona apoyada es tan extenso o su gestión tan compleja, que exige una gran dedicación a quien lo debe administrar.

El curador tendrá también derecho "al reembolso de los gastos justificados" (por ejemplo, los que hubiera anticipado para la satisfacción de necesidades propias de la persona apoyada) y "a la indemnización de los daños sufridos sin culpa por su parte en el ejercicio de su función" (art. 281.I CC).

A nuestro parecer, estos daños no sólo son los que tengan su origen en una conducta dolosa o culposa, sino también los que, simplemente, como literalmente dice el art. 281.I CC, se deriven del "ejercicio de su función", entre los que creemos que deben incluirse los originados por una dedicación no retribuida, exclusiva o muy intensa, al cuidado de la persona apoyada o a la gestión de su patrimonio, que haya supuesto el sacrificio de oportunidades de trabajo o de desarrollo profesional.

9. REMOCIÓN

Se ha planteado, si cabe instar un proceso de remoción de un tutor nombrado antes de la entrada en vigor de la Ley 8/2021, sin revisar la medida de apoyo para ajustarla a la nueva regulación, ya que, de admitirlo, habría que nombrar un nuevo tutor de la persona con discapacidad, lo que, con arreglo a la nueva legislación, no es posible.

Lo admite claramente el AAP Pontevedra (Sección 6.ª) 3 julio 2023, rec. n.º 96/2023 (ECLI:ES:APPO:2023:1195A), que considera compatible la tramitación del expediente de remoción y la eventual revisión para la provisión de apoyos, "porque no se trata en este momento de *revisar* el tipo y extensión del apoyo", sino que "de lo que se trata ahora es de examinar quien lo presta, y para ello no constituye obstáculo alguno el eventual proceso de revisión en el que se concretarán dichos apoyos, si son o no los mismos bajo la fórmula nueva de curador representativo". La Audiencia considera ficticio el argumento del Ministerio Fiscal de que no era posible nombra un segundo tutor de la persona con discapacidad, por no estar prevista este cargo en la legislación actual, afirmando que "No se remueve a un tutor a día de hoy, se removerá (en su caso) a un curador representativo".

Conforme al art. 278.I CC, "Serán removidos de la curatela los que, después del nombramiento, incurran en una causa legal de inhabilidad, o se conduzcan mal en su desempeño por incumplimiento de los deberes propios del cargo, por notoria ineptitud de su ejercicio o cuando, en su caso, surgieran problemas de convivencia graves y continuados con la persona a la que prestan apoyo".

La remoción se tramitará en expediente de jurisdicción voluntaria, "de oficio o a solicitud de la persona a cuyo favor se estableció el apoyo o del Ministerio Fiscal, cuando conociere por sí o a través de cualquier interesado circunstancias que comprometan el desempeño correcto de la curatela" (art. 278.II CC). "Si se suscitare oposición, el expediente se hará contencioso y el Secretario judicial citará a los interesados a una vista, continuando la tramitación con arreglo a lo previsto para el juicio verbal" (art. 49.1.II LJV).

El AAP Málaga (Sección 6.ª) 25 mayo 2023, rec. n.º 1605/2021 (ECLI:ES:APMA:2023:452A) (*Tol 9722522*), confirmó el auto de remoción de dos tutores nombrados con anterioridad a la Ley 8/2021, por la "absoluta dejadez" de funciones, pues no habían enviado las ropas ni enseres que necesitaba la persona apoyada; no la habían visitado, ni habían realizado "ni siquiera llamadas ni videollamadas en los últimos seis meses", habiéndose producido "impagos constantes de las cuotas de la residencia" donde estaba ingresada.

10. EXTINCIÓN

"La curatela se extingue de pleno derecho por la muerte o declaración de fallecimiento de la persona con medidas de apoyo" (art. 291.I CC).

Según el art. 291.II CC, "Asimismo, la curatela se extingue por resolución judicial cuando ya no sea precisa esta medida de apoyo", por haber remitido la enfermedad que originó la discapacidad que hizo necesario constituir la curatela, "o cuando se adopte una forma de apoyo más adecuada para la persona sometida a curatela", por ejemplo, cuando en un procedimiento de revisión se suprima la curatela, por considerarse suficiente una guarda de hecho.

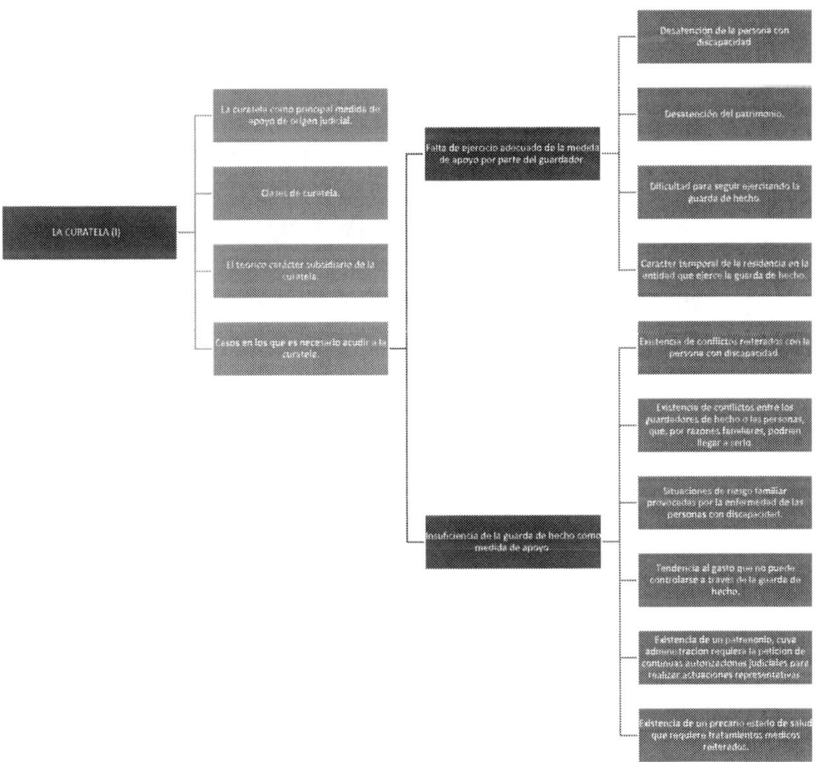

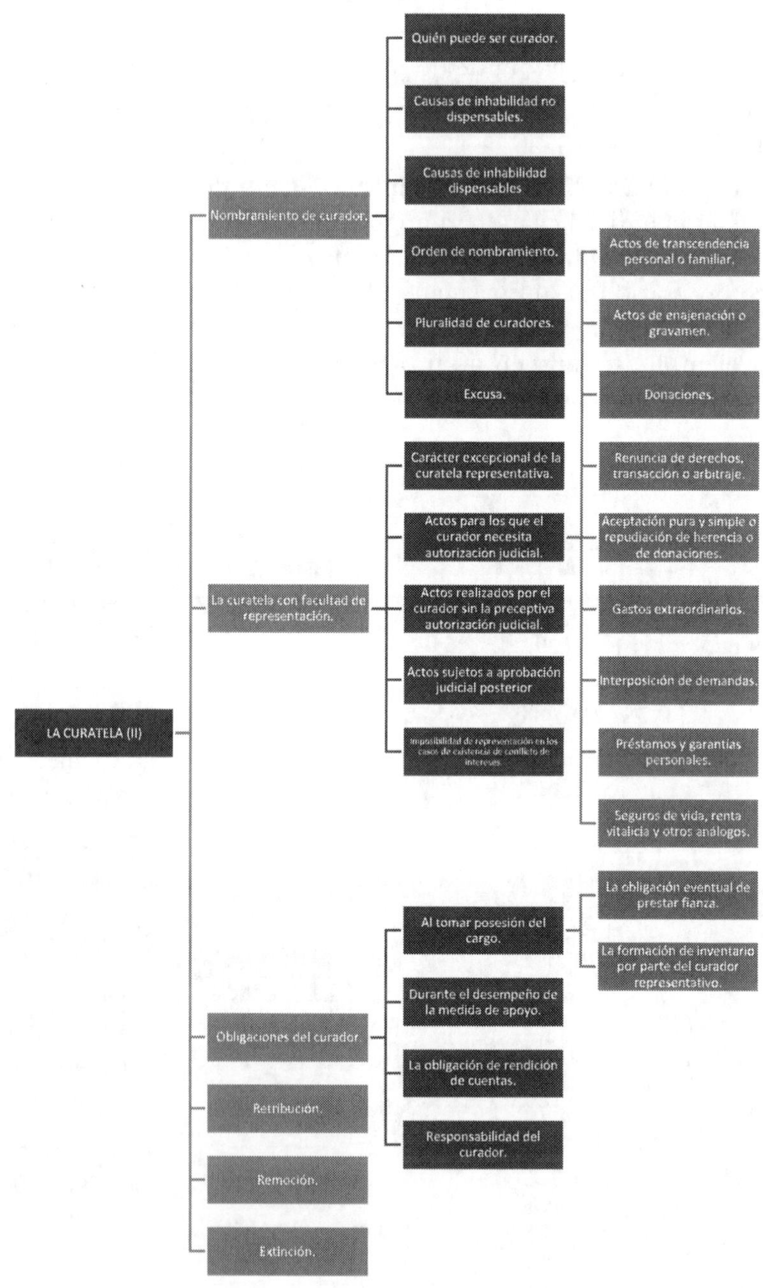
LA CURATELA (II)
Nombramiento de curador.
Quién puede ser curador.
Causas de inhabilidad no dispensables.
Causas de inhabilidad dispensables
Orden de nombramiento.
Pluralidad de curadores.
Excusa.
La curatela con facultad de representación.
Carácter excepcional de la curatela representativa.
Actos para los que el curador necesita autorización judicial.
Actos de transcendencia personal o familiar.
Actos de enajenación o gravamen.
Donaciones.
Renuncia de derechos, transacción o arbitraje.
Aceptación pura y simple o repudiación de herencia o de donaciones.
Gastos extraordinarios.
Interposición de demandas.
Préstamos y garantías personales.
Seguros de vida, renta vitalicia y otros análogos.
Actos realizados por el curador sin la preceptiva autorización judicial.
Actos sujetos a aprobación judicial posterior
Imposibilidad de representación en los casos de existencia de conflicto de intereses.
Obligaciones del curador
Al tomar posesión del cargo.
La obligación eventual de prestar fianza.
La formación de inventario por parte del curador representativo.
Durante el desempeño de la medida de apoyo.
La obligación de rendición de cuentas.
Responsabilidad del curador.
Retribución.
Remoción.
Extinción.

5. *El defensor judicial*

SUMARIO: 1. EL CARÁCTER SUBSIDIARIO Y OCASIONAL DE LA MEDIDA DE APOYO. 2. CAUSAS DE NOMBRAMIENTO. A) Imposibilidad pasajera de ejercicio de la medida de apoyo habitual. B) Existencia de conflicto de intereses. C) Tramitación de procedimientos de excusa o de remoción de curador. D) Promoción de proceso de provisión de apoyos. E) Cláusula abierta. 3. NOMBRAMIENTO DE DEFENSOR JUDICIAL. 4. FACULTADES DEL DEFENSOR JUDICIAL. 5. OTROS ASPECTOS DEL RÉGIMEN LEGAL DEL DEFENSOR JUDICIAL.

1. EL CARÁCTER SUBSIDIARIO Y OCASIONAL DE LA MEDIDA DE APOYO

El defensor judicial es también una medida formal de carácter judicial, que, al igual que la curatela, tiene carácter subsidiario, pues sólo es posible establecerla en defecto de medidas voluntarias o de inexistencia de una guarda de hecho, adecuada y suficiente.

Ahora bien, a diferencia de la curatela, que es una medida de apoyo continuado, sólo se acudirá a ella "cuando la necesidad de apoyo se precise de forma ocasional, aunque sea recurrente" (art. 250.VI).

Lo que caracteriza al defensor judicial frente al curador es que, mientras este último actúa "de modo continuado", el primero lo hace "ocasionalmente", esto es, en atención a determinadas circunstancias que se dan puntualmente o que, si bien persisten durante un cierto período de tiempo, son transitorias, pues están llamadas a desaparecer.

La SAP Valladolid (Sección 1.ª) 3 noviembre 2022, rec. n.º 360/2022 (ECLI: ES:APVA:2022:1670) (*Tol 9314628*), revocó la sentencia recurrida, dejando sin efecto la declaración de necesidad "de apoyo continuado", por medio de defensor judicial, de una hija de 19 años.

En primera instancia se había nombrado defensores judiciales a los padres con facultades representativas, "tanto en el plano meramente personal (asistencia en actos relativos a elección de domicilio, consentimiento informado en áreas de la salud o leyes especiales, elección centros escolares, de terapia y para terapias concretas, solicitud de ayudas a entidades públicas y privadas, consentimiento para viajes y contratos laborales protegidos), como también en el plano patrimonial (contratación de productos bancarios y gestión de cuentas corrientes de las que figure como titular o cotitular)". Asimismo, había acordado la revisión del apoyo en plazo de cinco años.

Frente a ello, la AP entiende que era improcedente el nombramiento de defensor judicial, pues existía una guarda de hecho ejercida adecuadamente por los padres, que resultaba suficiente para satisfacer las necesidades de apoyo de la hija. En realidad, los actos representativos, para cuya realización se les había autorizado, nombrándolos defensores judiciales, ya podían llevarlos a cabo, sin necesidad de autorización judicial, en virtud de su condición de guardadores del hecho, con apoyo en el art. 264.III CC (sin necesidad, pues, de establecer medidas formales de apoyo). Pero más allá de ello, en el supuesto de que se hubiera llegado a la conclusión de la guarda de hecho era insuficiente, no hubiera sido adecuado el nombramiento de un defensor judicial, sino que, dado el carácter continuado y permanente con que hubiera tenido que ejercer la medida de apoyo, lo pertinente hubiera sido constituir una curatela.

En el Preámbulo de la Ley 8/2021 se dice que "En el nuevo texto se recoge también la figura del defensor judicial, especialmente prevista para cierto tipo de situaciones, como aquella en que exista conflicto de intereses entre la figura de apoyo y la persona con discapacidad, o aquella en que exista imposibilidad coyuntural de que la figura de apoyo habitual lo ejerza".

Las circunstancias puntuales en las que debe intervenir el defensor judicial pueden darse una sola vez (por ejemplo, venta de un inmueble del que sean copropietarios el curador y la persona que apoya) o, por el contrario, varias veces, en cuyo caso su actuación no será única, sino —como dice el art. 250.IV CC— "recurrente" (por ejemplo, votaciones en juntas generales de sociedades, a las que pertenezcan, tanto el curador como a la persona a la que habitualmente representa, sin que sea necesario nombrar un defensor judicial para cada una de las votaciones).

> Así lo entiende la RDGRN 12 junio 2016 (*Tol 5788022*), que observa que "en muchas ocasiones el conflicto de intereses que determina el nombramiento del defensor judicial no se refiere a un acto concreto y aislado, sino a una situación concreta de conflicto, y en el presente caso ello se infiere claramente de la propia parte dispositiva del auto de designación en la que se hace alusión a 'intervenir en las juntas generales tanto ordinarias como extraordinarias de las mercantiles...'."

Sin embargo, un sector de la doctrina deduce de la dicción del art 250.IV CC (así, como de la del art. 259.I.5.º CC) que parece ahora posible acudir al defensor judicial como una medida de apoyo autónomo, pensando en supuestos en los que las actuaciones asistenciales o representativas en la esfera personal y patrimonial de la persona apoyada hayan de ser tan mínimas, que para llevarlas a cabo sea desproporcionado acudir a la curatela, la cual suele extenderse a una serie más o menos amplia de intervenciones en la vida del apoyado y, por lo tanto, supone una mayor injerencia en su libertad de autodeterminación.

Suponiendo que esto sea así, no creemos que esta posibilidad llega a cristalizar en la práctica, pues, en los casos en que se requieran actuaciones recurrentes, normalmente, se acudirá a la curatela; y ello por dos razones: en primer lugar, porque no es fácil pensar en el defensor judicial en unos términos diversos a los tradicionalmente arraigados y con los que están familiarizados los operadores jurídicos (a los que incluso alude el propio Preámbulo de la Ley 8/2021); y en segundo lugar, porque ya el contenido de la curatela puede y debe ser modulado de acuerdo con los principios de necesidad y de proporcionalidad y, por lo tanto, con la menor afección posible a la autonomía de persona con discapacidad, en atención a sus concretas necesidades de apoyo, sin ir más allá.

2. CAUSAS DE NOMBRAMIENTO

El art. 259.I CC, prevé el nombramiento de un defensor judicial de las personas con discapacidad en una serie de casos.

A) Imposibilidad pasajera de ejercicio de la medida de apoyo habitual

"1.º Cuando, por cualquier causa, quien haya de prestar apoyo no pueda hacerlo, hasta que cese la causa determinante o se designe a otra persona".

Así sucedería cuando el apoderado, guardador o curador se encontraran aquejados por una enfermedad que les impidiera ejercitar la medida de apoyo, mientras la sufran o, siendo la enfermedad de carácter permanente, hasta que se constituya una curatela o se proceda al nombramiento de un nuevo curador.

B) Existencia de conflicto de intereses

"2.º Cuando exista conflicto de intereses entre la persona con discapacidad y la que haya de prestarle apoyo".

Existe conflicto de intereses cuando quien ejercita el apoyo ha de intervenir en un acto en nombre propio y en el de la persona apoyada, existiendo el riesgo objetivo de que pueda actuar de modo parcial, velando más por sus intereses que por los de la persona a quien tiene que representar y, en consecuencia, obtenga a su costa un beneficio patrimonial.

Se discute si habrá conflicto de intereses cuando el curador pretenda vender un inmueble que tenga en copropiedad con la persona apoyada. El AAP León (Sección 1.ª) 4 mayo 2023, rec. n.º 83/2023 (ECLI:ES:APLE:2023:524A) (*Tol 9739369*), entiende que no lo habrá, pues el propio curador "tendrá interés en lograr el mayor o mejor precio posible. En consecuencia, parece que en este caso, más que de conflicto de intereses, cabe hablar de concurrencia de intereses". El AAP Vizcaya (Sección 4.ª) 14 julio 2023, rec. n.º 217/2023 (ECLI:ES:APBI:2023:583A) (*Tol 9872585*), sostiene lo contrario, procediendo al nombramiento de un defensor judicial para representar a la persona con discapacidad en la venta.

El caso paradigmático es el del curador o guardador de hecho que está llamado a la misma herencia que la persona apoyada o es parte en el proceso de liquidación de la sociedad de gananciales, al haber estado casado con el otro progenitor del hijo al que apoya, el cual haya de recibir a título hereditario una parte de la porción que en la sociedad correspondiera al difunto padre.

La RDGRN 3 abril 1995 (*Tol 223384*) observa que "ya en la formación del inventario pueden surgir controversias entre madre e hijos respecto de: a) los bienes que integran la sociedad de gananciales y los que, por ser privativos del causante, han pasado al caudal hereditario; b) qué bienes gananciales han de integrarse en este caudal, en pago de la cuota indivisa que en el consorcio conyugal disuelto correspondía al cónyuge premuerto o a sus herederos".

En este caso, existiendo conflicto de intereses, se procederá al nombramiento de un defensor judicial para que intervenga en nombre de la persona con discapacidad en la liquidación de la sociedad conjugal o en la partición de la herencia, actos que deberán ser aprobados judicialmente, salvo que "el Letrado de la Administración de Justicia no hubiera dispuesto otra cosa al hacer el nombramiento" (art. 1060.I CC).

El AAP Córdoba (Sección 1.ª) 17 octubre 2022, rollo de apelación 508/2022 (ECLI: ES:APCO:2022:348A) (*Tol 9548078*), ha nombrado, así, defensor judicial al primo de la persona con discapacidad, con la aquiescencia de todos los interesados, para que intervenga cuando existan conflictos de intereses con la madre, guardadora de hecho, en particular, en el proceso de liquidación de la sociedad de gananciales.

No habrá conflicto de intereses cuando la partición se refiera al único bien existente en la herencia y la misma se realice en porciones indivisas correspondientes a las cuotas hereditarias de los interesados.

La RDGRN 3 abril 1995 (*Tol 223384*) realiza la siguiente consideración, perfectamente trasladable al caso en que la partición la realiza quien apoya a una persona con discapacidad: "Cuando la partición se efectúa sobre un único bien hereditario que se adjudica en porciones indivisas coincidentes con las cuotas hereditarias correspondientes a cada partícipe, puede entenderse que se trata de una operación sin trascendencia económica y que los eventuales perjuicios para los hijos son futuros e hipotéticos, porque sólo pueden aparecer si durante la minoría de edad de los hijos se procede a la división material o a la disolución de la comunidad romana formada. Los intereses del cónyuge viudo y de sus hijos menores son paralelos, de suerte que es innecesaria la intervención del defensor judicial".

Si lo habrá, en cambio, cuando el testamento contenga una cautela *socini* y, siendo el cónyuge viudo quien ejercita la medida de apoyo, opte por aceptar el usufructo universal de la herencia y realice una partición, acorde con dicha opción, que perjudique la legítima del hijo con discapacidad al que apoya.

La RDGRN 5 febrero 2015 (*Tol 4764128*) conoció (obviamente, antes de la reforma de 2021) de un supuesto en que la hija con discapacidad estaba sujeta a patria potestad rehabilitada del padre, había optado, "en virtud de la facultad atribuida por su esposa, causante de la sucesión, por el usufructo universal de la herencia". Confirma la denegación de la inscripción de la partición, porque la "valoración de inexistencia de conflicto no puede hacerla por sí mismo el representante de la incapaz junto a la hermana, capaz, que no renunció a la herencia", exigiendo el "nombramiento de un defensor, con posterior sometimiento a lo que establezca el juez en su decisión, sobre la necesidad o no de posterior aprobación judicial".

La resolución que nombre al defensor judicial deberá circunscribir su intervención al concreto acto respecto del cual exista conflicto de intereses.

El AAP Valencia (Sección 10.ª) 17 febrero 2023, rec. n.º 1300/2022 (ECLI:ES:APV:2023:9A) (*Tol 9465768*), revocó parcialmente la resolución recurrida, que, una vez acordado el archivo del expediente de jurisdicción voluntaria, ante la oposición de la persona respecto de la cual se solicitaban medidas de apoyo, había nombrado defensor judicial al IVASS para la administración de su patrimonio "y adopción de alguna medida puntual si existiera riesgo para su salud, sino estuviera tomando la medicación de forma adecuada, hasta que recaiga sentencia". La Audiencia excluyó que el IVASS tuviera que ocuparse de la administración doméstica y ordinaria o de la salud de la persona con discapacidad, puesto que la misma era asistida por su mujer, que ejercía correctamente la guarda de hecho, según resultaba del informe de los Servicios sociales y del informe de salud para el reconocimiento de prestaciones. Concluyó que, dada la existencia de un proceso penal en el que los hijos de la persona con discapacidad (apelante) acusa-

> ban a su mujer de haber abusado de su situación por haber pedido un préstamo "y dada la voluntad manifestada por el apelante", únicamente procedía "mantener la medida en aquellos aspectos en los que se plantean dudas sobre la corrección de la actuación de su pareja o la posibilidad de que exista conflicto de intereses entre ella y el apelante, y esa situación solo cabe apreciarla respecto a los actos de administración de su patrimonio que tengan especial relevancia, como algunos de aquellos en los que la ley exige autorización judicial a los curadores (artículo 287 del CC)". Observó, además, que, conforme al art. 42 bis b) 5 LJV, la medida de apoyo adoptada sólo podrá "mantenerse por un plazo máximo de treinta días, siempre que con anterioridad no se haya presentado la correspondiente demanda de adopción de medidas de apoyo en juicio contencioso".

C) Tramitación de procedimientos de excusa o de remoción de curador

"3.º Cuando, durante la tramitación de la excusa alegada por el curador, la autoridad judicial lo considere necesario".

El art. 50.3 LJV prevé que, "Durante la tramitación del expediente, quien haya solicitado la renuncia estará obligado a ejercer la función y, de no hacerlo, se nombrará un defensor que le sustituya, quedando el sustituido responsable de todos los gastos ocasionados por la excusa si ésta fuera rechazada".

En los procedimientos de remoción habrá también que tener en cuenta el art. 49.2 LJV, según el cual el juez podrá suspender al curador en sus funciones y el Letrado de la Administración de Justicia nombrará al "sujeto a curatela un defensor judicial".

D) Promoción de proceso de provisión de apoyos

"4.º Cuando se hubiere promovido la provisión de medidas judiciales de apoyo a la persona con discapacidad y la autoridad judicial considere necesario proveer a la administración de los bienes hasta que recaiga resolución judicial".

Hay que tener en cuenta el art. 42 bis b) 5 LJV, según el cual, cuando, por oposición del Ministerio Fiscal o de cualquiera de los interesados, se ponga fin al procedimiento de jurisdicción voluntaria para la adopción de medidas de apoyo de la persona con discapacidad, el juez podrá "adoptar provisionalmente las medidas de apoyo de aquella o de su patrimonio que considere convenientes", las cuales "podrán mantenerse por un plazo máximo de treinta días, siempre que con anterioridad no se haya presentado la correspondiente demanda de adopción de medidas de apoyo en juicio contencioso".

Este precepto admite, pues, nombrar cautelarmente un defensor judicial, no sólo cuando sea necesario proveer a la administración del patrimonio, sino también al cuidado de la propia persona, por ejemplo, en el ámbito de la salud, para consentir tratamientos médicos que pueda necesitar, si no existe un guardador de hecho que se ocupe de ella adecuadamente.

Además, según el art. 758.2 LEC, notificada la demanda de inicio del juicio contencioso, "por medio de remisión o entrega, o por edictos cuando la persona interesada no hubiera podido ser notificada personalmente, si transcurrido el plazo previsto para la contestación a la demanda la persona interesada no compareciera ante el Juzgado con su propia defensa y representación, el letrado de la Administración de Justicia procederá a designarle un defensor judicial, a no ser que ya estuviera nombrado o su defensa corresponda al Ministerio Fiscal por no ser el promotor del procedimiento. A continuación, se le dará al defensor judicial un nuevo plazo de veinte días para que conteste a la demanda si lo considera procedente".

La STS (Sala 1.ª) 8 noviembre 2017, rec. n.º 516/2017 (ECLI:ES:TS:2017:3923) (*Tol 6427812*), no consideró que se diera un conflicto de intereses por la circunstancia de que la persona jurídica nombrada tutora (con anterioridad a la reforma de 2021) hubiera sido previamente designada defensora judicial de la persona con discapacidad para representarla en el juicio de provisión de medidas de apoyos, iniciado por el Ministerio Fiscal, ante la incomparecencia de la misma. Dice, así, que "No se aprecia conflicto de intereses entre la intervención del Instituto como defensor judicial y el posterior nombramiento judicial como tutor pues el conflicto, para ser tal, debe ser real en atención a las circunstancias concretas, de modo que exista un riesgo de que la actuación del representante en beneficio propio, ponga en peligro los intereses del representado".

E) Cláusula abierta

"5.º Cuando la persona con discapacidad requiera el establecimiento de medidas de apoyo de carácter ocasional, aunque sea recurrente".

Este número contiene una fórmula abierta que permite el nombramiento de defensor en casos no previstos por el precepto.

Sería el caso en que entre la persona que ejercita el apoyo habitual y quien es apoyado surgiera, no un conflicto de intereses, sino un conflicto de preferencias en torno a la realización de un determinado acto, por ejemplo, la venta de un inmueble, pudiendo la persona apoyada manifestar una voluntad clara y libremente formada.

Así sucedió en el caso resuelto por el AAP Sevilla (Sección 2.ª) 28 octubre 2021, rec. n.º 2858/2021 (ECLI:ES:APSE:2021:775A) (*Tol 8796265*), que designó una defensora judicial a una persona sujeta a curatela de su hijastro (antes de la reforma de 2021) para que interviniera en la venta de un apartamiento en la playa, de carácter ganancial. Tanto la persona apoyada, promotora del procedimiento, como su marido, "personas mayores y enfermas" no querían "seguir teniendo un piso en la playa, que no disfrutan y que solo genera gastos"; por el contrario, el curador prefería "conservar el piso en el patrimonio familiar", argumentando que existía "necesidad de venderlo" y que tampoco le gustaba el precio ofrecido. La AP, revocando la resolución recurrida, afirma que "el recurso debe ser estimado porque debe prevalecer la voluntad de la promotora", constatando la "diferencia de preferencias se debe resolver a favor del respeto a la voluntad de la promotora del expediente y de su marido, que no está incapacitado y que de facto se ve privado por su hijo de la libre disposición de sus bienes".

3. NOMBRAMIENTO DE DEFENSOR JUDICIAL

El art. 259.II CC prevé que "Una vez oída la persona con discapacidad, la autoridad judicial nombrará defensor judicial a quien sea más idóneo para respetar, comprender e interpretar la voluntad, deseos y preferencias de aquella".

Se observa, pues, que se concede mayor flexibilidad al juez para el nombramiento del defensor, que para la designación del curador, ya que le permite designar a quien considere "más idóneo", sin establecer un orden de prelación entre las posibles personas susceptibles de ser designadas, aunque, del mismo modo en que sucede al nombrar el curador, deberá tener en cuenta, en la medida de lo posible, la voluntad de la persona apoyada.

Sin embargo, el precepto debe ser interpretado conforme al principio de "respeto a la dignidad de la persona" y "tutela de sus derechos fundamentales", establecido en el art. 249.I CC, de modo que no deberá ser designado defensor una persona por la mera circunstancia de que sea la que mejor pueda "respetar, comprender e interpretar la voluntad, deseos y preferencias" de la persona con discapacidad, si, objetivamente, no es idónea para apoyarla en sus necesidades.

Normalmente, se suele nombrar defensor judicial a una persona del círculo familiar próximo del apoyado, aunque nada impide que pueda ser nombrado alguien sin vínculo familiar con él, lo que, incluso, será aconsejable, cuando exista una situación de intensa conflictividad entre los parientes o se trate de realizar un acto que requiera específicos conocimientos para llevarlos a cabo.

La SAP Madrid (Sección 22.ª) 3 marzo 2023, rec. n.º 1151/2022 (ECLI:ES:APM:2023:2530) (*Tol 9476266*), confirmó la sentencia recurrida, que había nombrado como defensor judicial, en este caso, de un menor, a un abogado, contador partidor de la lista del TSJ, elegido con el sistema de lista corrida, con el fin de que lo representara en la partición de la herencia de su padre, de la que era administrador su abuelo, que ejercía el cargo de tutor, ante la relación conflictiva que el mismo mantenía con su nuera, a quien correspondía la cuota viudal usufructuaria del art. 834 CC, "afectada por la administración de la herencia, y ello independientemente de que el abuelo no ostente la condición de heredero, o de que no vaya a resultar cotitular en el momento de la adjudicación de la herencia, o de que fuera designado por el causante administrador de la herencia del niño, cuando en el testamento ni sugirió

> ni aconsejo recayera en aquel igualmente el cargo de defensor judicial".

Nada impide que, al igual que sucede respecto de la curatela pueda ser nombrada defensor judicial una persona jurídica, sin ánimo de lucro, pública o privada, "entre cuyos fines figure la promoción de la autonomía y asistencia a las personas con discapacidad".

> Lo admite, con anterioridad a reforma de 2021, la STS (Sala 1.ª) 8 noviembre 2017, rec. n.º 516/2017 (ECLI:ES:TS:2017:3923) (*Tol 6427812*), según la cual "No existe inconveniente alguno en el nombramiento de un defensor judicial que sea una persona jurídica que no tenga finalidad lucrativa y entre cuyos fines figure la protección" de las personas con discapacidad; y añade que, "En caso de ausencia de personas próximas a las que acudir para el nombramiento, lo razonable es precisamente acudir a una institución dedicada a promover la protección y defensa de personas con discapacidad".

Hay que tener en cuenta que, según el art. 296 CC, "No se nombrará defensor judicial si el apoyo se ha encomendado a más de una persona, salvo que ninguna pueda actuar o la autoridad judicial motivadamente considere necesario el nombramiento".

Por ejemplo, no se nombrará defensor judicial, si, existiendo dos curadores, el conflicto de intereses se da solo respecto de uno de ellos, pues será el otro quien intervenga representándolo.

4. FACULTADES DEL DEFENSOR JUDICIAL

Las facultades del curador vendrán determinadas por la resolución que lo nombre, pudiendo ser asistenciales, complementadoras o representativas.

En el caso de que el nombramiento obedezca a la existencia de un conflicto de intereses con su curador, su actuación tendrá carácter complementador o representativo, según el tipo de curatela ante la que nos encontremos.

Teniendo carácter representativo, habrá que distinguir si se nombra al defensor para su actuación en un acto concreto y aislado o, por el contrario, para la realización de serie de actos de determinado tipo.

En el primer caso, su nombramiento (por ejemplo, para vender una vivienda) presupone la autorización para llevarla a cabo, pudiéndosele dispensar "de la venta en subasta pública, fijando un precio mínimo, y de la aprobación judicial posterior" (art. 298.I CC).

En el segundo caso, por ejemplo, si, mientras se tramita el procedimiento de provisión de apoyos, se le autoriza a representar a la persona con discapacidad, genéricamente, en todos los actos respecto de los cuales el curador necesita autorización judicial previa (previstos en el art. 287 CC), es evidente que para llevarlos a cabo necesitará también autorización judicial.

5. OTROS ASPECTOS DEL RÉGIMEN LEGAL DEL DEFENSOR JUDICIAL

Los preceptos que el Código civil dedica al defensor judicial son escasos.

El art. 297 CC se limita a decir que "Serán aplicables al defensor judicial las causas de inhabilidad, excusa y remoción del curador, así como las obligaciones que a este se atribuyen de conocer y respetar la voluntad, deseos y preferencias de la persona a la que se preste apoyo".

Además, "El defensor judicial, una vez realizada su gestión, deberá rendir cuentas de ella" (art. 298.II CC).

Nada se dice sobre el defensor judicial tiene derecho a retribución. Parece que también aquí deben aplicarse las normas de la curatela, pudiéndosele conceder una retribución, conforme a lo dispuesto en el art. 281 CC, en particular, cuando la persona designada como defensor judicial sea un profesional, que realiza una actividad que es propia de su oficio.

> La SAP Madrid (Sección 22.ª) 3 marzo 2023, rec. n.º 1151/2022 (ECLI:ES:APM:2023:2530) (*Tol* 9476266), confirmó la sentencia recurrida, que había nombrado como defensor judicial de un menor, a un abogado, contador partidor de la lista del TSJ, para que lo representara en la partición de la herencia de su padre, consideró procedente acordar a su favor una provisión de fondos a cargo de la herencia de 5000 euros.

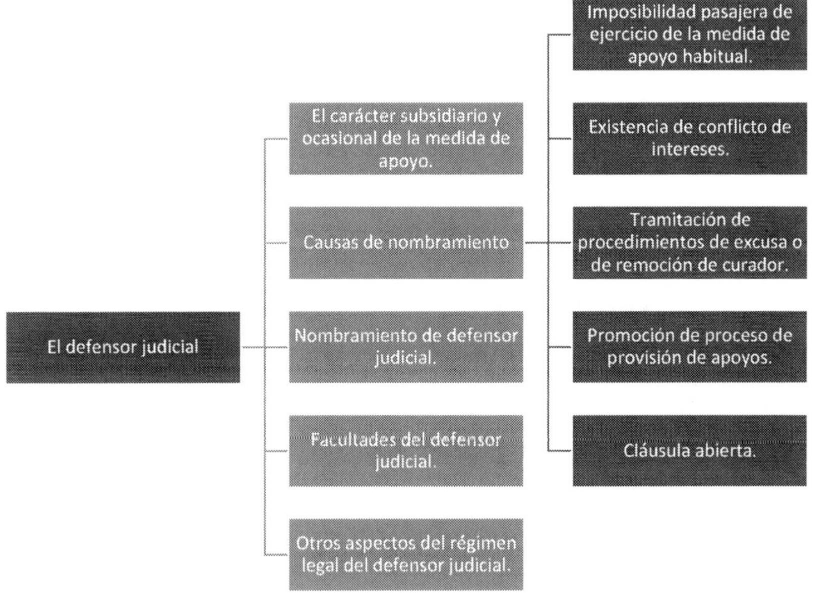

6. Alcance de la voluntad de la persona con discapacidad en orden al establecimiento y ejercicio de las medidas de apoyo

SUMARIO: 1. POSIBILIDAD DE ESTABLECER MEDIDAS JUDICIALES DE APOYO CONTRA LA VOLUNTAD DEL AFECTADO. 2. LA MERA VOLUNTAD DE ACEPTAR MEDIDAS JUDICIALES DE APOYO NO PERMITE CONSTITUIRLAS, SI NO EXISTE UNA NECESIDAD OBJETIVA DE ADOPTARLAS. 3. ¿EXISTE UN INTERÉS SUPERIOR DE LA PERSONA CON DISCAPACIDAD QUE PUEDE PREVALECER SOBRE SU VOLUNTAD?

1. POSIBILIDAD DE ESTABLECER MEDIDAS JUDICIALES DE APOYO CONTRA LA VOLUNTAD DEL AFECTADO.

La atención a "la voluntad, deseos y preferencias de la persona" con discapacidad como criterio de inspiración de las medidas de apoyo ha planteado problemas prácticos, alguno de los cuales han llegado al Tribunal Supremo e, incluso, al Tribunal Constitucional.

El primero de dichos problemas es el de determinar si es posible establecer medidas judiciales de apoyo en beneficio de una persona que las rechaza expresamente, lo que, obviamente, supone ir en contra de su voluntad.

La STS (Sala 1.ª) 8 septiembre 2021, rec. n.º 4187/2019 (ECLI:ES:TS:2021:3276) (*Tol 8585229*), ha resuelto este problema afirmativamente, considerando que es posible adoptarlas, a pesar de la clara oposición de la persona con discapacidad, cuando existe una necesidad asistencial, cuya ausencia está provocando un grave deterioro personal y una degradación que le impide el ejercicio de sus derechos y las necesarias relaciones con las personas de su entorno, principalmente, con sus vecinos.

Afirma que lo que el art. 268 CC "prescribe es que en la provisión de apoyos judiciales hay que atender en todo caso a la voluntad, deseos y preferencias del afectado"; y que "El empleo del verbo 'atender', seguido de 'en todo caso', subraya que el juzgado no puede dejar de recabar y tener en cuenta (siempre y en la medida quesea posible) la voluntad de la persona con discapacidad destinataria de los apoyos, así como sus deseos y preferencias, pero no determina que haya que seguir siempre el dictado de la voluntad, deseos y preferencias manifestados por el afectado"; añade que "El texto legal emplea un término polisémico que comprende, en lo que ahora interesa, un doble significado, el de 'tener en cuenta o en consideración algo' y no solo el de 'satisfacer un deseo, ruego o mandato'.".

Concretamente, consideró adecuado sujetar a curatela a una persona que sufría el síndrome de Diógenes. Dice, así que "El trastorno no sólo le provoca esa situación clara y objetivamente degradante, como persona, sino que además le impide advertir su carácter patológico y la necesidad de ayuda"; y añade: "No intervenir en estos casos, bajo la excusa del respeto a la voluntad manifestada en contra de la persona afectada, sería una crueldad social, abandonar a su desgracia a quien por efecto directo de un trastorno (mental) no es consciente del proceso de degradación personal que sufre. En el fondo, la provisión del apoyo en estos casos encierra un juicio o valoración de que, si esta persona no estuviera afectada por este trastorno patológico, estaría de acuerdo en evitar o paliar esa degradación personal".

El TS invoca otro argumento de carácter procesal, que nos parece incuestionable, al constatar que la propia Ley de Jurisdicción Voluntaria, "Al regular como procedimiento común para la provisión judicial de apoyos un expediente de jurisdicción voluntaria (arts. 42 bis a], 42bis b] y 42 bis c] LJV), dispone que cuando, tras la comparecencia del fiscal, la persona con discapacidad y su cónyuge y parientes más próximos, surja oposición sobre la medida de apoyo, se ponga fin al expediente y haya que acudir a un procedimiento contradictorio, un juicio verbal especial (art. 42 bis b]. 5 LJV)"; y añade que "Es muy significativo que *la oposición de la persona con discapacidad a cualquier tipo de apoyo*, además de provocar la terminación del expediente, no impida que las medidas puedan ser solicitadas por un juicio contradictorio, lo que presupone que ese juicio pueda concluir con la adopción de las medidas, aun en contra de la voluntad del interesado".

La STS (Sala 1.ª) 18 septiembre 2024, rec. n.º 7339/2022 (ECLI:ES:TS:2024:4400) (*Tol 10197239*), reitera la misma doctrina, considerando procedente establecer una curatela en apoyo de una persona que sufría un trastorno psíquico, que le provocaba una tendencia desmesurada al gasto. Observa que "También en este caso la enfermedad o trastorno que provoca la discapacidad y la necesidad apreciada de un apoyo para la realización de actos de administración y disposición complejos, afecta a la conciencia de esa necesidad y de los riesgos que sufre en las concretas circunstancias que ahora vive"; y "De ahí que, sin perjuicio de ajustar el alcance de la medida para respetar al máximo su autonomía, pueda acordarse la medida aun en contra de la voluntad del interesado". Por ello, ha suprimido la curatela representativa, constituida por la sentencia recurrida, por otra complementadora, cuyo contenido se concreta en asistir a la persona apoyada para la "realización de actos de administración y disposición complejos, para cuya validez requerirán de la autorización del curador".

Esta doctrina, favorable a fijar medidas de apoyo en favor de quien las rechaza, cuando es su propia enfermedad la que impide tener conciencia de la necesidad objetiva de establecerlas, es ampliamente seguida por la jurisprudencia de instancia.

La SAP Santander (Sección 2.ª) 29 octubre 2021, rec. n.º 343/2021 (ECLI:ES:APS:2021:1237) (*Tol 8643464*), ha resuelto el caso de una persona con patología dual (esquizofrenia paranoide y consumo de drogas), que sufría un incremento de las alteraciones conductuales con varios ingresos hospitalarios, así como una exposición recurrente a situaciones de riesgo derivadas de una conducta desorganizada (sin domicilios estables, vivía en la calle) con gastos innecesarios y excesivos, desatendiendo su propio bienestar personal (alimentación, tratamientos médicos y seguridad). Ha mantenido la curatela acordada por una anterior sentencia (recaída en otro procedimiento), en orden a la asistencia de las decisiones que afectaran al lugar de residencia, salud y autocuidado y a la gestión de los recursos sociosanitarios o residenciales que le fueran reconocidos; y, en la esfera patrimonial, respecto de la administración o disposición de sus bienes, salvo el manejo de dinero de bolsillo. Dice, así, que "El propósito de abandonar autónomamente el consumo de sustancias tóxicas fuera del centro en el que se encuentra actualmente ingresada —que ha sido verbalizado de manera vehemente por la actora— se patentiza irreal, siendo, una vez más, expresión de la ausencia de una aquilatada percepción de la gravedad y alcance de su afectación". Ha nombrado curadora a una fundación ante "la imposibilidad de recurrir al control y a la asistencia de familiares y a la demostrada insuficiencia de la antecedente supervisión externa del curador".

La SAP Valladolid (Sección 1.ª) 2 noviembre 2021, rec. n.º 423/2021 (ECLI:ES:APVA:2021:1565) (*Tol 8751314*), ha constituido una curatela de carácter asistencial contra la voluntad de la persona con discapacidad, que sufría "un deterioro cognitivo moderado de posible causa mixta degenerativa-vascular, con episodios ansioso-depresivos e ideación delirante de perjuicio (alteración de comportamiento) que puede considerarse persistente y afectante a sus habilidades para desenvolverse de forma autónoma y socialmente adaptada de forma que su suspicacia y desconfianza hacia su entorno determinan un progresivo aislamiento social, destacando asimismo la nula conciencia que tiene del trastorno que padece, de sus evidentes limitaciones físicas y de sus consecuencias, en concreto, no se percata de las graves carencias de seguimiento de un tratamiento médico adecuado a su situación, mayor higiene y más correcta alimentación". En definitiva, como consecuencia de su enfermedad, la Audiencia considera "algo objetivo" que la situación en que se encuentra "está degenerando en una degradación personal, sin que sea consciente de ello", lo que hace necesario establecer medidas judiciales de apoyo". Extiende la curatela al "apoyo y supervisión para realización de las actividades elementales de la vida cotidiana, seguimiento de pautas de alimentación, higiene personal, salud, seguimiento de tratamientos médicos". Por el contrario, excluye que la curatela deba extenderse a los actos de carácter económico, en atención a la concreta situación de la persona con discapacidad, por no haberse acreditado "que en el momento presente tenga gravemente limitadas sus facultades cognitivas, ni afectada su capacidad de gestión de su patrimonio".

La SAP Asturias (Sección 5.ª) 22 diciembre 2021, rec. n.º 305/2021 (ECLI:ES:APO:2021:4036) (*Tol 8798811*), ha contemplado el supuesto de una persona que, según el informe médico forense realizado en sede de apelación, "padece un trastorno de la personalidad y mental debido al consumo de opiáceos desde la adolescencia requiriendo de forma permanente tratamiento médico psiquiátrico y de deshabituación; que en su estado actual de aparente normalidad psicopatológica tiene conservada la capacidad para realizar las actividades cotidianas de la vida diaria e instrumental, como el manejo de su exigua pensión, pero que requiere supervisión para actividades". Ha mantenido la medida judicial de apoyo, pues "sigue presente la necesidad de dotarle de apoyos, pues su trastorno de la personalidad por consumos, tóxicos y el peligro de recaer en ello sigue presente", precisándose que "En este contexto la medida de apoyo de la curatela no debe ser vista por el recurrente como alienante de su persona, todo lo contrario, ejercitada con criterio asistencial, persigue la conservación de ese estado psicopatológico de normalidad que permita al recurrente desarrollarse y participar socialmente como individuo". Sustituyó, no obstante, la tutela establecida en primera instancia (antes de la entrada en vigor de la Ley 8/2021) por una curatela meramente asistencial, tanto en el ámbito de la salud, como para la realización de actos complejos de carácter patrimonial y administrativo.

La SAP Alicante (Sección 6.ª) 20 octubre 2022, rec. n.º 137/2022 (ECLI: ES:APA:2022:2955) (*Tol 9444231*). ha establecido una curatela, limitada al estricto apoyo del tratamiento médico y farmacológico contra la voluntad de una persona que padecía un trastorno mixto de personalidad y un trastorno adaptativo mixto reactivo a problemas de carácter sociofamiliar. Describe el núcleo de la cuestión litigiosa en los siguientes términos: "se trata de valorar si las manifestaciones de voluntad que realiza la persona son totalmente conscientes y voluntarias o pueden estar determinadas por el trastorno que padece de manera que le impide manifestar de forma libre su voluntad, deseos o preferencias, de manera que necesita un apoyo para controlar su tratamiento médico y farmacológico". Entiende probado que no seguía, "de forma constante el tratamiento psiquiátrico y psicológico"; y resalta que ella misma había manifestado que no tomaba "la medicación pautada por la mañana ya que luego necesita conducir". Concluye, así, que "El estado psicofísico que presenta repercute sobre la adecuada aptitud para expresar libremente su voluntad, deseos y preferencias" y considera "necesarios apoyos para dar cumplimiento a las prescripciones médicas pautadas".

Por supuesto, no procederá establecer las medidas judiciales de apoyo, cuando la enfermedad que padece la persona no impida a esta tomar conciencia de su conveniencia o, incluso, necesidad, pero, aun así, en ejercicio de su libertad, decida rechazarlas.

Es ilustrativa la SAP Badajoz (Sección 3.ª) 8 octubre 2021, rec. n.º 246/2021 (ECLI:ES:APBA:2021:1318) (*Tol 8691489*), que consideró improcedente establecer medidas de apoyo respecto de una persona de 41 años que, según los informes médicos aportados, sufría "alcoholismo crónico, con episodios de abstinencia y privación alcohólica, *delirium tremens* y trastorno límite de personalidad, habiendo ingresado en múltiples ocasiones en centros de Salud Mental y Adicciones, tomando medicación para dichos trastornos, además de antidepresivos y ansiolíticos, y habiéndosele concedido un grado de discapacidad del 67 %, por lo que percibe una renta mínima de unos 535 euros mensuales; todo ello "no impide que pueda gobernar su persona y patrimonio por sí misma". Según el informe forense, "Es consciente de su situación y pronóstico, manifestando intenciones futuras de mejoría y siendo consciente de la dificultad que ello conlleva, tanto por la propia idiosincrasia de su patología como por su historia pasada de fracasos", comprendiendo "sin dificultades el alcance del procedimiento en el que se encuentra inmersa, manifestando de forma clara su oposición al mismo", concluyéndose que no existe patología alguna que le impida "gobernar su persona y bienes por sí misma". En definitiva, la Audiencia entiende que no puede decirse que "esté afectada en su plena capacidad de volitiva, de obrar y decidir por sí misma. Sabe lo que tiene y sabe lo que quiere, asume sus consecuencias y toma las decisiones conforme a esa voluntad y entendimiento".

También la SAP Palma de Mallorca (Sección 4.ª) 17 enero de 2022, rec. n.º 746/2021 (ECLI:ES:APIB:2022:8) (*Tol 8808423*), en relación con una persona de edad avanzada y con una situación de salud precaria, con serias limitaciones por sus dificultades de movilidad y por la hipoacusia que padece, pero que "es conocedora de su situación y se encuentra capacitada para solicitar las ayudas que precisa y que en la actualidad recibe para el desarrollo de su vida ordinaria, encontrándose en la actualidad correctamente atendida" (una persona de los servicios sociales acude a su domicilio por la mañana durante los días laborables, se le facilita la comida a través de la Cruz Roja y, por la tarde y los fines de semana, tiene contratada una persona que la ayuda). Por ello, la Audiencia no considera justificada la adopción de medidas de apoyo dado que, conforme al art. 249 CC, "las medidas de origen judicial solo procederán en defecto o insuficiencia de la voluntad de la persona de que se trate".

2. LA MERA VOLUNTAD DE ACEPTAR MEDIDAS JUDICIALES DE APOYO NO PERMITE CONSTITUIRLAS, SI NO EXISTE UNA NECESIDAD OBJETIVA DE ADOPTARLAS

El segundo de los problemas es, justamente, el contrario del planteado con anterioridad, esto es, si la mera voluntad de la persona con discapacidad, de aceptar las medidas judiciales de apoyo instadas, permite adoptarlas.

La respuesta ha de ser, obviamente, negativa, pues el presupuesto de cualquier medida de apoyo (también el de las voluntarias) es la objetiva necesidad actual (distinta de la mera conveniencia) de acudir a ellas. Como dice el art. 249.I CC, es necesario que "se "precisen" para el adecuado ejercicio de la capacidad jurídica de la persona con discapacidad, con la finalidad de "permitir el desarrollo pleno de su personalidad y su desenvolvimiento jurídico en condiciones de igualdad". Cuestión distinta es que, como, a veces sucede, siendo "precisas", se constate, a mayor abundamiento, la predisposición del afectado a aceptarlas, así como su conformidad a que ejercite la curatela una determinada persona, normalmente, el familiar con el que tiene un mayor trato y confianza.

En este sentido se orienta claramente la SAP Badajoz (Sección 2.ª) 25 octubre 2022, rec. n.º 265/2022 (ECLI:ES:APBA:2022:1369) (*Tol 9306837*), que confirmó la sentencia recurrida, la cual había desestimado la pretensión de que se constituyera una curatela en apoyo de una persona que padecía una esquizofrenia paranoide, pero que tenía discernimiento, era consciente de su enfermedad y podía desenvolverse con autonomía en los actos corrientes de la vida diaria. La demanda la había interpuesto uno de los hermanos con los que convivía, porque, sin avisar a su familia, ni al psiquiatra que lo trataba, había abandonado su domicilio, trasladándose a su pueblo de origen, donde, además, residían otros dos hermanos. Tras su cambio de domicilio, "mostró actos anárquicos de vida y llegó a abandonar la medicación prescrita para su esquizofrenia. Sin embargo, tras un periodo en que estuvo hospitalizado por un trauma, modificó notablemente sus hábitos y retomó la medicación". El recurrente consideraba necesaria la constitución de una curatela, porque, según él, el hermano abandonaba frecuentemente la medicación, rompiendo el contacto con los familiares.

Frente a ello, la Audiencia afirma que la esquizofrenia del hermano "no le impide desenvolverse en su vida diaria", ni, "al menos actualmente, no le impide vivir según sus deseos y preferencias"; y, frente al argumento de que había aceptado la constitución de la curatela, que califica como "una verdad a medias", observa que "para la adopción de una medida de apoyo, por supuesto cuentan los deseos y preferencias, pero sobre todo prima su necesidad", de modo que, "Si la medida no está justificada, no procede". Más adelante, reitera que "una persona que, de forma autónoma, cambia de residencia, se instala en una localidad nueva, forma pareja y se desenvuelve más o menos en las actividades diarias no debe soportar apoyo alguno". "En estas circunstancias —añade—, no hay fundamento para complemento alguno. Si se conserva la voluntad y la inteligencia no puede pretenderse una necesidad de apoyo para el ejercicio de la capacidad jurídica. Ni siquiera cuando una persona pueda representar un potencial peligro para la sociedad por abandonar su tratamiento médico".

3. ¿EXISTE UN INTERÉS SUPERIOR DE LA PERSONA CON DISCAPACIDAD QUE PUEDE PREVALECER SOBRE SU VOLUNTAD?

El tercero de los problemas es decidir si, en las ocasiones que la persona sujeta a medidas de apoyo tiene gravemente mermada su capacidad para tomar decisiones, por padecer una enfermedad de carácter mental, es posible acudir al principio del interés superior de la persona con discapacidad para adoptar decisiones que objetivamente se consideren convenientes para su bienestar, en contra de su voluntad.

El problema surge porque el Comité sobre los Derechos de las Personas con Discapacidad, en sus Observaciones, de 19 de mayo de 2014 (más, concretamente, en la Primera) ha declarado que "El principio del interés superior no es una salvaguardia que cumpla con el artículo 12 [de la Convención] en relación con los adultos, afirmando que "El paradigma de la voluntad y las preferencias" debe reemplazar al del interés superior para que las personas con discapacidad disfruten del derecho a la capacidad jurídica en condiciones de igualdad con los demás" (núm. 21).

Sin embargo, no es esta la posición que ha seguido la STS (Sala 1.ª) 6 mayo 2021, rec. n.º 2235/2020 (ECLI:ES:TS:2021:1894) (*Tol 8431634*), que ha considerado procedente someter a curatela a una persona que sufría una esquizofrenia paranoide, en atención a su enfermedad, que le había provocado un grado parcial de autonomía limitada. Al sistematizar los principios inspiradores de la regulación contendida en la Ley 8/2021 (aunque todavía no se hallaba en vigor), se refiere al "Principio del interés superior de la persona con discapacidad", que explica del siguiente modo: "El interés superior del discapacitado se configura como un principio axiológico básico en la interpretación y aplicación de las normas reguladoras de las medidas de apoyo, que recaigan sobre las personas afectadas. Se configura como un auténtico concepto jurídico indeterminado o cláusula general de concreción, sometida a ponderación judicial según las concretas circunstancias de cada caso. La finalidad de tal principio radica en velar preferentemente por el bienestar de la persona afectada, adoptándose las medidas que sean más acordes a sus intereses, que son los que han de prevalecer en colisión con otros concurrentes de terceros".

A nuestro parecer, es claro que, cuando una persona tenga afectada su capacidad para formar libremente su voluntad, por sufrir una enfermedad que le impida tomar conciencia del estado en que se halla y comprender que necesita la ayuda que rechaza, será posible, en su interés, adoptar decisiones que contraríen sus deseos. En definitiva, será necesario acudir a un parámetro objetivo, que, obviamente, no estará basado en "la voluntad, deseos y preferencias de la persona" con discapacidad. Ahora bien, a estos efectos, en vez de recurrir a un principio que categoriza a una clase de personas, las que sufren una discapacidad, quizás, sería más conveniente invocar el principio constitucional, de alcance general, de dignidad de la persona (art. 10.1 CE) (de toda persona), que trasciende a su pura voluntad. No puede olvidarse que, conforme al nuevo art. 249.I CC las "medidas de apoyo deberán estar inspiradas en el respeto a la dignidad de la persona y en la tutela de sus derechos fundamentales", cuyo disfrute ha de ser especialmente amparado por los poderes públicos a los que sufren una discapacidad (art. 49 CE).

Es de gran interés la interpretación que la STC 30/2023, de 20 de abril, rec. de amparo n. 3214/2022 (ECLI:ES:TC:2023:30) (*Tol 9543594*), hace del 9.6 de la Ley 41/2002 de 14 de noviembre, básica reguladora de la autonomía del paciente y de derechos y obligaciones en materia de información y documentación clínica, a cuyo tenor "En los casos en los que el consentimiento haya de otorgarlo el representante legal o las personas vinculadas por razones familiares o de hecho (...) la decisión deberá adoptarse atendiendo siempre al mayor beneficio para la vida o salud del paciente".

Interpretando el referido número del precepto, ha declarado la constitucionalidad del auto judicial que había acordado administrar la vacuna contra el Covid-19 a una persona aquejada de Alzheimer contra la voluntad del hijo tutor (hoy curador con facultad de representación).

Afirma que el art. 9.6 de la Ley 41/2002 no es "un precepto que permita al juez civil actuar contra la voluntad válidamente manifestada de la persona afectada para la mejor realización de las políticas públicas sanitarias. No se legitima al juez para actuar contra la voluntad del paciente sino en ausencia de esa voluntad, entendida como verdaderamente libre, clara y consciente, en un contexto concreto de peligro para la salud de la persona con discapacidad. Se habilita legalmente a la autoridad judicial a autorizar una actuación sanitaria determinada cuando así resulta necesario para asegurar la mejor protección de los intereses de una persona vulnerable que puede no estar siendo adecuadamente asistida"; y añade que la "misión de la persona llamada a prestar apoyo no es la de sustituir las convicciones de la persona con discapacidad por las suyas propias sino velar por el respeto a la 'voluntad, deseos y preferencias de aquella'. Más allá de esa actuación vicarial, como portavoz de los deseos de la persona afectada, la capacidad decisoria de quien presta apoyo queda circunscrita a la búsqueda de la realización del interés de la persona afectada, lo que ha de responder, como ya se ha dicho, a criterios objetivos que son plenamente fiscalizables por la autoridad judicial".

Con mayor razón, será necesario acudir a parámetros objetivos de actuación, cuando la persona con discapacidad no hubiera tenido nunca la oportunidad de formar libremente su voluntad, por padecer una enfermedad de nacimiento que excluya su capacidad de discernimiento.

Ciertamente, para el caso de que hubiera perdido posteriormente dicha capacidad, o como dice el art. 249.III CC, "no sea posible determinar la voluntad, deseos y preferencias de la persona", según prevé el mismo precepto, para el ejercicio de las funciones de representación, "se deberá tener en cuenta la trayectoria vital de la persona con discapacidad, sus creencias y valores, así como los factores que ella hubiera tomado en consideración, con el fin de tomar la decisión que habría adoptado la persona en caso de no requerir representación".

Sin embargo, esta previsión legislativa no excluye de manera absoluta la necesidad de acudir a criterios objetivos en defensa de la dignidad y derechos fundamentales de la persona con discapacidad, pues, dejando aparte la dificultad de decidir qué es lo que habría querido actualmente, si hubiera podido formar y expresar su voluntad libremente, será raro que pueda averiguarse cuál hubiera sido su presunta voluntad para todas y cada una de las actuaciones que deban realizarse en su interés.

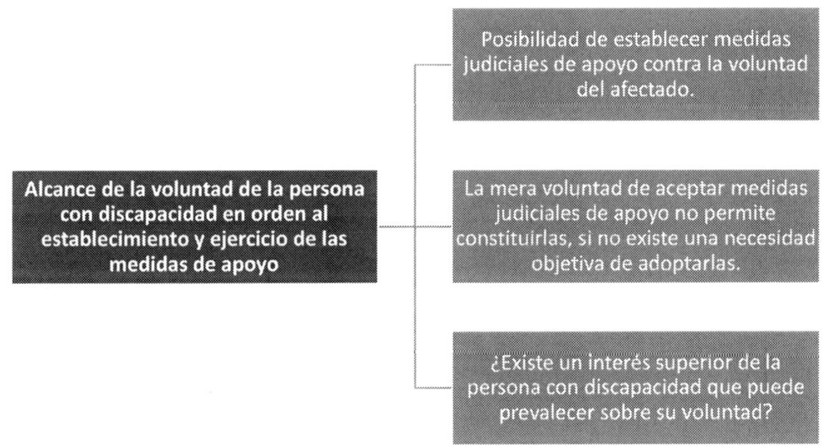

7. *Los principios de necesidad y de proporcionalidad*

SUMARIO: 1. EXPOSICIÓN GENÉRICA DE LOS PRINCIPIOS. 2. EL CARÁCTER SUBSIDIARIO DE LA CURATELA, EN GENERAL, Y DE LA REPRESENTATIVA, EN PARTICULAR. 3. LA CURATELA ASISTENCIAL LIMITADA AL ÁMBITO DE LA SALUD. 4. LA POSIBILIDAD DE CONSTITUIR CURATELAS MIXTAS: ASISTENCIALES, EN EL ÁMBITO DE LA SALUD; Y COMPLEMENTADORAS, EN LA ESFERA PATRIMONIAL. 5. LA POSIBILIDAD DE CONSTITUIR CURATELAS MIXTAS (CONTINUACIÓN): ASISTENCIALES, EN EL ÁMBITO DE LA SALUD; Y REPRESENTATIVAS, EN EL DE LOS ACTOS COMPLEJOS DE CARÁCTER ECONÓMICO. 6. LA POSIBILIDAD CONSTITUIR CURATELAS DE CARÁCTER INTERMITENTE EN EL CASO DE ENFERMEDADES CICLOTÍMICAS. 7. LA APRECIACIÓN DE LA NECESIDAD EN EL MOMENTO EN QUE SE PRETENDEN ESTABLECER LAS MEDIDAS JUDICIALES DE APOYO. 8. LA "NECESIDAD" NO ES SINÓNIMO DE "CONVENIENCIA". 9. UNA DISCAPACIDAD LEVE NO JUSTIFICA EL ESTABLECIMIENTO DE MEDIDAS JUDICIALES DE APOYO. 10. LA ESPECIFICACIÓN DE LOS CONCRETOS ACTOS PARA LOS QUE SE REQUIERE LA INTERVENCIÓN DEL CURADOR Y LA PROSCRIPCIÓN DE FÓRMULAS GENERALES O DE ESTILO. A) La curatela no puede a extenderse al ejercicio del derecho de testar. B) La curatela tampoco puede extenderse al ejercicio del derecho a contraer matrimonio. C) La entelequia del "curador con facultades de representación plena". 11. LA INTERVENCIÓN DEL CURADOR NO PODRÁ EXTENDERSE MÁS ALLÁ DE LOS ACTOS PREVISTOS. 12. LA RESOLUCIÓN JUDICIAL RECAÍDA EN UN PROCEDIMIENTO DE ESTABLECIMIENTO DE APOYOS NO PUEDE PRIVAR DE DERECHOS. 13. LA REVISIÓN PERIÓDICA DE LAS MEDIDAS DE APOYO.

1. EXPOSICIÓN GENÉRICA DE LOS PRINCIPIOS.

Conforme al art. 249.I, *in fine*, CC, las medidas de apoyo "deberán ajustarse a los principios de necesidad y proporcionalidad", los cuales están estrechamente relacionados.

El principio de necesidad es el presupuesto previo de las medidas de apoyo, exigiendo que las mismas sólo sean adoptadas cuando sean indispensables para garantizar el ejercicio de la capacidad jurídica y la adecuada protección de los intereses personales y patrimoniales del discapaz.

El principio de proporcionalidad exige que las medidas de apoyo, presupuesta su necesidad, se articulen con la menor injerencia posible en el ámbito de la libertad de autodeterminación de la persona apoyada, de acuerdo con la idea de intervención mínima.

La STS (Sala 1.ª) 12 junio 2024, rec. n.º 4806/2023 (ECLI:ES:TS:2024:3430) (*Tol 10075613*), observa que "la provisión judicial de apoyos mediante una curatela exige un juicio o valoración sobre la necesidad de la medida, para lo cual habrá que evaluar el impacto que la discapacidad provoca en la vida de esa persona y en qué medida precisa de un apoyo".

El art. 268.I CC prevé que las medidas judiciales de apoyos "serán proporcionadas a las necesidades de la persona que las precise, respetarán siempre la máxima autonomía de esta en el ejercicio de su capacidad jurídica y atenderán en todo caso a su voluntad, deseos y preferencias", lo cual, sin embargo, no puede entenderse en sentido literal, pues —como ya se ha dicho— habrá supuestos en los que el principio constitucional de dignidad del ser humano y la protección de los derechos que le son inherentes obliguen a adoptar decisiones contrarias a los deseos de la persona a quien se apoya, cuando la misma tenga gravemente afectada su capacidad de discernimiento.

No puede dejar de evidenciarse que la idea de proporcionalidad estaba ya presente en la jurisprudencia anterior a la publicación de la Ley 8/2021, en la doctrina del llamado "traje a medida", que llevó a considerar que la tutela (entonces siempre representativa) solo debía constituirse cuando la curatela (que era meramente complementadora de la capacidad) no fuera suficiente para atender a las necesidades del incapacitado.

La STS (Sala 1.ª) 18 julio 2018, rec. n.º 4374/2017 (ECLI:ES:TS:2018:2805) (*Tol 6676470*), dijo, así, que "El juicio sobre la modificación de la capacidad no es algo rígido, sino flexible, en tanto que debe adaptarse a la concreta necesidad de protección de la persona afectada por la discapacidad, lo que se plasma en su graduación. Esta graduación puede ser tan variada como variadas son en la realidad las limitaciones de las personas y el contexto en que se desarrolla la vida de cada una de ellas. Estamos, en definitiva, ante lo que esta sala ha calificado como traje a medida".

De los principios de necesidad y de proporcionalidad se pueden extraer una serie de consecuencias, que pasamos exponer.

2. EL CARÁCTER SUBSIDIARIO DE LA CURATELA, EN GENERAL, Y DE LA REPRESENTATIVA, EN PARTICULAR

La constitución de la curatela —como ya se ha dicho— es una medida excepcional, esto es, en defecto de medidas de carácter voluntario y de existencia de guarda de hecho que funcione adecuadamente.

Se explica, así, que "La autoridad judicial constituirá la curatela mediante resolución motivada cuando no exista otra medida de apoyo suficiente para la persona con discapacidad" (art. 269.I CC).

Con mayor razón, será más excepcional, la constitución de una curatela con facultad de representación, lo que sucederá cuando, "pese a haberse hecho un esfuerzo considerable, no sea posible determinar la voluntad, deseos y preferencias de la persona" (solo, en este caso, se considerará necesario y proporcional el establecimiento de una curatela representativa), debiendo ejercitarse la facultad de representación, teniendo "en cuenta la trayectoria vital de la persona con discapacidad, sus creencias y valores, así como los factores que ella hubiera tomado en consideración, con el fin de tomar la decisión que habría adoptado la persona en caso de no requerir representación" (art. 249.III CC).

La STS (Sala 1.ª) 18 septiembre 2024, rec. n.º 7339/2022 (ECLI:ES:TS:2024:4400) (*Tol 10197239*), afirma que "la provisión judicial de apoyos mediante una curatela exige un juicio o valoración sobre la necesidad de la medida, para lo cual habrá que evaluar el impacto que la discapacidad provoca en la vida de esa persona y en qué medida precisa de un apoyo"; y añade: "De este modo, la adopción de la medida requiere de un juicio de capacidad de la persona afectada, también por la exigencia de la proporcionalidad de las medidas con las necesidades de la persona que las precisa, que vienen a su vez determinadas por la concreta discapacidad de la persona y sus circunstancias vitales".

Con apoyo en el principio de proporcionalidad, revoca la sentencia recurrida, que había constituido una curatela representativa en apoyo de una persona que, sufriendo un trastorno psíquico, tenía una tendencia desmesurada al gasto, poniendo en riesgo el patrimonio que acaba de heredar. En su lugar, establece una curatela, meramente complementadora, para la "realización de actos de administración y disposición complejos, para cuya validez requerirán de la autorización del curador".

Resalta que con esta medida "no se sustituye la voluntad", "pero sí se la somete a un complemento, como medida que por una parte le asista en la administración patrimonial y la contratación compleja y, por otra, evite los abusos de terceros."

En definitiva, la curatela será representativa, cuando, por no poder conocerse la voluntad de la persona con discapacidad, sea necesario acudir a una actuación sustitutiva.

La SJPI (núm. 7.º) Guadalajara 27 octubre 2021, rec. n.º 136/2021 (ECLI:ES:JPI:2021:2537) (*Tol 8872481*), contempló el supuesto de una persona que padecía un deterioro cognitivo grave secundario y demencia mixta, patología, que, a juicio del informe forense, le incapacitaba para regir sin apoyos, tanto su persona, como sus bienes. Las limitaciones fueron constatadas en la exploración judicial que se practicó, "en la que se mostró desorientada, manifestando desconocer los aspectos más básicos de su vida, como el número de hijos que tiene". Por ello, se procedió al establecimiento de curatela representativa en favor de una fundación pública, "ante la existencia de serios conflictos entre las dos hermanas", extendiéndose la misma a "los actos de carácter patrimonial y económico, de naturaleza contractual y administrativa, así como para los actos de carácter personal y en particular, los actos que sean necesarios para asegurar el control del tratamiento médico prescrito por los facultativos para sus enfermedades, así como los necesarios para proceder al ingreso hospitalario o internamiento en centro adecuado a sus circunstancias si fuera oportuno, cuando su estado o su salud así lo requieran, siempre mediando la previa autorización judicial, y en la gestión de su patrimonio".

La SAP Málaga (Sección 6.ª) 20 septiembre 2022, rec. n.º 557/2022 (ECLI:ES:APMA:2022:4362) (*Tol 9513643*), consideró procedente la constitución de una curatela con facultad de representación para todos los actos, excepto los previstos en el art. 287 CC, respecto de una persona que padecía "una enfermedad psíquica de carácter persistente" que le impedía "expresar su voluntad, deseos, preferencias, de manera libre" y que en la entrevista no había sido "capaz de siquiera de llegar a comunicarse y no pudo moverse de la silla de ruedas". Nombró curadora con facultades de representación a la sobrina, anterior guardadora de hecho.

La SAP Sevilla (Sección 2.ª) 4 octubre 2022, rec. n.º 2640/2022 (ECLI:ES:APSE:2022:2424) (*Tol 9465521*) constituyó una curatela con facultad de representación en apoyo de una persona, que "no pudo expresar preferencia alguna" respecto de cuál de sus dos progenitores quería que fuera nombrado curador, "dado su profundo retraso mental". Se nombró curadora a la madre con la que convivía, en aplicación del art. 276.3.º CC.

La SAP (Sección 31.ª) Madrid 14 diciembre 2022, rec. n.º 226/2022 (ECLI:ES:APM:2022:20020) (*Tol 9440731*), estableció una curatela con facultad de representación de una persona "con deterioro cognitivo con grave repercusión a nivel funcional", la cual "necesita de asistencia y apoyo total en el cuidado personal, así como en las actividades instrumentales de la vida diaria, en el manejo de la medicación y en la asistencia al médico". Añade que "no conoce su situación económica y necesita asistencia total en la gestión de sus asuntos económicos, jurídicos y administrativos y en la realización de todo tipo de contratos". Nombró curador al marido, anteriormente, guardador de hecho.

La SAP Navarra (Sección 3.ª) 9 enero 2023, rec. n.º 871/2022 (ECLI:ES:APNA:2023:539) (*Tol 9661910*), constituyó igualmente una curatela representativa respecto de una persona, de 94 años, que padecía "un deterioro cognitivo muy grave y global, en un avanzado estado de progresión y con un GDS 6-7 de la escala Reisberg, a la fecha del informe médico-forense emitido".

La SAP Navarra (Sección 3.ª) 6 febrero 2023, rec. n.º 854/2022 (ECLI:ES:APNA:2023:342) (*Tol 9661714*), sujetó a curatela a una persona que padecía una enfermedad de Alzheimer, que le ocasionaba "un deterioro cognitivo muy grave, de carácter crónico e irreversible", la cual le impedía "comprender el procedimiento y sus consecuencias", constatándose su "imposibilidad absoluta" "de manifestar en ningún grado una mínima voluntad tendente a la realización de cualesquiera actividades de la vida ordinaria, incluidas las más básicas". Nombró al hijo curador con facultades de representación, para los actos ordinarios de la vida, así como para los "actos de disposición, otorgamiento de consentimiento y demás actos jurídicos precisados de representación incluyendo los actos de carácter jurídico, económico, contractual o administrativo, relacionados con la disposición imprescindible de numerario en cuentas bancarias para atender las necesidades de la discapaz, la contratación de suministros y servicios para el hogar familiar, y los relacionados con su salud, el transporte, y el ocio".

La SAP (Sección 1.ª) León 8 febrero 2023, rec. n.º 1007/2022 (ECLI:ES:APLE:2023:186) (*Tol 9454274*), constituyó una curatela con amplísimas facultades de representación para apoyar una persona, diagnosticada de demencia, tipo Alzheimer, en fase severa, constatando "la absoluta imposibilidad de llevar a cabo un trámite de audiencia por la carencia de capacidad de comprensión y de autodeterminación de la persona que debería ser oída, lo que ya de por sí pone de manifiesto la enorme necesidad de apoyo que precisa cuando ni siquiera es capaz de valerse por sí misma y, en particular, porque carece de capacidad de comprensión de su propia realidad y de la realidad que la rodea y porque tiene abolidas sus facultades volitivas y no puede adoptar decisiones coherentes por sí misma". Nombró curadora a la hija que anteriormente era la guardadora de hecho.

La SAP Alicante (Sección 6.ª) 20 febrero 2023, rec. n.º 945/2022 (ECLI:ES:APA:2023:598) (*Tol 9663952*), nombró curadora a la hija de una persona afectada por un Parkinson en fase aguda y por un grave deterioro cognitivo, que carecía de la posibilidad de "expresar su voluntad o deseos", atribuyéndole facultades representativas para "las habilidades económico-jurídicas, administrativas y contractuales en todos sus aspectos (otorgar poderes, interponer o intervenir en procedimientos judiciales, herencias, gestionar cuentas, su pensión, tomar/dar dinero en préstamo, donaciones, contraer cualquier tipo de obligación patrimonial, testar y efectuar cualquier tipo de disposición sobre sus bienes, para decidir el ingreso en residencia o centro adecuado a sus necesidades), con la necesidad de obtener la pertinente autorización judicial en los casos en que así se determine legalmente; así como para todas las relacionadas con el ámbito de la salud (seguimiento de pautas alimenticias, así como para el suministro y control de la medicación pautada, autocuidado, instrumentales cotidianas, aseo personal, comer, desplazarse, consentimiento tratamiento médico y tratamiento quirúrgico, vacunación)". Obsérvese que esta amplitud de la enumeración de las facultades representativas para el trasunto de una formulación general estándar, que, además, incluye lo que no puede ser objeto de representación por parte del testador, como es, la facultad de testar.

La SAP La Coruña (Sección 4.ª) 24 abril 2023, rec. n.º 903/2022 (ECLI:ES:APC:2023:1048) (*Tol 9869114*), constituyó una curatela representativa en apoyo de una persona de avanzada edad, que padecía un Parkinson desde hacía 25 años, afirmando que la discapacidad "es profunda e irreversible, la hace absolutamente dependiente de terceros para todas las actividades de la vida diaria, al punto que ni siquiera es capaz de comunicar sus deseos o preferencias". Nombró curadora a una de las hijas, confiriéndole facultades de representación en el plano personal, para el seguimiento del tratamiento médico o rehabilitador, asistencia a citas e ingresos hospitalarios, así como en materia de información y documentación clínica; y en el plano patrimonial, "para disponer en su nombre y en la medida de sus necesidades del dinero de sus cuentas bancarias, domiciliando en ellas los gastos periódicos de la residencia asistida donde actualmente se encuentra la discapaz, así como los de servicios complementarios que en ella reciba; atender a gastos personales, a gastos médicos o protésicos no cubiertos por la sanidad pública, contribuir en proporción a los de mantenimiento y comunidad de los inmuebles de que es copropietaria; pagar impuestos, sanciones y servicios ineludibles, así como para realizaren su nombre trámites administrativos, gestionar ayudas o pensiones, o asistir y votar en juntas de propietario".

No obstante, procederá también constituir una curatela con facultades de representación, cuando la persona pueda expresar su voluntad (y, por lo tanto, conocerse), pero la misma no pueda formarse libremente, por sufrir una enfermedad que anule gravemente su facultad de discernimiento, y sea necesario a acudir a ella para proteger su salud o patrimonio: no hacerlo así, invocando el llamado "derecho a equivocarse" de la persona con discapacidad es desconocer la circunstancia de que, se quiera, o no, hay enfermedades, que comprometen la aptitud natural de entender y querer de quienes las padecen, cometiendo —en palabras del TS— una "crueldad social", contraria al principio constitucional de dignidad de la persona.

La SAP La Coruña (Sección 5.ª) 22 diciembre 2021, rec. n.º 413/2021 (ECLI:ES:APC:2021:2903) (*Tol 8807224*), constituyó una curatela con facultades de representación en favor de una persona que presentaba un cuadro psicótico de tipo delirante, considerándose probado que "no tiene conciencia de su enfermedad psíquica y reconoce haber ayudado económicamente a diversas personas, pero sin ver la trascendencia tan perjudicial para sí de tales actos y préstamos bancarios de miles y miles de euros debido a su trastorno, siendo su altruismo claramente patológico por dicha causa", por lo que resulta claro que es necesaria la constitución de una "curatela con funciones representativas, por ser el único modo de evitar los perjuicios y proteger los intereses personales y económico patrimoniales", "a la vista de la enfermedad que padece, su carencia de conciencia de la misma, la necesidad de tratamiento, la sangría económica ya comentada por dicha causa".

En la práctica, el número de curatelas con facultad de representación es, sin embargo, muy alto, en relación con las asistenciales, llegándose, en ciertos casos, a nuestro parecer, a abusar de esta figura.

La SAP Málaga (Sección 6.ª) 20 septiembre 2022, rec. n.º 557/2022 (ECLI:ES:APMA:2022:4362) (*Tol 9513643*), consideró procedente la constitución de una curatela con facultad de representación para todos los actos, excepto los previstos en el art. 287 CC, respecto de una persona que padecía "una enfermedad psíquica de carácter persistente" que le impedía "expresar su voluntad, deseos, preferencias, de manera libre" y que en la entrevista no había sido "capaz de siquiera de llegar a comunicarse y no pudo moverse de la silla de ruedas". Nombró curadora con facultades de representación a la sobrina, anterior guardadora de hecho.

La SAP Sevilla (Sección 2.ª) 4 octubre 2022, rec. n.º 2640/2022 (ECLI:ES:APSE:2022:2424) (*Tol 9465521*) constituyó una curatela con facultad de representación en apoyo de una persona, que "no pudo expresar preferencia alguna" respecto de cuál de sus dos progenitores quería que fuera nombrado curador, "dado su profundo retraso mental". Se nombró curadora a la madre con la que convivía, en aplicación del art. 276.3.º CC.

La SAP (Sección 31.ª) Madrid 14 diciembre 2022, rec. n.º 226/2022 (ECLI:ES:APM:2022:20020) (*Tol 9440731*), estableció una curatela con facultad de representación de una persona "con deterioro cognitivo con grave repercusión a nivel funcional", la cual "necesita de asistencia y apoyo total en el cuidado personal, así como en las actividades instrumentales de la vida diaria, en el manejo de la medicación y en la asistencia al médico". Añade que "no conoce su situación económica y necesita asistencia total en la gestión de sus asuntos económicos, jurídicos y administrativos y en la realización de todo tipo de contratos". Nombró curador al marido, anteriormente, guardador de hecho.

La SAP (Sección 1.ª) León 8 febrero 2023, rec. n.º 1007/2022 (ECLI:ES:APLE:2023:186) (*Tol 9454274*), constituyó una curatela con amplísimas facultades de representación para apoyar una persona, diagnosticada de demencia, tipo Alzheimer, en fase severa, constatando "la absoluta imposibilidad de llevar a cabo un trámite de audiencia por la carencia de capacidad de comprensión y de autodeterminación de la persona que debería ser oída, lo que ya de por sí pone de manifiesto la enorme necesidad de apoyo que precisa cuando ni siquiera es capaz de valerse por sí misma y, en particular, porque carece de capacidad de comprensión de su propia realidad y de la realidad que la rodea y porque tiene abolidas sus facultades volitivas y no puede adoptar decisiones coherentes por sí misma". Nombró curadora a la hija que anteriormente era la guardadora de hecho.

La SAP Santa Cruz de Tenerife (Sección 1.ª) 25 abril 2023, rec. n.º 881/2021 (ECLI:ES:APTF:2023:359) (*Tol 9667007*), consideró, así, procedente establecer una curatela con facultad de representación en apoyo de una persona con un retraso mental moderado, ingresado en un centro psicopedagógico y con una discapacidad del 77%. Sin embargo, aquélla (de lunes a viernes) realizaba un curso de FP de jardinería, acudía semanalmente (y en épocas festivas) a la Gomera, para visitar a su madre, y, en vacaciones, a Asturias, para visitar a su padre. Se nombró curadora a la madre, con amplísimas facultades de representación. En el ámbito personal, se le encomendó la "supervisión del estado personal y residencial del discapaz, teniendo en cuenta las circunstancias médicas; posibilidad de solicitud de internamiento en centro adecuado, o en este caso, ratificación de su estancia en el centro" en el que se hallaba ingresado; y en el ámbito patrimonial, los "actos de administración y disposición económica y celebración de contratos, salvo para lo que requiera autorización curial en los casos del art. 287 CC; administración y control de su patrimonio, que deberá mantenerse por si fuere necesario en el futuro dotar [al hijo] de los medios adecuados para llevar una vida digna y completa". No se acogió la petición del Ministerio Fiscal de dispensa del "dinero de bolsillo".

3. LA CURATELA ASISTENCIAL LIMITADA AL ÁMBITO DE LA SALUD

Existe la posibilidad de constituir una curatela asistencial, limitada al ámbito de la salud, que normalmente se extiende también a la atención de las necesidades cotidianas de la persona apoyada.

Esta solución puede explicarse, porque la discapacidad no incide en la esfera patrimonial.

Es lo que sucedió en el caso resuelto por la célebre STS (Sala 1.ª) 8 septiembre 2021, rec. n.º 4187/2019 (ECLI:ES:TS:2021:3276) (*Tol 8585229*), que estableció, en apoyo de una persona con síndrome de Diógenes, una curatela "de carácter esencialmente asistencial consistente en que la entidad designada curadora realice, por una parte, los servicios de limpieza y orden de su casa", "estando, para cumplir esta función, autorizada a entrar en el domicilio con la periodicidad necesaria; y, por otra, asegurar la efectiva atención médico-asistencial [de la persona apoyada], en lo que respecta al trastorno que padece y lo que guarde directa relación [con ella]".

Igualmente en el caso contemplado por la STS (Sala 1.ª) 24 septiembre 2024, rec. n.º 1030/2024 (ECLI:ES:TS:2024:4661) (*Tol 10210262*), en relación con una persona de 61 años, que sufría un trastorno bipolar y un trastorno de la conducta relacionado con el consumo de alcohol, con escasa conciencia de su enfermedad; que había necesitado de frecuentes ingresos hospitalarios; y que precisaba un control del tratamiento y alguien que supervisara su cuidado personal e higiene. Revocó la sentencia que había establecido una curatela representativa en el ámbito personal, sanitario, económico, jurídico y administrativo, concluyendo que, dada la naturaleza de la discapacidad, la curatela debía ceñirse a la supervisión del tratamiento médico, así como al cuidado personal y doméstico, "aun en contra de la voluntad del interesado", pudiendo "extenderse a la representación cuando sea necesario para asegurar la prestación de la asistencia médico-psiquiátrica", pero no "alcanzar a las cuestiones de administración y disposición patrimonial".

La SAP Murcia (Sección 4.ª) 8 octubre 2021, rec. n.º 2296/2019 (ECLI:ES:APMU:2021:2429) (*Tol 8720564*), revocó la sentencia (dictada antes de la entrada en vigor de la Ley 8/2021), que había sujetado a tutela a una persona que padecía una esquizofrenia paranoide, la cual, al haber abandonado su medicación, había tenido que ser ingresada hospitalariamente en diversas ocasiones, nombrando para el cargo de tutor a una fundación, a la que había encomendado el cuidado de la persona y la administración de sus bienes. Reconoce que la esquizofrenia provoca "una clara necesidad asistencial, cuya ausencia está provocando un grave deterioro personal", lo que justifica "la adopción de las medidas asistenciales (proporcionadas y respetando la máxima autonomía de la persona), aun en contra de la voluntad del interesado", "pues cuando no está controlada la administración de medicamentos, se descompensa, con un grave deterioro de su estado mental y de los cuidados de su propia persona y entorno". De acuerdo con la nueva regulación, suprime la tutela, pero no establece una curatela con facultades de representación, sino una curatela meramente asistencial a cargo de la misma fundación y, exclusivamente, para apoyar a la persona con discapacidad en la aplicación de su tratamiento médico y farmacológico (apoyo, supervisión y evolución del mismo, así como supervisión del estado de salubridad de la vivienda), reconociendo, en cambio, a aquella el pleno ejercicio de la capacidad para administrar sus bienes, al haber quedado probaba su correcta actuación en este ámbito.

Puede también suceder que la persona tenga un patrimonio tan exiguo que haga innecesario extender la curatela al ámbito económico.

La SAP Valencia (Sección 10.ª) 16 septiembre 2021, rec. n.º 240/2020 (ECLI:ES:APV:2021:3273) (*Tol 8660564*), contempló el supuesto de una persona que padecía un trastorno mental grave del espectro de la esquizofrenia y otros trastornos psicóticos, que le producían un deterioro de las funciones psicológicas básicas (pensamiento, afectividad y capacidad ejecutiva). Revocó la sentencia de primera instancia (dictada antes de la entrada en vigor de la Ley 8/2021), que había incapacitado a la demandada, sujetándola a tutela. Por el contrario, la Audiencia nombró curador, meramente asistencial, al Instituto Valenciano de Atención Social y Sanitaria (IVASS), sin atribuirle facultades de representación, al ser posible determinar la voluntad, los deseos y las preferencias de la persona demandada, a tenor de sus manifestaciones hechas por ella en la vista de apelación, respondiendo con claridad y precisión a las preguntas que se le realizaron. Así mismo, precisó que el objeto de esa medida de apoyo no comprendería actuaciones de carácter patrimonial, porque la persona con discapacidad no tenía bienes, y contaba con unos modestos ingresos de 380 euros al mes, que podía administrar ella misma, sin necesidad de asistencia, sino que abarcaría, exclusivamente, las cuestiones relativas al tratamiento médico y a la toma de la medicación pautada, así como a su situación social y económica. Justifica el nombramiento como curador del IVASS en la circunstancia que la persona con discapacidad carecía de allegados que pudieran ejercer con garantías esta medida de apoyo, porque no tenía familiares en España, ni mantenía contacto con los que vivían en Colombia.

4. LA POSIBILIDAD DE CONSTITUIR CURATELAS MIXTAS: ASISTENCIALES, EN EL ÁMBITO DE LA SALUD; Y COMPLEMENTADORAS, EN LA ESFERA PATRIMONIAL

La curatela puede ser asistencial en el ámbito de la salud y complementadora respecto de ciertos actos jurídicos de carácter económico.

La SAP Valencia (Sección 10.ª) 20 octubre 2021, rec. n.º 45/2020 (ECLI:ES:APV:2021:3651) (*Tol 8747618*), revocó la sentencia (dictada antes de la entrada en vigor de la Ley 8/2021), que había incapacitado parcialmente a una persona con un cuadro afectivo, vinculado a un trastorno depresivo mayor recurrente y a otro, de ansiedad generalizada grave, de evolución crónica y prolongado en el tiempo, que podía presentar descompensaciones agudas recurrentes, imprevisibles temporalmente. Constata que sus "capacidades de autogobierno requieren de ligera supervisión de terceras personas, siendo autónomo para la mayoría de las actividades". Por ello, la Audiencia consideró procedente establecer en favor de la persona con discapacidad una curatela (encomendada al IVASS), pero, con carácter meramente asistencial, excluyendo que, en este caso, pudiera tener carácter representativo, pues era "posible determinar la voluntad, los deseos y las preferencias de la persona demandada, a tenor de sus manifestaciones hechas en la vista de apelación", y, además, era "la medida más adecuada y proporcionada" para "procurar la adecuada toma de medicación y el seguimiento del tratamiento médico prescrito" y para supervisar "los actos patrimoniales de mayor trascendencia, que son los de naturaleza económica enunciados en el artículo 287 del Código Civil", por lo que, en realidad, parece establecer una curatela complementadora.

Merecen una especial consideración aquellas enfermedades que se manifiestan en una comportamiento querulante, en cuyo caso lo procedente es establecer una curatela asistencial en el ámbito de la salud y complementadora en el relativo al ejercicio de acciones, supeditando la posibilidad de iniciar procedimientos judiciales al consentimiento del curador.

La STS (Sala 1.ª) de 12 de junio de 2024, rec. n.º 4806/2023 (ECLI:ES:TS:2024:3430) (*Tol 10075613*) contempló el supuesto de una persona de sesenta años, que vivía sola, padecía "un trastorno psicótico, con síntomas propios de un trastorno de afectividad"; y tenía "ideas delirantes paranoicas", que guardaban "relación con la herencia de sus padres, cuya honra y patrimonio quiere restituir", habiendo "presentado más de ochenta denuncias". Sin embargo, mantenía "autonomía para comer, lavarse, vestirse, cocinar..., sin presentar limitaciones físicas para llevar a cabo correctamente las actividades básicas de la vida diaria, si bien, al no tener conciencia de su enfermedad" precisaba "de supervisión en el ámbito de la salud" a fin de que pudiera ser tratada de los trastornos que padecía.

La sentencia de primera instancia (dictada con anterioridad a la entrada en vigor de la Ley 8/2021), había declarado "la incapacitación total" de la recurrente "para todos los actos de su vida, tanto en el ámbito personal, como patrimonial", nombrando tutora a una entidad pública. La sentencia de segunda instancia (ya pronunciada bajo la vigencia de la nueva Ley) dejó sin efecto la declaración de incapacitación y sustituyó la tutela por una curatela representativa "con la misma extensión prevista en la sentencia de primera instancia".

El TS estimó el recurso de casación. Afirma que "la provisión judicial de apoyos mediante una curatela exige un juicio o valoración sobre la necesidad de la medida, para lo cual habrá que evaluar el impacto que la discapacidad provoca en la vida de esa persona y en qué medida precisa de un apoyo", y ponderada dicha circunstancia, concluye que "no tiene sentido constituir una curatela que afecte a todos los actos de la vida de esta persona, tanto en el ámbito personal, como patrimonial", considerando que la "medida de apoyo acordada, por su contenido, no es proporcional con las necesidades provocadas por los trastornos psíquicos que sufre". Por ello, se limita a establecer una curatela estrictamente "asistencial" en el ámbito de la salud, con posibilidad de "extenderse a la representación cuando sea necesario para asegurar la prestación de la asistencia médicopsiquiátrica"; y complementadora, en el estricto campo del "ejercicio de la facultad de denunciar y de emprender acciones judiciales", para cuya presentación precisará la recurrente "la autorización del curador".

La SAP Valladolid (Sección 1.ª) 7 diciembre 2021, rec. n.º 502/2021 (ECLI:ES:APVA:2021:1821) (*Tol 8831538*), fue más lejos, pues constituyó una curatela representativa respecto de persona que presentaba "un trastorno delirante de tipo persecutorio de larga evolución sin conciencia de enfermedad ni tratamiento de carácter persistente", que proyectaba, como monotema, sobre políticos y profesionales del sistema judicial, contra los que presenta denuncias, "fruto de sus ideas persecutorias". Fijó como objeto de la curatela el ámbito de la salud, "pues el apelante se niega a la ingesta de la medicación prescrita que podría aliviar su idea delirante", así como a los "ámbitos administrativo y judicial respecto a la presentación de escritos, reclamaciones, quejas, denuncias, querellas o cualesquiera otros escritos de naturaleza similar por su estrecha vinculación con sus ideas delirantes". Excluyó, en cambio, la adopción de medidas de apoyo respecto del ámbito patrimonial, por no existir "prueba concluyente de que su situación de discapacidad influya o pueda hacerlo sobre su independencia económica", constando que "desde siempre se ha ocupado personalmente de sus cuestiones patrimoniales sin que exista una prueba de que su trastorno delirante de tipo persecutorio pueda afectar a la gestión de tales cuestiones" y tampoco "consta que disponga de un especial patrimonio que pueda estar en situación de riesgo pues vive en alquiler y carece de ingresos por falta de ocupación laboral".

5. LA POSIBILIDAD DE CONSTITUIR CURATELAS MIXTAS (CONTINUACIÓN): ASISTENCIALES, EN EL ÁMBITO DE LA SALUD; Y REPRESENTATIVAS, EN EL DE LOS ACTOS COMPLEJOS DE CARÁCTER ECONÓMICO.

Aún llegado al punto en que sea necesario constituir una curatela con facultades de representación, no es necesario que lo sea en todo caso, pudiendo tener carácter mixto. Es decir, asistencial, en el ámbito de la salud; y representativa, en el de los actos complejos de carácter económico.

Además, salvo casos muy extremos, se suele dejar siempre la posibilidad de disponer de una cierta cantidad de dinero de bolsillo, tal y como hizo la SAP Madrid (Sección 22.ª) 25 octubre 2021, rec. n.º 1808/2019 (ECLI:ES:APM:2021:12716) (*Tol 8738265*), aunque sea pequeña, por ejemplo, 40 euros mensuales, solución a la que llegó la SAP Valencia (Sección 10.ª) 16 septiembre 2021, rec. n.º 240/2020 (ECLI:ES:APV:2021:3274) (*Tol 8660565*).

La SAP La Coruña (Sección 3.ª) 11 noviembre 2021, rec. n.º 526/2021 (ECLI:ES:APC:2021:2586) (*Tol 8777316*), constituyó, así, una curatela asistencial, respecto de la toma y control de la medicación, ejercida por la Asociación que dirigía el piso tutelado; y representativa, respecto de los actos de disposición o gestión patrimonial, salvo el dinero de bolsillo (30 euros semanales), ejercida por la Fundación Gallega para la Tutela de Adultos. En el caso enjuiciado, se trataba de una persona, que, según el médico forense, estaba diagnosticada "de esquizofrenia paranoide desde el año 2008, con 4 ingresos en la unidad de agudos del servicio de psiquiatría, precisando de ayuda de forma constante, supervisión y estímulo para las labores de la vida cotidiana, con una mala gestión de la economía doméstica".

La SAP Asturias (Sección 5.ª) 1 diciembre de 2021, rec. n.º 263/2021 (ECLI:ES:APO:2021:3929) (*Tol 8790858*), llegó a una solución semejante respecto de una persona internada en centro geriátrico con un padecimiento de deterioro cognitivo, por causa mixta, con deficiente manejo de su autocuidado, salud y alimentación. Estableció una curatela ordinaria, limitada a decidir sobre su lugar de residencia y a prestar consentimiento para tratamientos médico, quirúrgicos o psiquiátricos; pero con facultades de representación respecto de aquellos actos de carácter patrimonial para cuya realización el curador con facultades de representación necesita autorización judicial (los comprendidos en los números 2.º al 9.º del art. 287 CC), porque su "discapacidad le impide decidir de modo pleno sobre cualquier acto de disposición patrimonial que exceda del dinero de bolsillo", así como para al ejercicio de acciones judiciales concretas.

La SAP Madrid (Sección 24.ª) 20 diciembre 2021, rec. n.º 156/2020 (ECLI:ES:APM:2021:14902) (*Tol 8794206*), constituyó igualmente una curatela mixta en apoyo de una persona "con discapacidad intelectual ligera y disfunción motórica secundaria a hipoxia cerebral que cursa con carácter crónico, permanente e irreversible, por lo que necesita apoyos salvo para la realización de las actividades básicas de la vida diaria, si bien en algunas se requiere supervisión". La curatela representativa fue encomendada a la Agencia Madrileña para la Tutela de Adultos (AMTA) respecto de la realización de actos significativos de carácter patrimonial y del control del seguimiento médico de tratamientos no banales. La curatela meramente asistencial fue asignada al padre para "la supervisión de las tareas de autocuidado y del cuidado diario y responsable en la convivencia y actividades diarias" de la hija, "al considerarse beneficioso que resida con él y su familia"; para "consentir tratamientos médicos leves, o pruebas diagnósticas relacionadas con los mismos incluida la vacunación, seguimiento de pautas alimenticias saludables y suministro y control de la medicación pautada";

y "para la gestión responsable de la cantidad que AMTA le entregue para atender los gastos y necesidades" de la hija.

La SAP Jaén (Sección 1.ª) 14 septiembre 2022, rec. n.º 106/2022 (ECLI:ES:APJ:2022:1123) (*Tol 9285247*), constituyó también una curatela con facultad de representación en apoyo de una persona con "demencia degenerativa primaria asociada a componente vásculo-degenerativo en estadio severo", con "trastornos cognitivos y conductuales", que podían "producir estados continuados de incapacidad". Limitó la intervención la atribución de funciones representativas "a su esfera personal y, en particular, para el consentimiento de tratamientos médicos personalizados en atención a su estado de salud, incluyendo el ingreso en un centro adecuado cuando sufra episodios agudos de aquella, estados de descompensación de su enfermedad, hasta lograrse su estabilización". Por el contrario, decidió que quedaban "excluidas las medidas patrimoniales ante la innecesaridad de las mismas, lo que también se ha puesto de relieve a partir de las manifestaciones de los hijos del discapaz".

La SAP Valencia (Sección 10.ª) 9 febrero 2023, rec. n.º 1512/2021 (ECLI:ES:APV:2023:15) (*Tol 9465704*), llegó a la misma solución respecto de un anciano de 93 años, viudo, que no sabía leer, ni escribir, que padecía una sordera severa y que apenas podía ver. Nombró curadora a la hija con la que convivía, otorgándole facultad de representación, exclusivamente, "para todos aquellos actos de carácter económico o administrativo de carácter complejo, para todos los actos de administración y disposición de sus bienes, y para la toma de decisiones de carácter económico complejas y de los actos de administración de sus ingresos" (respecto a los actos de la esfera personal, especialmente, los relativos al ámbito de la salud, la curatela tenía un estricto carácter asistencial).

6. LA POSIBILIDAD CONSTITUIR CURATELAS DE CARÁCTER INTERMITENTE EN EL CASO DE ENFERMEDADES CICLOTÍMICAS

Se ha admitido que es posible constituir curatelas no permanentes, sino circunscritas a los lapsos de tiempo en los que una persona que sufre una enfermedad ciclotímica necesita apoyo.

El AAP Valencia (Sección 10.ª) 23 mayo 2024, rec. n.º 1047/2023 (ECLI:ES:APV:2024:718A) (*Tol 10178526*), revocó el auto recurrido, que había establecido una curatela con facultades de representación en el ámbito económico, jurídico y administrativo, con facultades de supervisión en el ámbito de las habilidades de la vida independiente y en el de la salud. Del informe médico forense resultaba que la persona apoyada padecía un trastorno bipolar, que alternaba periodos maníacos con periodos depresivos y periodos interfásicos sin sintomatología. En el pasado, había tenido brotes de su enfermedad, como consecuencia de los cuales había precisado ingresos hospitalarios, pero, en la actualidad presentaba "una gran estabilidad clínica en los periodos intercríticos, con buena conciencia de su enfermedad", lo que le permitía "mantener un estilo de vida funcional e integrado en su entorno, contando además con una situación económica y social estable, y habilidades económico-financieras", por lo que podía "vivir de forma autónoma e independiente". Por ello, se deja sin efecto la curatela fijada en primera instancia, que era de carácter permanente, y, en su lugar, se establece "una curatela representativa para tomar decisiones para realizar actos de carácter económico, jurídico o administrativo de carácter complejo únicamente para el caso de que requiriera un internamiento en centro hospitalario por crisis aguda de su enfermedad mental, y durante el tiempo que dure dicho internamiento".

7. LA APRECIACIÓN DE LA NECESIDAD EN EL MOMENTO EN QUE SE PRETENDEN ESTABLECER LAS MEDIDAS JUDICIALES DE APOYO

La necesidad ha de ser apreciada en atención a la situación actual de la persona, no, en atención a circunstancias pasadas o riesgos futuros.

La SAP La Coruña (Sección 4.ª) 8 octubre 2021, rec. n.º 547/2021 (ECLI:ES:APC:2021:2310) (*Tol 8706012*), conoció del caso de una persona de 77 años, de movilidad reducida (usaba silla de ruedas), que vivía en un centro de mayores, la cual, cuando todavía residía en su casa, había sufrido un episodio psicótico con ideas delirantes de tipo persecutorio (personas que entraban en su casa para cambiarle las cosas de sitio o robar, conspiraciones para hacerle daño a ella y a su familia mediante contaminación nuclear o brujería), a raíz del cual fue ingresada durante 20 días en el servicio de Psiquiatría de un Hospital, refiriéndose en el informe de alta hospitalaria dos antecedentes similares de la paciente durante su vida en un país extranjero, al parecer sin ingreso hospitalario, respondiendo favorablemente al tratamiento hospitalario y aceptando la medicación inyectable periódica que los médicos le prescribieron (el diagnóstico final fue de trastorno delirante). La Audiencia revocó la sentencia que había sujetado a curatela a la persona con discapacidad y había nombrado para el ejercicio de la misma a uno de los hijos (que, como defensor judicial de la madre, se había opuesto a la medida) en los ámbitos referentes a su salud y a la realización de actos patrimoniales de alcance significativo. Entiende, por el contrario, que la madre "no precisa actualmente que se adopten medidas de apoyo para el adecuado ejercicio de su capacidad jurídica"; su "minusvalía física la hace, sin duda, dependiente de la ayuda de terceros para la realización de actividades cotidianas, para las que recibe asistencia profesional y directa del personal de la residencia donde actualmente vive, e indirectamente mediante el contacto habitual que mantiene con sus dos hijos", pero, en el aspecto intelectivo y cognitivo, no se aprecian "indicios de que tenga limitada su capacidad para la toma de decisiones que afecten a su esfera personal y patrimonial"; "la persistencia a modo de 'recuerdos' de ideas delirantes generadas durante un anterior episodio psicótico— no tiene por qué limitar la capacidad de una persona para adoptar decisiones en ámbitos no condicionados por el delirio"; "ni siquiera es un riesgo valorable, en este caso, el de una descompensación futura", porque la interesada "vive actualmente en un ámbito controlado y ha evolucionado satisfactoriamente desde el último episodio psicótico que padeció hace ya tres años".

La SAP León (Sección 2.ª) 10 octubre 2021, rec. n.º 233/2021 (ECLI:ES:APLE:2021:14419), confirmó la sentencia recurrida, que reintegraba la plena capacidad de la persona, la cual había tenido adicción al juego y al alcohol. Según el Médico Forense no existen "alteraciones de las bases mentales superiores que sustentan el gobierno de su persona y bienes", concluyendo que, "a fecha de exploración, no padece la alteración cognitiva que motivó la adopción de medidas judiciales de protección de su persona". Desestimó el argumento de la apelante de que "si no bebe y juega es precisamente porque se encuentra controlado en la Residencia y porque no dispone de dinero, y que si toma la medicación que tiene prescrita, es porque se la dan, y, en definitiva, que en cuanto consiga su independencia volverá a sus hábitos anteriores". Concluyó que carece de justificación mantener medidas judiciales de apoyo, "cuando no padece la alteración cognitiva que motivo la adopción de medidas judiciales de protección de su persona y bienes", "máxime cuando las medidas que se adopten en relación a las personas con discapacidad, han de estar adaptadas a las circunstancias de la persona, y ser aplicables en el plazo más corto posible".

La SAP La Coruña (Sección 3.ª) 20 octubre 2021, rec. n.º 267/2021 (ECLI:ES: APC:2021:2304) (*Tol 8703451*), en relación con una persona con trastorno bipolar de tipo I, ha suprimido la curatela establecida en favor del hermano a los únicos efectos del control de su medicación y, en su caso, supervisión médica, contra el parecer del propio hermano y del médico psiquiatra que la venía atendiendo desde hacía unos meses. Resalta la falta de constancia de que la persona enferma hubiese abandonado voluntariamente el tratamiento en alguna ocasión: acudía cada catorce días al centro de salud para ser inyectado, retiraba la medicación pautada y tenía frecuentes consultas con el psiquiatra, residiendo, además, con su hermano en un medio rural, y tenía a su primo viviendo a unos cientos de metros; es decir, "tiene toda una red familiar y médica de apoyo que hace totalmente innecesario un sometimiento a controles especiales"; y la "posibilidad más o menos remota a que en un futuro pudiera producirse una descompensación no justifica, con la actual legislación, el sometimiento a ningún tipo de régimen de apoyo", máxime, "cuando, en cualquier caso, tiene a sus familiares cercanos que asumirían inmediatamente una guarda de hecho, por lo que en ningún caso procedería una curatela".

La SAP Badajoz (Sección 2.ª) 25 octubre 2022, rec. n.º 265/2022 (ECLI:ES:APBA:2022:1369) (*Tol 9306837*), ha desestimado la pretensión del hermano que padecía una esquizofrenia de que constituyera en beneficio del mismo una curatela, argumentando que, en ocasiones, abandona el tratamiento médico. Sin embargo, lo cierto es que la persona enferma "tenía discernimiento, era consciente de su enfermedad y podía desenvolverse con autonomía en los actos corrientes de la vida diaria". Por ello, la Audiencia, afirma que "Si no hay necesidad justificada y actual, si no concurren circunstancias que dificultan el ejercicio de su capacidad jurídica en igualdad de condiciones con los demás, no hay motivo para constituir una curatela o para adoptar otra medida de apoyo". "En circunstancias ordinarias añade—, su enfermedad no le impide valerse por sí mismo, ni menoscaba gravemente su inteligencia y voluntad". "En estas circunstancias —concluye—, no hay fundamento para complemento alguno. Si se conserva la voluntad y la inteligencia, no puede pretenderse una necesidad de apoyo para el ejercicio de la capacidad jurídica. Ni siquiera cuando una persona pueda representar un potencial peligro para la sociedad por abandonar su tratamiento médico".

La SAP Orense (Sección 1.ª) 8 mayo 2023, rec. n.º 25/2023 (ECLI:ES:APOU:2023:346) (*Tol 9647561*), consideró improcedente establecer una curatela en apoyo de una persona que sufría un retraso mental moderado, teniendo reconocida una minusvalía de un 74% y una situación de dependencia de grado 1, nivel 1. Vivía con su padre, trabajaba en su casa y en la huerta, acudía por las mañanas a un centro ocupacional, no sabía leer, ni escribir, y era asistido por su padre y hermana en las necesidades de la vida ordinaria, tanto de carácter personal como económico. El motivo por el que se solicitaban las medidas judiciales era la existencia de un episodio aislado, durante el cual un asistente de un centro al que acudía la persona con discapacidad pidió y obtuvo de éste una pequeña cantidad de dinero, que estaba siendo devuelta a plazos por los familiares de aquél. Este incidente provocó en la apelante preocupación ante el riesgo de que su hermano pudiera "ser objeto de abuso patrimonial y de manipulación por parte de terceros que, abusando de su vulnerabilidad, puedan apoderarse del dinero del que dispone en su cuenta corriente". Frente a ello, la Audiencia afirma que "Lo cierto es que se trató de un único incidente, que se ha solucionado, afectando a un dinero que realmente no fue extraído de la cuenta bancaria sino de pequeños regalos o dádivas al padre o los vecinos, habiendo manifestado el demandado que nunca acude al banco, no efectúa reintegros y no dispone de tarjeta de crédito"; y concluye: "La preocupación por cuestiones que pudieran darse en el futuro como las relativas a la liquidación de la sociedad de gananciales de sus padres o la partición de la herencia de la madre que no se plantean en la actualidad o ese pequeño incidente sobre una suma de dinero realmente de poca cuantía, no justifican que en este momento se adopte una medida como el nombramiento de un curador cuando los guardadores de hecho, su padre y su hermana, desempeñan con total normalidad las funciones de asistencia y cuidado del demandado".

8. LA "NECESIDAD" NO ES SINÓNIMO DE "CONVENIENCIA"

La situación de "necesidad" no es sinónima de "conveniencia", apreciada según parámetros ajenos a los valorados por la propia persona con discapacidad.

La SJPII (núm. 1.º) Tafalla 22 octubre 2021, rec. n.º 168/2021 (ECLI:ES:JPII:2021:1070) (*Tol 8792078*), conoció del caso de una madre que tenía 96 años y residía sola en una vivienda, situada en un tercer piso sin ascensor. Cinco de sus hijos habían declarado "que se niega rotundamente a ir a una residencia; que tiene mal carácter y cuando se enfada, despacha a sus hijos de casa; que a veces les cierra la puerta y no pueden entrar; que no se deja ayudar; que no controla los horarios y come y duerme a deshoras; que tienen las persianas bajadas; que dos de sus hijos le suelen llevar la compra; que ella no sale de casa; y que acude una chica de la Seguridad Social a ayudarle con la limpieza dos días a la semana; que no toma medicamentos y que hace más de 30 años que no acude al médico". La sentencia recuerda, sin embargo, el principio de intervención mínima y de respeto al máximo de la autonomía de la persona, denegando el establecimiento de medidas judiciales de apoyo y el internamiento solicitado. Dice, así, que, "Aunque es absolutamente comprensible el deseo de los hijos de la anciana de que esta ingrese en una residencia", no se ha acreditado que la madre "sufra una enfermedad que limite su capacidad de decisión; ni que se encuentre impedida para tomar sus propias decisiones". En conclusión: la madre "no tiene diagnosticada ninguna enfermedad en el momento actual" y "no tiene afectadas las habilidades funcionales necesarias para ejercer el gobierno de sí misma".

La SJPII (núm. 1.º) Tafalla 22 octubre 2021, rec. n.º 168/2021 (ECLI:ES:JPII:2021:1070) (*Tol 8792078*), revocó la sentencia que, conforme a la legislación anterior a la reforma de 2021, había sujetado a tutela a una persona diagnosticada de esquizofrenia paranoide, que tuvo ingresos psiquiátricos en 2013, 2105 y 2016, y que padecía un déficit neurosicológico moderado que afectaba al funcionamiento ejecutivo y a la memoria. En informe pericial se había observado que "no se aprecian déficits de interés, en lo referente a la habilidad económica, que es la que preocupa a su madre y que ha motivado este procedimiento", y, en el informe médico forense que, si bien "tiene nula conciencia de enfermedad, con abandonos de medicación", no obstante, según su pareja, "en la actualidad, sí está tomando la medicación prescrita". La Audiencia observa "que vive con una pareja estable desde hace años, sin problema o incidencia alguna destacable que salga fuera de una normalidad; que, "toma desde hace un mes la medicación prescrita, sin que resulte de la celebración de la vista que deba adoptar de forma específica alguna medida de apoyo judicial referente a cuestiones sanitarias que pudiera necesitar"; y que tampoco "ha resultado acreditado que precise de adopción de medidas económicas referentes a la gestión y administración de su patrimonio, tanto respecto a los ingresos que obtiene de su pensión como por el alquiler de sus inmuebles, sin que se haya demostrado que al día de hoy esté en situación de impago del préstamo hipotecario que grava su vivienda y que es avalista su madre, o que tenga un endeudamiento injustificado, máxime cuando su pareja conviviente ha declarado que deciden ambos las cuestiones económicas que los afecta".

9. UNA DISCAPACIDAD LEVE NO JUSTIFICA EL ESTABLECIMIENTO DE MEDIDAS JUDICIALES DE APOYO

La existencia de una discapacidad leve no justifica, desde luego, la constitución de una curatela el establecimiento de medidas judiciales de apoyo.

La SAP Coruña (Sección 3.ª) 18 noviembre 2021, rec. n.º 425/2021 (ECLI:ES:APC:2021:2608) (*Tol 8777327*), ha suprimido la curatela establecida en primera instancia en todos los actos relativos a la salud y a todos los actos jurídicos, económicos y mercantiles complejos, porque "la posible discapacidad" de la que se habla, "en el momento actual, es muy leve, y no justifica la adopción de apoyos judiciales"; en particular, "La actuación voluntaria de la propia persona, ingresando en una residencia geriátrica, gestionada por los servicios sociales municipales, "ha servido para cubrir la mayoría de sus déficits, que eran claramente asistenciales, derivados de sus múltiples enfermedades orgánicas", pues "no estaba en condiciones de vivir solo, en un medio rural aislado, en una vivienda que no reunía condiciones mínimas de habitabilidad", precisando ayuda para la gestión diaria de la casa, alimentación y desplazamientos, que realizaba conduciendo un coche, aun cuando se le indicaba que no debía; en conclusión: "Sus carencias o dificultades, en esos ámbitos, ya han sido cubiertas. No precisa un apoyo más allá del que ya obtiene". Respecto del ámbito patrimonial, se reitera que, "en el momento actual, la afectación es mínima, y no parece representar un riesgo anómalo que justificase la adopción de apoyos judiciales".

Respecto de la valoración del riesgo patrimonial de que pueda malvender su casa y parcelas rústicas, la Audiencia afirma que el resultado no es inasumible, pues "Siempre tiene resguardada su asistencia en la residencia y el cobro de su pensión" (de la que se le retiene el 80% de su cuantía) y el nuevo sistema que deriva de la Ley 8/2021 "no permite que se puedan adoptar apoyos judiciales en función de hipotéticos riesgos futuros, y menos partiendo de la base de que todo el sistema de protección del ciudadano en general, y del consumidor en especial, diseñado por el legislador fallará" (se refiere a la garantía que supone la intervención de Notario en ventas realizadas en escritura pública, así como, en su caso, a la posibilidad de ejercitar acciones de nulidad y anulabilidad respecto de las operaciones realizadas en documentos privados), por lo que nunca es posible establecer a priori una medida de apoyo que probablemente nunca se precise". Por otra parte, constata que la propia persona "manifestó al tribunal unas ideas muy claras sobre su opinión económica y su voluntad", por lo que "En el momento actual", "sabe lo que quiere, ofrece unas razones coherentes de la postura que adopta, y toma una decisión acorde".

La SAP Sevilla (Sección 2.ª) 17 enero 2024, rec. n.º 2448/2023 (ECLI:ES:APSE:2024:202) (*Tol 10122775)* revocó la sentencia recurrida (dictada antes de la reforma de 2021), que había sujeto a tutela a una persona, que padecía "un retraso mental ligero con trastorno de conducta y rasgos anómalos de personalidad, trastornos crónicos e irreversibles sin tratamiento curativo y tiene capacidad aceptable para regir sus aspectos personales pero no para regir los aspectos que afectan a la administración de su patrimonio y ámbito sanitario precisando ayuda de terceras personas para realizar o supervisar las actividades mencionadas". Considera suficiente la asistencia prestada por la guardadora de hecho, con la que convivía y que estaba "conforme con ocuparse de los asuntos" de la persona apoyada, constando que, de hecho, le administraba la pensión y le llevaba al médico cuando era necesario.

10. LA ESPECIFICACIÓN DE LOS CONCRETOS ACTOS PARA LOS QUE SE REQUIERE LA INTERVENCIÓN DEL CURADOR Y LA PROSCRIPCIÓN DE FÓRMULAS GENERALES O DE ESTILO

No cabe establecer una curatela, sea ésta asistencial o representativa, de alcance general, en relación con todos los actos de ejercicio de la capacidad jurídica, sino que la misma no debe ir más allá de los actos en que la intervención del curador sea estrictamente necesaria.

La resolución judicial que establezca la curatela "determinará los actos para los que la persona requiere asistencia del curador en el ejercicio de su capacidad jurídica atendiendo a sus concretas necesidades de apoyo" (art. 269.II CC); y lo mismo, cuando prevea una curatela representativa: "Los actos en los que el curador deba prestar el apoyo deberán fijarse de manera precisa, indicando, en su caso, cuáles son aquellos donde debe ejercer la representación" (art. 269.IV CC).

Desde este punto de vista no me parece correcta la SAP Valencia (Sección 10.ª) 19 enero 2022, rec. n.º 391/2021 (ECLI:ES:APV:2022:111) (*Tol 8870403*), que, al delimitar la extensión de la curatela con facultades de representación establecida en favor de una persona anciana con Alzheimer, establece: "En atención a las limitaciones que de toda índole impone la enfermedad padecida por esta última, las medidas de apoyo han de abarcar todas las actividades de su vida, tanto personales como económicas y patrimoniales, si bien el curador necesitará la autorización judicial para los actos que establece el artículo 287 del Código Civil"; como tampoco la SAP Málaga (Sección 6.ª) 20 septiembre 2022, rec. n.º 557/2022 (ECLI:ES:APMA:2022:4362) (*Tol 9513643*), que constituyó una curatela con facultad de representación para todos los actos, excepto los previstos en el art. 287 CC (por ser necesaria la previa autorización judicial) respecto de una persona que padecía "una enfermedad psíquica de carácter persistente" que le impedía "expresar su voluntad, deseos, preferencias, de manera libre" y que en la entrevista no había sido "capaz de siquiera de llegar a comunicarse y no pudo moverse de la silla de ruedas".

A) La curatela no puede a extenderse al ejercicio del derecho de testar

Por muy amplias que sean las facultades de actuación del curador, estas no se pueden extender sobre todos los actos de ejercicio de la capacidad, pues hay algunos respecto de los cuales, por su carácter personalísimo, no cabe, por parte de aquel, ni actuación complementadora, ni sustitutiva de la voluntad de la persona con discapacidad: es el caso del testamento (art. 670 CC).

Lo constata la SAP Badajoz (Sección 3.ª) 10 octubre 2002, rec. n.º 247/2022 (ECLI:ES:APBA:2022:1338) (*Tol 9302373*), que constituyó una curatela con facultad de representación en apoyo de una persona, que padecía una enfermedad de Alzheimer y demencia grave, que le había "impedido contestar y comunicarse incluso, no respondiendo a ninguna de las preguntas" que se le habían realizado, de lo que se deducía "su deterioro cognitivo". Sin embargo, denegó la pretensión (contenida en la demanda presentada antes de la entrada en vigor de la Ley 8/2021) de que se le privara del derecho a testar, constatando que el otorgamiento de testamento "se sujeta a lo dispuesto en el artículo 665 del CC", "siendo en su momento el Notario otorgante quien debería valorar su capacidad para testar, con lo que tampoco cabe realizar declaración a tal efecto".

Conforme al art. 665 CC (reformado por la Ley 8/2021), "La persona con discapacidad podrá otorgar testamento cuando, a juicio del Notario, pueda comprender y manifestar el alcance de sus disposiciones", añadiendo que "El Notario procurará que la persona otorgante desarrolle su propio proceso de toma de decisiones apoyándole en su comprensión y razonamiento y facilitando, con los ajustes que resulten necesarios, que pueda expresar su voluntad, deseos y preferencias": no es, pues, ya necesario, el nombramiento de facultativos que respondan de su capacidad para formar y expresar su voluntad, contemplando el precepto un juicio personal del Notario, que este deberá realizar en atención a las concretas circunstancias del caso (muy señaladamente, teniendo en cuenta la simplicidad o complejidad de las disposiciones testamentarias).

La SAP Valencia (Sección 10.ª) 20 julio 2023, rec. n.º 8/2023 (ECLI:ES:APV:2023:2087) (*Tol 9735249*), rechazó la pretensión de la recurrente de que se privara al hijo con discapacidad de la posibilidad de otorgar testamento ológrafo y de que sólo pudiera disponer de sus bienes *mortis causa*, si lo hacía "a través de notario y previo informe favorable de dos médicos (psiquiatras y, en la medida de lo posible, uno de los que haya tratado su enfermedad) que acrediten su capacidad". Frente a ello, afirma que, por aplicación del art. 33 CE y del art. 269 CC, no se puede privar a la persona apoyada de la posibilidad de otorgar testamento ológrafo y que, respecto al testamento notarial, habrá que estar a lo dispuesto en el art. 665 CC.

La Circular informativa 3/2021 de la Comisión Permanente del Consejo General del Notariado, de 27 de septiembre, sobre el ejercicio de la capacidad jurídica por las personas con discapacidad, contiene interesantes observaciones.

Dice, así, que, "A la luz de la nueva legalidad hay que extraer dos consecuencias importantes: a) La primera es que el juicio notarial de capacidad jurídica versa sobre una situación de hecho y se caracteriza por su actualidad o coincidencia con el momento del otorgamiento. b) La segunda, que ese juicio de capacidad ha cobrado una nueva dimensión, pues supone la involucración del notario, que no es ni puede ser un mero espectador".

De la suma de estos dos extremos —añade—se desprende que ese juicio notarial de capacidad jurídica no puede ser en adelante tan solo *una enérgica presunción*, poco enérgica, si resulta destruible sin más mediante un dictamen médico forense, basado en juicios a posteriori sobre la racionalidad del *sujeto objeto de diagnóstico* o expresivo de su falta de conciencia respecto de sus propias deficiencias, desconocedor de la realidad del momento y de la voluntad, deseos y preferencias de la persona con discapacidad, así como del apoyo prestado por el notario. Habrá que probar la imposibilidad de hecho, que en ese momento la persona no pudo expresar o conformar su voluntad ni aun con la ayuda de los medios o apoyos necesarios, entre ellos el prestado por el propio notario. Todo ello, lleva a pensar, que el juicio notarial de capacidad jurídica da lugar a una presunción legal *iuris tantum* muy cualificada".

B) La curatela tampoco puede extenderse al ejercicio del derecho a contraer matrimonio

La curatela tampoco puede extenderse al ejercicio del derecho a contraer matrimonio, derecho a contraer matrimonio, sin perjuicio, de que, conforme al art. 56.II CC (redactado por la Ley 4/2017, de 28 de junio), en "el caso excepcional de que alguno de los contrayentes presentare una condición de salud que, de modo evidente, categórico y sustancial, pueda impedirle prestar el consentimiento matrimonial pese a las medidas de apoyo, se recabará dictamen médico sobre su aptitud para prestar el consentimiento".

Por lo tanto, en este caso, a diferencia de lo que sucede respecto del otorgamiento del testamento, no podrá negarse la autorización del matrimonio, sino que, necesariamente, deberá solicitarse dictamen médico y atenerse a lo que de él resulte.

> La SAP Valencia (Sección 10.ª) 20 julio 2023, rec. n.º 8/2023 (ECLI:ES:APV:2023:2087) (*Tol 9735249*), denegó la extensión de la curatela, solicitada por la madre, en el sentido de que el hijo discapaz pudiera "contraer matrimonio, en cualesquiera de sus formas, previo informe médico facultativo que dictamine la existencia de aptitud para prestar consentimiento válido". Por el contrario, observa que, en "cuanto a la celebración del matrimonio", "teniendo en cuenta que la resolución judicial no puede incluir la mera privación de derechos", conforme al último párrafo del art. 269 CC y el art. 32 CE, "debe reconocerse este derecho al demandado, sin perjuicio de la aplicación" del art 56 CC.

La exigencia de un dictamen médico no comporta una discriminación de las personas con discapacidad contraria al art. 5 de la Convención de Nueva York, pues no se trata aquí de decidir si el matrimonio les "conviene", lo que supondría una inadmisible intromisión en una decisión personal íntimamente vinculada al libre desarrollo de la personalidad, sino de determinar si tienen capacidad natural para prestar el consentimiento matrimonial.

La "condición de salud", de la que habla el art. 56.II CC, hay que referirla a las deficiencias de carácter psíquico o intelectual; y no a todas, sino exclusivamente a las que "de modo evidente, categórico y sustancial" puedan obstaculizar la prestación del consentimiento matrimonial. No bastan, pues, meras dudas, sino que se requiere certeza respecto a la falta de capacidad natural del contrayente, faltando la cual no deberá pedirse el dictamen, sino que deberá autorizarse la celebración del matrimonio, lo que parece correcto desde el punto de vista del principio constitucional de libre desarrollo de la personalidad y desde la consideración del derecho a contraer matrimonio como un derecho fundamental, que no debe ser menoscabado más que en casos evidentes de falta de capacidad natural de entender y de querer el significado del acto que se pretende celebrar.

Obviamente, el hecho de que quien tramitara expediente no hubiera solicitado el dictamen médico no significa que no pueda demandarse posteriormente la nulidad del matrimonio *ex* art. 73.1 CC, si se demuestra que el contrayente carecía de aptitud para prestar el consentimiento.

> Así, la SAP (Sección 1.ª) Murcia 27 febrero 2002, rec. n.º 20/2002 (ECLI:ES:AP MU:2002:621), ha declarado nulo el matrimonio celebrado *in articulo mortis*, por haberse acreditado mediante dictamen emitido por experto neurológico que el contrayente se hallaba en situación de coma, dormido patológicamente y desconectado del medio, sin ninguna función intelectiva, ni posibilidad de pensar, ni de comunicarse con el exterior, habiendo prestado su presunto consentimiento a través de un encogimiento de hombros y de un apretón de manos.
>
> Por el contrario, la STS (Sala 1.ª) 29 abril 2015, rec. n.º 803/2014 (ECLI:ES:TS:2015:1938) (*Tol 5000588*), ha desestimado la demanda interpuesta por los hermanos de una persona fallecida, por considerar que, si bien parecía probado que el contrayente padeciera "un leve retraso mental y presentara cierto grado de inmadurez y dependencia", no podía "entenderse acreditado que el déficit apreciado revistiera entidad suficiente para invalidar la emisión de un consentimiento matrimonial", máxime, cuando había otorgado diversas escrituras (de partición de herencia paterna y de apoderamiento en favor de uno de sus hermanos), sin que el Notario autorizante hubiese hecho reserva alguna al respecto, dándose además la circunstancia de que el día anterior a su muerte había sido nombrado administrador mancomunado de una sociedad mercantil por parte sus hermanos demandantes.

Tratándose de enfermedades crónicas que excluyen la capacidad natural de entender y de querer de quienes las padecen de manera continuada (por ejemplo, una demencia senil irreversible o un Parkinson o Alzheimer acusados), la prueba de su existencia antes y después de la celebración del matrimonio, puede ser un indicio de que el enfermo carecía de aptitud para prestar el consentimiento matrimonial en el período intermedio durante el cual se casó. Pero hay que tener en cuenta que este tipo de enfermedades no afectan por igual al enfermo durante toda la etapa de su desarrollo (puede haber intervalos lúcidos), por lo que para declararse la nulidad del matrimonio tiene que quedar perfectamente acreditado que, precisamente, al tiempo de conclusión del matrimonio, se encontraba en un estado en el que tenía la gravedad suficiente para excluir su capacidad de discernimiento.

No puedo dejar de referirme a la discutible STS (Sala 1.ª) 15 marzo 2018, rec. n.º 3487/2016 (ECLI:ES:TS:2018:846) (*Tol 6544108*), la cual ha considerado válido el matrimonio contraído por una persona, que, al tiempo de celebrarse, se encontraba incursa en un juicio de modificación de capacidad de obrar, el cual concluiría con una sentencia (dictada, una vez casada) que le incapacitaría para gobernar su persona y sus bienes, a consecuencia de padecer un alzhéimer, agravado por un posterior infarto cerebral que, según el informe médico forense (elaborado antes de la celebración del matrimonio), le ocasionaba "alteraciones en la inteligencia y voluntad necesarias para obrar con conocimiento y juicio suficiente para inspirar una libre decisión". Concretamente, en el informe se dice que no podía mantener una conversación, ni responder a preguntas sencillas, como su edad, fecha de nacimiento o profesión, y que no recordaba el nombre de las hijas; así mismo, que no sabía coger el bolígrafo para escribir una frase y al final ponía su nombre de forma ilegible, en forma de garabatos, sin que tampoco fuese capaz de copiar un sencillo dibujo que se le indicaba y de realizar el test del reloj.

Sin embargo, sorprendentemente, el Tribunal Supremo, a pesar de la contundencia del informe, entiende que "no ha quedado suficientemente desvirtuada la presunción de capacidad para la prestación de consentimiento matrimonial y que la consideración del matrimonio como derecho humano derivado de la dignidad de la persona y manifestación del libre desarrollo de la personalidad, también cuando se alcanza una edad avanzada, deben inclinar a reforzar el principio *favor matrimonii*".

El argumento principal que sustenta este razonamiento, es el de que, durante la tramitación del juicio de incapacidad, el contrayente enfermo había presentado una demanda de divorcio contra su anterior mujer, la cual fue estimada, descartando expresamente el juez que pronunció el divorcio que la tramitación del procedimiento de modificación de la capacidad fuera obstáculo para ello (la demandada había planteado una cuestión prejudicial), lo que, obviamente, significa que, a su juicio, el actor conocía el significado de su pretensión, pues, "en nuestro derecho positivo, la misma voluntad que se considera apta para celebrar el matrimonio lo es para disolverlo por divorcio".

No obstante, se utiliza otro argumento, que, aunque presentado como secundario, creemos que es decisivo, esto es, la circunstancia de que la demanda de nulidad se hubiese presentado una vez muerto el contrayente, cinco años después de la celebración del matrimonio, sin que durante este tiempo la tutora (una de sus hijas, demandante, junto a sus hermanas, de la nulidad) hubiera considerado contrario al interés del incapacitado que residiera en su propia casa con la segunda mujer, dándose, además, la circunstancia de que ambos habían mantenido una relación durante años e, incluso, habían llegado a convivir antes de casarse. Parece, pues, que, en realidad, se busca la justicia del caso concreto, tratándose de no comprometer la estabilidad de una situación familiar consolidada con apoyo en cuestionables motivos subjetivos de las demandantes de la nulidad.

Mucho más acertada nos parece la STS (Sala 1.ª) 24 enero 2024, rec. n.º 9132/2022 (ECLI:ES:TS:2024:241) (*Tol 9856587*), que revocó la sentencia recurrida, considerando fundada la solución a la que había llegado la de primera instancia, la cual había declarado la nulidad de un matrimonio, por falta de capacidad natural de entender y de querer de uno de los contrayentes, estimando la demanda interpuesta por el hijo de éste (ya difunto) contra la viuda.

Observa que el juzgado no había apreciado la nulidad del matrimonio por la circunstancia de estar pendiente un proceso de modificación judicial de la capacidad, que acabaría con la sujeción a tutela del contrayente enfermo, pocos meses después de casarse, ni tampoco por el "mero hecho" de que el contrayente difunto hubiera padecido Alzheimer con anterioridad a la celebración del enlace, "sino porque a la vista de toda la prueba practicada llegó a la conclusión de que había quedado acreditado que la enfermedad le afectaba de tal manera que no pudo emitir un válido consentimiento matrimonial".

El TS, con toda corrección, recuerda que el "derecho a contraer matrimonio, derecho reconocido a las personas con discapacidad por los tratados internacionales sobre derechos humanos y por la Convención sobre los Derechos de las Personas con Discapacidad, requiere para su ejercicio que la persona goce de capacidad para consentir el matrimonio, para comprender el sentido y efecto de su decisión. El respeto de los derechos de la persona con discapacidad, y especialmente el de sus derechos fundamentales, y el

> respeto a su dignidad y a que la persona no sea instrumentalizada exige también la garantía de que la voluntad que expresa se haya podido formar verdaderamente".
>
> De la prueba practicada deduce que el contrayente enfermo "no pudo emitir consentimiento matrimonial, pues su falta de independencia personal y de conciencia sobre sus relaciones afectivas nos coloca ante un caso evidente de falta de capacidad natural para comprender el sentido del compromiso matrimonial y sus consecuencias".
>
> Reconoce ser cierto "que no se apreció en la tramitación del expediente matrimonial la imposibilidad del [contrayente] de prestar consentimiento matrimonial, pero también es verdad que el encargado del Registro civil no pudo contar con todos los datos de carácter médico, familiar y social que se han acreditado en este procedimiento para valorar si la solicitud de contraer matrimonio respondía a la expresión de la voluntad libremente formada", precisando que, "si el hecho de no haberse apreciado la falta de aptitud para emitir consentimiento matrimonial en la tramitación del expediente impidiera declarar judicialmente la nulidad, el régimen de nulidad del art. 73 CC quedaría sin contenido".
>
> Por último, desautoriza el argumento de la Audiencia, que, aplicando equivocadamente los arts. 1300 y 1301.4.º CC, había entendido que la acción de nulidad había caducado, por trascurso del plazo de cuatro años previsto en el primero de dichos preceptos, plazo que, según la sentencia de segunda instancia, en el caso enjuiciado, debía constarse desde la celebración del matrimonio.
>
> Por el contrario, el TS afirma que la acción de nulidad ejercitada por el hijo del contrayente fallecido es imprescriptible, no siendo de aplicación el plazo de caducidad de 4 años, previsto en el art. 1301 CC para la anulación de los contratos. Constata que "La regla general, por tanto, fuera de lo previsto en los arts. 75 y 76 CC para los casos que contemplan, es que las personas legitimadas para impugnar la validez de un matrimonio (art. 74 y ss.) pueden hacerlo sin estar sometidas a un plazo".

Se plantea la cuestión de decidir, si, en el caso de que exista una resolución judicial que haya acordado una curatela, el funcionario autorizante deberá pedir dictamen médico.

A nuestro parecer, habrá que tener en cuenta la causa por la que dicha resolución judicial haya establecido la medida de apoyo. Si la misma tiene su origen en una discapacidad psíquica que, con carácter general, hace que quienes la padecen carezcan habitualmente de capacidad natural de entender y de querer, parece prudente entender que se solicite el dictamen antes de autorizarse el matrimonio y atenerse a lo que de él resulte. Lo que, obviamente, no podrá hacerse es negar la autorización, por la mera existencia de una curatela, incluso representativa.

C) La entelequia del "curador con facultades de representación plena"

El art. 1903 CC, que sujeta a responsabilidad a los "curadores con facultades de representación plena", por "los perjuicios causados por la persona a quien presten apoyo, siempre que convivan con ella"; y sólo a ellos.

Ya se ha dicho que el precepto suscita perplejidad por el hecho de que "el curador con facultades de representación plena para todos los actos jurídicos" es, sencillamente, una figura contraria a los principios básicos inspiradores de la reforma llevada a cabo por la Ley 8/2021, de 2 de junio; concretamente, a los principios de necesidad y proporcionalidad". Además, como se acaba de exponer, la curatela nunca podrá extenderse a los actos de ejercicio de los derechos a testar y a contraer matrimonio, ni tampoco a otros de carácter personalísimo, como cambiar de sexo o donar gametos u órganos, estando vivo.

Habrá que esperar a ver cómo la jurisprudencia interpreta el concepto de "representación plena".

11. LA INTERVENCIÓN DEL CURADOR NO PODRÁ EXTENDERSE MÁS ALLÁ DE LOS ACTOS PREVISTOS EN LA SENTENCIA CONSTITUTIVA DE LA MEDIDA DE APOYO

El curador no pude intervenir más que en aquellos actos para los que se haya previsto su actuación asistencia, complementadora o representativa.

La STS (Sala 1.ª) de 30 de mayo de 2024, rec. n.º 2404/2023 (ECLI:ES:TS:2024:2920) (*Tol 10040059*), desestimó, así, el recurso interpuesto por la mujer contra la sentencia que había confirmado la estimación de la acción de divorcio interpuesta por el marido, que sufría una discapacidad por la que previamente se le había nombrado una curadora (su hija) para la realización "de actos jurídicos, económicos y mercantiles complejos y para la supervisión de su tratamiento médico y todo lo relativo a su salud".

La mujer argumentaba que su marido "carecía de legitimación activa, ya que no podía poner la demanda sin la intervención de su curadora, pues una demanda de divorcio es un acto jurídico complejo para el cual la sentencia de modificación de la capacidad exigía la intervención de la curadora"; y, así mismo, "que el demandante no tenía un convencimiento pleno y personal sobre el ejercicio de la acción, sus capacidades superiores cognitivas y volitivas estaban gravemente afectadas, y no era capaz para comprender la naturaleza y alcance de sus acciones".

El TS no acogió ninguno de dichos argumentos, afirmando que "del contenido de las medidas de apoyo acordadas por sentencia", no podía desprenderse, como se pretendía en el recurso, "que para pedir el divorcio fuera necesaria la intervención de la curadora".

No acogió tampoco el motivo invocado por el Ministerio Fiscal, que había pedido la estimación del recurso de casación, por no haberse acordado de oficio por la Audiencia la entrevista del marido, a pesar de no haber sido pedida como prueba, por ser "manifiesta" su limitación de capacidad.

Sin embargo, el TS afirma que en los procedimientos de familia que afecten a personas con discapacidad, que no estén orientados a la adopción de medidas judiciales de apoyo, "en los que sea relevante su voluntad, por regla general, no tiene por qué cuestionarse la voluntad manifestada por su representación legal, razón por la cual no tiene sentido que el tribunal se cerciore de oficio de cuál es la verdadera voluntad de esa persona mediante una entrevista".

Añade que el presidente del Tribunal de segunda instancia se había cerciorado de que el marido "sabía que se había cuestionado que persistiera su voluntad de divorciarse, y le concedió unos días por si quería manifestarse al respecto", lo que no hizo; y observa, además, que el juez de primera instancia había manifestado que el demandante había declarado que su esposa hacía tres años que había abandonado el domicilio.

12. LA RESOLUCIÓN JUDICIAL RECAÍDA EN UN PROCEDIMIENTO DE ESTABLECIMIENTO DE APOYOS NO PUEDE PRIVAR DE DERECHOS

Conforme al art. 269.V CC, "En ningún caso podrá incluir la resolución judicial la mera privación de derechos"; y según la disposición transitoria primera de la Ley 8/2021, a partir de su entrada en vigor, "las meras privaciones de derechos de las personas con discapacidad, o de su ejercicio, quedarán sin efecto".

La SAP La Coruña (Sección 3.ª) 20 octubre 2021, rec. n.º 267/2021 (ECLI:ES:APC:2021:2304) (*Tol 8703451*), ha revocado la sentencia recaída en un juicio de modificación de capacidad de obrar, que había privado a la persona incapacitada del manejo de armas, constatando que, tras la entrada en vigor de la Ley 8/2021, la simple prohibición de manejo de armas no está permitida como medida de apoyo y salvaguardia.

La SAP Valencia (Sección 10.ª) 20 julio 2023, rec. n.º 8/2023 (ECLI:ES:APV:2023:2087) (*Tol 9735249*), rechazó que la sentencia constitutiva de la curatela representativa pudiera privar al discapacitado de la posibilidad de viajar al extranjero, entendiendo que se trataría de "una limitación del derecho constitucional del artículo 19 de la norma suprema, lo que entrañaría infracción del último párrafo del artículo 269 del Código Civil, que prohíbe la privación de derechos"; y lo mismo, respecto a la solicitud de que la curatela se extendiese a la contratación laboral, dado que la misma está vinculada "a otro derecho, el reconocido en el artículo 35 de la Constitución".

Estas previsiones tienen su sentido, porque, antes de su reforma, el art. 3.1 apartados b) y c) de la Ley Orgánica 5/1985, de 19 de junio, del Régimen Electoral General, privaba del derecho de sufragio a "Los declarados incapaces en virtud de sentencia judicial firme, siempre que la misma declare expresamente la incapacidad para el ejercicio del derecho de sufragio", y "Los internados en un hospital psiquiátrico con autorización judicial, durante el período que dure su internamiento siempre que en la autorización el juez declare expresamente la incapacidad para el ejercicio del derecho de sufragio".

El artículo único de la Ley Orgánica 2/2018, de 5 de diciembre, suprimió dichas previsiones, dando al art. 3.2 de la Ley Orgánica 5/1985 la siguiente redacción: "Toda persona podrá ejercer su derecho de sufragio activo, consciente, libre y voluntariamente, cualquiera que sea su forma de comunicarlo y con los medios de apoyo que requiera".

La SAP Jaén (Sección 1.ª) 25 noviembre 2021, rec. n.º 995/2021 (ECLI:ES:APJ:2021:1538) (*Tol 8826787*), ha revocado la sentencia que incapacitaba a una persona y le privaba del derecho de sufragio activo y pasivo, aplicando la Disposición adicional 8.ª de la Ley Orgánica 5/1985, de 19 de junio, del Régimen Electoral General, introducida por la Ley Orgánica 2/2018, de 5 de diciembre, de modificación de aquella, para garantizar el derecho de sufragio de todas las personas con discapacidad, a cuyo tenor "Las personas a las que se les hubiere limitado o anulado su derecho de sufragio por razón de discapacidad quedan reintegradas plenamente en el mismo por ministerio de la ley".

La SAP Badajoz (Sección 3.ª) 10 octubre 2022, rec. n.º 247/2022 (ECLI:ES:APBA:2022:1338) (*Tol 9302373*), que, estimando el recurso de apelación, constituyó una curatela con facultad de representación, sin embargo, como es lógico, no accedió a la petición de privación del derecho de voto, contenida en el recurso, por estar vinculada "a una declaración de incapacidad que actualmente no es posible y que era solicitada en la demanda inicial".

13. LA REVISIÓN PERIÓDICA DE LAS MEDIDAS DE APOYO

También son garantía de respeto de los principios de necesidad y de proporcionalidad la revisión de las medidas previstas en el art. 268.II CC.

Según el precepto, "Las medidas de apoyo adoptadas judicialmente serán revisadas periódicamente en un plazo máximo de tres años. No obstante, la autoridad judicial podrá, de manera excepcional y motivada, en el procedimiento de provisión o, en su caso, de modificación de apoyos, establecer un plazo de revisión superior que no podrá exceder de seis años".

La SJPI (núm. 7.º) Guadalajara 27 octubre 2021, rec. n.º 136/2021 (ECLI:ES:JPI:2021:2537) (*Tol 8872481*), en relación con una persona que padecía un deterioro cognitivo grave secundario y demencia mixta, por el cual se le sujetó a curatela representativa, ha establecido un plazo de revisión de 6 años, "atendidas las circunstancias personales, y la naturaleza de la enfermedad", "solo susceptible de empeoramiento".

La SAP La Coruña (Sección 4.ª) 24 abril 2023, rec. n.º 903/2022 (ECLI:ES:APC:2023:1048) (*Tol 9869114*), dada "la naturaleza irreversible y progresiva de las dolencias" (un Parkinson padecido durante más de 25 años), "que en el estado actual de la ciencia médica no son susceptibles de recuperación, es procedente hacer uso en este caso de la facultad legalmente prevista (párrafo segundo del artículo 268 CC) para ampliar el plazo de revisión hasta los cinco años".

"Sin perjuicio de lo anterior, las medidas de apoyo adoptadas judicialmente se revisarán, en todo caso, ante cualquier cambio en la situación de la persona que pueda requerir una modificación de dichas medidas (art. 268.III CC).

Los principios de necesidad y de proporcionalidad pueden llevar a que la resolución que establece las medidas de apoyo prevea plazos de revisión más breves, al de los 3 años, en atención a las circunstancias del caso.

Así lo ha hecho la ya mencionada STS (Sala 1.ª) 8 septiembre 2021, rec. n.º 4187/2019 (ECLI:ES:TS:2021:3276) (*Tol 8585229*), la cual ha constituido una curatela en apoyo de una persona con el síndrome de Diógenes, pero estableciendo "la revisión cada seis meses del resultado de las medidas y la incidencia práctica que hayan podido tener"; y, precisando que, "A la hora de prestar el apoyo, la curadora debería esmerarse en conseguir la colaboración del interesado y sólo en los casos en que sea estrictamente necesario podrá recabar el auxilio imprescindible para asegurar el tratamiento médico y asistencial de [la persona con discapacidad], así como realizar las tareas de limpieza e higiene necesarias".

La SAP Madrid (Sección 24.ª) 20 diciembre 2021, rec. n.º 156/2020 (ECLI:ES:APM:2021:14902) (*Tol 8794206*), ha establecido un período de revisión de las medidas de apoyo de 2 años, dada la juventud de la persona sujeta a curatela.

El procedimiento de revisión se llevará a cabo, conforme a lo previsto en el art. 42 bis c) LJV, cuyo n.º 2, prevé que "En la revisión de las medidas, la autoridad judicial recabará un dictamen pericial cuando así lo considere necesario atendiendo a las circunstancias del caso, se entrevistará con la persona con discapacidad y ordenará aquellas otras actuaciones que considere necesarias". Añade el precepto que "Del resultado de dichas actuaciones se dará traslado a la persona con discapacidad, a quien ejerza las funciones de apoyo, al Ministerio Fiscal y a los interesados personados en el expediente previo, a fin de que puedan alegar lo que consideren pertinente en el plazo de diez días, así como aportar la prueba que estimen oportuna"; y concluye que, "Si alguno de los mencionados formulara oposición, se pondrá fin al expediente y se podrá instar la revisión de las medidas conforme a lo previsto en la Ley de Enjuiciamiento Civil".

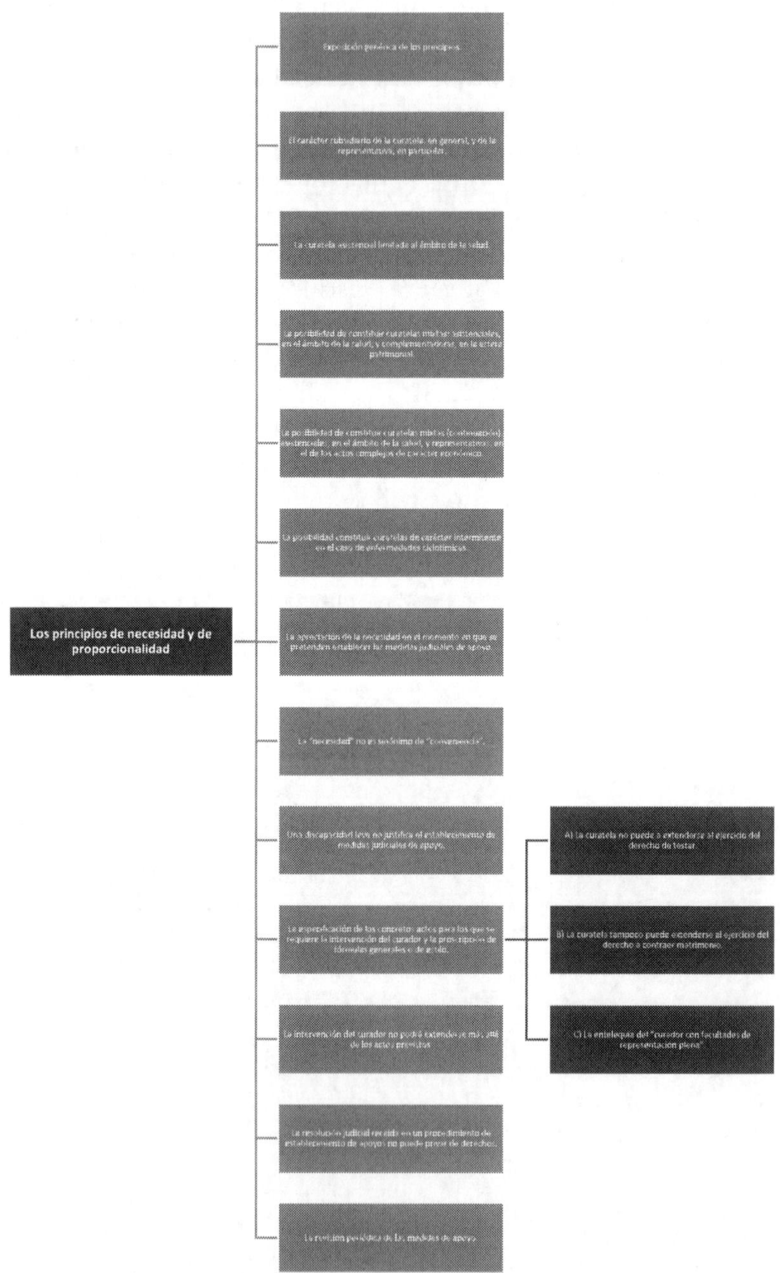
Los principios de necesidad y de proporcionalidad
Exposición genérica de los principios.
El carácter subsidiario de la curatela, en general, y de la representativa, en particular.
La curatela asistencial limitada al ámbito de la salud.
La posibilidad de constituir curatelas mixtas: asistenciales, en el ámbito de la salud, y complementadoras, en la esfera patrimonial.
La posibilidad de constituir curatelas mixtas (combinación) asistenciales, en el ámbito de la salud, y representativas, en el de los actos complejos de carácter económico.
La posibilidad constituir curatelas de carácter intermitente en el caso de enfermedades ciclotímicas.
La apreciación de la necesidad en el momento en que se pretenden establecer las medidas judiciales de apoyo.
La "necesidad" no es sinónimo de "conveniencia".
Una discapacidad leve no justifica el establecimiento de medidas judiciales de apoyo.
La especificación de los concretos actos para los que se requiere la intervención del curador y la proscripción de fórmulas generales o de estilo.
La intervención del curador no podrá extenderse más allá de los actos previstos.
La resolución judicial recaída en un procedimiento de establecimiento de apoyos no puede privar de derechos.
La revisión periódica de las medidas de apoyo.
A) La curatela no puede a extenderse al ejercicio del derecho de testar.
B) La curatela tampoco puede extenderse al ejercicio del derecho a contraer matrimonio.
C) La entelequia del "curador con facultades de representación plena".

8. La supresión de la patria potestad prorrogada y rehabilitada

SUMARIO: 1. SUPRESIÓN DE LAS INSTITUCIONES. 2. LA RESOLUCIÓN SOBRE LA NECESIDAD DE MEDIDAS DE APOYO EN EL MARCO DE LOS JUICIOS DE NULIDAD, SEPARACIÓN Y DIVORCIO. 3. EL DERECHO TRANSITORIO.

1. SUPRESIÓN DE LAS INSTITUCIONES

La Ley 8/2021 ha suprimido la patria potestad prorrogada y rehabilitada.

En el Preámbulo de la Ley se dice que "se eliminan del ámbito de la discapacidad no sólo la tutela, sino también la patria potestad prorrogada y la patria potestad rehabilitada, figuras demasiado rígidas y poco adaptadas al sistema de promoción de la autonomía de las personas adultas con discapacidad que ahora se propone. En este sentido, conviene recordar que las nuevas concepciones sobre la autonomía de las personas con discapacidad ponen en duda que los progenitores sean siempre las personas más adecuadas para favorecer que el hijo adulto con discapacidad logre adquirir el mayor grado de independencia posible y se prepare para vivir en el futuro sin la presencia de sus progenitores, dada la previsible supervivencia del hijo; a lo que se añade que cuando los progenitores se hacen mayores, a veces esa patria potestad prorrogada o rehabilitada puede convertirse en una carga demasiado gravosa. Es por ello que, en la nueva regulación, cuando el menor con discapacidad llegue a la mayoría de edad se le prestarán los apoyos que necesite del mismo modo y por el mismo medio que a cualquier adulto que los requiera".

La supresión es coherente con el nuevo tratamiento de la discapacidad, pues, suprimida la incapacitación, no es posible prorrogar o rehabilitar la patria potestad, que confiere a los progenitores la representación legal de los hijos y, por lo tanto, comporta una actuación sustitutiva en nombre de los mismos.

2. LA RESOLUCIÓN SOBRE LA NECESIDAD DE MEDIDAS DE APOYO EN EL MARCO DE LOS JUICIOS DE NULIDAD, SEPARACIÓN Y DIVORCIO

Existiendo hijos con discapacidad, partiendo del principio de razonable desjudicialización que inspira la Ley 8/2021, parece que lo más pertinente sería, en principio, conservar la guarda de hecho que viniese ejercitando el progenitor custodio sobre los hijos menores, una vez alcanzada por estos la mayoría de edad.

No obstante, el nuevo art. 91.II CC (redactado por la Ley 8/2021) prevé que, en el marco de nulidad, separación o divorcio, cuando "existieran hijos comunes mayores de dieciséis años que se hallasen en situación de necesitar medidas de apoyo por razón de su discapacidad, la sentencia correspondiente, previa audiencia del menor", se resuelva "también sobre el establecimiento y modo de ejercicio de éstas, las cuáles, en su caso, entrarán en vigor cuando el hijo alcance los dieciocho años de edad".

"En estos casos —continúa el precepto— la legitimación para instarlas, las especialidades de prueba y el contenido de la sentencia se regirán por lo dispuesto en la Ley de Enjuiciamiento Civil acerca de la provisión judicial de medidas de apoyo a las personas con discapacidad".

Esta remisión a las normas de la LEC reguladoras de la provisión judicial de medidas de apoyo no deja de suscitar cierta perplejidad, en lo relativo a la legitimación, pues no todas las personas legitimadas para pedirlas pueden ser partes en un juicio de nulidad, separación o divorcio.

Esta norma, sin duda, pensada como un paliativo a la supresión de la patria potestad prorrogada, pretende evitar la necesidad de iniciar un juicio adicional de provisión de apoyos, cuando ya hay un proceso de familia en curso, así como que no exista un lapso de tiempo durante el cual quede desasistido el hijo que previsiblemente necesitará el apoyo de un curador.

> La SAP Pontevedra (Sección 3.ª) 21 septiembre 2021, rec. n.º 356/2021 (ECLI:ES:APPO:2021:2086) (*Tol 8667068*), ha sustituido la patria potestad rehabilitada, establecida en la sentencia recurrida (dictada antes de la entrada en vigor de la Ley 8/2021), por una curatela asistencial con la anuencia de la persona con discapacidad, que, según el informe del Médico Forense, necesitaba supervisión y ayuda en gran parte de las tareas de su vida cotidiana, pero no una sustitución, recibiendo un tratamiento adecuado, y, si bien no era previsible una mejoría, tampoco un empeoramiento en los próximos diez años. Se nombró como curadora asistencial a la madre, "quien explica la convivencia actual de ambas, la normalidad de su relación y el control efectivo que viene realizando sobre las actividades de su hija", asistiéndola en todas las actividades de disposición de dinero y de otorgamiento de actos jurídicos con contenido económico (sin perjuicio de que la madre siga entregando a la hija una cantidad periódica para los gastos cotidianos, sin que se fije una cifra concreta, al haber aceptado ésta dejarlo al buen criterio de aquélla), así como la supervisión de los controles médicos de su enfermedad y del seguimiento del tratamiento diario.
>
> Cabe dudar de si, en este caso, no hubiera sido más procedente reconocer a la madre como guardadora de hecho, a partir del momento en que se extinguiera la patria potestad, si bien constaba el consentimiento de la persona con discapacidad a la constitución de la tutela, extremo este, al que los tribunales de instancia dan importante relevancia.

En realidad, la previsión del nuevo art. 91.II CC se concilia mal con la idea de que la necesidad de establecer medidas judiciales de apoyo ha de apreciarse, exactamente, en el momento en el que hayan de adoptarse, por lo que se contempla una actuación preventiva, que, desde luego, deberá realizarse con prudencia, exclusivamente, en los casos en los que exista una convicción de que no haya posibilidad de mejora de la situación de discapacidad que aqueja a los hijos (siempre mayores de 16 años).

Por otro lado, también plantea problemas en relación con el principio de la razonable desjudicialización de la discapacidad que resulta del vigente art. 263 CC, según el cual "Quien viniere ejerciendo adecuadamente la guarda de hecho de una persona con discapacidad continuará en el desempeño". Para ser coherentes lo lógico sería que, una vez extinguida la patria potestad, el progenitor que tenía atribuida la custodia del hijo menor continuase atendiéndolo como guardador de hecho: si en la sentencia de nulidad, separación o divorcio se le atribuye la custodia del menor, parece que, en principio, habría de entenderse que, al alcanzar la mayoría de edad, podría ejercer una guarda de hecho que funcionara correctamente. Por lo tanto, creemos que, si se establece una curatela para cuando el hijo salga de la patria potestad, habrá que justificar (preventivamente) por qué en un futuro no podría funcionar correctamente una guarda de hecho ejercitada por quien hasta ese momento tenía atribuida la custodia.

Lo que, en ningún caso, nos parece correcto es pedir una medida de apoyo a través de una modificación de medidas, porque no es el cauce procesal adecuado.

Por ello, no deja de llamar la atención la SAP (Sección 2.ª) Cantabria 14 febrero 2022, rec. n.º 466/2021 (ECLI:ES:APS:2022:179) (*Tol 8818918*), que conoció de la pretensión de que, a través de un juicio de modificación de medidas, se declarara la guarda de hecho conjunta del hijo mayor con discapacidad, cuya custodia había sido atribuida a la madre en la sentencia de divorcio, cuando el mismo era menor de edad.

El hijo, desde los dos años, requería "cuidados intensos y permanentes por su evidente falta de capacidad de discernimiento y sus limitaciones físicas que le han hecho acreedor de una altísima calificación de discapacidad administrativa (grado III, 90%)". La psicóloga, especializada en el trastorno que padecía, declaró, "tanto en el informe, como en el acto del juicio, tras reconocer las habilidades de sus padres, recomienda su permanencia en un entorno estable y conocido, bajo rutinas establecidas, dada las dificultades importantes de adaptación que precisa".

La Audiencia denegó la pretensión, por entender que no concurrían las circunstancias precisas para pensar que la estimación de aquella, redundaría "en la mejora en el interés y bienestar del hijo común ya mayor de edad, existiendo, como existe, un régimen de comunicación con su padre amplio que permite un contacto vital estrecho": "mantenimiento de la guarda exclusiva de la madre, guardadora de hecho, como figura principal de apoyo en el ámbito civil", "coincidiendo con su condición de cuidadora principal no profesional otorgada en el ámbito administrativo".

A nuestro entender, ni siquiera se tenía que haber entrado en el fondo del asunto, porque el cauce procesal elegido era inadecuado.

3. EL DERECHO TRANSITORIO

Por último, hay que tener en cuenta que la disposición transitoria segunda, III, prevé que "Quienes ostenten la patria potestad prorrogada o rehabilitada continuarán ejerciéndola hasta que se produzca la revisión a la que se refiere la disposición transitoria quinta".

Conforme al párrafo primero de dicha disposición, "los progenitores que ostenten la patria potestad prorrogada o rehabilitada", "podrán solicitar en cualquier momento de la autoridad judicial la revisión de las medidas que se hubiesen establecido con anterioridad a la entrada en vigor de la presente Ley, para adaptarlas a esta". Dicha revisión "deberá producirse en el plazo máximo de un año desde dicha solicitud". Según la redacción originaria del párrafo segundo, cuando no se haya presentado dicha solicitud, "la revisión se realizará por parte de la autoridad judicial de oficio o a instancia del Ministerio Fiscal en un plazo máximo de tres años".

En la práctica, persisten muchos casos de patria potestad prorrogada o rehabilitada, porque, ni los padres han instado la revisión (no están obligados legalmente a ello), ni han tenido lugar las revisiones de oficio o a instancia del Ministerio Fiscal en el tiempo inicialmente previsto.

Por ello, la disposición final quinta de la Ley Orgánica 5/2024, de 11 de noviembre, del derecho de defensa, ha ampliado el plazo de este último tipo de revisiones a los seis años, modificando la disposición transitoria quinta de la Ley 8/2021.

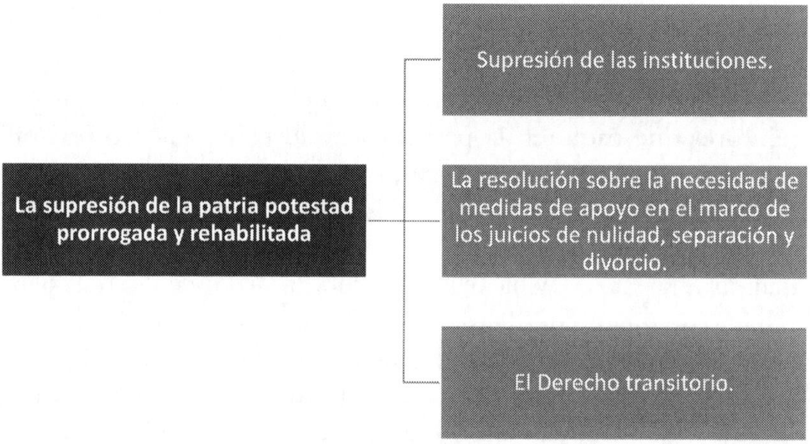

La supresión de la patria potestad prorrogada y rehabilitada

- Supresión de las instituciones.
- La resolución sobre la necesidad de medidas de apoyo en el marco de los juicios de nulidad, separación y divorcio.
- El Derecho transitorio.

9. Aspectos procesales (I). La reforma de la Ley de la Jurisdicción Voluntaria. La revisión de las medidas de apoyo adoptadas judicialmente con anterioridad a la entrada en vigor de la ley 8/2021, de 2 de junio. El régimen transitorio previsto en la reforma de la legislación civil y procesal para la provisión de apoyos a las personas con discapacidad

SUMARIO: 1. CONSIDERACIÓN GENERAL. 2. LAS NORMAS DE CONCURRENTE APLICACIÓN A LA JURISDICCIÓN VOLUNTARIA Y A LA CONTENCIOSA. 3. EL EXPEDIENTE DE JURISDICCIÓN VOLUNTARIA PARA LA PROVISIÓN DE MEDIDAS JUDICIALES DE APOYO A PERSONAS CON DISCAPACIDAD. A) Solicitud, admisión a trámite y actuaciones de la autoridad judicial. B) Objeto. C) Sujetos. D) Competencia judicial. E) Fases procesales. F) Resolución del expediente por parte del Juez. G) Conclusión del expediente por la aceptación de medidas alternativas. H) Conclusión del expediente por oposición. 4. EXPEDIENTES ESPECIALES REGULADOS POR LA LEY DE LA JURISDICCIÓN VOLUNTARIA. A) El nombramiento de defensor judicial para menores o personas con discapacidad. B) Expediente para el nombramiento de tutor (a menores) o curador (a personas con discapacidad) y la guarda de hecho. C) Expedientes relativos a la autorización o aprobación judicial de actos de disposición, gravamen u otros de los bienes del menor o de las personas con discapacidad. D) Expediente relativo a las medidas de protección relativas al ejercicio inadecuado de la potestad de guarda o de administración de los bienes del menor o persona con discapacidad. E) Expediente relativo a la aceptación y repudiación de herencia. 5. LA REVISIÓN DE LAS MEDIDAS DE APOYO ADOPTADAS JUDICIALMENTE CON ANTERIORIDAD A LA ENTRADA EN VIGOR DE LA LEY 8/2021, DE 2 DE JUNIO. ESPECIAL REFERENCIA A LA DISPOSICIÓN TRANSITORIA QUINTA. 6. RÉGIMEN TRANSITORIO PREVISTO EN LA REFORMA DE LA LEGISLACIÓN CIVIL Y PROCESAL PARA LA PROVISIÓN DE APOYOS A LAS PERSONAS CON DISCAPACIDAD. EL ALCANCE DE LA DISPOSICIÓN TRANSITORIA 6.ª DE LA

LEY 8/2021 Y DE LA EXPRESIÓN "PROCESOS RELATIVOS A LA CAPACIDAD DE LAS PERSONAS".

1. CONSIDERACIÓN GENERAL

Con el ineludible propósito de adecuar la regulación nacional a los principios de la Convención de Nueva York de 2006, la Ley 8/2021, de 2 de junio, ha supuesto una relevante modificación de las medidas de apoyo a adoptar respecto de las personas con discapacidad en el ejercicio de su capacidad jurídica —que con anterioridad a la reforma aparecían legalmente vinculadas a la declaración previa de incapacitación—, con proyección tanto en el ámbito sustantivo como procesal y, en ésta última vertiente, no sólo por lo que se refiere a la LEC sino también, muy señaladamente, a la Ley de la Jurisdicción Voluntaria (en adelante, LJV). Así, en el ámbito procedimental, en clara concordancia con el principio de dotar a la "*voluntad, deseos y preferencias*" del discapaz de la mayor relevancia, la modificación esencial se localiza en el reemplazo de los ya derogados procesos sobre la capacidad de las personas (incapacitación, reintegración de la capacidad y declaración de prodigalidad) por un nuevo patrón que pivota en la determinación judicial de las medidas de apoyo y en el que con carácter preferente se debe tramitar un imprescindible expediente de jurisdicción voluntaria que relega el proceso judicial contencioso a su aplicación supletoria o subsidiaria constriñéndolo a aquellos supuestos en los que en el principal expediente de jurisdicción voluntaria se plantee oposición.

> En suma, resulta que las modificaciones sustantivas operadas por la reforma sobre las medidas de apoyo a las personas con discapacidad, encuentran su lógico reflejo en el ámbito procedimental, tal y como anticipa la Exposición de Motivos de la Ley 8/2021 al declarar: "La adaptación normativa a la Convención también debe extenderse al ámbito procesal, de modo que se sustituyen los tradicionales procesos de modificación de la capacidad por los dirigidos a proveer de apoyos a las personas con discapacidad". Lo que con ello se pretende es no la modificación judicial de la capacidad jurídica sino la provisión de apoyos para que la persona

—respecto de la que el órgano judicial ha apreciado previamente la existencia de tal discapacidad psíquica que la hace necesaria merecedora de los mismos— pueda ejercitar adecuadamente su capacidad jurídica.

En todo caso, ya incluso con anterioridad a la reforma la jurisprudencia se venía refiriendo a la particularidad que presentaban los procedimientos de incapacidad en el ámbito de la jurisdicción contenciosa. Así se desprende de la STS de 3 de noviembre de 2020 (ECLI: ES:TS:2020:3773) (*Tol. 8.213.938)*, en la que se declara: "El juicio de incapacidad no puede concebirse como un conflicto de intereses privados y contrapuestos entre dos partes litigantes, que es lo que, generalmente, caracteriza a los procesos civiles, sino como el cauce adecuado para lograr la finalidad perseguida, que es la real y efectiva protección de la persona con discapacidad mediante el apoyo que pueda necesitar (sentencias 341/2014, de 1 de julio, 244/2015, de 13 de mayo, 557/2015, de 20 de octubre y 597/2017, de 8 de noviembre, entre otras)".

Los procedimientos resultantes quedan intitulados, en la LEC bajo la rúbrica "De los procesos sobre la provisión de medidas judiciales de apoyo a las personas con discapacidad", y en la LJV con el enunciado "Del expediente de provisión de medidas judiciales de apoyo a las personas con discapacidad". En definitiva, se articula un expediente preferente de jurisdicción voluntaria, regulado por la LJV, y un procedimiento contencioso subsidiario regulado en la LEC que se seguirá en el caso de que concurra oposición a cualquiera de las medidas de apoyo —o a todas ellas— por parte de la persona con discapacidad, del Ministerio Fiscal o de alguno de los interesados. En cualquier caso, de no formularse oposición las medidas de apoyo quedarán determinadas en el expediente de jurisdicción voluntaria, regulado en el art. 42 bis, siguientes y concordantes, de la LJV.

La señalada subsidiariedad del procedimiento judicial queda puesta de manifiesto en el contenido del art. 42 bis b) 4. al declarar que si, "tras la información ofrecida por la autoridad judicial, la persona con discapacidad opta por una medida alternativa de apoyo, se pondrá fin al expediente".

Es de significar que cualquiera que sea la vía procesal seguida, y como principio derivado necesariamente de la aplicación de la

Convención, nuestro Alto Tribunal destaca, entre otros, el del interés superior del discapaz que deberá prevalecer en la adopción de cualquier medida que le afecte.

Así se destaca en la STS de 5 de mayo de 2021 (ECLI: ES:TS:2021:1894) (*Tol.8.431.634)*, en la que se declara: "El interés superior del discapacitado se configura como un principio axiológico básico en la interpretación y aplicación de las normas reguladoras de las medidas de apoyo, que recaigan sobre las personas afectadas. Se configura como un auténtico concepto jurídico indeterminado o cláusula general de concreción, sometida a ponderación judicial según las concretas circunstancias de cada caso. La finalidad de tal principio radica en velar preferentemente por el bienestar de la persona afectada, adoptándose las medidas que sean más acordes a sus intereses, que son los que han de prevalecer en colisión con otros concurrentes de terceros". La misma Sentencia se refiere también al "principio de consideración de los propios deseos y sentimientos de la persona con discapacidad", respecto del que señala: "No deja de ser una manifestación del derecho de autodeterminación que, en la medida de lo posible, ha de ser respetado, lo que exige para su operatividad la consulta de la persona afectada. En cualquier caso, es necesario determinar que la voluntad manifestada no esté mediatizada por el propio curso de la enfermedad que se padece, fuente de la necesidad de apoyos". Para referirse, en último lugar, al "principio de fijación de apoyos" respecto del que se indica: "Es resultado de la evolución del sistema de sustitución en la adopción de decisiones por otro basado en la determinación de apoyos para tomarlas, que puede abarcar todos los ámbitos de la vida tanto personales, económicos y patrimoniales, que recibe una consagración normativa en la Convención de Nueva York (sentencias 698/2014, de 27 de noviembre; 553/2015, de 14 de octubre y 373/2016, de 3 de junio)".

Cualquiera de los señalados cauces procedimentales son de carácter plenario, por cuanto que el juez debe resolver sobre la totalidad y no sobre una parte de lo que se somete a su decisión, resultando que los clásicos principios que rigen el proceso civil —el dispositivo y el de aportación de parte— resultan reemplazados por el principio de investigación judicial de oficio. En consecuencia, las partes carecen de poder de disposición sobre el objeto del proceso y no podrán limitar o constreñir la decisión del órgano jurisdiccional que se encuentra legalmente facultado para desplegar cualquier medio probatorio que estime oportuno con el propósito de proteger a la persona necesitada de apoyos.

En este sentido, el artículo 45.2, párrafo 2.º, de la Ley 15/2015, de 2 de julio, de la Jurisdicción Voluntaria, en concordancia con la previsión contenida en el art. 752.1, 2. y 3. de la LEC, establece: "Tanto el Juez como el Ministerio Fiscal actuarán de oficio en interés del menor y respetando la voluntad, deseos y preferencias de la persona con discapacidad en lo que conste, adoptando y proponiendo las medidas, diligencias, informes periciales y pruebas que estimen oportunas".

2. LAS NORMAS DE CONCURRENTE APLICACIÓN A LA JURISDICCIÓN VOLUNTARIA Y A LA CONTENCIOSA

Inicialmente debe señalarse que la nueva regulación prescinde del uso de la expresión "procesos sobre la capacidad de las personas" para aludir ahora a los "procesos —o, en su caso, expediente (s)— sobre provisión de medidas judiciales de apoyo a las *personas con discapacidad*", a las que se refiere en reemplazo del término "incapacitado" utilizado con anterioridad a la reforma. Desde la anterior consideración, que pretende potenciar la autonomía y consideración de la dignidad de la persona con discapacidad, se dispone el derecho de la misma no sólo a comparecer en juicio sino también a participar activamente en el curso de la causa.

Al respecto, y con precisa referencia a la comparecencia ante el órgano judicial el art. 17.2, segundo inciso, LEC, tras la general declaración relativa a que podrán comparecer en juicio "todas las personas", dispone: "En el caso de las personas con medidas de apoyo para el ejercicio de su capacidad jurídica, se estará al alcance y contenido de éstas". Y el art. 8 LJV establece: "Las disposiciones de la Ley de Enjuiciamiento Civil serán de aplicación supletoria a los expedientes de jurisdicción voluntaria en todo lo no regulado por la presente Ley", norma que determina la aplicación de la previamente referida al ámbito de la jurisdicción voluntaria.

Por cuanto se refiere a la participación en la causa de la persona con discapacidad en igualdad de condiciones con las demás, debe significarse que, de conformidad con los principios establecidos en la Convención de Nueva York (cfr., básicamente, en sus arts 2 y 9), la reforma introduce dos preceptos nuevos bajo la misma rúbrica de "Ajustes para personas con discapacidad". Se trata del art. 7 bis LEC y del que lleva la misma numeración en la LJV. El art. 7 bis LEC —sobre cuyo comentario se remite a la parte de esta obra en que se analiza la reforma padecida por la Ley procesal civil— establece: "1. En los procesos en los que participen personas con discapacidad, se realizarán las adaptaciones y los ajustes que sean necesarios para garantizar su participación en condiciones de igualdad. Dichas adaptaciones y ajustes se realizarán, tanto a petición de cualquiera de las partes o del Ministerio Fiscal, como de oficio por el propio Tribunal, y en todas las fases y actuaciones procesales en las que resulte necesario, incluyendo los actos de comunicación. Las adaptaciones podrán venir referidas a la comunicación, la comprensión y la interacción con el entorno. 2. Las personas con discapacidad tienen el derecho a entender y ser entendidas en cualquier actuación que deba llevarse a cabo. A tal fin: a) Todas las comunicaciones con las personas con discapacidad, orales o escritas, se harán en un lenguaje claro, sencillo y accesible, de un modo que tenga en cuenta sus características personales y sus necesidades, haciendo uso de medios como la lectura fácil. Si fuera necesario, la comunicación también se hará a la persona que preste apoyo a la persona con discapacidad para el ejercicio de su capacidad jurídica. b) Se facilitará a la persona con discapacidad la asistencia o apoyos necesarios para que pueda hacerse entender, lo que incluirá la interpretación en las lenguas de signos reconocidas legalmente y los medios de apoyo a la comunicación oral de personas sordas, con discapacidad auditiva y sordociegas. c) Se permitirá la participación de un profesional experto que a modo de facilitador realice tareas de adaptación y ajuste necesarias para que la persona con discapacidad pueda entender y ser entendida. d) La persona con discapacidad podrá estar acompañada de una persona de su elección desde el primer contacto con las autoridades y funcionarios". Con contenido casi idéntico el art. 7 bis LJV y mimética dicción contiene las mismas previsiones.

En cualquier caso, la competencia del juez a quien incumbe el conocimiento de la causa resulta determinada por el domicilio —entendido como la residencia habitual— de la persona necesitada de apoyo (cfr. arts.52.1.5.º LEC, en relación con el 756, y 42 bis a). 2. LJV).

Como aportación de la reforma resultan reguladas las variaciones que en su residencia pueda realizar la persona necesitada de apoyos en cuyo caso las actuaciones deberán remitirse al juez correspondiente al último domicilio, pero siempre que sea antes de la celebración de la vista en el procedimiento contencioso (art. 756 LEC) o de la comparecencia en el expediente de jurisdicción voluntaria (art. 42 bis a) LJV).

En esta clase de procesos o expedientes resulta necesaria siempre la intervención del Ministerio Fiscal, con carácter general con la condición de parte interviniente en la causa (arts. 749 de la LEC y 4 LJV), si bien en materia de jurisdicción voluntaria resulta más propio referirse a los "solicitantes" o "interesados" que a las "partes".

Por cuanto se refiere a la legitimación activa para la promoción del expediente de jurisdicción voluntaria o, en su caso, del procedimiento contencioso, la previsión normativa es clara en su determinación. Así, en el caso del expediente de jurisdicción voluntaria el art. 42 bis a) LJV dispone: "3. Podrá promover este expediente el Ministerio Fiscal, la propia persona con discapacidad, su cónyuge no separado de hecho o legalmente o quien se encuentre en una situación de hecho asimilable y sus descendientes, ascendientes o hermanos. Cualquier persona está facultada para poner en conocimiento del Ministerio Fiscal los hechos que puedan ser determinantes de una situación que requiera la adopción judicial de medidas de apoyo. Las autoridades y funcionarios públicos que, por razón de sus cargos, conocieran la existencia de dichos hechos respecto de cualquier persona, deberán ponerlo en conocimiento del Ministerio Fiscal. En ambos casos, este iniciará el presente expediente. 4. La persona con discapacidad podrá actuar con su propia defensa y representación. Si no fuera previsible que proceda a realizar por sí misma tal designación, con la solicitud se pedirá que se le nombre un defensor judicial, quien actuará por medio de Abogado y Procurador", resultando en este último caso que el Letrado de la Administración de Justicia (en adelante, LAJ) "realizará las adaptaciones y los ajustes necesarios para que la persona con discapacidad comprenda el objeto, la finalidad y los trámites del expediente que le afecta, conforme a lo previsto en el artículo 7 bis de esta Ley" (art. 42 bis a) 5. LJV). Y en el supuesto del procedimiento judicial contencioso el art. 757.1 LEC prevé la posibilidad de su promoción por "la propia persona interesada, su cónyuge no separado de hecho o legalmente o quien se encuentre en una situación de hecho asimilable, su descendiente, ascendiente o hermano", resultando que el "Ministerio Fiscal deberá promover dicho proceso si las personas mencionadas en el apartado anterior no existieran o no hubieran presentado la correspondiente demanda, salvo que concluyera que existen otras vías a través de las que la persona interesada pueda obtener los apoyos que precisa" (art. 757.2 LEC), y si con la demanda se interesa "el inicio del procedimiento de provisión de apoyos, las medidas de apoyo correspondientes y un curador determinado, se le dará a éste traslado de aquélla a fin de que pueda alegar lo que considere conveniente sobre dicha cuestión" (art. 757.3 LEC).

Finalmente, con precisa referencia a las necesarias certificaciones registrales, resulta que en cualquiera de las dos vías procesales reguladas (expediente de jurisdicción voluntaria o procedimiento judicial contencioso) se dispone la solicitud de certificación sobre las medidas de apoyo ya inscritas, en todo caso del Registro Civil pero también del resto de registros públicos siempre que el LAJ lo considere pertinente. Las referidas certificaciones pueden llegar a adquirir destacada relevancia si se atiende a su virtualidad para bloquear la prosecución del procedimiento en el supuesto de que, por ejemplo, la persona necesitada de apoyos hubiera adoptado medidas idóneas y suficientes como para impedir la constitución de una curatela, o bien pudieran contener previsiones normativas que resultaran vinculantes para el órgano judicial.

Sobre este aspecto el art. 42 bis b) 2. LJV establece: "Admitida a trámite la solicitud por el letrado de la Administración de Justicia, (...) También se recabará certificación del Registro Civil y, en su caso, de otros Registros públicos que se consideren pertinentes, sobre las medidas de apoyo inscritas". Por su parte, el art. 758.1 LEC dispone: "Admitida la demanda, el letrado de la Administración de Justicia recabará certificación del Registro Civil y, en su caso, de otros Registros públicos que considere pertinentes sobre las medidas de apoyo inscritas".

3. EL EXPEDIENTE DE JURISDICCIÓN VOLUNTARIA PARA LA PROVISIÓN DE MEDIDAS JUDICIALES DE APOYO A PERSONAS CON DISCAPACIDAD

Como se ha indicado la reforma adiciona al Título I LJV un nuevo Capítulo III bis, que lleva por rúbrica "Del expediente de provisión de medidas judiciales de apoyo a personas con discapacidad" y que integra un único artículo, el 42 bis, distribuido en los tres apartados, los a), b) y c), cauce procedimental que resultará aplicable cuando resulte pertinente la provisión de alguna medida judicial de apoyo de carácter estable a una persona con discapacidad (cfr. art. 42 bis a) 1. LJV), y que resulta regulado en el art. 42 bis b).

A) Solicitud, admisión a trámite y actuaciones de la autoridad judicial

El expediente principia por solicitud que deberá presentarse acompañada de los documentos acreditativos de la necesidad de adopción de las medidas de apoyo y de un dictamen pericial de los profesionales especializados de los ámbitos social y sanitario, que aconsejen las medidas de apoyo que resulten idóneas en cada caso. Con ella se propondrán aquellas pruebas que se considere necesario practicar en la comparecencia.

Por cuanto se refiere a la postulación en la tramitación del expediente, al menos en relación con los legitimados distintos de la persona con discapacidad, no se dispone que resulte preceptivo actuar mediante Abogado y Procurador ni para promover el expediente ni para proponer prueba e intervenir en la comparecencia, si bien "las partes que lo deseen podrán actuar asistidas o representadas por Abogado y Procurador, respectivamente" (art. 3 de la LJV). De conformidad con la previsión contenida en el art. 42 bis a) 4. LJV la persona con discapacidad "podrá actuar con su propia defensa y representación. Si no fuera previsible que proceda a realizar por sí misma tal designación, con la solicitud se pedirá que se le nombre un defensor judicial, quien actuará por medio de Abogado y Procurador".

La exigencia de postulación en la tramitación del expediente por parte de la persona necesitada de apoyos pudiera plantear cuestión en el supuesto de que su discapacidad no le impida ni restrinja severamente su posibilidad de intervención por sí misma en la causa pues, de encontrarse la persona para la que se solicite la adopción de las medidas en tal situación, no parece que resulte justificado establecer una exigencia que no se impone a los demás legitimados para promover el expediente. Incluso en el caso de que su discapacidad le resulte limitante cabría plantearse, a fin de evitar discriminación en su tratamiento normativo, si sería cuestionable la exigencia de postulación, pues la solución a tal limitación severa no debería ser tanto la imposición de postulación sino más bien la inmediata provisión de la medida de apoyo pertinente a fin de que la persona discapacitada pueda defender adecuadamente sus intereses en la causa. Tal vez por ello el precepto prevé que de no resultar previsible que la persona para la que se soliciten las medidas designe por sí misma Letrado y Procurador que la defiendan y representen, "con la solicitud se pedirá que se le nombre un defensor judicial" (art. 42 bis 4. de la LJV). En todo caso, aunque la persona necesitada de apoyos actúe representada por Procurador y asistida por Letrado, o a través de defensor judicial, debe asistir personalmente a la comparecencia, a fin de que se verifique la entrevista a que se refiere el arábigo 3 del art. 42 bis b) de la LJV.

Admitida a trámite la solicitud por parte del LAJ, éste convocará a la comparecencia al Ministerio Fiscal, a la persona con discapacidad y, en su caso, a su cónyuge no separado de hecho o legalmente o quien se encuentre en una situación de hecho asimilable y a sus descendientes, ascendientes o hermanos. Los interesados podrán proponer en el plazo de cinco días desde la recepción de la citación aquellas diligencias de prueba que consideren necesario practicar en la comparecencia.

Por parte del Juez antes de la comparecencia se podrá recabar informe de la entidad pública que, en el respectivo territorio, tenga encomendada la función de promoción de la autonomía y asistencia a las personas con discapacidad, o de una entidad del tercer sector de acción social debidamente habilitada como colaboradora de la Administración de Justicia que informará sobre las eventuales alternativas de apoyo y sobre las posibilidades de prestarlo sin requerir la adopción de medida alguna por la autoridad judicial. Asimismo, la autoridad judicial podrá ordenar antes de la comparecencia un dictamen pericial, cuando lo considere necesario atendiendo a las circunstancias del caso.

Conviene tener en cuenta que, posteriormente, en la comparecencia, se procederá a celebrar una entrevista entre la autoridad judicial y la persona con discapacidad, a quien, a la vista de su situación, podrá informar acerca de las alternativas existentes para obtener el apoyo que precisa, bien sea mediante su entorno social o comunitario, o bien a través del otorgamiento de medidas de apoyo de naturaleza voluntaria. Asimismo, se practicarán aquellas pruebas que hubieren sido propuestas y resulten admitidas y, en todo caso, se oirá a las personas que hayan comparecido y manifiesten su voluntad de ser oídas. Si, tras la información ofrecida por la autoridad judicial, la persona con discapacidad opta por una medida alternativa de apoyo, se pondrá fin al expediente.

En todo caso, la oposición de la persona con discapacidad a cualquier tipo de apoyo, la oposición del Ministerio Fiscal o la oposición de cualquiera de los interesados en la adopción de las medidas de apoyo solicitadas pondrá fin al expediente, sin perjuicio de que la autoridad judicial pueda adoptar provisionalmente las medidas de apoyo de aquella o de su patrimonio que considere convenientes. Dichas medidas podrán mantenerse por un plazo máximo de treinta días, siempre que con anterioridad no se haya presentado la correspondiente demanda de adopción de medidas de apoyo en juicio contencioso.

A la vista de lo ya expuesto resulta de interés destacar la subsidiariedad de las medidas judiciales, de manera que, si después de resultar debidamente informada, la persona discapacitada optara por una medida alternativa, se pondrá fin al expediente. Además, es conveniente tener en cuenta que las medidas de apoyo voluntarias por las que se pudiera optar pueden ser distintas de las que la norma tipifica.

B) Objeto

Tal y como se declara en el art. 42 bis a) LJV, los trámites previstos en el Capítulo III bis del Título I deben seguirse siempre que "sea pertinente la provisión de alguna medida judicial de apoyo de carácter estable a una persona con discapacidad", con lo que queda abierta la posibilidad de acudir al expediente de jurisdicción voluntaria a los efectos de la adopción de cualquier medida judicial de apoyo de carácter estable que se pudiera incorporar al CC —o legislación civil foral o especial— en cuyas previsiones actuales la única medida de apoyo de carácter estable cuya adopción requiere decisión judicial es la curatela.

Según lo indicado, cuando el régimen aplicable sea el prevenido en el Derecho civil común, el objeto del expediente de jurisdicción voluntaria será la constitución de la curatela en todos los extremos que a su respecto el órgano judicial deba acordar al establecer esta medida (cfr. arts. 268 y ss. CC). Y, acordada la curatela con sus previsiones consiguientes, las ulteriores revisiones de las medidas adoptadas deberán verificarse de acuerdo con las previsiones contenidas en el art. 42 bis c) LJV, si bien aquellas cuestiones que demandan una actuación judicial en el seno de la curatela ya constituida no se sustanciarán en el expediente de jurisdicción voluntaria del que ahora tratamos, sino de conformidad con las previsiones normativas de los expedientes relativos a la tutela y curatela (art.s 43 y ss de la LJV).

Es de interés considerar que igualmente quedan al margen del expediente de jurisdicción voluntaria ahora considerado aquellas actuaciones judiciales previstas en el CC respecto del nombramiento de defensor judicial, guarda de hecho y revocación de poderes preventivos, para las que la LJV dispone previsiones procedimentales específicas.

C) Sujetos

Según la previsión contenida en el art. 42 bis a) 3. LJV, pueden promover este expediente el Ministerio Fiscal, la propia persona con discapacidad, su cónyuge no separado de hecho o legalmente o quien se encuentre en una situación de hecho asimilable y sus descendientes, ascendientes o hermanos. Cualquier persona distinta de las mencionadas no podrá ser promotor del expediente de jurisdicción voluntaria, pero está facultada para poner en conocimiento del Ministerio Fiscal los hechos que puedan ser determinantes de una situación que requiera la adopción judicial de medidas de apoyo. En el caso de las autoridades y funcionarios públicos que, por razón de sus cargos, conocieran la existencia de dichos hechos respecto de cualquier persona, deberán ponerlo en conocimiento del Ministerio Fiscal que, a la vista de las referidas comunicaciones, promoverá el expediente.

Todos los legitimados para promover el expediente serán citados a la comparecencia y podrán intervenir en el procedimiento con iguales posibilidades de actuación en orden a la proposición de pruebas pudiendo formular alegaciones si asisten y expresan su voluntad de ser oídos.

El sujeto pasivo de las medidas que constituyen el objeto del expediente es la persona con discapacidad necesitada de medidas de apoyo que sea mayor de edad. Sin embargo, el art. 254 CC regula la posibilidad de que se interese la adopción judicial de medidas de apoyo respecto de un menor de edad sometido a patria potestad o a tutela, cuando se prevea razonablemente en los dos años anteriores a la mayoría de edad que dicho menos puede, después de alcanzada aquélla, precisar de alguna medida de apoyo en el ejercicio de su capacidad jurídica.

D) Competencia judicial

Como ya se avanzó, la competencia para conocer del expediente de provisión de medidas de apoyo a las personas con discapacidad se encuentra atribuida al Juez de Primera Instancia del lugar donde resida la persona en cuestión (art. 42 bis a) 2. LJV).

Como quedó apuntado, en relación con los expedientes de jurisdicción voluntaria, al igual que sucede en el ámbito del proceso contencioso regulado en la LEC, la reforma incorpora una norma especial que excluye la posibilidad de la "perpetuatio iurisdictionis", pues la modificación de la residencia de la persona a la que se refiera el expediente, que se produzca tras la incoación de la causa, y siempre que sea anterior a la celebración de la comparecencia, determina el cambio del órgano judicial competente para conocer de la causa —expediente o procedimiento— que pasará a ser el del lugar de la nueva residencia de la persona con discapacidad. Así, verificado el cambio de residencia, el órgano judicial que se encuentre conociendo del expediente deberá remitir las actuaciones al tribunal correspondiente al lugar de la nueva residencia que continuará la tramitación del expediente en el estado en que se hallare, sin repetir las actuaciones que ya se hubiesen llevado a cabo en el tribunal de procedencia (art. 42 bis a) 2, párr. segundo LJV).

E) Fases procesales

En relación con la *solicitud*, y de acuerdo con las previsiones del art. 14 LJV, ésta debe formalizarse por escrito, y, como se indicó, acompañada de la prueba documental que justifique la necesidad de su adopción, así como del informe pericial ya referido, pudiendo presentarse por cualquier medio, incluidos los electrónicos, y deberá contener los datos y circunstancias identificativas del solicitante, incluida una designación domiciliaria a efectos de notificaciones, como también la identificación personal de aquéllos que deben ser citados a la comparecencia, con precisa indicación de aquellos daos que resulten necesarios para su localización. Al respecto deben resultar identificados los parientes y allegados que, de acuerdo con la disposición legal, tengan atribuida legitimación para la promoción del expediente, así como la persona para la que se interese las medidas de apoyo. Asimismo, la solicitud deberá contener proposición de los medios de prueba necesarios a practicar en la comparecencia.

En la solicitud es preciso señalar con toda claridad y concreción la pretensión interesada, y los hechos y fundamentos que la justifican, incluyendo la solicitud de adopción de aquella medida de apoyo estable que se considere adecuada (curatela en el contexto del Derecho Civil común, como ya se anticipó), con indicación de todas sus circunstancias y aspectos, que deberán ser tenidos en cuenta para su inclusión en la resolución judicial que ponga fin al expediente; de otro modo, el órgano judicial acordará lo pertinente de conformidad con las previsiones legales en el ámbito de su poder decisorio.

La *admisión a trámite* de la solicitud presentada compete al LAJ, que procederá a ello mediante decreto, previo examen de su admisibilidad (art. 16 LJV), que se extenderá a la competencia del órgano judicial y a la concurrencia de posibles defectos que, en su caso, podrán ser subsanados en un plazo de cinco días. De no ser subsanable el defecto apreciado, o de no procederse a su subsanación, el LAJ dará cuenta al Juez a fin de que el órgano judicial resuelva por auto sobre la admisión.

La admisión a trámite de la solicitud da paso a la *convocatoria de la comparecencia*, a la que deben ser citados, además de la persona para quien se solicita la (s) medida (s) de apoyo, el Ministerio Fiscal, y todos los que se encuentren legitimados para interesar la adopción judicial de la (s) medida (s) de apoyo. La citación se realizará de conformidad con las reglas generales del art. 17.3 LJV, que disponen una antelación mínima de quince días a la celebración de la comparecencia.

Al respecto resulta asimismo aplicable el párrafo 2.º del art. 17.3 LJV, que establece que si "alguno de los interesados fuera a formular oposición, deberá hacerlo en los 5 días siguientes a su citación", previsión compatible con lo prevenido en el art. 42 bis b) que se refiere a la oposición en el ámbito del expediente, sin especificar el momento procesal oportuno para plantearla, pues solo se establece que, formulada ésta, se pondrá fin al expediente. De lo que cabe inferir que la persona para la que se interesen las medidas, el Ministerio Público, o bien cualquiera de los interesados podrá plantear por escrito oposición a la solicitud en el plazo de cinco días desde que se verifique la citación a la comparecencia, y si la oposición planteada se ciñera a lo prevenido en el art. 42 bis b).5 LJV, procedería dejar sin efecto la convocatoria a la comparecencia poniéndose fin al expediente sin ulterior trámite.

También en ese plazo de cinco días a partir de la citación los interesados podrán proponer las diligencias de prueba que se consideren oportunas para que sean practicadas en el acto de la comparecencia (cfr. art. 42 bis b) 2. LJV). Y en el plazo que discurre entre la convocatoria a la comparecencia y su celebración, el órgano judicial podrá interesar de oficio: (i) informe de la entidad pública que, en el respectivo territorio, tenga encomendada la función de promoción de la autonomía y asistencia a las personas con discapacidad, o de una entidad del tercer sector de acción social debidamente habilitada como colaboradora de la Administración de Justicia, que informará sobre las eventuales alternativas de apoyo y sobre las posibilidades de prestarlo sin requerir la adopción de medida alguna por la autoridad judicial; y (ii) asimismo, la autoridad judicial podrá ordenar antes de la comparecencia un dictamen pericial, cuando así lo considere necesario atendiendo a las circunstancias del caso.

En el día previsto para ello se celebrará la *comparecencia*, con sujeción al cumplimiento de las previsiones contenidas en el art. 42 bis b) 3 LJV, así como a las reglas generales del art. 18 de la LJV en cuanto no resulten incompatibles con las previsiones específicas.

Si al acto de la comparecencia no comparece el solicitante, de conformidad con la previsión general se procederá al archivo del expediente (art. 18.2.1.ª LJV).

A salvo el supuesto de que la persona discapacitada para la que se interesan las medidas pueda decidir por ella misma acerca de su asistencia, supuesto en el que la inasistencia injustificada bien podría valorarse como oposición a cualquier medida con la consiguiente conclusión del expediente (art. 42 bis b) 5 LJV), parece lógico prever la asistencia de la persona para la que se interesa la (s) medida (s) de apoyo, pues la entrevista a la que hace mención el art. 42.bis a) 4 de la LJV supone un acto en el que la misma no puede ser sustituida por un defensor judicial, por más que el mismo haya sido nombrado atendida la circunstancia de que la discapacidad que le afecta le impida decidir por ella misma acerca de su asistencia a la comparecencia. En cualquier caso, la posible imposibilidad de desplazamiento podría ser solucionada mediante la práctica de la referida entrevista en un acto separada y dentro de los diez días siguientes a la comparecencia desplazándose la comisión judicial al lugar en que dicha persona se hallara, según la previsión general contenida en el art. 18.2.4.ª LJV.

El art. 18.2.4.ª LJV establece lo siguiente: "Cuando el expediente afecte a los intereses de una persona menor de edad o persona con discapacidad, se practicarán también en el mismo acto o, si no fuere posible, en los diez días siguientes, las diligencias relativas a dichos intereses que se acuerden de oficio o a instancia del Ministerio Fiscal.

La autoridad judicial o el Letrado de la Administración de Justicia podrán acordar que la audiencia de la persona menor de edad o persona con discapacidad se practique en acto separado, sin interferencias de otras personas, debiendo asistir el Ministerio Fiscal. En todo caso, se garantizará que puedan ser oídas en condiciones idóneas, en términos que les sean accesibles, comprensibles y adaptados a su edad, madurez y circunstancias, recabando el auxilio de especialistas cuando ello fuera necesario (...)".

La inasistencia de cualquier otra persona que haya sido citada no tendrá ninguna incidencia en la celebración del acto de la comparecencia ni impedirá la prosecución del expediente, si bien el Juez, de considerar necesaria o conveniente su audiencia en interés de la persona respecto de la que se interesa la adopción de la medida de apoyo, podrá acordarla practica de la misma incluso de oficio, o bien a instancia del Ministerio Fiscal, y practicarla en el plazo de los diez días siguientes a la comparecencia de conformidad con lo previsto en el art.18.2.4.ª LJV.

En el acto de la comparecencia los asistentes podrán plantear "cuestiones procesales, incluidas las relativas a la competencia, que puedan impedir la válida prosecución del expediente, el Juez o el Secretario judicial (*rectius*, LAJ), oídos los comparecientes, las resolverá oralmente en el propio acto" (art. 18.2.3.ª del art. 18 LJV. En todo caso, en la comparecencia "se oirá a las personas que hayan comparecido y manifiesten su voluntad de ser oídas" (art. 42 bis b) 3, párrafo 2.º, inciso final de la LJV), pudiendo practicarse la señalada audiencia en el trámite de conclusiones tras la práctica de la prueba (art. 18.2.5.ª LJV).

Por cuanto se refiere a la prueba a practicar, cualquier diligencia interesada se debe haber propuesto previamente en la solicitud (art. 42 bis b).1 LJV), lo que implica que a los intervinientes que no han sido, a su vez, solicitantes deberá concederse la posibilidad de practicar prueba en la misma comparecencia, toda vez que no han podido hacerlo en momento procesal previo por no estar prevista tal posibilidad.

El órgano judicial decidirá sobre la admisión de los medios de prueba que estime oportunos, siempre con sujeción a los principios generales de necesidad y pertinencia, y atendiendo a la circunstancia de su posibilidad de práctica en el mismo acto de la comparecencia. Al respecto, parece lógico entender de aplicación las previsiones generales LEC en relación con el juicio verbal, al que se remite el art. 18 LJV, pudiendo en todo caso el Juez acordar de oficio la práctica de cualquier diligencia que persiga preservar los intereses de la persona con discapacidad para la cual se va a acordar la adopción de la (s) medida (s) de apoyo (art. 18.2.4.ª LJV).

Las pruebas que resulten admitidas se practicarán en el acto (art. 42 bis b) 3, segundo párrafo, LJV), si bien las acordadas de oficio o a instancia del Ministerio Fiscal podrán practicarse en los diez días siguientes, si su práctica no resultara posible en el mismo acto de la comparecencia (art. 18.2.4.ª LJV).

En el ámbito de la comparecencia resulta esencial la práctica de la entrevista por parte del órgano judicial, y ante el resto de los comparecientes, a la persona con discapacidad, según disposición del art. 42 bis b) 3 LJV, que tiene como objeto "informar acerca de las alternativas existentes para obtener el apoyo que precisa, bien sea mediante su entorno social o comunitario, o bien a través del otorgamiento de medidas de apoyo de naturaleza voluntaria", con el propósito de que la persona con discapacidad pueda optar, a la vista de la información recibida, por una medida alternativa de apoyo, circunstancia que, de verificarse, pondría fin al expediente.

Concluida la comparecencia el juez pondrá fin al expediente mediante auto, que deberá dictarse en el plazo de cinco días a contar desde la terminación de la comparecencia o desde la última diligencia practicada.

Al respecto, el art. 42 bis c) 1, párrafo primero, LJV dispone lo siguiente: "Las medidas que se adopten en el auto que ponga fin al expediente deberán ser conformes a lo dispuesto en la legislación civil aplicable sobre esta cuestión. Tales medidas serán objeto de revisión periódica en el plazo y la forma en que disponga el auto que las hubiera acordado, debiendo seguirse el trámite contemplado en este artículo". Y el art. 19.1 LJC establece: "El expediente se resolverá por medio de auto o decreto, según corresponda la competencia al Juez o al Secretario judicial (*rectius*, LAJ), en el plazo de cinco días a contar desde la terminación de la comparecencia o, si esta no se hubiera celebrado, desde la última diligencia practicada".

F) Resolución del expediente por parte del Juez

Tratándose del expediente de jurisdicción voluntaria su decisión corresponde al Juez, no al LAJ, según resulta de lo dispuesto en el art. 42 bis c) LJV que, como he indicado, establece la finalización del expediente por auto.

El auto resolutorio del expediente, cuyo contenido deberá también atender a la voluntad, deseos y preferencias de la persona con discapacidad (art. 268 CC), deberá pronunciarse sobre la adopción o, en su caso, denegación, de las medidas de apoyo interesadas que "deberán ser conformes a lo dispuesto en la legislación civil aplicable sobre esta cuestión". Así, según he tenido ocasión de señalar, en el supuesto de que el expediente se resuelva de conformidad con las previsiones del Derecho civil común el órgano judicial deberá pronunciarse acerca de la procedencia de constitución, o no, de la curatela y, en caso de que acuerde la adopción de esta medida, deberá, asimismo, concretar aquellos actos para los que la persona discapacitada requiere, en el ejercicio de su capacidad jurídica, de la asistencia del curador, en consideración a las concretas necesidades de apoyo que demanda la situación; y también, deberá determinarse específicamente los actos en los que el curador tendrá que asumir funciones representativas.

Al respecto, el art. 269 CC establece lo siguiente: "La autoridad judicial constituirá la curatela mediante resolución motivada cuando no exista otra medida de apoyo suficiente para la persona con discapacidad. La autoridad judicial determinará los actos para los que la persona requiere asistencia del curador en el ejercicio de su capacidad jurídica atendiendo a sus concretas necesidades de apoyo. Sólo en los casos excepcionales en los que resulte imprescindible por las circunstancias de la persona con discapacidad, la autoridad judicial determinará en resolución motivada los actos concretos en los que el curador habrá de asumir la representación de la persona con discapacidad. Los actos en los que el curador deba prestar el apoyo deberán fijarse de manera precisa, indicando, en su caso, cuáles son aquellos donde debe ejercer la representación. El curador actuará bajo los criterios fijados en el artículo 249. En ningún caso podrá incluir la resolución judicial la mera privación de derechos".

En todo caso, como establece el art. 19.2 LJV, norma de aplicación general: "Cuando el expediente afecte a los intereses de (...) persona con capacidad modificada judicialmente, la decisión se podrá fundar en cualesquiera hechos de los que se hubiese tenido conocimiento como consecuencia de las alegaciones de los interesados, las pruebas o la celebración de la comparecencia, aunque no hubieran sido invocados por el solicitante ni por otros interesados".

En el auto resolutorio del expediente podrán asimismo disponerse las medidas de control que el juez considere oportunas a los efectos de asegurar el respeto a los derechos, voluntad y preferencias de la persona que precisa el apoyo, y también para evitar los abusos, los conflictos de intereses y la influencia indebida.

Así queda dispuesto en el art. 270, párrafo primero, CC, a cuyo tenor: "La autoridad judicial establecerá en la resolución que constituya la curatela o en otra posterior las medidas de control que estime oportunas para garantizar el respeto de los derechos, la voluntad y las preferencias de la persona que precisa el apoyo, así como para evitar los abusos, los conflictos de intereses y la influencia indebida. También podrá exigir en cualquier momento al curador que, en el ámbito de sus funciones, informe sobre la situación personal o patrimonial de aquella".

Y la resolución en cuestión, por la que se pone fin al expediente, contendrá asimismo el nombramiento de curador, de conformidad con lo prevenido en los arts. 275 y siguientes CC.

Este auto resolutorio del expediente no es firme pues es susceptible de recurso de apelación, de conformidad con lo establecido en la LEC, quedando expedita la vía "jurisdiccional posterior con el mismo objeto que aquél, debiendo pronunciarse la resolución que se dicte sobre la confirmación, modificación o revocación de lo acordado en el expediente de jurisdicción voluntaria" (art. 19.4 LJV, que conduce a los arts. 756 y ss. LEC, reguladores de los procesos sobre la adopción de medidas judiciales de apoyo a personas con discapacidad).

Al respecto, el art. 20.2 LJV, norma de aplicación general, dispone: "Las resoluciones definitivas dictadas por el Juez en los expedientes de jurisdicción voluntaria podrán ser recurridas en apelación por cualquier interesado que se considere perjudicado por ella, conforme a lo dispuesto en la Ley de Enjuiciamiento Civil. Si la decisión proviene del Secretario judicial (*rectius*, LAJ), deberá interponerse recurso de revisión ante el Juez competente, en los términos previstos en la Ley de Enjuiciamiento Civil".

G) *Conclusión del expediente por la aceptación de medidas alternativas*

Con carácter general la adopción de medidas judiciales de apoyo (ya sea la curatela u otra distinta) procede con carácter subsidiario, esto es, sólo en aquellos casos en los que no se hayan establecido medidas voluntarias o éstas resulten insuficientes (cfr. arts 255, párrafo quinto, CC y, específicamente en relación con la curatela, art. 269 del mismo texto legal). Tal previsión sustantiva encuentra reflejo procesal en la disposición de finalización del expediente de jurisdicción voluntaria cuando conste que el apoyo que requiere la persona afectada puede materializarse a través del establecimiento de medidas voluntarias o en el entorno social o comunitario, en cuyo caso la conclusión del expediente requerirá que la persona con discapacidad elija una medida de apoyo que determine la innecesaridad de adopción de la(s) medida(s) judicial(es) interesada(s).

> En este sentido el art. 42 bis b) 4. LJV, dispone: "Si, tras la información ofrecida por la autoridad judicial, la persona con discapacidad opta por una medida alternativa de apoyo, se pondrá fin al expediente". Resultando que será en la comparecencia cuando "se procederá a celebrar una entrevista entre la autoridad judicial y la persona con discapacidad, a quien, a la vista de su situación, podrá informar acerca de las alternativas existentes para obtener el apoyo que precisa, bien sea mediante su entorno social o comunitario, o bien a través del otorgamiento de medidas de apoyo de naturaleza voluntaria" (art. 42 bis b) 3., párrafo primero, LJV).

Precisamente con el señalado fundamento se prevé que la "autoridad judicial antes de la comparecencia podrá recabar informe de la entidad pública que, en el respectivo territorio, tenga encomendada la función de promoción de la autonomía y asistencia a las personas con discapacidad, o de una entidad del tercer sector de acción social debidamente habilitada como colaboradora de la Administración de Justicia" y la "entidad informará sobre las eventuales alternativas de apoyo y sobre las posibilidades de prestarlo sin requerir la adopción de medida alguna por la autoridad judicial" (art. 42 bis b) 2. LJV).

H) Conclusión del expediente por oposición

La última de las vías consideradas en orden a la necesaria conclusión del expediente de jurisdicción voluntaria (cuyo único objeto es la adopción de medidas judiciales de apoyo) es la que la determina al constar oposición por parte de la persona con discapacidad, del Ministerio Fiscal, o de cualquiera de los interesados

Efectivamente, el art. 42 bis b) 5. LJV dispone: "La oposición de la persona con discapacidad a cualquier tipo de apoyo, la oposición del Ministerio Fiscal o la oposición de cualquiera de los interesados en la adopción de las medidas de apoyo solicitadas pondrá fin al expediente, sin perjuicio de que la autoridad judicial pueda adoptar provisionalmente las medidas de apoyo de aquella o de su patrimonio que considere convenientes. Dichas medidas podrán mantenerse por un plazo máximo de treinta días, siempre que con anterioridad no se haya presentado la correspondiente demanda de adopción de medidas de apoyo en juicio contencioso", precisando el mismo precepto que: "No se considerará oposición a los efectos señalados en el párrafo anterior la relativa únicamente a la designación como curador de una persona concreta".

Como quedó apuntado, la oposición puede plantearse mediante escrito presentado en el plazo de cinco días desde la citación para la comparecencia (art. 17.3 LJV) o bien mediante la formulación de alegaciones en el acto de la comparecencia, posibilidad que se otorga a todos los interesados que asistan a este acto y que expresen su voluntad de ser oídos (art. 42 bis b) 3., párrafo segundo, LJV).

Una vez concluido el expediente de jurisdicción voluntaria por constar la oposición de los señalados a la adopción de medidas judiciales, el órgano judicial decidirá acerca de la pertinencia de adoptar medidas provisionales de apoyo, bien atinentes a la persona o a su patrimonio, y hasta que se sustancie el proceso contencioso tendente a la adopción de medidas de apoyo judiciales.

4. EXPEDIENTES ESPECIALES REGULADOS POR LA LEY DE LA JURISDICCIÓN VOLUNTARIA

Con carácter autónomo respecto de la ordenación de la provisión de medidas de apoyo para las personas con discapacidad, la LJV regula una serie de expedientes que, por su contenido y propósito, pudieran calificarse de cauces procesales especiales. Por el mismo orden que aparecen regulados en la Ley 15/2015, se trata de los siguientes.

A) *El nombramiento de defensor judicial para menores o personas con discapacidad*

El nombramiento de defensor judicial a menores o personas con discapacidad debe canalizarse a través del expediente de jurisdicción voluntaria que se regula en el Capítulo II del Título II LJV, comprensivo de los arts. 27 a 32. En concreto, el primero de los preceptos señalados, que se dedica a la determinación del ámbito aplicativo de la norma, resultó objeto de modificación, con efectos desde el 3 de septiembre de 2021, por el art. 7.2 Ley 8/2021, de 2 de junio, que suprimió parcialmente el primero de los arábigos con el propósito de, a través de los ajustes terminológicos pertinentes, adaptarlo a la regulación sustantiva que supuso la reforma. El contenido de la regulación queda sistematizado de la manera siguiente.

Por cuanto se refiere a la *proyección normativa de las disposiciones que integran el Capítulo*, se establece que las mismas se aplicarán en los casos en que proceda conforme a la ley el nombramiento de un defensor judicial de menores o personas con discapacidad (art. 27.1 LJV). Para precisar posteriormente que la proyección de la norma también se extiende a los casos en que proceda la habilitación y ulterior nombramiento de defensor judicial (art. 27.1 LJV).

En todo caso, se dispone la necesidad de interesar la habilitación cuando el menor no emancipado o la persona con discapacidad, siendo demandado o siguiéndosele gran perjuicio de no promover la demanda, se encuentre en alguno de los casos siguientes: a) Hallarse los progenitores, tutor o persona designada para ejercer el apoyo, ausentes ignorándose su paradero, sin que haya motivo racional bastante para creer próximo su regreso. b) Negarse ambos progenitores, tutor o persona designada para ejercer el apoyo a representar o asistir en juicio al menor o persona con discapacidad. c) Hallarse los progenitores, tutor o persona designada para ejercer el apoyo en una situación de imposibilidad de hecho para la representación o asistencia en juicio (art. 27.2. LJV, inciso segundo).

Finalmente, se excepciona de la habilitación previa para el nombramiento de defensor judicial descrita en el apartado anterior, y se procederá al nombramiento de defensor judicial al menor o persona con discapacidad sin necesidad de habilitación previa en los supuestos siguientes: (i) para litigar contra sus progenitores, tutor o curador, o (ii) para instar expedientes de jurisdicción voluntaria, o (iii) cuando se hallare legitimado para ello cuando se inste por el Ministerio Fiscal un procedimiento para la adopción de medidas de apoyo respecto de la persona con discapacidad. La norma precisa que no procederá la solicitud si el otro progenitor o tutor, si lo hubiere, no tuviera un interés opuesto al menor o persona con discapacidad.

Respecto de la *competencia, legitimación y postulación*, el art. 28 LJV dispone que es competente para el conocimiento de este expediente el "Secretario judicial" (LAJ) del Juzgado de Primera Instancia del domicilio o, en su defecto, de la residencia del menor o persona con discapacidad o, en su caso, aquél correspondiente al Juzgado de Primera Instancia que esté conociendo del asunto que exija el nombramiento de defensor judicial. Resultando que el expediente se iniciará de oficio, a petición del Ministerio Fiscal, o por iniciativa del menor o persona con capacidad modificada judicialmente o cualquier otra persona que actúe en interés de éste. En todo caso, en la tramitación del expediente hora considerado no será preceptiva la intervención de Abogado ni Procurador.

La reforma sustituye la expresión "persona con capacidad modificada judicialmente o a modificar" por "persona con discapacidad" del apartado 1, como ya se anticipó con efectos desde el desde el 3 de septiembre de 2021, por el art. 7.20.2 de la Ley 8/2021, de 2 de junio.

En relación con los *efectos de la solicitud*, resulta esencial la disposición acerca de que desde que se solicite la habilitación y hasta que acepte su cargo el defensor judicial o se archive el expediente por resolución firme, quedará suspendido el transcurso de los plazos de prescripción o de caducidad que afecten a la acción de cuyo ejercicio se trate, resultando que en el caso de que el menor o persona con discapacidad haya de comparecer como demandado o haya quedado sin representación procesal durante el procedimiento, el Ministerio Fiscal asumirá su representación y defensa hasta que se produzca el nombramiento de defensor judicial (art. 29 LJV).

La reforma sustituye la expresión "persona con capacidad modificada judicialmente o a modificar" por "persona con discapacidad" del párrafo segundo, como ya se anticipó con efectos desde el desde el 3 de septiembre de 2021, por el art. 7.20.2 de la Ley 8/2021, de 2 de junio.

Regula la *comparecencia y el contenido de la resolución* por la que se resuelve el expediente el art. 30 LJV, disponiendo al respecto que el Secretario judicial (LAJ) convocará a comparecencia al solicitante, a los interesados que consten como tales en el expediente, a quienes estime pertinente su presencia, al menor o persona con discapacidad si tuvieren suficiente madurez y, en todo caso, al menor si tuviere más de 12 años y al Ministerio Fiscal. Y en la resolución en que se acceda a lo solicitado se nombrará defensor judicial a quien el Secretario judicial (LAJ) estime más idóneo para el cargo, con determinación de las concretas atribuciones que le confiera. Con carácter preceptivo se establece que el testimonio de la resolución de nombramiento de defensor judicial en el caso previsto en la letra c) del apartado 1 del artículo 27 ("hallarse los progenitores, tutor o persona designada para ejercer el apoyo en una situación de imposibilidad de hecho para la representación o asistencia en juicio") se remitirá al Registro Civil competente para proceder a su inscripción.

> La reforma sustituye la expresión "persona con capacidad modificada judicialmente o a modificar" por "persona con discapacidad" del apartado 1, como ya se anticipó con efectos desde el desde el 3 de septiembre de 2021, por el art. 7.20.2 de la Ley 8/2021, de 2 de junio.

En lo atinente a la *cesación del defensor judicial y a su habilitación para comparecer en juicio*, el art. 31 LJV establece que el defensor judicial deberá comunicar al órgano judicial la desaparición de la causa que motivó su nombramiento. Y de la misma manera deberá comunicar al órgano judicial cuando alguno de los progenitores o representantes o curador, en su caso, se presten a comparecer en juicio por el afectado, o cuando se termine el procedimiento que motivó la habilitación.

Con precisa referencia a la *rendición de cuentas, excusa y remoción del defensor judicial*, el art. 32 LJV dispone que resultarán aplicables al defensor judicial las disposiciones establecidas para la formación de inventario, en su caso, la excusa y la remoción de los tutores y para su rendición de cuentas una vez concluida su gestión, que se tramitarán y decidirán por el Secretario judicial (LAJ) competente.

B) Expediente para el nombramiento de tutor (a menores) o curador (a personas con discapacidad) y la guarda de hecho

El expediente de jurisdicción voluntaria para el nombramiento de tutor, curador o guardador de hecho se encuentra regulado en el Capítulo IV del Título II de la LJV, comprensivo de los arts. 43 a 52, bajo la rúbrica "De la tutela, la curatela y la guarda de hecho" que, además de por necesidades de adaptación terminológica y ajuste de fondo a la nueva regulación emanada de la Ley 8/2021, resulta reformado con el evidente propósito de eliminar determinados desajustes puestos de manifiesto en los primeros años de vigencia de la Ley 15/2015, adicionándose, además, un art 51 bis regulador de la extinción de los poderes preventivos.

Por cuanto se refiere al *ámbito aplicativo* de la norma el art. 44, que principia la Sección 2.ª, dispone que se aplicará lo dispuesto en esta sección para la tramitación de los expedientes relativos a la tutela y la curatela. Además, el expediente solamente será aplicable a la curatela cuando, tras la tramitación de un proceso sobre la adopción de medidas judiciales de apoyo a una persona con discapacidad, sea procedente el nombramiento de un nuevo curador, en sustitución de otro removido o fallecido.

> Con anterioridad a la reforma las normas de esta sección se aplicaban a cualquier supuesto de tutela y curatela. Tras la Ley 8/2021se mantiene su aplicación a la tutela de los menores, si bien por cuanto se refiere a la curatela únicamente será de aplicación en la hipótesis de que, tras cursase el procedimiento pertinente al efecto, resulte preciso el nombramiento de un nuevo curador, por remoción o fallecimiento de quien lo era previamente.

Reitera con carácter general en este trámite las reglas ya conocidas cobre *competencia y postulación* el art. 43 (norma que constituye una disposición común al Capitulo IV), al determinar que será competente para el conocimiento de este expediente el Juzgado de Primera Instancia del domicilio o, en su defecto, de la residencia del menor o persona con discapacidad. Se precisa que el órgano judicial que haya conocido de un expediente sobre tutela, curatela o guarda de hecho, será competente para conocer de todas las incidencias, trámites y adopción de medidas o revisiones posteriores, siempre que el menor o persona con discapacidad resida en la misma circunscripción; en caso contrario, para conocer de alguna de esas incidencias, será preciso que se pida testimonio completo del expediente al Juzgado que anteriormente conoció del mismo, el cual lo remitirá en los diez días siguientes a la solicitud. En todo caso tampoco en estos expedientes será preceptiva la intervención de abogado y procurador, salvo en los relativos a la remoción del tutor o curador y a la extinción de poderes preventivos, en los que será necesaria la intervención de abogado.

También en este caso la modificación se localiza en reemplazar la expresión "persona con la capacidad modificada judicialmente" por la de "persona con discapacidad", adicionando en el arábigo 3. la mención a los supuestos en que es preceptiva la asistencia letrada, esto es, en el supuesto de extinción de poderes preventivos.

El *procedimiento* a seguir se encuentra regulado en el art. 45 LJV y, en relación con los extremos que se han modificado por la reforma, hay que destacar los aspectos siguientes.

Con carácter general, al igual que se indicó en otros supuestos, se verifica la necesaria adaptación terminológica por la que se reemplaza la expresión "persona con la capacidad modificada judicialmente" por la de "persona con discapacidad".

Además, por cuanto se refiere a la *legitimación activa*, el art. 45.1 LJV dispone que el expediente se iniciará mediante solicitud presentada por el Ministerio Fiscal o por cualquiera de las personas legalmente indicadas para promover la tutela o curatela, en la que deberá expresarse el hecho que dé lugar a una u otra, acompañando los documentos acreditativos de la legitimación para promover el expediente e indicando los parientes más próximos de la persona respecto a la que deba constituirse la tutela o curatela y sus domicilios. Igualmente deberá acompañarse certificado de nacimiento de ésta y, en su caso, el certificado de últimas voluntades de los progenitores, el testamento o documento público notarial otorgado por estos en los que se disponga sobre la tutela o curatela de sus hijos menores, o el documento público notarial otorgado por la propia persona con discapacidad en el que se hubiera dispuesto en previsión sobre su propia curatela u otras medidas de apoyo voluntarias.

Por su parte, el art. 45.2 LJV, de conformidad con los principios informadores de la reforme y, por tanto, de la Convención, establece que tanto el Juez como el Ministerio Fiscal actuarán de oficio en interés del menor y respetando la voluntad, deseos y preferencias de la persona con discapacidad en lo que conste, adoptando y proponiendo las medidas, diligencias, informes periciales y pruebas que estimen oportunas.

> Resulta significativo que la reforma haya venido a reemplazar la referencia al "interés de la persona con discapacidad" por la fórmula del "respeto a su personalidad", si bien se mantiene la mención a la ya consolidada expresión relativa al "interés del menor.

En el mismo sentido, al referirse a las *medidas de fiscalización* de la tutela o curatela establecidas por los progenitores en testamento o documento público notarial, o por el propio afectado en el documento público notarial otorgado al respecto, se dispone que dichas medidas serán acordadas de oficio por el Juez o a instancia del Ministerio Fiscal o del solicitante, en defecto de otra previsión o cuanto éstas no fueran establecidas en interés de la persona con discapacidad o no respeten su voluntad, deseos y preferencias (art. 45.4 LJV).

> Vuelve a referirse este precepto al interés de la persona con discapacidad ("interés de la persona afectada"), que únicamente podrá ser atendido en el supuesto de que la medida de fiscalización no hubiera resultado interesada por la persona necesitada de apoyos.

En cuanto a las *medidas de vigilancia y control*, la reforma concrete que cuando corresponda de acuerdo con la legislación civil aplicable, en la resolución por la que se constituya la tutela o curatela u otra posterior, el Juez podrá acordar las medidas de vigilancia y control oportunas, así como exigir al tutor o curador informe sobre la situación personal del menor o persona con discapacidad y el estado de la administración de sus bienes. Y si se adoptaren en resolución posterior, se oirá previamente al tutor o curador, al menor si tuviere suficiente madurez y, en todo caso, si fuera mayor de doce años, a la persona respecto a la que deba constituirse la curatela y al Ministerio Fiscal (art. 45.4, párrafo segundo, LJV).

En relación con la *prestación de fianza y su modificación*, la reforma precisa que sólo el Juez en la resolución por la que constituya la tutela o curatela o en otra posterior, podrá exigir al tutor o curador de modo excepcional la constitución de fianza que asegure el cumplimiento de sus obligaciones, debiendo determinar, en tal caso, la modalidad y cuantía de la misma. Asimismo, el órgano judicial podrá con posterioridad, de oficio o a instancia de parte interesada, dejar sin efecto o modificar en todo o en parte la fianza que se hubiera prestado, tras haber oído al tutor o curador, a la persona con discapacidad que precise medidas de apoyo, al menor si tuviere suficiente madurez y, en todo caso, si tuviere más de doce años, y al Ministerio Fiscal.

> Con anterioridad a la reforma no se precisaba el carácter excepcional de la constitución de fianza o, en su caso, su modificación.

Resulta también de interés la incidencia de la reforma en el arábigo 6. del art. 45 LJV, al establecer que, durante la sustanciación del recurso, e incluso si se instara un proceso ordinario posterior sobre el mismo objeto, quedará a cargo del tutor o curador electo, en su caso, el cuidado del menor o persona con discapacidad y la administración de su caudal, según proceda, bajo las garantías que parecieren suficientes al Juez.

> La reforma adiciona a la posibilidad ya recogida en el precepto que ello procederá incluso en el supuesto de que se instara "un proceso ordinario posterior sobre el mismo objeto".

Por cuanto se refiere a la *prestación de la fianza, aceptación y posesión del cargo,* la modificación operada por la reforma en el art. 46.2 LJV lo es únicamente de alcance puramente terminológico, pues sólo se viene a reemplazar el término "persona con capacidad modificada judicialmente o a modificar" por "persona con discapacidad". Asimismo, en el art. 46.3, atinente a la aceptación y posesión del cargo, en el que se cambia la palabra "designado" por la de "nombrado". E igualmente en el art. 46.4, que se refiere al inventario, en el que se hace uso de los términos "nombrado" y "persona con discapacidad".

Referido a la *retribución del tutor o curador,* el art. 48.1 LJV tras la reforma dispone que cuando devenga firme la resolución por la que se constituya la tutela, o se haya dictado sentencia en el procedimiento de provisión de apoyos, si el tutor o curador solicita la retribución a que tienen derecho, el Juez la acordará, fijando su importe y el modo de percibirla tomando en consideración la complejidad y la extensión de las funciones encomendadas y el valor y la rentabilidad de los bienes del interesado. En todo caso, la decisión se adoptará después de oír al solicitante, a la persona con discapacidad, al menor si tuviera suficiente madurez y, en todo caso, si fuera mayor de doce años, al Ministerio Fiscal y a cuantas personas considere oportuno. Se precisa, asimismo, que tanto el Juez como los interesados o el Ministerio Fiscal podrán proponer las diligencias, informes periciales y pruebas que estimen oportunas a tal efecto. Como también que el auto a que se refiere este artículo se ejecutará sin perjuicio del recurso de apelación, que no producirá efectos suspensivos.

En relación con la *remoción en el cargo de tutor o curador,* la reforma alcanza al art. 49.1 LJV que, además, de aplicar las ya referidas modificaciones terminológicas, reemplaza la referencia exclusiva al CC por la mención a la "legislación aplicable", disponiendo lo siguiente: "En los casos previstos por la legislación civil aplicable, de oficio, a solicitud del Ministerio Fiscal, del tutelado, del sujeto a curatela o de otra persona interesada, se podrá acordar la remoción del tutor o del curador, previa celebración de comparecencia. En ésta se oirá al tutor o curador, a las personas que puedan sustituirle en el cargo, a la persona con discapacidad, al menor si tuviere suficiente madurez y, en todo caso, si fuera mayor de doce años, y al Ministerio Fiscal".

Respecto de la *situación personal de la persona con discapacidad y rendición de cuentas*, el art. 51 LJV resulta modificado por la reforma en sus tres primeros apartados, disponiendo que de conformidad con la legislación civil aplicable o con la resolución judicial correspondiente, el tutor o curador presentará, en su caso, informes sobre la situación personal del menor o persona con discapacidad, o de rendiciones de cuentas, tras lo cual, el LAJ los trasladará a la persona con discapacidad, al menor si tuviera suficiente madurez y, en todo caso, si fuere mayor de doce años, a aquellos que aparecieran como interesados en el expediente y al Ministerio Fiscal. Se precisa asimismo que si alguno de los anteriormente mencionados lo solicitara en el plazo de diez días, se citará a todos ellos a una comparecencia, pudiéndose proponer de oficio o a instancia de parte las diligencias y pruebas que se estimen oportunas. Pero es que también podrá ordenar el Juez de oficio, a costa del patrimonio del tutelado o asistido, una prueba pericial contable o de auditoría aun cuando nadie haya solicitado la comparecencia, si en el informe se describieran operaciones complejas o que requieran una justificación técnica. Y, finalmente, celebrada o no la comparecencia, el juez resolverá por medio de auto sobre los informes y la rendición de cuentas.

Por cuanto se refiere a la *extinción de los poderes preventivos*, tanto éstos como los mandatos preventivos, han sido objeto de regulación en el CC, dotándose a los mismos de una singular relevancia como medida de apoyo voluntaria.

> Al respecto el art. 258 CC dispone: "Cualquier persona legitimada para instar el procedimiento de provisión de apoyos y el curador, si lo hubiere, podrán solicitar judicialmente la extinción de los poderes preventivos, si en el apoderado concurre alguna de las causas previstas para la remoción del curador, salvo que el poderdante hubiera previsto otra cosa".

Precisamente, de conformidad con la señalada facultad de interesar la extinción de tales poderes la reforma incorpora un nuevo art. 51 bis a la LJV, en el que se establece: "1. Cualquier persona legitimada para instar el procedimiento de provisión de apoyos y el curador, si lo hubiere, podrán instar la extinción de los poderes preventivos otorgados por la persona con discapacidad, si en el apoderado concurre alguna de las causas previstas para la remoción del curador. 2. Admitida la solicitud, se citará a la comparecencia al solicitante, al apoderado, a la persona con discapacidad que precise apoyo y al Ministerio Fiscal. Si se suscitare oposición, el expediente se hará contencioso y el letrado de la Administración de Justicia citará a los interesados a una vista, continuando la tramitación con arreglo a lo previsto en el juicio verbal".

Por último, con precisa referencia al *guardador de hecho*, el art. 52. LJV, además de las modificaciones terminológicas pertinentes que se realizan en sus dos primeros apartados, adiciona un apartado tercero, previsto para el caso de que el guardador de hecho requiera la autorización judicial en aquellas situaciones en que la misma resultara necesaria de conformidad con la respectiva legislación civil.

> El art. 52.3 LJV establece: "En los casos en que, de acuerdo con la legislación civil aplicable, el guardador de hecho de una persona con discapacidad deba solicitar autorización judicial, antes de tomar una decisión, la autoridad judicial entrevistará por sí misma a la persona con discapacidad y podrá solicitar un informe pericial para acreditar la situación de esta. También podrá citar a la comparecencia a cuantas personas considere necesario oír en función del acto cuya autorización se solicite".

C) Expedientes relativos a la autorización o aprobación judicial de actos de disposición, gravamen u otros de los bienes del menor o de las personas con discapacidad

La regulación de esta especialidad de expedientes se contiene en el Capítulo VIII del Libro II de la LJV, comprensivo de los arts. 61 a 66. La reforma no ha afectado a la rúbrica del capítulo, que permanece invariable ("De la autorización o aprobación judicial para la realización de actos de disposición, gravamen u otros que se refieran a los bienes y derechos de menores y personas con discapacidad con medidas de apoyo para el ejercicio de su capacidad jurídica"), salvo la adaptación terminológica atinente a la sustitución de la expresión "personas con capacidad modificada judicialmente" por "personas con discapacidad con medidas de apoyo para el ejercicio de su capacidad jurídica", con efectos desde el 3 de septiembre de 2021, a causa de la reforma operada por el art. 7.20.3 de la Ley 8/2021, de 2 de junio.

Por cuanto se refiere al *ámbito aplicativo*, el art. 61 LJV recoge las necesarias adaptaciones terminológicas impuestas por la reforma, con inclusión de la persona que preste apoyos que requieran autorización judicial, al igual que se aprecia en el precepto siguiente, al referirse a la competencia del Juzgado de Primera Instancia de la residencia del menor o de la persona con discapacidad, legitimación y postulación. Así, la norma del art. 61 establece que las disposiciones del capítulo se aplicarán en todos los casos en que el representante legal del menor o la persona que preste apoyo a la persona con discapacidad o el administrador de un patrimonio protegido necesite autorización o aprobación judicial para la validez de los actos de disposición, gravamen u otros que se refieran a sus bienes o derechos o al patrimonio protegido, salvo que hubiera establecida una tramitación específica.

Al regular la *competencia* se dispone que será competente para el conocimiento de este expediente el Juzgado Instancia del partido judicial determinado por el lugar residencia del menor o persona con discapacidad. Y, como ya se ha anticipado, si antes de la celebración de la comparecencia se produjera una modificación de la residencia habitual de la persona a que se refiera el expediente, se remitirán las actuaciones al Juzgado correspondiente en el estado en que se hallen.

Con precisa referencia a la *legitimación*, la norma contenida en el art. 62.2 LJV reconoce la posibilidad de promover este expediente a quienes ostenten la representación legal del menor o ejerzan el apoyo a la persona con discapacidad a los fines de realizar el acto jurídico de que se trate, así como la propia persona con discapacidad de conformidad con las medidas de apoyo establecidas. También cuando se trate de la administración de bienes o derechos determinados, con facultades concretas sobre los mismos, conferida por su transmitente a título gratuito a favor de quien no ostente la representación legal, o cuando se ejerzan separadamente la tutela o curatela de la persona y la de los bienes deberá solicitar la autorización, si fuere precisa, el administrador designado por el transmitente o el tutor de los bienes. En todo caso si el acto fuera respecto a los bienes del patrimonio protegido, el legitimado será su administrador.

En relación con la *postulación*, el art. 62 introduce una relevante modificación, por cuanto que la intervención de letrado y procurador deja de ser preceptiva en todos los supuestos en los que la cuantía del acto para el que se inste el expediente no supere los 6.000 euros y en los casos en que el valor de la operación rebase la indicada cantidad la solicitud inicial podrá realizarse sin necesidad de ambos profesionales, sin perjuicio de que el Juez pueda ordenar la actuación de todos los interesados por medio de abogado cuando la complejidad de la operación así lo requiera o comparezcan sujetos con intereses contrapuestos.

La modificación persigue el propósito de ahorrar gastos al menor o persona con discapacidad respecto de actuaciones que no presentan complejidad técnica alguna, atendida la circunstancia de que en este tipo de actos concurrirá siempre el control judicial al tiempo de acordar sobre lo interesado.

La reforma mantiene invariable la regulación de la *solicitud* que, en todo caso, deberá contener el motivo del acto o negocio de que se trate, y se razonará la necesidad, utilidad o conveniencia del mismo; se identificará con precisión el bien o derecho a que se refiera; y se expondrá, en su caso, la finalidad a que deba aplicarse la suma que se obtenga (art. 63.1 LJV).

Conviene precisar que con la petición que se deduzca se presentarán los documentos y antecedentes necesarios para poder formular juicio exacto sobre el negocio de que se trate y, en su caso, las operaciones particionales de la herencia o de la división de la cosa común realizada (art. 63.1, párrafo segundo, LJV). Además, en el supuesto de autorización solicitada para transigir, se acompañará, además, el documento en que se hubieren formulado las bases de la transacción (art. 63.2). Y si la solicitud fuera para la realización de un acto de disposición podrá también incluirse en la misma la petición de que la autorización se extienda a la celebración de venta directa, sin necesidad de subasta ni intervención de persona o entidad especializada, en cuyo caso, deberá acompañarse de dictamen pericial de valoración del precio de mercado del bien o derecho de que se trate y especificarse las demás condiciones del acto de disposición que se pretenda realizar (art. 63.3).

En el contexto del expediente revisado, la Ley 8/2021 modifica la *tramitación* del mismo que desde la reforma resulta de la previsión contenida en el art. 64 LJV, por el que se dispone que, admitida a trámite la solicitud por el LAJ, éste citará a comparecencia al Ministerio Fiscal, así como a todas las personas que, según los distintos casos, exijan las leyes y, en todo caso, a la persona con discapacidad y al menor que tenga suficiente madurez y, en todo caso, cuando sea mayor de doce años (art. 64.1).

En todo caso, resulta de interés precisar que, como ya se anticipó con carácter general, si el órgano judicial considerara la procedencia de dictamen pericial, se acordará de oficio o a instancia de parte, y se emitirá antes de celebrarse la comparecencia, debiendo citarse a ella al perito o peritos que lo hubiesen emitido, si así se acordara, para responder a las cuestiones que le planteen tanto los intervinientes como el Juez (art. 64.2).

Al regular el *contenido de la resolución judicial resolutiva del expediente*, la reforma suprime el arábigo 2 del art. 65 LJV, que imponía como condición para la venta de bienes o derechos que se verificase en pública subasta. Tras la reforma, y de conformidad con la previsión contenida en el art. 287 CC (norma de aplicación a curadores representativos y a tutores de menores de edad), se elimina la indicada referencia, estableciéndose actualmente que si "se autorizare la realización de algún acto de gravamen sobre bienes o derechos que pertenezcan al menor o persona con discapacidad o la extinción de derechos reales a ellos pertenecientes, se ordenará seguir las mismas formalidades establecidas para la venta, con exclusión de la subasta" (art. 65.4 LJV).

El art. 287 CC dispone: "El curador que ejerza funciones de representación de la persona que precisa el apoyo necesita autorización judicial para los actos que determine la resolución y, en todo caso, para los siguientes: (...) 2.º Enajenar o gravar bienes inmuebles, establecimientos mercantiles o industriales, bienes o derechos de especial significado personal o familiar, bienes muebles de extraordinario valor, objetos preciosos y valores mobiliarios no cotizados en mercados oficiales de la persona con medidas de apoyo, dar inmuebles en arrendamiento por término inicial que exceda de seis años, o celebrar contratos o realizar actos que tengan carácter dispositivo y sean susceptibles de inscripción. Se exceptúa la venta del derecho de suscripción preferente de acciones. *La enajenación de los bienes mencionados en este párrafo se realizará mediante venta directa salvo que el Tribunal considere que es necesaria la enajenación en subasta judicial para mejor y plena garantía de los derechos e intereses de su titular*" (subrayado por los autores).

En todo caso se mantiene la previsión de que, en el caso de autorización solicitada para transigir, si fuera concedida por el Juez, determinará la expedición de testimonio que se entregará al solicitante para el uso que corresponda. (art. 65.3 LJV). Y referente a que la resolución será recurrible en apelación con efectos suspensivos (at. 65.5 LJV).

D) *Expediente relativo a las medidas de protección relativas al ejercicio inadecuado de la potestad de guarda o de administración de los bienes del menor o persona con discapacidad*

El expediente atinente a las medidas de protección vinculadas con el ejercicio inadecuado de la potestad de guarda o de administración de los bienes de la persona discapacitada aparece regulado en la en la Sección 3.ª del Capítulo II del Título III, residenciado en el ámbito de los expedientes de jurisdicción voluntaria en materia de familia, y comprensivo de los arts. 87 a 89 LJV, cuya rúbrica asimismo resulta adaptada terminológicamente a la nueva normativa con tenor siguiente: "De las medidas de protección relativas al ejercicio inadecuado de la potestad de guarda o de administración de los bienes del menor o persona con discapacidad".

En el señalado contexto normativo el art. 87 LJV se dedica a la regulación del *ámbito aplicativo, competencia y legitimación*, resultando que la reforma adapta la norma a la actual numeración de los preceptos del CC (arts 158, 164, 165, 167, 200 y 249 CC), y también a la sustantividad de la Ley 8/2021, realizando asimismo en este caso una remisión a las disposiciones análogas de la "legislación civil aplicable".

Así, por cuanto se refiere a la virtualidad aplicativa de la norma, se prevé su proyección en los supuestos siguientes: 1.º Para la adopción de las medidas de protección de menores establecidas en el artículo 158 CC. 2.º Para la adopción de las medidas previstas en el artículo 249, último párrafo, CC en relación con las personas con discapacidad. 3.º Para el nombramiento de un administrador judicial para la administración de los bienes adquiridos por el hijo por sucesión en la que el padre, la madre o ambos hubieran sido justamente desheredados o no hubieran podido heredar por causa de indignidad y no se hubiera designado por el causante una persona a tal efecto, ni pudiera tampoco desempeñar dicha función el otro progenitor. 4.º Para atribuir a los progenitores que carecieren de medios la parte de los frutos que en equidad proceda de los bienes adquiridos por el hijo por título gratuito cuando el disponente hubiere ordenado de manera expresa que no fueran para los mismos, así como de los adquiridos por sucesión en que el padre, la madre o ambos hubieran sido justamente desheredados o no hubieran podido heredar por causa de indignidad y de aquellos donados o dejados a los hijos especialmente para su educación o carrera. 5.º Para la adopción de las medidas necesarias para asegurar y proteger los bienes de los hijos, exigir caución o fianza para continuar los progenitores con su administración o incluso nombrar un administrador cuando la administración de los progenitores ponga en peligro el patrimonio del hijo (art. 87.1).

Queda precisada la competencia en la previsión que recoge el art. 87.2 al disponer, nuevamente, que será competente el Juzgado de Primera Instancia del domicilio o, en su defecto, de la residencia del menor o persona con discapacidad. Si bien resultará competente para conocer del expediente el Juzgado de Primera Instancia que hubiera conocido del inicial en las situaciones siguientes: 1.ª. Si el ejercicio conjunto de la patria potestad por los progenitores o la atribución de la guarda y custodia de los hijos hubiera sido establecido por resolución judicial, así como cuando estuvieran sujetos a tutela. 2.ª. Cuando la medida de apoyo de la persona con discapacidad hubiera sido provista judicialmente.

> En todo caso, las medidas a que se refiere este Capítulo se adoptarán de oficio o a instancia del propio menor o persona con discapacidad, de cualquier pariente o del Ministerio Fiscal y cuando se interesen respecto de una persona con discapacidad, podrán adoptarse asimismo a instancia de cualquier interesado.

Con precisa referencia a la *resolución* por la que se pone fin al expediente, el art. 88 reemplaza con la reforma la mención al CC (arts. 158 y 167) por la referencia a las medidas que procedan de conformidad con lo dispuesto en la legislación civil aplicable, manteniendo la posibilidad de nombrar un defensor judicial, si ello resultara procedente, aunque eliminando la atinente al administrador que se recogía en la normativa anterior a la reforma.

> El art. 88 LJV establece: "Si el Juez estimare procedente la adopción de medidas, resolverá lo que corresponda designando persona o institución que, en su caso, haya de encargarse de la custodia del menor o del apoyo a la persona con discapacidad, adoptará las medidas procedentes en el caso conforme a lo establecido en la legislación civil aplicable y podrá nombrar, si procediere, un defensor judicial".

Finalmente, en relación con la *actuación en los casos de tutela y curatela*. cuando el órgano judicial que haya tenido conocimiento del expediente resulte ser otro juzgado distinto del que hubiera tramitado la tutela o curatela, el art. 89 LJV, en su redacción posterior a la reforma, establece que "el Juez que haya conocido del expediente remitirá testimonio de la resolución definitiva al que hubiese conocido del nombramiento de tutor o del curador, respectivamente, cuando sea uno distinto".

E) Expediente relativo a la aceptación y repudiación de herencia

En la regulación *ámbito de aplicación* del expediente referido a la aceptación y repudiación de herencia por parte de la persona con discapacidad, regulado en los arts 93 a 95 LJV que integran el Capítulo III del Título IV que lleva por rúbrica "De los expedientes de jurisdicción voluntaria relativos al Derecho sucesorio", la reforma incorpora a los curadores representativos en los supuestos en que, conforme a la ley, la validez de la aceptación o repudiación de la herencia requiera la autorización judicial y que, en todo caso, son los siguientes: 1.º Los progenitores que ejerzan la patria potestad para repudiar la herencia o legados en nombre de sus hijos menores de 16 años, o si aun siendo mayores de esa edad, sin llegar a la mayoría, no prestaren su consentimiento. 2.º Los tutores, los curadores representativos y, en su caso, los defensores judiciales, para aceptar sin beneficio de inventario cualquier herencia o legado o para repudiar los mismos. 3.º Los acreedores del heredero que hubiere repudiado la herencia a la que hubiere sido llamado en perjuicio de aquellos, para aceptar la herencia en su nombre (art. 93.2).

> Con anterioridad a la reforma la norma contenía la mención a la aceptación sin beneficio de inventario de los legados, situación que no resultaba justificable, toda vez que el legatario no responde *ultravires* de las deudas de su causante.
>
> En todo caso será necesaria la intervención del Ministerio Fiscal en los dos primeros supuestos señalados en el art. 93.2 LJV (art. 94.3), sin que resulte preceptiva la intervención de Letrado ni Procurador cuando la cuantía del haber hereditario sea inferior a 6.000 euros (art. 94.4).

El precepto mantiene la necesaria aprobación judicial para la eficacia de la repudiación de la herencia realizada por los legítimos representantes de las asociaciones, corporaciones y fundaciones capaces de adquirir (art. 93.3 LJV).

También se conserva la *competencia* para el conocimiento de estos expedientes, cuya tramitación se deberá ajustar a las normas comunes de la LJV, que resulta atribuida también al Juzgado de Primera Instancia del último domicilio o, en su defecto, de la última residencia del causante y, si lo hubiere tenido en país extranjero, el del lugar de su último domicilio en España o donde estuviere la mayor parte de sus bienes, a elección del solicitante (art. 94.1).

Por cuanto se refiere a la *legitimación para la promoción del expediente*, la norma del art. 94.2 dispone tras la reforma que podrán promover este expediente los llamados a la herencia y los acreedores del heredero que hubiera repudiado la herencia, resultando que si los llamados fueran menores, podrán promoverlo quienes ostenten su representación y, en su defecto, el Ministerio Fiscal. Y si se tratara de personas con discapacidad provistas de medidas de apoyo representativo para este tipo de actos podrán promoverlo los que ejerzan el apoyo. Además, podrá promoverlo el defensor judicial si no se le hubiera dado la autorización en el nombramiento.

Finalmente, en cuanto a la resolución por la que se pone fin al expediente, la reforma ha mantenido la regulación que se contiene en el art. 95, a cuyo tenor: "1. El Juez, teniendo en cuenta la justificación ofrecida y valorando su conveniencia a los intereses de los llamados a la herencia, resolverá concediendo o denegando la autorización o aprobación solicitada. 2. En el caso de haberse solicitado autorización o aprobación para aceptar sin beneficio de inventario o repudiar la herencia, si no fuera concedida por el Juez, sólo podrá ser aceptada a beneficio de inventario. 3. La resolución será recurrible en apelación con efectos suspensivos".

5. LA REVISIÓN DE LAS MEDIDAS DE APOYO ADOPTADAS JUDICIALMENTE CON ANTERIORIDAD A LA ENTRADA EN VIGOR DE LA LEY 8/2021, DE 2 DE JUNIO. ESPECIAL REFERENCIA A LA DISPOSICIÓN TRANSITORIA QUINTA

La Disposición Transitoria Segunda, I, de la Ley 8/2021 prevé que los tutores y curadores (con excepción de los declarados pródigos) nombrados conforme al régimen legal anterior "ejercerán su cargo conforme a las disposiciones de esta Ley a partir de su entrada en vigor", aplicándose a los tutores de las personas con discapacidad las normas establecidas para los curadores representativos; y, según el párrafo V de la misma, las "medidas derivadas de las declaraciones de prodigalidad [institución ahora suprimida] adoptadas de acuerdo con la legislación anterior continuarán vigentes hasta que se produzca la revisión prevista en la disposición transitoria quinta. Hasta ese momento, los curadores de los declarados pródigos continuarán ejerciendo sus cargos de conformidad con la legislación anterior".

> Por consiguiente, y al disponer la DT2.ª la aplicación de la nueva normativa al ejercicio de las funciones derivadas de la tutela, curatela, defensor judicial y guarda de hecho persistentes al tiempo de la entrada en vigor de la reforma, de ello se colige que los indicados cargos deberán adaptar el desempeño de su respectivas funciones a las previsiones comprendidas en el art. 249 del CC, adaptando el sentido y contenido de su actuación a las estrenadas previsiones legales que pivotan en torno al respeto absoluto de los derechos, libre desarrollo de la personalidad y de la dignidad de la persona necesitada de apoyos, a su voluntad, deseos y preferencias en todas sus actuaciones, con el propósito a promover su autonomía, intentando que la persona con discapacidad pueda ejercitar su capacidad en la medida de lo posible libre de apoyos o, en si caso, con los más exiguos y en el menor tiempo posible, de acuerdo con el principio de intervención mínima en materia de apoyos. Y en los casos de discapacidad grave que demanden de manera excepcional la intervención de un tercero al tiempo de adoptar decisiones, es preciso integrar la voluntad de la persona beneficiara de los apoyos en la mayor medida posible, procurando siempre la averiguación de su voluntad implícita, entendiendo por tal la que se puede deducir de sus antecedentes personales y de cualquier otro elemento que pudiera resultar determinante a tal efecto y que permita concluir en qué sentido se habría manifestado la voluntad personal del necesitado de apoyos en caso de no concurrir representación alguna.

La Disposición Transitoria Quinta contempla dos tipos de revisión de las medidas acordadas con anterioridad de la entrada en vigor de la Ley: de un lado, las que pueden solicitar "en cualquier momento" las personas con capacidad modificada judicialmente, los tutores o curadores, para adaptarlas a aquélla, las cuales deberán producirse en el plazo máximo de un año desde su solicitud; y, por otro lado, las revisiones, de oficio o a instancia del Ministerio Fiscal, que deberán tener lugar, cuando no haya existido tal solicitud, "en un plazo máximo de seis años" (según la redacción dada a la Disposición Transitoria Quinta de la Ley 8/2021 por la Disposición Final Quinta de la Ley Orgánica 5/2024, de 11 de noviembre, pues inicialmente, el plazo era de tres años).

En todo caso, el procedimiento se llevará a cabo, conforme a lo previsto en el art. 42 bis c) LJV, relativo a las medidas judicialmente adoptadas, que ya ha sido objeto de consideración precedentemente.

Hay que tener en cuenta que no toda tutela tendrá que transformarse, necesariamente, en curatela con facultad de representación, que es la figura actual que más se le aproxima.

El AAP Alicante (Sección 6.ª) 16 mayo 2024, rec. n.º 239/2024 (ECLI:ES:APA:2024:397A) (*Tol 10.181.012*), recogiendo otros pronunciamientos anteriores, afirma que la "revisión exigida por la Disposición transitoria quinta no se limita a variar de institución, sustituyendo de forma protocolaria o rutinaria a la tutela (extinguida legalmente para los apoyos a la discapacidad) por la curatela, sino que implica un juicio de revisión en el que debe producirse la debida contradicción y la práctica de las diligencias y pruebas preceptivas y, en su caso, facultativas, en orden a resolver con garantías sobre la permanencia de medidas de apoyo, y, en su caso, las que mejor se adecúen a la situación y circunstancias de la persona con discapacidad". n de las medidas de apoyo ordenada por la DT5.ª de la Ley 8/2021 de 2 de junio, "con el fin de adaptar las medidas adoptadas conforme a la legislación anterior a la nueva normativa, es el del art. 42 bis c) LJV relativo a la revisión de las medidas ya adoptadas". Confirmó el auto recurrido, que había sustituido la tutela ejercitada por el marido por una curatela representativa, ejercitada por el IVASS, para decidir sobre el lugar de asistencia de la persona apoyada, "así como para todos los actos económico-administrativos de carácter complejo, para dar consentimiento a tratamiento médico y para dar cumplimiento a prescripciones médicas"; y asistencial, "para conocer su situación económica, administrar sus ingresos y manejo de dinero de bolsillo".

También en este punto debiera aplicarse la regla de la preferencia de la guarda de hecho, que funcionara adecuadamente y fuera suficiente para cubrir las necesidades de la persona apoyada, sobre las medidas judiciales, con el resultado paradójico de tener que acudir a la vía judicial para llevar a cabo una desjudicialización de las medidas de apoyo, de modo que quien viniera ejerciendo adecuadamente la tutela o curatela continuase apoyando a la persona con discapacidad, pero no ya, como tutor o curador, sino como guardador de hecho.

La idea expuesta ha encontrado reflejo en sentencias de instancia.

En este sentido se orienta el AJPI (núm. 5) Córdoba 440/2022 30 junio 2022, Procedimiento de Revisión medidas DT 5.ª Ley 8/2021 596/2022, respecto de una persona con discapacidad, cuyas facultades de autodeterminación seguían "gravemente afectadas", "necesitando de un apoyo pleno", teniendo solamente su pensión y un piso en alquiler propiedad de su hermano, sin que fuera previsible que en el futuro tuviera que hacer alguna transacción; como también el AJPI (núm. 5) Córdoba 427/2022 30 junio 2022, Procedimiento de Revisión de medidas de la Disposición Transitoria 5.ª de la Ley 8/21 XXX/22, en relación a una persona con trastorno afectivo bipolar, afección "que no interfiere fuera de los períodos de descompensación afectiva, con el normal funcionamiento social de la persona explorada así como su adaptación a la vida en comunidad".

Diversamente, el AJPI núm. 5 de Córdoba núm. 455/2022 30 junio 2022 (Procedimiento de Revisión de medidas de la Disposición Transitoria 5.ª de la Ley 8/21 XXX/22) confirma la curatela ejercida por la hermana de una persona con discapacidad, que padecía un trastorno de control de impulsos, que le originaba un descontrol en el manejo del dinero. Es más, con el consentimiento del afectado, constituye una curatela con facultad de representación (antes lo era, meramente, de complemento de capacidad) "en el ámbito de su salud, gestiones burocráticas y actos de administración y gestión del patrimonio"; y ello, por haberse agravado la enfermedad del hermano, que, desde hacía 4 años vivía en una residencia, de la que salía siempre acompañado.

No obstante lo indicado, en los procedimientos de revisión comienza a sentirse el peso de la jurisprudencia del TS, reacia a considerar que la guarda de hecho sea valorada como medida suficiente de apoyo, en los casos de discapacidad grave, cuando el guardador invoca las dificultades que encuentra para poder llevar a cabo actor representativos en nombre de la persona apoyada.

El AAP Guipúzcoa 19 abril 2024 (Sección 2.ª), rec. n.º 1134/2023 (ECLI:ES:APSS:2024:157.ª), revocó, así, el auto recurrido, que había suprimido la tutela constituida con anterioridad a la Ley 8/2021, por una guarda de hecho encomendada a quien había desempeñado el cargo de tutora, habiéndola reconocida como guardadora de hecho y habiéndola autorizado para administrar y gestionar cuentas bancarias. Por el contrario, constituyó una curatela asistencial, en el campo de las "actividades cotidianas"; y representativa, en el de las "habilidades económico-jurídico-administrativas" y de la salud. Relata que la persona apoyada, de 58 años, padecía "una discapacidad intelectual moderada-grave postmeningítica desde los tres años siendo una patología crónica e incurable"; tenía reconocida un valoración de la discapacidad del 70%; no sabía leer, ni escribir, ni podía "realizar las operaciones aritméticas básicas desconociendo el valor del dinero e ignorando el sentido de cualquier trámite de carácter jurídico, económico o administrativo que haya de realizar"; en su vida diaria no podía "ir sola a la calle precisando de compañía al igual que para hacer compras"; requería "supervisión a la hora de escoger la ropa del día", aunque se vestía sola; comía sin ayuda, pero precisaba que le preparasen la comida; y necesitaba ir acompañada para acudir al médico.

El AAP Alicante (Sección 6.ª) 16 mayo 2024, rec. n.º 478/2024 (ECLI:ES:APA:2024:262A) (*Tol 10.168.658*), estimó el recurso del hijo de la persona apoyada, que había considerado suficiente medida de apoyo la guarda de hecho, habiéndole autorizado para realizar actos de gestión y disposición de cuentas bancarias y productos financieros. La madre padecía Alzheimer grado 5 (o grado 6), que le había provocado un deterioro cognitivo severo, habiéndose puesto de manifiesto en la exploración judicial su desorientación temporal y espacial; que desconocía donde vivía y que tenía hijos, "no siendo capaz de interactuar en la conversación ni responder a las preguntas" que se le formularon, que no conocía la moneda o su valor; y que no podía "desenvolverse en cuestiones económicas, administrativas o jurídicas". Reconoció que la madre tenía "apoyo familiar de hecho por parte de su hijo", "que viene ejerciendo la guarda de hecho, y que vela por sus intereses", y que

> no se apreciaba "problemática familiar ni en cuanto a su asistencia de índole económica". Sin embargo —añade— que el recurrente "considera que dicha medida de guarda de hecho, dadas las circunstancias concurrentes, no es suficiente", y, por consiguiente, concluye que "es necesario el nombramiento de un curador con funciones representativas, recayendo el cargo en la persona del hijo", quien "ha venido ocupándose directamente de la atención de sus necesidades, concurriendo en él todos los requisitos precisos para su correcto ejercicio".

En este ámbito, cabe considerar la exigencia de la aprobación judicial en determinados actos, tales como la partición hereditaria. En el supuesto resuelto por la Resolución DGSJFP 20146/2023, de 26 de julio (BOE núm. 231, de 27 de septiembre de 2023, pp. 130544 a 13055), se cuestiona la necesidad de aprobación judicial de la partición llevada a cabo por persona incapacitada al amparo de la regulación anterior y acompañada de su curador representativo. El Centro Directivo, con buen criterio por ajustado a la previsión legal, considera que no corresponde al Notario la revisión y adaptación de la medida de apoyo dictada al amparo de la regulación anterior, pues el legislador ha encomendado tal función de manera exclusiva a los jueces y tribunales y, en tales circunstancias, resulta inadmisible la actuación del tutor como curador asistencial, omitiendo la previsión contenida en la Disposición Transitoria 2.ª de la Ley 8/2021.

> Y es que la revisión de las medidas de apoyo con el propósito de su adaptación a la situación específica de la persona en relación con la que se dispusieron es función encomendada al órgano judicial que deberá decidir de conformidad con la legalidad vigente que en su decisión le vincula, y en tanto la revisión prevenida legalmente no se produzca, y aun resultando acreditado que la persona con discapacidad pueda eventualmente requerir, como medida de apoyo, una curatela asistencial y no representativa, tal decisión final en ningún caso se encuentra dentro de las atribuciones conferidas al Notario (art. 291 del CC). De manera que debe concluirse que no cabe desatender en relación con las medidas de apoyo ya dispuestas la exigencia de revisión judicial legalmente prevista con la finalidad de adecuar las medidas de apoyo a las necesidades de la persona beneficiaria de las mismas.

En el supuesto a que se refiere la Resolución DGSJFP 20146/2023, de 26 de julio (BOE núm. 231, de 27 de septiembre de 2023, pp. 130544 a 13055), resulta que en una escritura de aceptación y adjudicación de herencia interviene una persona incapacitada y sometida a tutela al amparo de la regulación anterior. En la referida escritura se adjudican los bienes descritos por terceras partes indivisas entre los tres herederos testamentarios (instituidos en esa misma proporción). El documento público resultó otorgado por los tres herederos, haciéndose constar que, al estar uno de ellos incapacitado, interviene su hermana —también heredera— como tutora nombrada en sentencia. En tal contexto el Notario autorizante considera que la persona incapacitada ostenta capacidad suficiente y puede actuar en el acto con el doble apoyo institucional del Notario y asistencial de la curadora representativa y no aprecia conflicto de intereses con la curadora representativa por la forma de realizarse la partición. Adoptando un criterio valorativo diverso, y en opinión de quien esto escribe completamente acertado por adecuarse a la previsión legal, la Registradora suspende la inscripción, por entender que resulta necesaria la aprobación judicial firme de la partición, todo ello de conformidad con lo dispuesto en los arts. 1060 y 289 del CC. Y, frente a la calificación negativa de la Registradora, interpone el Notario recurso ante la DGSJFP, defendiendo con documentada pero discutible argumentación la actuación de la persona con discapacidad en el otorgamiento de la escritura de aceptación y adjudicación de herencia, asistida por su curadora representativa y por él mismo en su función de apoyo *ex lege*. Como se ha indicado, el Centro Directivo desestima el recurso y confirma la calificación impugnada, valorando la posición del Notario al considerar a la persona con discapacidad como compareciente y otorgante, lo que considera que "supone un claro refuerzo y acicate a su plena integración social", lo cual parece de todo punto atinado toda vez que, con este criterio, el Notario, de conformidad con los principios inspiradores que sustentan la reforma, procura asegurar el ejercicio de los derechos cuya titularidad le corresponde, con pleno respeto a su dignidad, a su autonomía personal y a su libertad e independencia para adoptar sus propias decisiones, en condiciones de igualdad con el resto, expresando un consentimiento libre. Pero también se destaca de manera esencial, como criterio decisorio de la resolución, que la competencia para la revisión y adaptación de las medidas de apoyo resulta legalmente atribuida a los jueces y tribunales y, en consecuencia, en tanto se verifique la revisión de las medidas y aunque se llegara a acreditar que la persona con discapacidad pueda requerir una curatela asistencial y no representativa, la decisión no se encuentra dentro de las competencias atribuidas al Notario. Ciertamente, el contenido de la DT2.ª de la Ley 8/2021 resulta expresado en términos de meridiana claridad y no admite interpretación al respecto de lo en ella previsto.

Al igual que se ha expuesto respecto de la patria potestad rehabilitada y prorrogada, dado el incumplimiento de los plazos de revisión de oficio, persisten vigentes tutelas, que se rigen por las actuales normas relativas a la curatela con facultad de representación, así como curatelas constituidas bajo la vigencia de la legislación anterior, que se rigen por las normas actuales. Estas tutelas y curatelas subsistirán hasta que no se haya procedido a su revisión y debe entenderse que también seguirán desplegando sus efectos las autorizaciones judiciales que se hubieran concedido a los tutores, por ejemplo, para enajenar bienes inmuebles de los pupilos.

6. RÉGIMEN TRANSITORIO PREVISTO EN LA REFORMA DE LA LEGISLACIÓN CIVIL Y PROCESAL PARA LA PROVISIÓN DE APOYOS A LAS PERSONAS CON DISCAPACIDAD. EL ALCANCE DE LA DISPOSICIÓN TRANSITORIA 6.ª DE LA LEY 8/2021 Y DE LA EXPRESIÓN "PROCESOS RELATIVOS A LA CAPACIDAD DE LAS PERSONAS"

La Disposición Transitoria Sexta de la Ley 8/2021 prevé lo siguiente: "Los procesos relativos a la capacidad de las personas que se estén tramitando a la entrada en vigor de la presente Ley se regirán por lo dispuesto en ella, especialmente en lo que se refiere al contenido de la sentencia, conservando en todo caso su validez las actuaciones que se hubieran practicado hasta ese momento".

Esta norma viene a establecer la absoluta y directa aplicación de la nueva regulación, tanto en lo atinente a los principios y valores instaurados, cuanto al nuevo régimen jurídico establecido, a los procesos ya iniciados y no concluidos, así como la preceptiva adecuación de la resolución que en los mismos recaiga a las previsiones que la reforma instaura. En este sentido, la STS, Sala

1.ª, 589/2021, de 8 de septiembre (ECLI:ES:TS:2021:3276) (*Tol 8.585.229*), declara que: "En la medida en que esta sentencia iba a ser dictada con fecha posterior a la entrada en vigor de la Ley 8/2021 (3 de septiembre de 2021), el tribunal estaba afectado por esta disposición transitoria. Aunque la deliberación del recurso había sido señalada antes, para el 14 de julio, contando con que el mes de agosto es inhábil, la sentencia podía ser dictada en plazo después de la entrada en vigor de la nueva ley. De ahí que nos ajustemos a lo previsto en esta DT6.ª, y resolvamos el recurso de casación atendiendo al nuevo régimen de provisión de apoyos contenido en el Código civil. Conviene no perder de vista que en el enjuiciamiento de esta materia (antes la incapacitación y tutela, ahora la provisión judicial de apoyos) no rigen los principios dispositivo y de aportación de parte. Son procedimientos flexibles, en los que prima que pueda adoptarse la resolución más acorde con las necesidades de la persona con discapacidad y conforme a los principios de la Convención. En este contexto, la disposición transitoria sexta es coherente con la finalidad de la ley y no contraría la seguridad jurídica. Máxime si tenemos en cuenta que la reforma legal, para asegurar la implantación de este nuevo régimen, exige revisar todas las tutelas y curatelas vigentes al tiempo de la entrada en vigor de la ley, para adaptarlas al nuevo régimen de provisión de apoyos (DT5.ª Ley 8/2021, de 2 de junio). De tal forma que, en nuestro caso, aunque hubiéramos podido dictar sentencia justo antes de la entrada en vigor de la nueva ley, carecía de sentido resolver de acuerdo con la normativa anterior a la reforma, sabiendo que necesariamente lo resuelto, en breve tiempo, iba a ser revisado y adaptado al nuevo régimen de provisión de apoyos. Lo argumentado hasta ahora sirva para justificar que vamos a resolver el recurso de casación con arreglo al nuevo régimen de provisión judicial de apoyos".

En definitiva, resulta que las resoluciones que recaigan desde la entrada en vigor de la Ley 8/2021 deben fundarse jurídicamente en la nueva normativa y adaptarse a todas sus previsiones, si bien, con el propósito de preservar el principio de seguridad jurídica la reforma prevé la validez de las actuaciones ya practicadas, también con la finalidad de evitar dilaciones innecesarias en el curso de la causa o eventuales nulidades, sin perjuicio, obviamente, de lo que resulte del control judicial del procedimiento.

Al considerar el contenido de la Disposición Transitoria Sexta inicialmente cabe preguntarse qué debe entenderse por "procesos relativos a la capacidad de las personas". Ciertamente, en un sentido estricto, acogiéndonos al tenor literal de la previsión contenida en la disposición ahora revisada, podría interpretarse que dicha expresión se refiere, exclusivamente, a los procesos que tienen como finalidad el establecimiento de medidas de apoyo.

Frente a esta interpretación literal y restrictiva, parece que la exégesis correcta es la de entender que las normas de la Ley 8/2021 se aplican a todos los procesos en tramitación en que intervenga una persona con discapacidad, aunque las señaladas causas procesales se refieran a materias que no tengan que ver con la fijación judicial de medidas de apoyo (por ejemplo, de carácter contractual, familiar o sucesorio).

La cuestión se ha planteado en relación con el efecto restitutorio de las prestaciones derivado de la anulación de un contrato, por haberse prescindido de la preceptiva intervención del curador, cuando dicho contrato ha sido concluido con anterioridad a la entrada en vigor de la Ley 8/2021, momento en el que la regulación de la materia era diversa a la actual.

El originario art. 1304 CC (también aplicable a los contratos celebrados por menores) preveía que, cuando la anulación procediera de la incapacidad de uno de los contratantes, éste no estaba obligado a restituir la prestación recibida, sino en cuanto se hubiera enriquecido "con la cosa o precio que recibiera".

> La STS (Sala 1.ª) 21 marzo 2023 2019, rec. n.º 1428/ (ECLI:ES:TS:2023:954) (*Tol 9.469.771*) observa que "La norma partía del caso del menor o 'incapaz' (en la terminología de la época) que ya no conserva en su poder la prestación recibida, por haber despilfarrado o hecho mal uso del dinero percibido, sin emplearlo en gastos necesarios, o por haber perdido o destruido la cosa. La razón que fundaba la regla era la presuposición de que ese resultado se daba porque quien no está en condiciones por su situación mental o psíquica de prestar por sí solo válidamente consentimiento contractual igualmente se encuentra en la situación de que 'no sabe cuidar de sus cosas', es decir, cuenta con escasa habilidad para gestionar sus bienes y, por tanto, para gestionar la prestación recibida".

El actual art. 1304 CC, por el contrario, sólo exime a la persona con discapacidad de la obligación de restitución cuando el otro contratante "fuera conocedor de la existencia de medidas de apoyo en el momento de la contratación o se hubiera aprovechado de otro modo de la situación de discapacidad obteniendo de ello una ventaja injusta" (mantiene, en cambio, la regla de que cuando la anulación se debe la minoría de edad de un contratante, éste "no estará obligado a restituir sino en cuanto se enriqueció con la prestación recibida").

La jurisprudencia ha acogido la interpretación literal de la Disposición Transitoria Sexta, entendiendo que ha de aplicarse el Derecho vigente en el momento en que se celebró el contrato anulado.

La STS (Sala 1.ª) 21 marzo 2023, rec. n.º 1428/2019 (ECLI:ES:TS:2023:954) (*Tol 9.469.771*), revocó la sentencia recurrida, que había anulado, por falta de intervención de curador, el contrato de venta de las participaciones de un bar, pero denegó la pretensión de que se restituyera a la persona con discapacidad el precio pagado, porque dicho bar, a causa de su mala gestión, había perdido su valor como negocio, por lo que, de acceder a su petición, no existiría reciprocidad en las restituciones. Frente a ello, el TS considera que dicho razonamiento es contrario al régimen de la restitución en los contratos anulados por razón de discapacidad, anterior a la reforma de 2021, "que permite a la persona con discapacidad ejercitar la acción de nulidad y obtener la restitución de lo que entregó aun cuando lo que recibió se hubiera perdido, desaparecido o reducido su valor (salvo 'dolo o culpa del reclamante después de haber adquirido la capacidad', que ha quedado excluido en el caso)".

La SAP Salamanca (Sección 1.ª) 3 enero 2022, rec. n.º 1025/2021 (ECLI:ES:APSA:2022:3) (*Tol 8.810.476*), en relación con una demanda reconvencional de anulación de un contrato de préstamo para la compra de un vehículo realizado sin la intervención del curador, afirma que la legislación sustantiva y procesal aplicable era la vigente al tiempo de la interposición de la demanda. Por esta razón, no ha reputado incongruente la sentencia que, estimando la demanda reconvencional, formulada por el curador al amparo del art. 293 CC anterior a la entrada en vigor de la Ley 8/2021 (que, con carácter general, le atribuía legitimación para impugnar los contratos celebrados sin su intervención, cuando la misma fuera precisa), había eximido a la persona con discapacidad de pagar las cantidades pendientes, aplicando el art. 1304 CC, en su redacción

> anterior a la dada por la Ley 8/2021. Concluye, en consecuencia, que el demandado reconviniente "no tenía obligación de restituir el importe prestado pues no había obtenido ningún enriquecimiento con el contrato, porque la compra del coche (y la celebración del préstamo) fueron algo injustificado y no provechoso para el incapacitado; y, por otro lado, entiende también que tampoco la entidad financiera venía obligada a devolver el capital e intereses ya pagados por razones de equidad".

También resulta de interés considerar los ajustes que deben ser acordados. Y es que con fundamento en el principio de subsidiariedad que rige la adopción de las medidas judiciales de apoyo, en función de la fase procesal en que se halle la causa resultará preciso indagar si la persona con discapacidad cuenta con una o más medidas de apoyo que resulten efectivas, de conformidad con la previsión contenida en el art. 42 bis b) 3.4. de la LJV. Y, como ya se ha indicado, a tal efecto, se interesará certificación del Registro Civil y, en su caso, de otros Registros Públicos que se entiendan pertinentes en relación con las medidas de apoyo inscritas, de acuerdo con lo establecido en el art. 758 de la LEC.

Por otra parte, parece lógico considerar que las resoluciones que recaigan en estos procedimientos no podrán incluir pronunciamientos que de manera genérica resulten restrictivos de derechos o del ejercicio de los mismos con fundamento en la discapacidad de la persona en cuestión. No obstante, sí que cabe la posibilidad de que la sentencia contenga indicación de las limitaciones que pudieran derivarse del establecimiento judicial de concretas medidas de apoyo.

Finalmente, y como aspecto sin duda criticable, la reforma adolece de una previsión en relación con aquellos procedimientos que se encuentren pendientes de la resolución de un recurso. Se desconoce el fundamento de la omisión, aunque con cierta benevolencia interpretativa pudiera entenderse que el legislador ha dado por supuesto que, en todo caso, la causa deberá resolverse de conformidad con las previsiones legales vigentes al tiempo de su dictado.

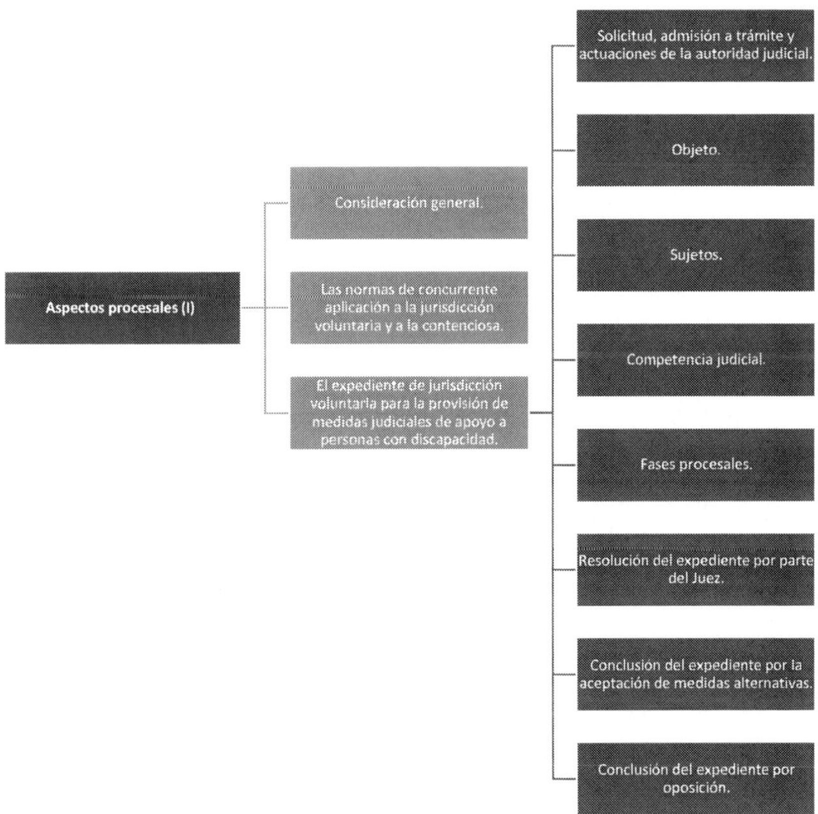
Aspectos procesales (I)
Consideración general.
Las normas de concurrente aplicación a la jurisdicción voluntaria y a la contenciosa.
El expediente de jurisdicción voluntaria para la provisión de medidas judiciales de apoyo a personas con discapacidad.
Solicitud, admisión a trámite y actuaciones de la autoridad judicial.
Objeto.
Sujetos.
Competencia judicial.
Fases procesales.
Resolución del expediente por parte del Juez.
Conclusión del expediente por la aceptación de medidas alternativas.
Conclusión del expediente por oposición.

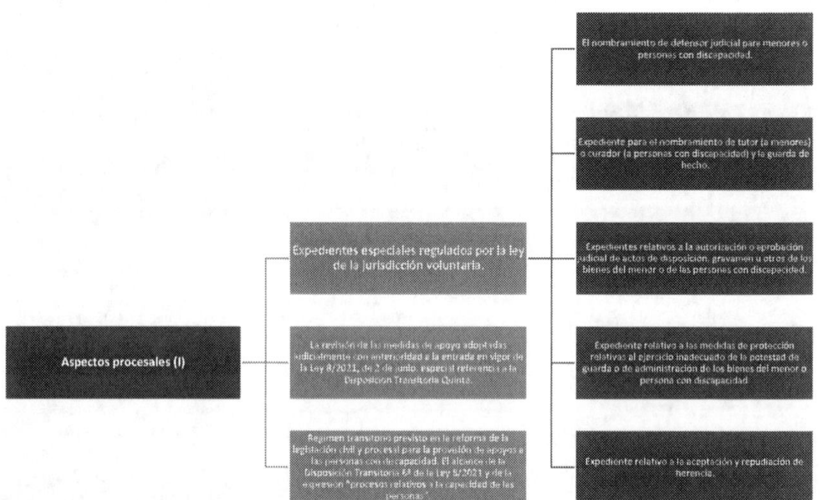
Aspectos procesales (I)
Expedientes especiales regulados por la ley de la jurisdicción voluntaria.
La revisión de las medidas de apoyo adoptadas judicialmente con anterioridad a la entrada en vigor de la Ley 8/2021, de 2 de junio, especial referencia a la Disposición Transitoria Quinta.
Régimen transitorio previsto en la reforma de la legislación civil y procesal para la provisión de apoyos a las personas con discapacidad. El alcance de la Disposición Transitoria 6ª de la Ley 8/2021 y de la expresión "procesos relativos a la capacidad de las personas".
El nombramiento de defensor judicial para menores o personas con discapacidad.
Expediente para el nombramiento de tutor (a menores) o curador (a personas con discapacidad) y la guarda de hecho.
Expedientes relativos a la autorización o aprobación judicial de actos de disposición, gravamen u otros de los bienes del menor o de las personas con discapacidad.
Expediente relativo a las medidas de protección relativas al ejercicio inadecuado de la potestad de guarda o de administración de los bienes del menor o persona con discapacidad.
Expediente relativo a la aceptación y repudiación de herencia.

10. Aspectos procesales (II). La reforma de la Ley de Enjuiciamiento Civil

SUMARIO: 1. CONSIDERACIÓN GENERAL. 2. MODIFICACIÓN DE LOS APARTADOS 1 Y 2 DEL ARTÍCULO 7. 3. EL NUEVO ARTÍCULO 7 BIS. 4. MODIFICACIÓN DEL ORDINAL 5.º DEL ARTÍCULO 52.1. 5. LA NUEVA REDACCIÓN DEL APARTADO 3 DEL ARTÍCULO 162. 6. MODIFICACIÓN DEL APARTADO 3 DEL ARTÍCULO 222. 7. MODIFICACIÓN DE LA RÚBRICA DEL TÍTULO I DEL LIBRO IV. 8. MODIFICACIÓN DEL ORDINAL 1.º DEL ARTÍCULO 748 Y NUEVA REDACCIÓN DE LOS APARTADOS 1 Y 2 DEL ARTÍCULO 749. 9. NUEVA REDACCIÓN DEL ORDINAL 1.º DEL ARTÍCULO 751.2. 10. MODIFICACIÓN DE LOS APARTADOS 1 Y 3 DEL ARTÍCULO 753. 11. NUEVA REDACCIÓN DEL ARTÍCULO 755. 12. MODIFICACIÓN DE LA RÚBRICA DEL LIBRO IV, TÍTULO I, CAPÍTULO II. 13. NUEVA REDACCIÓN DEL ARTÍCULO 756. 14. NUEVA REDACCIÓN DEL ARTÍCULO 757. 15. NUEVA REDACCIÓN DEL ARTÍCULO 758. 16. NUEVA REDACCIÓN DEL ARTÍCULO 759. 17. MODIFICACIÓN DEL ARTÍCULO 760. 18. NUEVA REDACCIÓN DEL ARTÍCULO 761. 19. NUEVA REDACCIÓN DEL ARTÍCULO 762. 20. MODIFICACIÓN DEL APARTADO 1 DEL ARTÍCULO 765. 21. MODIFICACIÓN DEL ARTÍCULO 770. 22. MODIFICACIÓN DEL APARTADO 2 DEL ARTÍCULO 771. 23. MODIFICACIÓN DEL APARTADO 1 DEL ARTÍCULO 775. 24. MODIFICACIÓN DEL ARTÍCULO 777. 25. MODIFICACIÓN DEL ARTÍCULO 783. 26. NUEVA REDACCIÓN DEL ARTÍCULO 790. 27. MODIFICACIÓN DEL ORDINAL 5.º DEL ARTÍCULO 793.3. 28. MODIFICACIÓN DEL ORDINAL 4.º DEL ARTÍCULO 795. 29. NUEVA REDACCIÓN DEL APARTADO 2 DEL ARTÍCULO 796.

1. CONSIDERACIÓN GENERAL

Como hemos tenido ocasión de señalar, la Ley 8/2021, de 2 de junio, por la que se reforma la legislación civil y procesal para el apoyo a las personas con discapacidad en el ejercicio de su capacidad jurídica, pretende la adecuación de nuestro ordenamiento jurídico a la Convención Internacional sobre los Derechos de las Personas con Discapacidad (en adelante, CDPD), hecha en Nueva York el 13 de diciembre del 2006, cuyo propósito es promover, proteger y asegurar el goce pleno y en condiciones de igualdad de todos los derechos humanos y libertades fundamentales por todas las personas con discapacidad, así como impulsar el respeto de su dignidad inherente. Y, según quedó expuesto, con el señalado objetivo la reforma introduce importantes novedades en el tratamiento de la discapacidad, tanto en el ámbito sustantivo y como en el procesal.

El propósito de esta parte del trabajo es ofrecer una revisión de las reformas procesales con precisa referencia a las modificaciones operadas en cada uno de los preceptos de la Ley de Enjuiciamiento Civil (en adelante, LEC) que, por su dispersión en numerosos artículos de la norma y señalada heterogenidad material —también en cuanto a su alcance y relevancia—, aconsejan la revisión por separado de cada una de ellas.

2. MODIFICACIÓN DE LOS APARTADOS 1 Y 2 DEL ARTÍCULO 7

Me ocupo seguidamente de los apartados 1 y 2 del art. 7 redactados por el apartado uno del artículo cuarto de la Ley 8/2021, de 2 de junio, por la que se reforma la legislación civil y procesal para el apoyo a las personas con discapacidad en el ejercicio de su capacidad jurídica.

Se modifican los apartados 1 y 2 del art. 7 LEC, que regula la capacidad procesal o para comparecer en juicio. Y tras la reforma se declara que a) "[p]odrán comparecer en juicio todas las personas", y la modificación parece acertada toda vez que también quienes no estén en el pleno ejercicio de sus derechos civiles (supuestos excluidos en la redacción anterior) pueden (y podían) hacerlo, siquiera sea por medio de las personas que suplan su falta de capacidad; y se destaca también que b) de los medios que estaban previstos en el apartado 2 para suplir la falta de capacidad desaparecen la habilitación o el defensor exigidos por la ley y se prevé que "[e]n el caso de las personas con medidas de apoyo para el ejercicio de su capacidad jurídica, se estará al alcance y contenido de éstas".

Ciertamente, las modificaciones señaladas no son sino una proyección procesal de la modificación producida en el ámbito sustantivo en relación con la capacidad jurídica de todas las personas que, como es sabido, toma como punto de partida el cambio de paradigma contenido en la propia CDPC —arts. 12, párrs. 1.º y 2.º, en los que se reconoce igual capacidad jurídica a todos los sujetos—.

Y es que, a partir de este cambio de paradigma, el legislador español inicialmente abordó determinadas reformas procesales a través de la Ley 1/2009, de 25 de marzo, de reforma de la Ley de 8 de junio de 1957, sobre el Registro Civil, en materia de incapacitaciones, cargos tutelares y administradores de patrimonios protegidos, y de la Ley 41/2003, de 18 de noviembre, sobre protección patrimonial de las personas con discapacidad y de modificación del Código Civil, la Ley de Enjuiciamiento Civil y de la normativa tributaria con esta finalidad; leyes que preveían la presentación, en un plazo de seis meses, de un proyecto de ley de reforma de los procedimientos de incapacitación judicial que pasarían a denominarse "procedimientos de modificación de la capacidad de obrar", al objeto de adaptar la normativa procesal a las previsiones de la CDPD. Sin embargo, estos proyectos nunca llegaron a formalizarse por lo que la Ley 26/2011, de 1 de agosto, de adaptación normativa a la Convención, nuevamente exhortó al ejecutivo a que, en el plazo de un año, remitiera a las Cortes Generales un proyecto de ley de adaptación normativa del ordenamiento jurídico a los efectos de dar cumplimiento al artículo 12 de la Convención, proyecto en el que se preveía iban a quedar establecidas las necesarias adaptaciones del procedimiento judicial en determinación de los precisos apoyos para la libre adopción de decisiones de las personas con discapacidad que los necesitaran. A pesar de tan señalados propósitos, para ver materializados los proyectados cambios ha sido preciso esperar a la publicación de la Ley 8/2021, en contra de cuya necesidad se ha manifestado un destacado sector de la doctrina que, si bien no discute "la pertinencia de los principios invocados" en la reforma —depositaria de los de la Convención—, cuestiona "que sea el Código Civil el lugar adecuado para intentar estas conquistas, y para justificarlo es preciso distinguir tres esferas de actividad personal imputable a una persona física" que, posteriormente se encarga de desarrollar por extenso.

Precisamente, atendida la relevancia de esta modificación, llama poderosamente la atención que el cambio no aparezca reflejado en el primer texto prelegislativo presentado en el Congreso de los Diputados el 17 de julio de 2020, pues la incorporación de su referencia se realizó en una fase posterior del trámite parlamentario. Es de significar, por otra parte, que tampoco se menciona en el Preámbulo de la Ley.

Así, con la modificación que se introduce en este precepto se plantea una nueva concepción de la capacidad procesal en la Ley Rituaria, reflejo de la regulación sustantiva implantada por la Ley 8/2021, tras la cual ya no existe distinción alguna en el ámbito sustantivo entre capacidad jurídica y capacidad de obrar de las personas físicas, lo que determina que el legislador deba plantearse la eliminación, en términos generales, de la limitación de la capacidad procesal, de tal manera que si ya no existen limitaciones a la capacidad jurídica en el ámbito sustantivo tampoco las puede haber en el ámbito procesal, y así, a todas las personas físicas se les atribuye capacidad procesal o, como la nueva norma declara, todas las personas físicas pueden comparecer en juicio. Ésta es la significativa novedad que consagra la nueva redacción del precepto, al reemplazar el anterior apartado a cuyo tenor "sólo podrán comparecer en juicio los que estén en el pleno ejercicio de sus derechos civiles" por el vigente que declara que "podrán comparecer en juicio todas las personas".

Conviene precisar, sin embargo, que en la actualidad no todas las personas pueden comparecer en juicio en calidad de partes sin representación alguna, pues (i) se mantiene el régimen representativo de los menores de edad en los términos regulados en el CC para los supuestos de vigencia de la patria potestad o, en su caso, de la tutela, y, además, (ii) aquellas personas con discapacidad a quienes se les haya asignado medidas de apoyo que consistan en el establecimiento de una representación legal deberán comparecer en juicio a través de sus representantes (*cfr.*, supuesto de constitución de una curatela representativa).

De conformidad con lo expuesto en el apartado 2 del art. 7 se recogen las excepciones a la regla general declarada en el apartado precedente y, en tal sentido, se declara lo siguiente: "Las personas menores de edad no emancipadas deberán comparecer mediante la representación, asistencia o autorización exigidos por la ley. En el caso de las personas con medidas de apoyo para el ejercicio de su capacidad jurídica, se estará al alcance y contenido de éstas".

3. EL NUEVO ARTÍCULO 7 BIS

Se trata ahora del art. 7 bis introducido por el apartado dos del artículo cuarto de la Ley 8/2021, de 2 de junio, por la que se reforma la legislación civil y procesal para el apoyo a las personas con discapacidad en el ejercicio de su capacidad jurídica.

Y es que la reforma introduce en la LEC un nuevo art. 7 bis, en el que se prevé que, en todas las fases y actuaciones de los procesos en los que participen personas con discapacidad, incluidos los actos de comunicación, se realizarán —a petición de parte, del Ministerio Fiscal, o bien de oficio por el juez— las adaptaciones y los ajustes que sean necesarios para garantizar su participación en condiciones de igualdad. A tal fin, se les facilitará la asistencia o apoyos necesarios para que puedan hacerse entender, se permitirá la participación de un profesional experto que a modo de facilitador efectúe las tareas de adaptación y ajuste necesarias para que la persona con discapacidad pueda entender y ser entendida, y se les reconoce el derecho a estar acompañada de una persona de su elección desde el primer contacto con las autoridades y funcionarios. En concreto, el nuevo precepto resulta del tenor siguiente.

"Art. 7 bis. Ajustes para personas con discapacidad.

1. En los procesos en los que participen personas con discapacidad, se realizarán las adaptaciones y los ajustes que sean necesarios para garantizar su participación en condiciones de igualdad.

Dichas adaptaciones y ajustes se realizarán, tanto a petición de cualquiera de las partes o del Ministerio Fiscal, como de oficio por el propio Tribunal, y en todas las fases y actuaciones procesales en las que resulte necesario, incluyendo los actos de comunicación. Las adaptaciones podrán venir referidas a la comunicación, la comprensión y la interacción con el entorno.

2. Las personas con discapacidad tienen el derecho a entender y ser entendidas en cualquier actuación que deba llevarse a cabo. A tal fin:

a) Todas las comunicaciones con las personas con discapacidad, orales o escritas, se harán en un lenguaje claro, sencillo y accesible, de un modo que tenga en cuenta sus características personales y sus necesidades, haciendo uso de medios como la lectura fácil. Si fuera necesario, la comunicación también se hará a la persona que preste apoyo a la persona con discapacidad para el ejercicio de su capacidad jurídica.

b) Se facilitará a la persona con discapacidad la asistencia o apoyos necesarios para que pueda hacerse entender, lo que incluirá la interpretación en las lenguas de signos reconocidas legalmente y los medios de apoyo a la comunicación oral de personas sordas, con discapacidad auditiva y sordociegas.

c) Se permitirá la participación de un profesional experto que a modo de facilitador realice tareas de adaptación y ajuste necesarias para que la persona con discapacidad pueda entender y ser entendida.

d) La persona con discapacidad podrá estar acompañada de una persona de su elección desde el primer contacto con las autoridades y funcionarios".

La incorporación de esta norma, creada *ex novo* por la Ley 8/2021, resultaba ineludible a los efectos de asegurar el derecho de acceso a la justicia, incardinado en el más amplio a la tutela judicial efectiva —*ex* art. 24 CE— en igualdad de condiciones de las personas con discapacidad. Mediante esta norma nuestra legislación procesal asume el modelo social de discapacidad que se contiene en la Convención que, al considerar, sin restricciones, a las personas con discapacidad como sujetos de derecho, dispone que sus demandas y necesidades deban ser cubiertas de manera que puedan alcanzar la igualdad de oportunidades en las mismas condiciones que el resto de los ciudadanos.

Esta exigencia, contenida en la CDPD, ha resultado desarrollada recientemente en un documento estratégico elaborado conjuntamente por la Relatora Especial sobre los derechos de las personas con discapacidad y la Enviada Especial del Secretario General de las Naciones Unidas sobre Discapacidad y Accesibilidad en Ginebra, en el año 2020, sobre los "Principios y directrices internacionales sobre el acceso a la justicia para las personas con discapacidad", en el que se proporcionan determinadas herramientas que aparecen formuladas en diez principios dirigidos a que los Estados que son parte en la Convención establezcan las acciones necesarias con el propósito de reforzar la garantía de acceso a la justicia.

El art. 7 bis LEC integra la regulación de las modificaciones procedimentales demandadas por el art. 13 de la Convención, ya incorporadas al proceso penal desde 2015, pero que aún se esperaban tanto en el ámbito del proceso civil como en el de la jurisdicción voluntaria, introduciendo una norma flexible y de contenido significativamente amplio que, no obstante, omite algunos aspectos de deseable inclusión, tales como el establecimiento de un específico cauce procedimental para la concreción de los ajustes necesarios y su eventual impugnación, o la regulación de la resolución del LAJ mediante la cual aquéllos se dispusieran y, en su caso, la consideración del imprescindible control judicial de su verificación. A pesar de lo cual, la incorporación del precepto resulta plausible, toda vez que el propósito de la norma no es otro que el de suprimir las barreras que obstaculizan el acceso a la justicia de las personas con discapacidad en condiciones de igualdad mediante la realización de los ajustes necesarios, debiéndose tener en cuenta para ello que, realmente, para su eliminación necesaria pueden concurrir tantas barreras como tipologías de discapacidad existan.

Conviene considerar que la Ley 4/2015, de 27 de abril, del Estatuto de la Víctima del delito vino a reforzar la protección jurídica y los apoyos sociales de las personas con discapacidad en su calidad de víctimas necesitadas de especial protección.

Asimismo, debe señalarse que la Ley 8/2021 ha introducido un art.7 bis de contenido idéntico en la Ley de la Jurisdicción Voluntaria (en adelante, LJV).

Es de significar que el art. 7 bis se encuentra literalmente referido a los ajustes *necesarios*, toda vez que en el ámbito del acceso a la justicia es preciso proporcionar a las personas con discapacidad todos los ajustes que resulten imprescindibles y no únicamente los que no impliquen una carga desproporcionada. Además, resulta de interés apreciar que el tenor de la norma alude a las adaptaciones y ajustes, y ello demanda plantearse si ambos términos resultan equivalentes en el precepto, pues el apartado 1 "in fine" del mismo dispone que las adaptaciones —que no los ajustes— pueden venir referidas a la comunicación, la comprensión y la interacción del entorno; no obstante lo cual, atisbar una diferente intencionalidad en el empleo de uno u otro término no parece resultar razonable en el contexto de la norma.

En todo caso, la legitimación para interesar las adaptaciones y los ajustes necesarios es en la previsión legal significativamente amplia, resultando atribuible bien a las partes, bien de oficio al órgano judicial o al Ministerio Público. A pesar de ello el legislador únicamente legitima a las partes del proceso en cuestión, obviando que los ajustes pueden resultar necesarios —y, de suyo, verificarse— en cualquier procedimiento en que participe una persona con discapacidad, aunque en el mismo no reúna la condición de parte procesal sino, por ejemplo, intervenga en calidad de testigo o de perito, y por ello hubiera resultado más adecuado incluir una referencia general a la persona con discapacidad, sin constreñir la mención al concepto de parte en la causa.

En definitiva, de la consideración general de la norma más parece que lo que deba ajustarse a la realidad de las personas con discapacidad sea la Administración de Justicia en general, y toda su composición integrada, a fin de que los ajustes procedimentales verdaderamente no resulten una mera falacia, lo que redunda en la necesidad de dotación de una conveniente asignación presupuestaria a invertir tanto en los medios materiales como, muy señaladamente, en los personales y de formación profesional de sus funcionarios.

4. MODIFICACIÓN DEL ORDINAL 5.º DEL ARTÍCULO 52.1

Se trata del apartado 5.º del núm. 1 del art. 52 redactado por el apartado tres del artículo cuarto de la Ley 8/2021, de 2 de junio, por la que se reforma la legislación civil y procesal para el apoyo a las personas con discapacidad en el ejercicio de su capacidad jurídica.

Se mantiene la residencia de la persona con discapacidad como fuero especial de competencia en el art. 52.1-5.º LEC, que ahora se extiende, en general, a todos los juicios en que se ejerzan acciones relativas a las medidas judiciales de apoyo de personas con discapacidad, conforme se establece en el apartado 3 del art. 756 de la Ley Procesal; asimismo, se extiende a las sentencias dictadas en ellos la eficacia *erga omnes* a partir de su inscripción o anotación en el Registro Civil, que se encuentra prevista en el art. 222.3, párr. 2.º, de la Ley Rituaria, al que se hace referencia más adelante.

Resulta de interés considerar el ATS 8 marzo 2022 (ECLI: ES:TS:2022:3932A) (*Tol 8893249*). En el ATS 11 enero 2022 (ECLI: ES:TS:2022:181A) (*Tol 8768315*) se resuelve un conflicto negativo de competencia territorial, declarándose que el fuero aplicable es el de la residencia del afectado y, en tal sentido se declara que, mediante la Ley 8/2021, de 2 de junio, en materia de competencia "el fuero aplicable es el de la residencia de la persona con discapacidad. Además, se da solución al problema derivado del cambio de residencia habitual de aquella cuando se encuentra pendiente el proceso de provisión de apoyos. En estos casos, y siguiendo el criterio de esta sala, las actuaciones deben remitirse al juez de la nueva residencia, siempre que aún no se haya celebrado la vista. Todo ello, con la finalidad de facilitar el desarrollo del proceso, que debe acercarse al lugar donde efectivamente se encuentra la persona con discapacidad", citándose al respecto el art. 42.bis.a) LJV, el art. 42.bis c) LJV, el art. 756.2 y 3

LEC y también la DT 6.ª Ley 8/2021. En el mismo sentido, y en un supuesto también resolutorio de un conflicto de competencia negativo, *cfr.* ATS 14 diciembre 2021 (ECLI: ES:TS:2021:16662A) (*Tol 8707734*). También *cfr.* AATS 28 septiembre 2021) (ECLI: ES:TS:2021:11998A) (*Tol 8601719*) y 23 noviembre 2021 (ECLI: ES:TS:2021:15484A) (*Tol 8662962*).

Se trata de una modificación esencialmente terminológica aunque imprescindible en el ámbito de la competencia territorial que regula los fueros especiales, por cuya virtud el apartado 5.º del art. 52.1 ya no se refiere a la competencia en los "procesos en los que se ejerciten acciones relativas a la asistencia o representación de incapaces, incapacitados o declarados pródigos" sino que ahora se vincula también a "los juicios en los que se ejercite acciones relativas a las medidas judiciales de apoyo a las personas con discapacidad".

Ciertamente, no nos hallamos ante una modificación de significativo calado, pues el precepto ya regulaba esta competencia en esta misma sede, pero la norma reformada incluye ahora una cláusula de remisión a la específica competencial que se residencia en el art. 756.3 LEC, por lo que su ubicación en esta sede resulta reiterativa, especialmente atendida la circunstancia de que en este ámbito normativo no se encuentran reguladas otras competencias en materia de procesos especiales (*vgr.*, la de los procesos de familia, ubicada específicamente en el Libro IV, art. 769).

Bajo la rúbrica "Ámbito de aplicación y competencia", el art. 756.3 LEC resulta del tenor siguiente: "Si antes de la celebración de la vista se produjera un cambio de la residencia habitual de la persona a que se refiera el proceso, se remitirán las actuaciones al Juzgado correspondiente en el estado en que se hallen".

5. LA NUEVA REDACCIÓN DEL APARTADO 3 DEL ARTÍCULO 162

Se trata del apartado 3 del artículo 162 redactado por el apartado cuatro del artículo cuarto de la Ley 8/2021, de 2 de junio, por la que se reforma la legislación civil y procesal para el apoyo a las personas con discapacidad en el ejercicio de su capacidad jurídica.

El precepto ahora considerado incorpora una modificación de índole puramente terminológica, demandada por la sustancia de la reforma, pues si con la Ley 8/2021 desaparecen los procesos de incapacitación para dar paso a los procedimientos de provisión de apoyos resultaba de todo punto necesario adaptar la nueva nomenclatura a los procesos atinentes a los mismos, antaño alusiva a los *procesos sobre la capacidad de las personas.*

Ahora el art. 162 apartado 3, establece la posibilidad de solicitar, tanto por las partes, como por el Ministerio Público, como también por el propio órgano jurisdiccional, la aportación de documento en "su soporte papel original", fundando la legitimación de oficio en la propia vigencia, si bien atenuada, del principio de disposición y otorgando señalada consideración al de oficialidad probatoria, de conformidad con la previsión contenida en el art. 752.1, párr. 2.°, de la Ley Procesal.

> El art. 752.1, párr. 2.°, LEC dispone lo siguiente: "Sin perjuicio de las pruebas que se practiquen a instancia del Ministerio Fiscal y de las demás partes, el tribunal podrá decretar de oficio cuantas estime pertinentes".

6. MODIFICACIÓN DEL APARTADO 3 DEL ARTÍCULO 222

Se trata del párrafo 2.° del número 3 del art. 222 redactado por el apartado cinco del artículo cuarto de la Ley 8/2021, de 2 de junio, por la que se reforma la legislación civil y procesal para el apoyo a las personas con discapacidad en el ejercicio de su capacidad jurídica.

El art. 222.3, párr. 2.°, LEC pasa a contener el tenor siguiente: "En las sentencias sobre estado civil, matrimonio, filiación, paternidad, maternidad y medidas de apoyo para el ejercicio de la capacidad jurídica, la cosa juzgada tendrá efectos frente a todos a partir de su inscripción o anotación en el Registro Civil".

De nuevo, la reforma viene a modificar terminológicamente el precepto tan sólo en la necesaria adaptación de su nomenclatura precedente a la nueva regulación jurídica en materia de apoyos para el ejercicio de la capacidad jurídica. En concreto, se precisa la eficacia *erga omnes* de las sentencias sobre las medidas de apoyo desde su inscripción o anotación en el Registro Civil, reemplazando las anteriores referencias a la incapacitación por las actuales a las medidas de apoyo, obviando, a mi juicio injustificadamente, la alusión que la redacción anterior contenía también a la sentencia que revertía o reintegraba la capacidad de obrar y, por tanto, omitiendo cualquier mención a la resolución judicial por la que se supriman las medidas de apoyo previamente acordadas.

7. MODIFICACIÓN DE LA RÚBRICA DEL TÍTULO I DEL LIBRO IV

Se modifica la rúbrica del título I del libro IV de la LEC, que pasa a ser la siguiente: "De los procesos sobre provisión de medidas judiciales de apoyo a las personas con discapacidad, filiación, matrimonio y menores". Y, aparte de precisar que las disposiciones en él contenidas se aplican ahora a los procesos que versen sobre la adopción de tales medidas judiciales de apoyo (art. 748-1.º) y de algunas precisiones meramente terminológicas (*vgr.*, sustitución del término incapacitado por la expresión persona con discapacidad), dentro de este Título se introducen las innovaciones que seguidamente se comentan.

8. MODIFICACIÓN DEL ORDINAL 1.º DEL ARTÍCULO 748 Y NUEVA REDACCIÓN DE LOS APARTADOS 1 Y 2 DEL ARTÍCULO 749

Se trata del apartado 1.º del art. 748 redactado por el apartado siete del artículo cuarto de la Ley 8/2021, de 2 de junio, por la que se reforma la legislación civil y procesal para el apoyo a las personas con discapacidad en el ejercicio de su capacidad jurídica. Y del art. 749 redactado por el apartado ocho del artículo cuarto de la Ley 8/2021, de 2 de junio, por la que se reforma la legislación civil y procesal para el apoyo a las personas con discapacidad en el ejercicio de su capacidad jurídica.

La reforma de la rúbrica del Título I del Libro IV y del precepto contenido en el art. 748.1.º LEC reemplaza, en el ámbito de los procesos especiales, al procedimiento de incapacidad por el de provisión de medidas judiciales de apoyo y, en el mismo sentido, el referido art. 748.1.º, al referirse al ámbito aplicativo de las disposiciones generales de los procesos especiales, elimina la mención al proceso de incapacidad por una referencia terminológica concordante con el sentido de la reforma. También en este caso, mediante la revisión de la nomenclatura, se viene a poner de manifiesto que con la reforma se inaugura una nueva regulación procedimental que no fija como objetivo la limitación de derecho alguno de la persona con discapacidad, pues el objeto del procedimiento no es sino la determinación de los apoyos que la persona precise, y que se van a fijar con una participación directa de la misma cuya *voluntad, deseos y preferencias* serán elementos esenciales a los efectos de concretar los apoyos de que pueda precisar para su desenvolvimiento vital. Y, desde la anterior consideración, la precisión terminológica resulta destacadamente relevante como anuncio de la reforma sustancial, tal y como se destaca en el Preámbulo de la Ley 8/2021, al señalar que: "No se trata, pues, de un mero cambio de terminología que relegue los términos tradicionales de "incapacidad" e "incapacitación" por otros más precisos y respetuosos, sino de un nuevo y más acertado enfoque de la realidad, que advierta algo que ha pasado durante mucho tiempo desapercibido: que las personas con discapacidad son titulares del derecho a la toma de sus propias decisiones, derecho que ha de ser respetado; se trata, por tanto, de una cuestión de derechos humanos".

Por su parte, en el art. 749.1 se detalla la intervención del Ministerio Fiscal en los procesos relativos a las personas con discapacidad, distinguiendo entre (i) los procedimientos relativos a la adopción de medidas judiciales de apoyo a las personas con discapacidad al que se vinculan todos los mencionados en el referido apartado, en los que el Ministerio Público tienen la consideración de "parte", lo que le confiere legitimación activa para promover el proceso e intervenir en cualquiera de sus estadios procedimentales, si bien lo es —parte— en un sentido formal, toda vez que en todo caso su intervención se rige materialmente por los principios de imparcialidad y defensa de la legalidad, así como del interés público y social; y (ii) el resto de los procedimientos a que se refiere al art. 749.2 LEC, en los que el Ministerio Fiscal participa ya no como parte sino como simple interviniente.

Por otra parte, es de apreciar que en el art. 749.1 se sustituye la obligación del Ministerio Fiscal de velar "por la salvaguarda del interés superior de la persona afectada" por la de velar por "la salvaguarda de la voluntad, deseos, preferencias y derechos de las personas con discapacidad que participen en dichos procesos, así como por el interés superior del menor". Y es que ahora, de acuerdo con la sustancia de la reforma material, lo relevante no es que ningún tercero se encargue de determinar cuál es el interés superior de la persona con discapacidad, sino que sea ella misma quien lo establezca, de ahí que la fórmula de la actuación vicaria en su favor desaparezca con la reforma, manteniéndose ya únicamente para ser aplicada respecto de los menores.

En el ámbito ahora considerado, resulta de interés significar que la reforma operada por la Ley 8/2021 se produce en un momento en que ya existe creada la figura de una Fiscalía especializada, conformada a partir de la Instrucción de la Fiscalía General del Estado (en adelante, FGE) núm. 4/2009, de 29 de diciembre, sobre la organización de las secciones de lo civil y del régimen especializado en materia de protección de las personas con discapacidad y tutelas, y desarrollada posteriormente mediante la Instrucción núm. 4/2016 FGE que instauró la figura del Fiscal delegado de la Especialidad Civil y de Protección Jurídica de las Personas con Discapacidad de las Comunidades Autónomas, que surge con el propósito de atender la necesaria coordinación entre los miembros del Ministerio Público para ofrecer unas directrices de actuación unificadas en este singular frente de actuación.

Además, en este ámbito resulta de señalada importancia realizar una mención al Real Decreto 255/2019, de 12 de abril, por el que se amplía la plantilla orgánica del Ministerio Fiscal a los efectos de adecuarla a las necesidades existentes, y mediante el cual se crea una plaza de Fiscal de Sala coordinador de los servicios especializados en la protección de las personas con discapacidad y atención a los mayores, a la que se encomienda la función de coordinar los criterios seguidos por el Ministerio Público.

9. NUEVA REDACCIÓN DEL ORDINAL 1.º DEL ARTÍCULO 751.2

Se trata del apartado 1.º del art. 751.2 redactado por el apartado nueve del artículo cuarto de la Ley 8/2021, de 2 de junio, por la que se reforma la legislación civil y procesal para el apoyo a las personas con discapacidad en el ejercicio de su capacidad jurídica.

El precepto al que ahora me refiero queda, tras la reforma, del tenor siguiente.

"Art. 751 Indisponibilidad del objeto del proceso.

(...)

2. El desistimiento requerirá la conformidad del Ministerio Fiscal, excepto en los casos siguientes:

1.º En los procesos que se refieran a filiación, paternidad y maternidad, siempre que no existan menores, personas con discapacidad con medidas judiciales de apoyo en las que se designe un apoyo con funciones representativas o ausentes interesados en el procedimiento".

Por consiguiente, para que el desistimiento en los procesos de filiación, paternidad y maternidad no requiera la conformidad del Ministerio Fiscal, será preciso que no existan "personas con discapacidad con medidas judiciales de apoyo en las que se designe un apoyo con funciones representativas" (art. 751.2-1.º).

Sin duda, nos hallamos ante un precepto de significativa relevancia, pues determina el carácter indisponible del objeto de los procesos a los que se refiere el Título I del Libro IV de la Ley Procesal, y ello pese a que los mismos tratan sobre materias de índole civil que, de suyo, deberían considerarse disponibles, si bien el precepto ahora considerado se ubica entre las disposiciones generales de los procesos que se consideran civiles especiales no dispositivos. Nos encontramos, pues, ante una tipología de proceso especial caracterizada por la vigencia del principio de oficialidad, pues en el mismo no compiten ni se enfrentan intereses privados o particulares sino públicos, razón por la que se limita la eficacia de la autonomía privada y se erige preceptiva la intervención del Ministerio Fiscal, pudiendo el órgano judicial acordar prueba de oficio, y sin que tenga cabida en los mismos manifestación alguna del principio dispositivo, tales como el allanamiento, la renuncia, o el acuerdo transaccional, salvo para aquellos supuestos a los que expresamente se refiere el art. 751.3 de la Ley Procesal Civil.

> El art. 751.3 LEC dispone lo siguiente: "No obstante lo dispuesto en los apartados anteriores, las pretensiones que se formulen en los procesos a que se refiere este Título y que tengan por objeto materias sobre las que las partes puedan disponer libremente, según la legislación civil aplicable, podrán ser objeto de renuncia, allanamiento, transacción o desistimiento, conforme a lo previsto en el capítulo IV del Título I del Libro I de esta Ley".

Por otra parte, es de señalar que, así como el precepto contenido en el art. 751.1 de la Ley Procesal explicita que en esta clase de procedimientos no resultan efectivas determinadas causas de terminación como la renuncia, el allanamiento o la transacción, disponiendo un doble régimen jurídico respecto del desistimiento —con o sin la conformidad del Ministerio Fiscal—, la previsión normativa no realiza alusión alguna a los demás modos considerados anómalos de conclusión del procedimiento, como pudiera ser la carencia sobrevenida del objeto.

Sin duda, es en esta sede en el ámbito que mejor se aprecia la asincronía entre la reforma sustantiva y la procesal, operada por la Ley 8/2021 pues, ciertamente, no cabiendo duda alguna de que a esta categoría de procesos regulados en el Título I del Libro IV de la LEC se les reconoce el carácter de indisponibles —por consiguiente, también el de sus objetos— resulta señaladamente incoherente que el legislador no haya aprovechado el cauce que la reforma le ofrecía para suprimir dicho carácter indisponible que caracteriza al proceso sobre la provisión de medidas judiciales de apoyo a las personas con discapacidad, obviando que con la nueva regulación se introduce en la Ley de la Jurisdicción Voluntaria (en adelante, LJV) un nuevo expediente, el atinente a la provisión de apoyos, que expresamente reconoce la disponibilidad de la pretensión de provisión de apoyos en coherencia con el reconocimiento y prevalencia de la *voluntad, deseos y preferencias* de la persona con discapacidad sobre el que, sin duda alguna, pivota la nueva regulación de la discapacidad tras la reforma operada por la Ley 8/2021.

En todo caso, cabe concluir que la reforma operada por la Ley 8/2021 viene a proyectar su eficacia sobre el contenido del art. 751 de la Ley Procesal Civil que establece la indisponibilidad del objeto del proceso atinente a la capacidad de obrar de las personas y en lo que a la revisión de su terminología se refiere, de manera que en vez de aludir a los "incapacitados" después de la reforma la norma se alude a las "personas con discapacidad con medidas de apoyo en las que se designe un apoyo con funciones representativas". Y, en la misma línea, como se ha anticipado, el Libro IV Título I, Capítulo II, pasa a cambiar su rúbrica anterior por la de "De los procesos sobre la adopción de medidas judiciales de apoyo a personas con discapacidad", según dispone el art. cuarto, 12, de la Ley 8/2021. La realidad del nuevo modelo implantado se encuentra servida, aunque la reforma no haya establecido una nomenclatura significativamente estrenada, sino que su modificación se funda en el uso reincidente de la expresión "personas con discapacidad", ya aplicada por la Ley 41/2003. Por otra parte, debe señalarse que ya la LJV vino a actualizar la regulación nacional adaptándola terminológicamente a los términos de la Convención de Nueva York, al suprimir determinados términos como el de "incapaz" o "incapacitación" que fueron reemplazados en la norma por el de "personas con la capacidad judicialmente modificada". Además, la reforma por Ley 8/2021 —art. 7.º.20— dispone una "sustitución de términos" en la LJV, de manera que "las expresiones "persona con capacidad modificada judicialmente" y "persona con la capacidad modificada judicialmente" se reemplazan por el de "persona con discapacidad" o "persona con discapacidad con medidas de apoyo para el ejercicio de su capacidad jurídica".

En este sentido, tal y como se señala en el Preámbulo de la Ley 8/2021, aunque, en su vinculación con la reforma del Libro Primero del CC el cambio de la nomenclatura no resulta irrelevante, ya que con el nuevo término se pretende que la incapacitación de la persona que no es suficientemente capaz, y la modificación de una capacidad que resulta inherente a la condición de persona humana, desaparezcan, otorgando todo el protagonismo, por el contrario, al apoyo a la persona que lo requiera.

10. MODIFICACIÓN DE LOS APARTADOS 1 Y 3 DEL ARTÍCULO 753

Se trata de los apartados 1 y 3 del artículo 753 redactado por el apartado diez del artículo cuarto de la Ley 8/2021, de 2 de junio, por la que se reforma la legislación civil y procesal para el apoyo a las personas con discapacidad en el ejercicio de su capacidad jurídica.

El art. 753.1 mantiene para la sustanciación de estos procesos los trámites del juicio verbal y el emplazamiento del Ministerio Fiscal, cuando proceda, y de las demás personas que, conforme a la previsión legal, deban ser parte en el procedimiento, hayan sido o no demandados.

El art. 753.1 LEC resulta del tenor siguiente: "Salvo que expresamente se disponga otra cosa, los procesos a que se refiere este título se sustanciarán por los trámites del juicio verbal. El letrado de la Administración de Justicia dará traslado de la demanda al Ministerio Fiscal, cuando proceda, y a las demás personas que, conforme a la ley, deban ser parte en el procedimiento, hayan sido o no demandados, emplazándoles para que la contesten en el plazo de veinte días, conforme a lo establecido en el artículo 405". Este deber del LAJ que la norma regula implica controlar de oficio que el demandante haya dirigido su demanda contra todas aquellas personas que ostentan la legitimación pasiva (litisconsortes necesarios), a los efectos da dar cumplimiento a la obligación de traslado de la demanda (art. 760 LEC), lo que supone un previo examen de oficio de los presupuestos procesales. En este ámbito, aplicando la doctrina procesalista más destacada debe concluirse que el precepto impide en esta categoría de procesos no dispositivos la intervención adhesiva litisconsorcial, de manera que únicamente es posible la intervención adhesiva simple, en definitiva, "la intromisión en el proceso pendiente de un tercero titular de una relación jurídica conexa con la debatida por las partes en el proceso pendiente y que se puede ver afectada de forma refleja por la sentencia que se dicte".

No obstante, resulta superfluo continuar señalando que el emplazamiento de estas personas se realiza para que contesten la demanda *en el plazo de veinte días*, toda vez que dicha referencia carece de sentido después de haberse generalizado en el juicio verbal (art. 405 LEC) la contestación escrita en los términos previstos para el juicio ordinario (veinte días LEC).

Es doctrina común considerar que a estos procesos no dispositivos también resultan de aplicación las normas sobre ampliación de la demanda y reconvención contenidas en los arts. 401.2 y 406 LEC, por una parte, y también, por otra, la previsión del art. 407, en coherencia con la remisión a las normas reguladoras del juicio declarativo ordinario en el punto relativo a la demanda y contestación.

En todo caso, estos procesos seguirán siendo de tramitación preferente (art. 753.3).

Así el art. 753.3 LEC declara: "Los procesos a los que se refiere este título serán de tramitación preferente siempre que alguno de los interesados en el procedimiento sea menor, persona con discapacidad con medidas judiciales de apoyo en las que se designe un apoyo con funciones representativas, o esté en situación de ausencia legal".

11. NUEVA REDACCIÓN DEL ARTÍCULO 755

Se trata del art. 755 redactado por el apartado once del artículo cuarto de la Ley 8/2021, de 2 de junio, por la que se reforma la legislación civil y procesal para el apoyo a las personas con discapacidad en el ejercicio de su capacidad jurídica.

El precepto ahora considerado mantiene la rúbrica anterior a la reforma, "Acceso de las sentencias a Registros públicos", si bien la norma del art. 755, párr. 1.º, incluye como novedad la obligación, en todo caso (en la redacción anterior se declaraba "cuando proceda"), del Letrado de la Administración de Justicia de acordar que las sentencias y demás resoluciones dictadas en los procedimientos a que se refiere este título se comuniquen de oficio a los Registros Civiles para la práctica de los asientos que correspondan.

A petición de parte, aquéllas se comunicarán también a cualquier otro Registro público (que el precepto ahora enumera innecesariamente: al Registro de la Propiedad, al Registro Mercantil, al Registro de Bienes Muebles o a cualquier otro Registro público) a los efectos que en cada caso correspondan.

Ciertamente, la necesaria inscripción en los Registros Públicos de las sentencias firmes dictadas en esta categoría de procesos no resulta llamativa, toda vez que se trata de resoluciones que únicamente pueden ser objeto de ejecución impropia (*cfr.* arts. 521 y 522 LEC) en lo atinente al pronunciamiento relativo a la pretensión en materia de capacidad, filiación, matrimonio y menores, al ser en todo caso constitutivas, si bien no respecto de los eventuales pronunciamientos de condena que dichas resoluciones pudieran acordar que, diversamente, serán objeto de ejecución forzosa *ex* art. 521.3 LEC.

Pero, en el caso de las medidas de apoyo, "la comunicación se hará únicamente a petición de la persona en favor de la cual el apoyo se ha constituido" (art. 755, párr. 2.º), poniendo en valor, nuevamente y de conformidad con la reforma sustantiva, la *voluntad, deseos y preferencias* de aquélla.

En este ámbito la norma resulta plenamente conforme con la previsión ya anunciada en el Preámbulo de la Ley 8/2021 al señalar que "no obstante, el necesario respeto a los derechos fundamentales de la persona con discapacidad, incluida su intimidad y la protección de sus datos personales, han llevado a considerar que las medidas de apoyo accedan al Registro como datos sometidos al régimen e publicidad restringida". Por otra parte, resulta de interés considerar que la obligatoriedad de comunicar al Registro Civil las resoluciones judiciales —como también los documentos notariales— sobre los cargos tutelares y medidas de apoyo a las personas con discapacidad resulta regulada en el vigente art. 300 CC, en su redacción dada por el apartado veintidós del artículo segundo de la Ley 8/2021; y, asimismo, la Ley de Registro Civil (en adelante, LRC) dispone en el vigente art. 4.11.º, también reformado por la Ley 8/2021, la inscripción de "las resoluciones judiciales dictadas en procedimientos de provisión de medidas judiciales de apoyo a personas con discapacidad".

12. MODIFICACIÓN DE LA RÚBRICA DEL LIBRO IV, TÍTULO I, CAPÍTULO II

Se modifica también la rúbrica del capítulo II, título I del libro IV de la LEC (en la redacción actual, "De los procesos sobre capacidad de las personas"), que pasa a ser la siguiente: "De los procesos sobre la adopción de medidas judiciales de apoyo a personas con discapacidad"; y, dentro de él, se introducen las innovaciones que se reseñan en los preceptos que seguidamente se comentan.

13. NUEVA REDACCIÓN DEL ARTÍCULO 756

Se trata del art. 756 redactado por el apartado trece del artículo cuarto de la Ley 8/2021, de 2 de junio, por la que se reforma la legislación civil y procesal para el apoyo a las personas con discapacidad en el ejercicio de su capacidad jurídica.

Tras la reforma operada en el precepto que ahora consideramos, en los supuestos en los que, resulte pertinente el nombramiento de curador de acuerdo con la legislación civil, si no hay oposición, la provisión judicial de apoyos se regirá por lo dispuesto en la legislación de jurisdicción voluntaria. Pero si se ha formulado oposición en el previo expediente de jurisdicción voluntaria, o cuando el expediente no haya podido resolverse, los procesos se regirán por lo dispuesto en el Libro IV, Título I, Capítulo II LEC (art. 756.1). Como expresa la Exposición de Motivos de la Ley 8/2021: "Se trata, por tanto, de una reforma ambiciosa que opta por el cauce de la jurisdicción voluntaria de manera preferente, considerando de manera esencial la participación de la propia persona, facilitando que pueda expresar sus preferencias e interviniendo activamente y, donde la autoridad judicial interese la información precisa, ajustándose siempre a los principios de necesidad y proporcionalidad. Todo ello sin perjuicio de que el procedimiento se transforme en uno contradictorio".

A pesar de que el CC se encarga de regular los aspectos sustantivos más relevantes de la institución de la curatela, siempre será preciso vincular dicha perspectiva material con la procesal que se contiene en la LEC, pues si bien el legislador ha desplazado al texto sustantivo la regulación de la constitución y condiciones de desarrollo de la institución, las mismas finalmente van a encontrar verificación en la sentencia por la que se concluye el procedimiento de provisión de medias de apoyo u otro tipo de medidas. Así se indica en la Exposición de Motivos de la Ley 8/2021, al explicar que el tribunal sólo podrá acordar la curatela cuando compruebe que la misma constituye la forma de apoyo más adecuada a partir de las condiciones de la discapacidad. En todo caso, es de resaltar que uno de los principales elementos cualificadores de la reforma que introduce la Ley 8/2021 es la apuesta por la guarda de hecho, si bien, la reforma podría haber prescindido de esta institución que, por terminología y contenido se encuentra muy próxima a la finalidad de la protección de la persona, y haber apostado por un tratamiento unitario de las posibles medidas de apoyo no formalizadas basado en su voluntariedad, en la confianza en su utilidad, y en su importancia práctica y buen funcionamiento.

La competencia para conocer de las demandas sobre la adopción de medidas de apoyo a personas con discapacidad se atribuye al juez que conoció del previo expediente de jurisdicción voluntaria, salvo que la persona a la que se refiera la solicitud cambie de residencia con posterioridad, en cuyo caso lo será el juez de primera instancia del lugar de ella (art. 756.2). Este fuero (de la residencia) se considera esencial y, por eso, siguiendo el criterio que ya había establecido la Sala de lo Civil del TS, si antes de la celebración de la vista se produjera un cambio de la residencia habitual de la persona a que se refiera el proceso, las actuaciones deberán remitirse al juez de la nueva residencia, siempre que no se haya celebrado aún la vista (art. 756.3).

Resulta evidente que la declaración de la discapacidad constituye el fundamento de la aprobación de las medidas de apoyo, en consecuencia, del procedimiento mediante el cuál las mismas deben resultar aprobadas, lo cual no implica que el diagnóstico médico o, en su caso, la correspondiente resolución administrativa, determinen de manera automática la aprobación de las medidas de apoyo, y así, es de apreciar que el ahora considerado art. 756 LEC, con precisa relación a la constitución de la curatela, demanda una *ponderación individualizada de cada persona afectada por una situación de capacidad*, lo que implica que el juez deberá comprobar de manera individual la realidad de la situación así como la pertinencia o necesidad de la medida de apoyo a adoptar en cada caso, y las circunstancias personales de cada interesado, de manera que una misma gradación de un estado de discapacidad según cada persona podría demandar el establecimiento de una determinada medida de apoyo que no tiene por qué ser la misma para cada sujeto.

Conviene precisar que el diagnóstico médico es de necesaria consideración (*cfr.* ATS 2 febrero 2022 (ECLI: ES:TS:2022:1105A) (*Tol 8794277*).

En cuanto a la ponderación individualizada de la persona resulta de interés la consideración del ATS 12 enero 2022 (ECLI: ES:TS:2022:155A) (*Tol 8768528*), en el que se declara que el criterio aplicable para resolver el problema planteado depende de las circunstancias fácticas de cada caso, precisando que "en cualquier caso, que esta Sala ha determinado recientemente en STS de Pleno de 8 de septiembre de 2021, en relación con el nuevo régimen de provisión de apoyos judiciales introducido por la Ley 8/2021, de 2 de junio, que reforma la legislación civil y procesal para el apoyo a las personas con discapacidad en el ejercicio de su capacidad jurídica (cuya DT 6.ª estable su aplicación para los procedimientos que se esté tramitando a la fecha de entrada en vigor de la citada norma de 3 de septiembre de 2021), y cuyas determinaciones son trasladables al caso que nos ocupa, que: '[...] en la provisión de apoyos judiciales hay que atender en todo caso a la voluntad, deseos y preferencias del afectado. El empleo del verbo 'atender', seguido de 'en todo caso', subraya que el juzgado no puede dejar de recabar y tener en cuenta (siempre y en la medida que sea posible) la voluntad de la persona con discapacidad destinataria de los apoyos, así como sus deseos y preferencias, pero no determina que haya que seguir siempre el dictado de la voluntad, deseos y preferencias manifestados por el afectado. El texto legal emplea un término polisémico que comprende, en lo que ahora interesa, un doble significado, el de 'tener en cuenta o en consideración algo' y no solo el de 'satisfacer un deseo, ruego o mandato'. Si bien, ordinariamente, atender al querer y parecer del interesado supone dar cumplimiento a él, en algún caso, como ocurre en el que es objeto de recurso, puede que no sea así, si existe una causa que lo justifique. El tribunal es consciente de que no cabe precisar de antemano en qué casos estará justificado, pues hay que atender a las singularidades de cada caso [...]". En el mismo sentido, *cfr.* ATS 1 diciembre 2021 (ECLI: ES:TS:2021:16045A) (*Tol 8690157).*

En relación con la necesaria personalización de la medida de apoyo el ATS 2 febrero 2022 (ECLI: ES:TS:2022:1077A) (*Tol 8793815)* declara que, aunque a tenor del "art. 234.1.º CC (aplicable al nombramiento de curador, dada la remisión a las normas sobre nombramiento que contiene el art. 291 CC), para el nombramiento de tutor se prefiere en primer lugar al designado por el propio interesado conforme al párrafo segundo del art. 223 CC. Por tanto, la voluntad expresada en escritura pública dirigida a designar a una persona para que, en caso de una futura modificación judicial de la capacidad, se le encomiende la función de prestar los apoyos que procedan (art. 223 CC debe ser respetada por el juez, que solo motivadamente puede apartarse de las preferencias expresadas por el interesado cuando su propio beneficio así lo exija. Así resulta de lo dispuesto en el art. 234. II CC. Sobre la exigencia de motivar adecuadamente un nombramiento que se aparte del orden legal se ha pronunciado esta sala en las sentencias 341/2014, de

1 de julio y 635/2015, de 19 de noviembre. De forma específica, sobre la motivación necesaria para apartarse de la designación hecha por el interesado en escritura pública, se han pronunciado también las sentencias 504/2012, de 17 de julio y 373/2016, de 3 de junio". *El juez no está vinculado por ella cuando no sea conveniente para la persona con capacidad restringida, teniendo en cuenta la protección del interés de la persona sometida a este tipo de protección, que está por encima de la autonomía de la voluntad*" (la cursiva es mía).

En definitiva, no resulta de recibo el establecimiento de medidas con un carácter de patrón o tipo básico en atención al dato objetivo de la discapacidad diagnosticada o declarada, sino que el juzgador deberá atender cada caso, y sus correspondientes circunstancias y peculiaridades, de manera concreta y personalizada, alcanzando, a través de la prueba que se practique en el curso de la causa o expediente, el convencimiento acerca de las necesidades efectivas que se acrediten en atención a la discapacidad declarada, a los efectos de fundar adecuadamente la extensión y alcance de las medidas a adoptar en el específico supuesto, que pueden llevar incluso al establecimiento de una curatela representativa si la situación de la persona así lo requiriese.

No alberga duda alguna la conclusión que conduce a considerar derogada la figura de la prodigalidad —aunque su mención se mantuvo en la fase prelegislativa de la reforma, remitiendo el texto del art. 756.3 LEC a las disposiciones del Libro IV, Título I, Capítulo II—, toda vez que la Exposición de Motivos de la Ley 8/2021, reconoce que la prodigalidad debe dejar de ser considerada como una alteración de la capacidad o una forma atenuada de incapacidad, pues tal calificación ya no tiene cabida en la nueva regulación y su consideración deberá incardinarse más bien en el ámbito de las medidas de apoyo. Frente a lo anterior, el legislador no ha modificado la regulación procesal de los internamientos involuntarios establecida en el art. 763 LEC, cuyo contenido se mantiene en sus mismos términos.

14. NUEVA REDACCIÓN DEL ARTÍCULO 757

Se trata del art. 757 redactado por el apartado catorce del artículo cuarto de la Ley 8/2021, de 2 de junio, por la que se reforma la legislación civil y procesal para el apoyo a las personas con discapacidad en el ejercicio de su capacidad jurídica.

Se modifica el art. 757 LEC, relativo a la legitimación para promover el proceso —para la adopción judicial de medidas de apoyo a una persona con discapacidad—, en los siguientes aspectos: se precisa la legitimación del cónyuge, exigiendo que no esté separado de hecho o legalmente y el Ministerio Fiscal deberá promover dicho proceso, "salvo que concluyera que existen otras vías a través de las que la persona interesada pueda obtener los apoyos que precisa".

Como ya se anticipó, al margen de que el art. 749 LEC otorgue al Ministerio Público la condición de parte en el proceso contencioso, en este caso el legislador le reconoce una condición subsidiaria respecto al resto de los sujetos legitimados activamente, pues el art. 757.2 LEC considera que únicamente podrá iniciar el proceso tras verificar la inexistencia en el entorno de la persona con discapacidad de ninguno de los mencionados en el arábigo 1 del precepto, o cuando aquellos no hubieren procedido a interponer la correspondiente demanda. Diversamente, en la LJV no queda dispuesto el señalado criterio prelativo, pues el art. 42 bis a) 3 dispone que tanto el Ministerio Fiscal como los demás legitimados podrán promover el expediente de forma indistinta.

Cuando con la demanda se solicite el inicio del procedimiento de provisión de apoyos, las medidas —de apoyo— correspondientes y un curador determinado, se le dará a éste traslado de aquélla a fin de que pueda alegar lo que considere conveniente sobre dicha cuestión.

Lo cual no implica la atribución al señalado "curador determinado" de la condición de parte en el procedimiento pues, precisamente, su nombramiento integra una de las cuestiones que deben resolverse en el curso de la causa de entender el juzgador que, para ese caso específico, la curatela es la medida de apoyo más adecuada. De manera que el señalado nombramiento de curador se erige en cuestión de fondo a resolver en la resolución correspondiente.

Las personas legitimadas para instar el proceso de adopción de medidas judiciales de apoyo o que acrediten un *interés legítimo* podrán intervenir a su costa en el ya iniciado, con los efectos previstos en el art. 13 de la LEC.

> Sin duda, va a resultar necesario concretar el alcance del concepto jurídico indeterminado "interés legítimo" que, en todo caso, debería encontrar fundamento no sólo en la consecuencia meramente procesal de cobertura de los posibles efectos de la cosa juzgada de la resolución, sino, esencialmente, en un criterio de protección y defensa de los intereses de la persona necesitada de la adopción de medidas de apoyo. En todo caso, es de significar que el art. 253 CC configura la intervención activa de estos organismos como un deber jurídico, al obligar a las entidades públicas que en su respectivo territorio tengan encomendada la protección de la persona que se encuentre en situación que exija apoyo para el ejercicio de su capacidad jurídica de modo urgente y que carezca de guardador de hecho, a poner los hechos que justifiquen la necesidad de la adopción de las medidas en conocimiento del Ministerio Fiscal en un plazo de veinticuatro horas.
>
> Mediante la referencia al art. 13 LEC la reforma introduce la posibilidad de que las instituciones protectoras o las autoridades o profesionales reconocidos en la LJV como sujetos activamente legitimados puedan intervenir en la causa contenciosa, por considerar que en la mayor parte de los supuestos son los organismos y entidades que tienen mejor conocimiento de los detalles más precisos de la situación a valorar, aunque no deja de sorprender que en este ámbito el legislador no haya reconocido legitimación activa a la persona, física o jurídica, que ejerza la efectiva guarda de hecho sobre quien se pretende constituir la curatela, cuando resulta que en el art. 206 CC no sólo se les otorga legitimación a estos organismos a los efectos de incoar el procedimiento constitutivo de la misma en relación con el menor sino que, además, se les convierte en responsables solidarios de los daños y perjuicios que se le pudieran derivar a la persona en el caso de que no procedieran a ello.

Suprimidos los procesos de incapacitación, el legislador modifica la rúbrica del precepto —a partir de la reforma "*Legitimación e intervención procesal*"— a los efectos de eliminar la referencia a dichos procedimientos, y regula en el mismo la legitimación como presupuesto de necesaria concurrencia para la válida constitución de la relación procesal, y también la intervención de terceros, mediante la cual las personas ajenas al proceso pero que puedan tener algún tipo de interés en el mismo, van a poder actuar en la causa.

En todo caso, el art. 757 LEC contiene una relación de personas que supone una lista tasada y no un *numerus apertus*, por lo que cualquier persona que no se encuentre entre las expresamente mencionadas en el precepto únicamente podrá verificar su legitimación activa como interviniente mediante la justificación del "interés legítimo" a que el artículo se refiere en su último apartado (art. 757.4 LEC).

15. NUEVA REDACCIÓN DEL ARTÍCULO 758

Se trata del art. 758 redactado por el apartado quince del artículo cuarto de la Ley 8/2021, de 2 de junio, por la que se reforma la legislación civil y procesal para el apoyo a las personas con discapacidad en el ejercicio de su capacidad jurídica.

En el nuevo art. 758 LEC se incorporan las peculiaridades del procedimiento y de la personación del demandado:

1.ª Admitida la demanda, el Letrado de la Administración de Justicia recabará certificación del Registro Civil y, en su caso, de otros Registros públicos que considere pertinentes sobre las medidas de apoyo inscritas.

> La admisión a trámite de la demanda —que deberá ir acompañada del informe médico que diagnostique la causa de la incapacidad o, en su caso, de la resolución administrativa que la declare, así como del testimonio de la resolución que ponga fin al expediente de jurisdicción voluntaria a no ser que el órgano judicial competente para conocer del procedimiento contencioso sea el mismo que conoció del expediente previo— se verifica cuando el LAJ confirma que la demanda reúne todos los presupuestos procesales legalmente establecidos, así como la documental precisa, cuya falta debería determinar, en todo caso, un defecto subsanable determinante de la suspensión del trámite de admisión y la concesión de un plazo de subsanación de diez días (cfr. art. 42.3 LEC) para su aportación a fin de proceder a la admisión. Y, admitida la demanda, el LAJ recabará del Registro Civil o de los demás registros públicos pertinentes, la información atinente a las medidas de apoyo que hubieran podido ser inscritas con carácter previo y ello, como ya se apunta en el Preámbulo de la Ley 8/2021, a los efectos

de asegurar que las medidas que se acuerden por la sentencia que ponga fin a la causa contenciosa respeten la *voluntad, deseos y preferencias* de la persona con discapacidad. Por tal motivo, la reforma cambia la rúbrica de este precepto que se intitula ahora "Certificación registral y personación del demandado". Con tal propósito, el art. 255 CC ordena al Notario la remisión de oficio y sin dilación alguna al Registro Civil de las medidas voluntarias plasmadas en escritura pública y, con idéntico propósito, los poderes preventivos a que se refieren los arts. 256 y ss. CC deberán ser otorgados en escritura pública y, en consecuencia, el fedatario público deberá notificar su constitución mediante la remisión de la escritura al Registro correspondiente interesando su inscripción.

2.ª Si, transcurrido el plazo previsto para la contestación de la demanda, la persona interesada no compareciere ante el juzgado con su propia defensa y representación, el Letrado de la Administración de Justicia procederá a designarle un defensor judicial (a no ser que ya estuviera nombrado o su defensa corresponda al Ministerio Fiscal por no ser el promotor del procedimiento) al que se le dará un nuevo plazo de veinte días para que conteste a la demanda si lo considera procedente.

El art. 758.2 LEC se refiere al caso en el que la demanda haya sido interpuesta por los familiares de la persona con discapacidad —art. 757.1 LEC— o por el Ministerio Fiscal —art. 757.2 LEC— disponiendo dos vías para la práctica de la notificación: (i) de forma personal (cfr. arts. 155.1 y 152.3.2.º, 153 y 158 LEC o (ii) por edictos (art. 164 LEC).

3.ª El Letrado de la Administración de Justicia llevará a cabo las actuaciones necesarias para que la persona con discapacidad comprenda el objeto, la finalidad y los trámites del procedimiento, de conformidad con lo previsto en el art. 7 bis.

Mediante el establecimiento de esta previsión, al LAJ se le impone la obligación de realizar las actuaciones de adaptación del proceso necesarias para que el demandado comprenda todos los aspectos del procedimiento iniciado, de conformidad con la previsión recogida en el ya revisado art. 7 bis LEC, toda vez que lo que, en definitiva, se pretende en todo caso es procurar y favorecer la intervención activa de la persona con discapacidad en la adopción de cualquier decisión que le pueda afectar a no ser, obviamente, que la discapacidad padecida llegue a suprimir por completo sus facultades de comprensión —que, claro está, redundarán en las volitivas—, en cuyo caso deberá acordarse el establecimiento de una curatela representativa.

16. NUEVA REDACCIÓN DEL ARTÍCULO 759

Se trata del art. 759 redactado por el apartado dieciséis del artículo cuarto de la Ley 8/2021, de 2 de junio, por la que se reforma la legislación civil y procesal para el apoyo a las personas con discapacidad en el ejercicio de su capacidad jurídica.

Se modifica el art. 759 LEC introduciendo las siguientes innovaciones en materia de "Pruebas preceptivas en primera y segunda instancia" como la rúbrica del precepto anuncia:

1.ª Se precisan las pruebas que se han de practicar en estos procesos, sustituyendo el examen de la persona con discapacidad por parte del juez por una entrevista con ella, e incluyendo la audiencia del cónyuge no separado de hecho o legalmente o de quien se encuentre en situación de hecho asimilable, y también se amplía el ámbito de los profesionales que pueden emitir el *dictamen preceptivo* —"no pudiendo decidirse sobre las medias que deben adoptarse sin previo dictamen pericial acordado por el Tribunal"— para acordar las medidas ("se contará en todo caso con profesionales especializados de los ámbitos social y sanitario, y podrá contarse también con otros profesionales especializados que aconsejen las medidas de apoyo que resulten idóneas en cada caso").

La norma se refiere a los dictámenes necesarios o pertinentes en relación con las pretensiones contenidas en el escrito de demanda, significando la imposibilidad de decisión sobre las medidas a adoptar sin el previo dictamen acordado por el juzgador, para cuya elaboración deberá contarse con profesionales especializados de los ámbitos social y sanitario, y también con otros, siempre especializados, cuya colaboración resulte conveniente en atención a las medidas de apoyo a adoptar como adecuadas en cada supuesto. Mediante esta regulación se adapta la normativa reguladora a las previsiones de la Convención basada, como ya se ha indicado, en la perspectiva esencial de los derechos humanos, que impone la necesaria especialización de los profesionales intervinientes en el procedimiento, tanto en el ámbito sanitario como social, y la posibilidad de intervención de otros profesionales, siempre especializados, de otras ramas —no necesariamente médicas o sanitarias— en función de las medidas de apoyo que se vayan a adoptar, primando siempre la atención a la realidad individualizada de cada persona en sus múltiples y variadas proyecciones.

Es de precisar que una indebida denegación de prueba dará lugar a la nulidad. *Cfr.*, al respecto, STS 21 diciembre 2021 *(Tol 8739270)* (ECLI: ES:TS:2021:4879). En este supuesto se estima el recurso por infracción procesal interpuesto frente a una sentencia que revocó la sentencia de 1.ª instancia, decretó la incapacidad total del demandado y nombró tutor a una asociación. Durante la sustanciación de la apelación, la Audiencia acordó oír al demandado y la aportación de un nuevo informe forense. El demandado solicitó que se citara al médico forense al acto de la vista para ratificar su informe y someterlo a contradicción, y al tiempo formuló petición de que se admitiera una prueba pericial de un neurólogo y de una neuropsicóloga para rebatir las conclusiones del forense. Ambas solicitudes fueron denegadas. Se expone la doctrina del TS y de la Sala 1.ª sobre el derecho a utilizar los medios de prueba y los criterios de pertinencia, diligencia y relevancia y, en su aplicación al caso, se estima el recurso. La prueba propuesta se encuentra íntimamente ligada con la cuestión a decidir, goza de cobertura legal y provoca indefensión, tanto la negativa de citar al médico forense, con la finalidad instada de responder a las preguntas y aclaraciones sobre la capacidad jurídica del demandado, como la privación de aportar prueba pericial de especialistas para valorar mejor esta capacidad. También se aprecia falta de motivación en la designación judicial de representante legal del demandado, sin contar con la voluntad exteriorizada de aquel. Se declara la nulidad de la sentencia, con retroacción de actuaciones para que la Audiencia admita la prueba propuesta.

Persiste, pues, la vigencia de la previsión contenida en el art. 752 LEC, a cuyo tenor: "1. Los procesos a que se refiere este Título se decidirán con arreglo a los hechos que hayan sido objeto de debate y resulten probados, con independencia del momento en que hubieren sido alegados o introducidos de otra manera en el procedimiento. Sin perjuicio de las pruebas que se practiquen a instancia del Ministerio Fiscal y de las demás partes, el tribunal podrá decretar de oficio cuantas estime pertinentes. 2. La conformidad de las partes sobre los hechos no vinculará al tribunal, ni podrá éste decidir la cuestión litigiosa basándose exclusivamente en dicha conformidad o en el silencio o respuestas evasivas sobre los hechos alegados por la parte contraria. Tampoco estará el tribunal vinculado, en los procesos a que se refiere este título, a las disposiciones de esta Ley en materia de fuerza probatoria del interrogatorio de las partes, de los documentos públicos y de los documentos privados reconocidos. 3. Lo dispuesto en los apartados anteriores será aplicable asimismo a la segunda instancia. 4. Respecto de las pretensiones que se formulen en los procesos a que se refieren este título, y que tengan por objeto materias sobre las que las partes pueden disponer libremente según la legislación civil aplicable, no serán de aplicación las especialidades contenidas en los apartados anteriores". De manera que el juzgador podrá acordar de oficio la prueba que estime pertinente, lo que supone la posibilidad de practicar incluso aquélla no interesada a instancia de ninguna de las partes, valorándola de una manera mucho más flexible, según se deduce del precepto precedentemente transcrito, con el manifiesto propósito de acordar la verdad material a la formal.

2.ª En los casos en que la demanda haya sido presentada por la propia persona con discapacidad, el tribunal podrá —previa solicitud de aquélla y de forma excepcional— no practicar las audiencias preceptivas si así resultara más conveniente para la preservación de su intimidad.

La inclusión de esta previsión, dirigida a proteger la intimidad de la persona con discapacidad, constituye una novedad significativamente relevante, al admitirse, siquiera con carácter excepcional, que el órgano judicial deje de practicar las audiencias preceptivas en el supuesto de que la demanda haya sido presentada por la propia persona con discapacidad.

3.ª Cuando el nombramiento de curador no estuviera propuesto, sobre esta cuestión se oirá a la persona con discapacidad, al cónyuge no separado de hecho o legalmente o a quien se encuentre en situación de hecho asimilable, a sus parientes más próximos y a las demás personas que el tribunal considere oportuno.

Con precisa referencia a la práctica de las audiencias, señaladas como prueba preceptiva, se modifica el planteamiento legal anterior —que únicamente se refería a los parientes más próximos e la persona con discapacidad—, incorporándose expresamente al cónyuge no separado de hecho o legalmente o a quien se encuentre en situación de hecho asimilable.

4.ª "Si la sentencia que decida sobre las medidas de apoyo fuere apelada, se ordenará también de oficio en la segunda instancia la práctica de las pruebas preceptivas a que se refieren los apartados anteriores de este artículo".

En este apartado se dispone la obligatoriedad de la práctica de la prueba en la segunda instancia, incorporando como novedad terminológica la eliminación del término "incapacitación" en su alusión a la sentencia que va a decidir sobre la misma y que tras la reforma se reemplaza por el de sentencia "que decida sobre las medidas de apoyo", como corresponde a una necesaria adecuación con los principios de la reforma que son los de la Convención. Y por cuanto se refiere a la obligatoriedad de la práctica "de oficio en la segunda instancia la práctica de las pruebas preceptivas a que se refieren los apartados anteriores de este artículo" precisamente se fundamente en la relevancia del principio de inmediación en esta tipología de causas con el claro propósito de atinar en las medidas de apoyo acordadas.

17. MODIFICACIÓN DEL ARTÍCULO 760

Se trata del art. 760 redactado por el apartado diecisiete del artículo cuarto de la Ley 8/2021, de 2 de junio, por la que se reforma la legislación civil y procesal para el apoyo a las personas con discapacidad en el ejercicio de su capacidad jurídica.

Se modifica el art. 760 LEC remitiendo el contenido de la sentencia —*sic* "las medidas que adopte la autoridad judicial" en ella— a lo dispuesto "en las normas de derecho civil que resulten aplicables".

Sin duda, resulta llamativa la remisión del contenido de la sentencia en cuestión a las normas del Derecho Civil —material—. El fundamento de este reenvío se localiza ya en la Exposición de Motivos de la Ley 8/2021 en el que el legislador anticipa que el contenido de la sentencia constituye una cuestión más propiamente incardinable en el ámbito del Derecho sustantivo que en el Derecho instrumental. Sin duda, la cuestión dista de ser pacífica y sobre ella cabría plantear objeciones en las que no me detendré ahora pues su revisión excedería, con mucho, los límites del presente trabajo.

La señalada previsión normativa —que, si bien remite al Derecho Civil, sorprendentemente no alberga referencia alguna a la figura del curador como previsible contenido de la resolución— no es sino una consecuencia procesal necesaria que se predica del cambio de paradigma sustantivo adoptado por la reforma, en consonancia con los planteamientos de la Convención, por cuya virtud la sentencia que ponga fin al procedimiento no va a acordar la incapacitación de la persona sino únicamente la adopción de las concretas medidas de apoyo que resulten idóneas en relación con su situación de persona con discapacidad, lo cual no va a redundar en modificación alguna de circunstancia que altere su estado civil ya que el nuevo modelo parte de la consideración de las personas con discapacidad como sujetos plenamente capaces, condición que se proyecta tanto respecto de la titularidad de sus derechos como de su correlativo ejercicio.

Y es que a pesar de no señalar los criterios que deberán regir la elección de las medidas de apoyo a adoptar, lo que conduce necesariamente a la consideración del contenido de los arts. 249 CC ("Las medidas de apoyo a las personas mayores de edad o menores emancipadas que las precisen para el adecuado ejercicio de su capacidad jurídica tendrán por finalidad permitir el desarrollo pleno de su personalidad y su desenvolvimiento jurídico en condiciones de igualdad. Estas medidas de apoyo deberán estar inspiradas en el respeto a la dignidad de la persona y en la tutela de sus derechos fundamentales. Las de origen legal o judicial solo procederán en defecto o insuficiencia de la voluntad de la persona de que se trate. Todas ellas deberán ajustarse a los principios de necesidad y proporcionalidad" ...) y 268 CC ("Las medidas tomadas por la autoridad judicial en el procedimiento de provisión de apoyos serán proporcionadas a las necesidades de la persona que las precise, respetarán siempre la máxima autonomía de esta en el ejercicio de su capacidad jurídica y atenderán en todo caso a su voluntad, deseos y preferencias" ...).

Atendido lo expuesto, la sentencia tampoco va a poder contener mención alguna a la prodigalidad, toda vez que esta institución queda eliminada como figura autónoma, y su consideración únicamente va a poder ser atendida en relación con las medidas de apoyo que se adopten.

Y, precisamente, porque ya no se va a concluir modificación judicial alguna de la capacidad de la persona es por lo que el procedimiento debe dirigirse únicamente al establecimiento de las medidas de apoyo que se consideren necesarias "sobre la base de la búsqueda de su mayor autogobierno, autonomía de la persona con discapacidad en el ejercicio de su capacidad jurídica y de obrar, así como su voluntad, deseos y preferencias".

También como consecuencia del cambio de patrón se considera, en este ámbito, la de la jurisdicción voluntaria como vía prevalente frente a la contenciosa, de tal manera que, en el marco normativo de la Ley Procesal Civil, resulta que la sentencia recaída en el contexto del art.760 LEC únicamente procederá en el supuesto de que concurra oposición que vete la conclusión del expediente iniciado —con carácter preferente— en el seno de la jurisdicción voluntaria.

18. NUEVA REDACCIÓN DEL ARTÍCULO 761

Se trata del art. 761 redactado por el apartado dieciocho del artículo cuarto de la Ley 8/2021, de 2 de junio, por la que se reforma la legislación civil y procesal para el apoyo a las personas con discapacidad en el ejercicio de su capacidad jurídica.

El art. 761 LEC regula ahora la revisión de las medidas de apoyo judicialmente adoptadas, que se llevará a cabo "de conformidad con lo previsto en la legislación civil, debiendo seguirse los trámites previstos a tal efecto en la Ley de Jurisdicción Voluntaria"; aunque, si se produce oposición en el expediente de jurisdicción voluntaria o si dicho expediente no hubiera podido resolverse, se deberá instar el correspondiente proceso contencioso.

En concreto, el precepto ahora revisado, bajo la rúbrica "Revisión de las medidas de apoyo judicialmente adoptadas" resulta en la actualidad del tenor siguiente: "Las medidas contenidas en la sentencia dictada serán revisadas de conformidad con lo previsto en la legislación civil, debiendo seguirse los trámites previstos a tal efecto en la Ley de Jurisdicción Voluntaria. En caso de que se produjera oposición en el expediente de jurisdicción voluntaria de revisión a que se refiere el párrafo anterior, o si dicho expediente no hubiera podido resolverse, se deberá instar el correspondiente proceso contencioso conforme a lo previsto en el presente Capítulo, pudiendo promoverlo cualquiera de las personas mencionadas en el apartado 1 del artículo 757, así como quien ejerza el apoyo de la persona con discapacidad".

Título del precepto que ya anuncia la eliminación del tradicional incidente de modificación de medidas y su reemplazo por el actual que se dirige a la "revisión de las medidas de apoyo judicialmente adoptadas", en cuya sustanciación necesariamente deberá atenderse a lo dispuesto en el art. 7 bis LEC respecto de la imprescindible adaptación de cualquier aspecto del mismo a las peculiaridades de la persona con discapacidad.

Y es que la sentencia recaída en un proceso de los que ahora se consideran resulta, por su propia naturaleza, esencialmente revisable, atendida la mutabilidad temporal de su contenido, por lo que la consideración de su reconsideración se hace de todo punto necesaria, circunstancia que, sin duda, justifica la incorporación en la LEC de una norma específica que la considere, pues las medidas de apoyo en su momento acordadas lo fueron en atención a circunstancias concretas y determinadas que, en la mayoría de los supuestos, están llamadas a cambiar por el transcurso del tiempo, por lo que el mantenimiento inalterado de las medidas de apoyo únicamente estaría justificado para el supuesto *rebus sic stantibus*, difícilmente pronosticable de todas y cada una de las situaciones.

En todo caso, para determinar los supuestos y situaciones en los que procede la revisión habrá que estar, inicialmente, al cumplimiento de los plazos que se señalan en el artículo 268, párr. 3.°, CC, a cuyo tenor: "Las medidas de apoyo adoptadas judicialmente serán revisadas periódicamente en un plazo máximo de tres años. No obstante, la autoridad judicial podrá, de manera excepcional y motivada, en el procedimiento de provisión o, en su caso, de modificación de apoyos, establecer un plazo de revisión superior que no podrá exceder de seis años", si bien la necesidad de una revisión determinará que pueda procederse a la misma incluso en el supuesto de que no hubiera transcurrido el referido plazo, por lo que el párr. 3.º del mismo precepto dispone que: "Sin perjuicio de lo anterior, las medidas de apoyo adoptadas judicialmente se revisarán, en todo caso, ante cualquier cambio en la situación de la persona que pueda requerir una modificación de dichas medida".

Además, establecidos los presupuestos que fundarán la recisión de las medidas acordadas en sentencia, debe concretarse cuál es el procedimiento a través del cual se sustanciará la anunciada revisión de las medias. A tal efecto la norma dispone que la revisión deberá llevarse a cabo de acuerdo con los trámites previstos en la LJV, aunque de concurrir oposición en el expediente o si el mismo no hubiera podido resolverse, deberá ser instado el correspondiente contencioso.

> Nuevamente queda puesto de manifiesto la preferencia que el legislador otorga al cauce procedimental de la jurisdicción voluntaria frente a la subsidiaria contenciosa.

En todo caso es de significar que el art. 761 LEC únicamente regula la revisión de la medida de apoyo acordada mediante sentencia, por cuanto que la alteración de aquéllas que pudieran acordarse por el cauce del expediente de jurisdicción voluntaria residencia su propia vía de modificación en la LJV.

> Por tal motivo resulta significativa la circunstancia de que, aunque nos hallemos ante medidas de apoyo acordadas mediante sentencia, estas medidas puedan modificarse mediante un auto dictado en el expediente de jurisdicción voluntaria en el que resulten revisadas.

19. NUEVA REDACCIÓN DEL ARTÍCULO 762

> Se trata del art. 762 redactado por el apartado diecinueve del artículo cuarto de la Ley 8/2021, de 2 de junio, por la que se reforma

la legislación civil y procesal para el apoyo a las personas con discapacidad en el ejercicio de su capacidad jurídica.

El art. 762 LEC mantiene la posibilidad de que el juez, cuando tenga conocimiento de la existencia de una persona en una situación de discapacidad que requiera medidas de apoyo, pueda adoptar, de oficio o a instancia del Ministerio Fiscal, y en cualquier estado del procedimiento, las medidas cautelares que estime necesarias para la adecuada protección de aquélla o de su patrimonio, y pueda poner el hecho en conocimiento del Ministerio Público, para que inicie, si lo estima procedente, un expediente de jurisdicción voluntaria. En las mismas circunstancias se prevé que el Ministerio Fiscal también pueda interesar del Tribunal la inmediata adopción de las señaladas medidas que, en cualquier caso, podrán acordarse de oficio o a instancia de parte, y en cualquier estadio procesal. Se mantiene que, siempre que la urgencia de la situación no lo impida, las medidas se acordarán previa audiencia de las personas con discapacidad.

Con remisión, en esta situación, a las previsiones contenidas en los arts. 734, 735 y 736 LEC que no se han modificado por la reforma.

El precepto no ofrece un listado de medidas cautelares que, bajo su previsión, pueden adoptarse —su precedente tampoco lo recogía—, sino que se limita a señalar que se tratará de las medidas "que estime necesarias para la adecuada protección" de la persona con discapacidad "o de su patrimonio".

En todo caso, las medidas a adoptar deberán observar las previsiones legales de carácter general que se contienen en la Ley Procesal para la adopción de cualquier medida cautelar (cfr. arts. 726, 728, siguientes y concordantes, LEC), a salvo su posibilidad de adopción de oficio que viene a excepcionar la previsión general del artículo 721 LEC, y el órgano judicial competente para su adopción será el Juzgado de primera Instancia del partido judicial en el que la persona que precisa de la medida de apoyo tenga fijado su lugar de residencia al tiempo en que se plantee la necesidad de la adopción de la medida en cuestión. Por otra parte, y por aplicación de la previsión contenida en el artículo 739 LEC, no reformado, la única causa de oposición posible a las medidas cautelares adoptadas será que las mismas hayan sido acordadas sin audiencia del afectado; en este supuesto, de adopción *inaudita parte*, la persona con discapacidad —o simplemente afectado, si es que no consta todavía incoado procedimiento ni expediente alguno, en cuyo caso su plazo de duración estaría determinado en atención a la previsión contenida en el art. 730.2 LEC que dispone que "las medidas que se hubieran acordado quedarán sin efecto si la demanda no se presentare ante el mismo Tribunal que conoció de la solicitud de aquéllas en los veinte días siguientes a su adopción"— podrá plantear oposición a la medida en el plazo de veinte días que se contarán desde que se produjo la notificación del auto en el que se acordaron.

De entre las medidas de índole personal cabe considerar el nombramiento de un defensor judicial durante la fase de tramitación del procedimiento para la adopción de las medidas de apoyo o bien el mantenimiento en sus funciones del guardador de hecho.

Como medidas de carácter patrimonial o económico resulta usual el recurso al nombramiento de un administrador de los bienes o, en su caso, la anotación preventiva de la demanda en los Registros públicos correspondientes.

20. MODIFICACIÓN DEL APARTADO 1 DEL ARTÍCULO 765

Se trata del art. 765.1 redactado por el apartado veinte del artículo cuarto de la Ley 8/2021, de 2 de junio, por la que se reforma la legislación civil y procesal para el apoyo a las personas con discapacidad en el ejercicio de su capacidad jurídica.

En el art. 765 LEC se completa la legitimación para el ejercicio de las acciones de determinación o de impugnación de la filiación que correspondan al hijo menor de edad, al disponerse que "[s]i fuere persona con discapacidad con medidas de apoyo para su ejercicio, dichas acciones podrán ser ejercitadas por ella, por quien preste el apoyo y se encuentre expresamente facultado para ello o, en su defecto, por el Ministerio Fiscal". En concreto, el precepto, bajo la rúbrica "Ejercicio de las acciones que correspondan al hijo menor o hijo con discapacidad que precise apoyo. Sucesión procesal", queda actualmente del tenor siguiente: "Las acciones de determinación o de impugnación de la filiación que, conforme a lo dispuesto en la legislación civil, correspondan al hijo menor de edad, podrán ser ejercitadas por su representante legal o por el Ministerio Fiscal, indistintamente. Si fuere persona con discapacidad con medidas de apoyo para su ejercicio, dichas acciones podrán ser ejercitadas por ella, por quien preste el apoyo y se encuentre expresamente facultado para ello o, en su defecto, por el Ministerio Fiscal".

Respecto al ejercicio de las acciones de filiación que correspondan al menor, de conformidad con la previsión contenida en el art. 765.1 LEC, el mismo resulta atribuido a quien ejerza las funciones de representación del mismo —ya sean sus padres o sus tutores o, en su caso, un guardador de hecho, si bien en este último caso será preciso autorización judicial *ex* art. 287.7.º CC— o bien al Ministerio Fiscal, sin que al respecto el legislador haya precisado criterio prelativo alguno, por lo que de suscitarse un conflicto de intereses la demanda se deberá plantear por el defensor judicial (art. 235 LEC) debiéndose estar en este supuesto a las previsiones del CC en relación con su designación y nombramiento.

El segundo párrafo, adicionado de nueva planta, contempla expresamente que la demanda pueda resultar planteada por la propia persona con discapacidad —en cuyo caso, y salvo expresa designación previa de persona con facultades representativas, la misma persona con discapacidad designará su particular representación procesal y su dirección letrada, o interesará su designación de oficio—, por quien ejerza las funciones de apoyo —curador, guardador de hecho o defensor judicial, éste último individual y exclusivamente o, si la situación lo requiriese por existir conflicto de intereses, en concurrencia con los anteriores— o, en defecto de éstos, por el Ministerio Público resultando en éste último caso que, a diferencia de lo que sucede en el ámbito de los menores, la condición de promotor del procedimiento que se atribuye al Ministerio Público aparece revestida de un carácter subsidiario, toda vez que únicamente podrá plantear la demanda ante la ausencia de los demás legitimados para hacerlo.

En definitiva, la reforma se justifica en la incorporación a la Ley Procesal de las modificaciones necesarias a los efectos de posibilitar a las personas con discapacidad el ejercicio por sí mismas de las acciones relativas a la determinación o impugnación de la filiación de conformidad con lo prevenido en los arts. 131 a 134,

136, 137 y 140 CC, suprimiendo en todo caso la referencia a la persona incapacitada.

21. MODIFICACIÓN DEL ARTÍCULO 770

Con carácter general, en los procesos matrimoniales, las modificaciones que se introducen con la reforma se concretan en las siguientes.

a) En los procedimientos contenciosos de separación y divorcio (art. 770 LEC), como novedad relevante, se modifica la regla 4.ª para introducir la audiencia tanto de los hijos cuando precisen apoyo para el ejercicio de su capacidad jurídica y éste sea prestado por los progenitores, como la de los hijos con discapacidad cuando se discuta el uso de la vivienda familiar y la estén usando. En concreto, la referida regla 4.ª pasa a expresar el tenor literal siguiente: "Las pruebas que no puedan practicarse en el acto de la vista se practicarán dentro del plazo que el Tribunal señale, que no podrá exceder de treinta días (párr. 1.º). Durante este plazo, el Tribunal podrá acordar de oficio las pruebas que estime necesarias para comprobar la concurrencia de las circunstancias en cada caso exigidas por el Código Civil para decretar la nulidad, separación o divorcio, así como las que se refieran a hechos de los que dependan los pronunciamientos sobre medidas que afecten a los hijos menores o a los mayores con discapacidad que precisen apoyo, de acuerdo con la legislación civil aplicable (párr. 2.º). Si el procedimiento fuere contencioso y se estimare necesario de oficio o a petición del fiscal, partes o miembros del equipo técnico judicial o de los propios hijos, podrán ser oídos cuando tengan menos de doce años, debiendo ser oídos en todo caso si hubieran alcanzado dicha edad. También habrán de ser oídos cuando precisen apoyo para el ejercicio de su capacidad jurídica y este sea prestado por los progenitores, así como los hijos con discapacidad, cuando se discuta el uso de la vivienda familiar y la estén usando (párr. 3.º). En las audiencias con los hijos menores o con los mayores con discapacidad que precisen apoyo para el ejercicio de su capacidad jurídica se garantizará por la autoridad judicial que sean realizadas en condiciones idóneas para la salvaguarda de sus intereses, sin interferencias de otras personas, y recabando excepcionalmente el auxilio de especialistas cuando ello sea necesario (párr. 4.º)". Y se añade, además, una nueva regla 8.ª, del siguiente tenor: "En los procesos matrimoniales en que existieran hijos comunes mayores de dieciséis años que se hallasen en situación de necesitar medidas de apoyo por razón de su discapacidad, se seguirán, en su caso, los trámites establecidos en esta ley para los procesos para la adopción judicial de medidas de apoyo a una persona con discapacidad".

La regla 4.ª del art. 770 resulta redactada por el apartado veintiuno del artículo cuarto de la Ley 8/2021, de 2 de junio, por la que se reforma la legislación civil y procesal para el apoyo a las personas con discapacidad en el ejercicio de su capacidad jurídica.

La regla 8.ª del art. 770 resulta introducida por el apartado veintiuno del artículo cuarto de la Ley 8/2021, de 2 de junio, por la que se reforma la legislación civil y procesal para el apoyo a las personas con discapacidad en el ejercicio de su capacidad jurídica.

Sobre la declaración de nulidad de la sentencia de apelación por falta de práctica en segunda instancia de las pruebas legales normativamente exigidas para su determinación *cfr.* STS 14 marzo 2022 (*Tol 8876309, ECLI: ES:TS:2022:940*).

b) Se modifica el art. 777.8 LEC, que pasa a tener la siguiente redacción: "La sentencia o el auto que aprueben en su totalidad la propuesta de convenio sólo podrán ser recurridos, en interés de los hijos menores o en aras de la salvaguarda de la voluntad, preferencias y derechos de los hijos con discapacidad con medidas de apoyo atribuidas a sus progenitores, por el Ministerio Fiscal".

Me refiero en este apartado a la primera de las modificaciones señaladas, la que se concreta en la reforma del art. 770, ordinales 4.ª y 8.ª, pues la que se contiene en el art. 777.8 será objeto de mención más adelante.

La reforma de la regla 4.ª del art. 770 mantiene, en el primero de sus párrafos, la regulación precedente relativa a que las pruebas que no puedan practicarse en el acto de la vista se practiquen en un plazo máximo de treinta días, lo que supone una relajación del principio de contradicción imperante en el proceso civil que, no obstante, resulta compensada por el interés que alberga la circunstancia de poder practicarse determinadas pruebas que no pudieron materializarse en el acto de la celebración del juicio. Como destaca autorizada doctrina, resulta importante precisar que la facultad que se confiere al órgano judicial de poder posponer la práctica de determinadas pruebas debe quedar constreñida, de manera estricta, a aquellos elementos probatorios que no pudieron aportarse en el juicio o a los que deriven de éstos, en definitiva, a las pruebas que debieron practicarse y no pudieron ser practicadas como consecuencia de la imprevisibilidad o insuficiencia de las que le fueron precedentes, y todo ello con el claro propósito de favorecer al tribunal en la obtención de la verdad material.

El segundo de los párrafos de la regla 4.ª del art. 770 sí que ha padecido reforma, pues es de apreciar que en la regulación anterior se hacía referencia a las pruebas de oficio que el órgano judicial podía practicar a los efectos de comprobar la concurrencia de las circunstancias establecidas por el CC para acordar la nulidad, separación y divorcio, y las atinentes a hechos de los que se hacían depender los pronunciamientos sobre medidas afectantes a los hijos menores de edad o incapacitados. Tras la reforma se elimina toda referencia al "incapacitado", por evidentes razones de incompatibilidad con el nuevo modelo ya señaladas, y el precepto diferencia, en esta tipología de procedimientos, a lo hijos menores de los mayores de edad con discapacidad que necesiten medidas de apoyo, en clara vinculación con la legislación sustantiva a la que el precepto expresamente remite ("de acuerdo con la legislación civil aplicable").

Asimismo, en su redacción precedente, la norma disponía que "si el procedimiento fuere contencioso, y se estimara necesario de oficio o a petición del fiscal, partes o miembros del equipo técnico judicial o del propio menor, se oirá a los hijos menores o incapacitados si tuvieran suficiente juicio y, en todo caso, a los mayores de doce años. En las exploraciones de menores en los procedimientos civiles se garantizará por el Juez que el menor pueda ser oído en condiciones idóneas para la salvaguarda de sus intereses, sin interferencias de otras personas y recabando excepcionalmente el auxilio de especialistas cuando ello sea necesario". La redacción que surge de la reforma emplea el término "los propios hijos", inclusivo de los hijos menores y de los que padecen discapacidad y están necesitados de la adopción de medidas de apoyo. Además, como novedad, se prevé la posibilidad, cuando resulte necesario, de que puedan ser oídos también los hijos menores de doce años. Y se suprimen las expresiones "incapacitados" y "si tuvieren "juicio suficiente" en aras a conseguir el respeto a la dignidad de las personas con discapacidad que la Convención establece y la reforma recoge. Se incorpora la audiencia de los hijos que precisando apoyo para el ejercicio de su capacidad jurídica les sea prestado por los progenitores como la de aquellos con discapacidad en las situaciones en que se discuta sobre el uso de la vivienda familiar y la estén usando, cuya *voluntad, deseos y preferencias*, obviamente, deberán ser tenidos en consideración. Y se eliminan expresiones tales como "exploración de los menores" que se reemplaza por la más adecuada de "audiencias", como reflejo del derecho que éstos tienen a ser oídos y escuchados.

Y ello, habida cuenta de que tras la reforma el precepto ha añadido la mención a los hijos mayores con discapacidad que precisen apoyo para el ejercicio de su capacidad jurídica, resultando en este sentido más adecuada la expresión "audiencia" por cuanto que la referencia a la "exploración" contiene connotaciones de naturaleza médica en tanto que la de "audiencia", como ya se ha señalado, se vincula al derecho a ser oído y escuchado (*cfr*. art. 9 LOPJ).

La última de las novedades a destacar se localiza en la adición de una nueva regla 8.ª mediante la que se posibilita que en los procesos matrimoniales en que concurran hijos mayores de edad que necesiten medidas de apoyo se pueda resolver sobre esta cuestión sin que sea necesario para ello acudir a un proceso independiente.

La norma hay que vincularla con la previsión contenida en el art. 91, párr. 2.º, CC, también modificado por la Ley 8/2021, y que actualmente resulta del tenor siguiente: "Cuando al tiempo de la nulidad, separación o divorcio existieran hijos comunes mayores de dieciséis años que se hallasen en situación de necesitar medidas de apoyo por razón de su discapacidad, la sentencia correspondiente, previa audiencia del menor, resolverá también sobre el establecimiento y modo de ejercicio de éstas, las cuáles, en su caso, entrarán en vigor cuando el hijo alcance los dieciocho años de edad. En estos casos la legitimación para instarlas, las especialidades de prueba y el contenido de la sentencia se regirán por lo dispuesto en la Ley de Enjuiciamiento Civil acerca de la provisión judicial de medidas de apoyo a las personas con discapacidad".

22. MODIFICACIÓN DEL APARTADO 2 DEL ARTÍCULO 771

Se trata del art. 771.2 redactado por el apartado veintidós del artículo cuarto de la Ley 8/2021, de 2 de junio, por la que se reforma la legislación civil y procesal para el apoyo a las personas con discapacidad en el ejercicio de su capacidad jurídica.

El precepto ahora revisado presenta, tras la reforma, el tenor siguiente: "A la vista de la solicitud, el letrado de la Administración de Justicia citará a los cónyuges y, si hubiere hijos menores o hijos con discapacidad con medidas de apoyo atribuidas a sus progenitores, al Ministerio Fiscal, a una comparecencia en la que se intentará un acuerdo de las partes, que señalará el letrado de la Administración de Justicia y que se celebrará en los diez días siguientes. A dicha comparecencia deberá acudir el cónyuge demandado asistido por su abogado y representado por su procurador (párr. 1.º). De esta resolución dará cuenta en el mismo día al tribunal para que pueda acordar de inmediato, si la urgencia del caso lo aconsejare, los efectos a los que se refiere el artículo 102 del Código Civil y lo que considere procedente en relación con la custodia de los hijos y uso de la vivienda, atribución, convivencia y necesidades de los animales de compañía y ajuar familiares. Contra esta resolución no se dará recurso alguno (párr. 2.º)".

Ciertamente, aunque la norma expresamente dispone que el auto que concluye el incidente no es susceptible de recurso alguno, nada parece obstar a que el que concluye el trámite de adopción

> de las medidas previas contenga pronunciamientos susceptibles de modificar otras medidas previamente acordadas.

Y es que en los procesos matrimoniales antes de la interposición de la demanda el demandante puede interesar la adopción de alguna de las medidas cautelares a que se refiere el art. 103 CC, de naturaleza provisional y vigencia breve toda vez que la demanda se deberá interponer en el plazo máximo de treinta días desde su adopción, transcurrido el cuál las medidas decaerán. Basta para ello presentar ante en órgano jurisdiccional un escrito que contenga la solitud —que ni siquiera requiere postulación— y será entonces, una vez presentado el mismo, cuando el LAJ deberá citar a los cónyuges a una vista a la que sí deberán comparecer asistidos de letrado y procurador, y a la que también deberá ser citado en Ministerio Fiscal cuando concurran hijos menores o con discapacidad a cuyo favor se hubieran acordado medidas de apoyo —antes de la reforma el precepto se refería a los "hijos incapacitados".

> La intervención del Ministerio Público en estos casos resulta de obligado cumplimiento, a los efectos de defender los intereses de los hijos menores o con discapacidad y verificar que los acuerdos que se adopten por los cónyuges no les van a resultar lesivos. También puede el Ministerio Fiscal en el curso de este trámite apreciar la necesidad de adopción de medidas de apoyo respecto de alguno de los hijos del matrimonio, en los casos en que éstas no hayan sido acordadas, y en este punto debe atenderse a la previsión contenida en la ya comentada regla 8.ª art. 770 LEC que, tras la reforma, añade la novedad de estas medidas se adopten en el mismo proceso matrimonial; en estos supuestos, considero que lo idóneo sería abrir una pieza separada en el mismo proceso matrimonial a los efectos de acordar las medidas de apoyo, sin necesidad de suspender la causa principal. En todo caso, en los supuestos de urgencia, no previstos por la norma ahora considerada, habrá que estar a lo dispuesto con carácter general en el art. 158 CC.

Finalmente, en casos de urgencia, el inciso final del precepto dispone que el LAJ de cuenta inmediata al Tribunal de los acuerdos a los que se hubiera llegado en la comparecencia, a los efectos de que el órgano judicial pueda acordar el inmediato cumplimiento de las medidas disponiendo lo que estime necesario respecto de la custodia de los hijos y el uso de la vivienda familiar en consideración a los efectos a que se refiere el mencionado art. 102 CC.

23. MODIFICACIÓN DEL APARTADO 1 DEL ARTÍCULO 775

Se trata del art. 775.1 redactado por el apartado veintitrés del artículo cuarto de la Ley 8/2021, de 2 de junio, por la que se reforma la legislación civil y procesal para el apoyo a las personas con discapacidad en el ejercicio de su capacidad jurídica.

El art. 775, arábigo 1, LEC queda, tras la reforma operada por la Ley 8/2021, como sigue: "El Ministerio Fiscal, habiendo hijos menores o hijos con discapacidad con medidas de apoyo atribuidas a sus progenitores y, en todo caso, los cónyuges, podrán solicitar del Tribunal que acordó las medidas definitivas, la modificación de las medidas convenidas por los cónyuges o de las adoptadas en defecto de acuerdo, siempre que hayan variado sustancialmente las circunstancias tenidas en cuenta al aprobarlas o acordarlas".

La norma, que la reforma actualiza en su terminología, otorga al Ministerio Fiscal, en los supuestos de alteración sustancial de las circunstancias, legitimación activa en orden a la solicitud de modificación de las medidas acordadas por los cónyuges en el procedimiento matrimonial o adoptadas en defecto de acuerdo, si bien limita su función representativa a los hijos con discapacidad con medidas de apoyo atribuidas a sus progenitores.

> Alteración sustancial de circunstancias a valorar por el propio Ministerio Público. Para lo cual será preciso realizar un análisis comparativo entre la situación existente al tiempo del dictado de la sentencia que contiene la medida acordada que se pretende modificar y la que concurre al tiempo de su pretendida modificación, siendo necesario apreciar la existencia de un cambio objetivo de entidad suficiente y estable que se haya producido de manera imprevisible (*cfr.* SAP Madrid 13 abril 2021, (ECLI: ES:APM:2021:4522) *(Tol 8481401)*. En todo caso, como ya se ha señalado, el criterio aplicable para resolver el problema planteado depende de las cir-

cunstancias fácticas de cada caso (*cfr.* ATS 15 marzo 2022) (ECLI: ES:TS:2022:4586A) (*Tol 8897309*).

24. MODIFICACIÓN DEL ARTÍCULO 777

Se trata del art. 777.5, 8 y 10 redactados por el apartado veinticuatro del artículo cuarto de la Ley 8/2021, de 2 de junio, por la que se reforma la legislación civil y procesal para el apoyo a las personas con discapacidad en el ejercicio de su capacidad jurídica.

Tras la reforma, que en este precepto contiene en esencia una adaptación terminológica al nuevo paradigma de la discapacidad, los apartados 5, 8 y 10 art. 777 quedan del tenor siguiente:

> De manera que el término "incapacitado" de nuevo queda reemplazado por el de "hijos mayores con discapacidad y medidas de apoyo atribuidas a sus progenitores" (*cfr.* art. 777.5 y 8) o por el de "hijos con discapacidad con medidas de apoyo atribuidas a sus progenitores" (*cfr.* art. 777.10). Por lo demás. el precepto mantiene su redacción anterior, así como los trámites procesales establecidos por la misma y las funciones de los diversos intervinientes —Tribunal, Ministerio Fiscal, Letrado de la Administración de Justicia—.

"5. Si hubiera hijos menores o hijos mayores con discapacidad y medidas de apoyo atribuidas a sus progenitores, el Tribunal recabará informe del Ministerio Fiscal sobre los términos del convenio relativos a los hijos y serán oídos cuando se estime necesario de oficio o a petición del fiscal, partes o miembros del equipo técnico judicial o del propio hijo. Estas actuaciones se practicarán durante el plazo a que se refiere el apartado anterior o, si este no se hubiera abierto, en el plazo de cinco días".

"8. La sentencia que deniegue la separación o el divorcio y el auto que acuerde alguna medida que se aparte de los términos del convenio propuesto por los cónyuges podrán ser recurridos en apelación. El recurso contra el auto que decida sobre las medidas no suspenderá la eficacia de estas, ni afectará a la firmeza de la sentencia relativa a la separación o al divorcio.

La sentencia o el auto que aprueben en su totalidad la propuesta de convenio solo podrán ser recurridos, en interés de los hijos menores o en aras de la salvaguarda de la voluntad, preferencias y derechos de los hijos con discapacidad con medidas de apoyo atribuidas a sus progenitores, por el Ministerio Fiscal".

"10. Si la competencia fuera del letrado de la Administración de Justicia por no existir hijos con discapacidad con medidas de apoyo atribuidas a sus progenitores ni menores no emancipados, inmediatamente después de la ratificación de los cónyuges ante el letrado de la Administración de Justicia, este dictará decreto pronunciándose sobre el convenio regulador.

El decreto que formalice la propuesta del convenio regulador declarará la separación o divorcio de los cónyuges.

Si considerase que, a su juicio, alguno de los acuerdos del convenio pudiera ser dañoso o gravemente perjudicial para uno de los cónyuges o para los hijos mayores o menores emancipados afectados, lo advertirá a los otorgantes y dará por terminado el procedimiento. En este caso, los cónyuges solo podrán acudir ante el juez para la aprobación de la propuesta de convenio regulador.

El decreto no será recurrible".

25. MODIFICACIÓN DEL ARTÍCULO 783

Se trata del art. 783.4 redactado por el apartado veinticinco del artículo cuarto de la Ley 8/2021, de 2 de junio, por la que se reforma la legislación civil y procesal para el apoyo a las personas con discapacidad en el ejercicio de su capacidad jurídica.

El art. 783.4 LEC tras la reforma presenta la siguiente redacción "4. El letrado de la Administración de Justicia convocará también al Ministerio Fiscal para que represente a los interesados en la herencia que sean menores y no tengan representación legítima y a los ausentes cuyo paradero se ignore. La representación del Ministerio Fiscal cesará una vez que los menores estén habilitados de representante legal y, respecto de los ausentes, cuando se presenten en el juicio o puedan ser citados personalmente, aunque vuelvan a ausentarse".

Por lo que se refiere a esta norma el precepto, que mantiene la regulación anterior de la convocatoria a la junta de herederos, también recoge la supresión de la expresión "incapacitado" que, en este supuesto, no resulta reemplazada por ninguna otra, toda vez que la persona con discapacidad necesitada de apoyos conserva su capacidad jurídica y no necesita ser representado por el Ministerio Público que sólo va a actuar en nombre de quienes no posean capacidad procesal *(cfr.* art. 7 LEC), como es el caso de los menores de edad que carecen de representación legitima.

26. NUEVA REDACCIÓN DEL ARTÍCULO 790

Se trata del art. 790 redactado por el apartado veintiséis del artículo cuarto de la Ley 8/2021, de 2 de junio, por la que se reforma la legislación civil y procesal para el apoyo a las personas con discapacidad en el ejercicio de su capacidad jurídica.

Tras la reforma operada por la Ley 8/2021, el art. 790 LEC, que exhibe la rúbrica "Aseguramiento de los bienes de la herencia y de los documentos del difunto", pasa a ser del tenor siguiente: "1. Siempre que el Tribunal tenga noticia del fallecimiento de una persona y no conste la existencia de testamento, ni de ascendientes, descendientes o cónyuge del finado o persona que se halle en una situación de hecho asimilable, ni de colaterales dentro del cuarto grado, adoptará de oficio las medidas más indispensables para el enterramiento del difunto si fuere necesario y para la seguridad de los bienes, libros, papeles, correspondencia y efectos del difunto susceptibles de sustracción u ocultación. De la misma forma procederá cuando las personas de que habla el párrafo anterior estuvieren ausentes o cuando alguno de ellos sea menor y no tenga representante legal. 2. En los casos a que se refiere este artículo, luego que comparezcan los parientes, o se nombre representante legal a los menores, se les hará entrega de los bienes y efectos pertenecientes al difunto, cesando la intervención judicial, salvo lo dispuesto en el artículo siguiente, debiendo acudir al Notario a fin de que proceda a la incoación del expediente de declaración de herederos".

Resulta de interés señalar que este precepto del art. 790 LEC ya resultó modificado por el apart. 15 de la D.F. Tercera LJV, en vigor desde el 23 de julio de 2015, y también por la Ley 42/2015, de 5 de octubre, de reforma de la LEC, vigente desde el 7 de octubre de ese mismo año.

Respondiendo a su título la norma recoge determinadas medidas preliminares al proceso de división de la herencia, de naturaleza imperativa, cautelar y urgente, que pueden ser acordadas de oficio y que la propia Ley Procesal califica de indispensables, que deberán respetarse hasta que se produzca la formación del inventario.

Se trata de un procedimiento, previsto en la Ley Procesal y regulado desde el principio de mínima intervención judicial (arts. 790.2 y 796.1 LEC), para la división judicial de patrimonios, configurado legalmente como un proceso declarativo especial, atendidas las particularidades de su regulación que determinan una tutela judicial específica. Como se ha señalado por autorizada doctrina, se trata de una vía procedimental ubicada "en el núcleo de un binomio de procesos destinados al inventario, avalúo o tasación, liquidación y adjudicación de un patrimonio común cuando no hubiere acuerdo entre los interesados"

La Ley Procesal, en su Título II, Libro IV (arts. 782 a 811), se encarga de regular la división judicial de patrimonios, estableciendo dos vías procedimentales, a saber: la división judicial de la herencia (art. 782 a 805) y la liquidación del régimen económico matrimonial (arts. 806 a 811).

Por cuanto se refiere a la división judicial de patrimonios se trata de un procedimiento, previsto en la Ley Procesal y regulado desde el principio de mínima intervención judicial (arts. 790.2 y 796.1 LEC), para la división judicial de patrimonios, configurado legalmente como un proceso declarativo especial, atendidas las particularidades de su regulación que determinan una tutela judicial específica. Como se ha señalado por autorizada doctrina, se trata de una vía procedimental ubicada "en el núcleo de un binomio de procesos destinados al inventario, avalúo o tasación, liquidación y adjudicación de un patrimonio común cuando no hubiere acuerdo entre los interesados".

Estos dos cauces procedimentales a los que se ha hecho referencia se presentan sistematizados en tres secciones: (i) "Del procedimiento para la división de la herencia", (ii) "De la intervención del caudal hereditario" y (iii) "De la administración del caudal hereditario", estableciendo la LEC unas fases procedimentales consistentes en (i) el aseguramiento preventivo preliminar (art 790 LEC), (ii) la intervención, de oficio o a instancia de parte (arts. 791-792 LEC), (iii) el inventario (arts. 793-794 LEC), (iv) la administración (art. 795 LEC) y, en su caso, (v) la cesación de la intervención (art. 796 LEC). En todo caso, la intervención judicial termina con la comparecencia de los parientes que se indican en el art. 790 LEC, a quienes no se exige que acrediten su condición de herederos del causante. Después de la comparecencia de los parientes, o del nombramiento del representante legal de los menores, a los mismos se les entregarán los bienes y efectos del fallecido, concluyendo la intervención judicial, a salvo lo prevenido en el art. 791 LEC.

Mediante la normativa señalada la LEC regula las operaciones necesarias a los efectos de proceder a la valoración del patrimonio, a la realización de las operaciones divisorias y a la adjudicación de los correspondientes bienes a los herederos, disponiendo concretas medidas de carácter cautelar dirigidas a la conservación del caudal hereditario que encuentran materialización a través de la intervención o administración del mismo.

La reforma suprime, muy atinadamente por resultar coherente con el cambio de paradigma —toda vez que, como resulta harto conocido, las personas con discapacidad tienen derecho a tomar sus propias decisiones (cfr. art. 3 de la Convención), también, obviamente, en el ámbito jurídico— la mención a "personas con capacidad modificada judicialmente" en el arábigo 1, párr. 2.º, *in fine*, y en arábigo 2. De manera que, tras la modificación, cabe concluir que las personas con discapacidad disfrutan de plenitud de capacidad jurídica también para intervenir en el proceso residenciado en el art. 790 LEC.

Con anterioridad a la reforma operada por la Ley 8/2021, en estos dos puntos la LEC equiparaba a las "personas con capacidad modificada judicialmente" con los menores sin representación legal.

27. MODIFICACIÓN DEL ORDINAL 5.º DEL ARTÍCULO 793.3

Se trata del ordinal 5.º del art. 793.3 redactado por el apartado veintisiete del artículo cuarto de la Ley 8/2021, de 2 de junio, por la que se reforma la legislación civil y procesal para el apoyo a las personas con discapacidad en el ejercicio de su capacidad jurídica.

El art. 793.3 LEC, en el punto que ahora nos interesa, resulta actualmente del siguiente tenor: "Deberán ser citados para la formación de inventario: (...) 5.º El Ministerio Fiscal, siempre que pudiere haber parientes desconocidos con derecho a la sucesión legítima, o que alguno de los parientes conocidos con derecho a la herencia o de los herederos o legatarios de parte alícuota no pudiere ser citado personalmente por no ser conocida su residencia, o cuando cualquiera de los interesados sea menor y no tenga representante legal".

La esencial modificación incorporada por la reforma operada por la Ley 8/2021 se localiza en que actualmente en la fase de elaboración el inventario de la herencia, de concurrir una persona con discapacidad el Ministerio Fiscal no tendrá que ser citado. De manera que se elimina el derecho de representación que se atribuía al Ministerio Fiscal con relación al incapacitado sin representación legal mientras no se procediera al nombramiento de su representante legal, asumiendo esta nueva regulación el tan proclamado principio de igualdad jurídica que impone que la persona con discapacidad necesitada de apoyos que se encuentre interesada en la herencia no sea considerada sino como un interesado más, por lo que la misma, a partir de la reforma, deberá ser citada personalmente y no a través del Ministerio Público.

Esta modificación resulta plenamente coherente con la derogación del art. 299 bis CC, a cuyo tenor: "Cuando se tenga conocimiento de que una persona debe ser sometida a tutela y en tanto no recaiga resolución judicial que ponga fin al procedimiento, asumirá su representación y defensa el Ministerio Fiscal".

28. MODIFICACIÓN DEL ORDINAL 4.º DEL ARTÍCULO 795

Se trata del ordinal 4.º del artículo 795 redactado por el apartado veintiocho del artículo cuarto de la Ley 8/2021, de 2 de junio, por la que se reforma la legislación civil y procesal para el apoyo a las personas con discapacidad en el ejercicio de su capacidad jurídica.

Tras la reforma el art. 795 LEC, en el punto que ahora interesa revisar, queda del tenor siguiente: "Hecho el inventario, determinará el tribunal, por medio de auto, lo que según las circunstancias corresponda sobre la administración del caudal, su custodia y conservación, ateniéndose, en su caso, a lo que sobre estas materias hubiere dispuesto el testador y, en su defecto, con sujeción a las reglas siguientes: (…) 4.º Los herederos y legatarios de parte alícuota podrán dispensar al administrador del deber de prestar caución. No habiendo acerca de esto conformidad, la caución será proporcionada al interés en el caudal de los que no otorguen su relevación. Se constituirá caución, en todo caso, respecto de la participación en la herencia de los menores que no tengan representante legal y de los ausentes a los que no se haya podido citar por ignorarse su paradero".

Como es sabido, abierta la sucesión tras el fallecimiento del causante *(cfr.* arts. 657, 661 y 989 CC), la regulación sustantiva de la sucesión hereditaria dispone que, verificada la aceptación de la herencia, tiene lugar la sucesión en los bienes que la conforman con efectos retroactivos al momento del fallecimiento del *de cuius*. Pero como en la práctica la sucesión no suele operar de manera instantánea, a los efectos de asegurar el mantenimiento de la integridad del patrimonio del causante y su adecuado destino el art. 795 LEC viene a disponer una serie de previsiones atinentes a la resolución sobre la administración, custodia y, en su caso, conservación del patrimonio hereditario ya inventariado.

> Ciertamente, es de significar que, tras la elaboración del inventario, la Ley Procesal otorga señaladas facultades al órgano judicial con el claro propósito de que el Juez pueda acordar, mediante el dictado del correspondiente auto, las medidas adecuadas para la administración, custodia y conservación del patrimonio hereditario, siempre y en la medida en que sea posible respetando la voluntad del testador.

En defecto de disposición testamentaria a tal efecto, tales previsiones aparecen recogidas legalmente en el precepto contenido en el art. 795 LEC, que contiene determinadas reglas de contenido heterogéneo, señaladamente referidas al depósito del dinero y efectos públicos (art. 795.1.º), al nombramiento del administrador y, en su caso, al deber de prestar caución (art. 795. 2.º, 3.º y 4.º).

De igual manera que en la norma precedentemente comentada, y con el idéntico criterio de coherencia con la reforma, en este caso el legislador ha suprimido del apartado 4.º art. 795 LEC la mención a los "incapacitados que no tengan representante legal" a quienes previamente el mismo precepto equiparaba a "los menores que no tengan representación legal" y a "los ausentes a los que no se haya podido citar por ignorarse su paradero". Así, tras la reforma, cualquier heredero con discapacidad necesitado de apoyos podrá dispensar al administrador de prestar caución, al igual que el resto de los herederos y legatarios de parte alícuota. Mediante esta modificación el precepto acoge las previsiones de la Convención, dando cumplimiento al esencial propósito de la reforma al consagrar la capacidad jurídica de las personas con discapacidad —tanto en su proyección de ser titular de derechos como de su aptitud o idoneidad para ejercitarlos— y la preservación de su derecho a un tratamiento igualitario. Como ya he señalado precedentemente, también en este caso la modificación no supone un mero cambio en la terminología, pues las variaciones en el lenguaje son realmente significativas de la nueva concepción de la discapacidad, asentada en un claro propósito de desjudicialización de la institución y viraje del sentido de su contenido, tal y como se aprecia en el precepto ahora considerado que contempla la posibilidad de dispensar al administrador de la prestación de la caución, al permitir a las personas con discapacidad un ámbito de decisión sobre el que proyectar, de nuevo, su *voluntad, deseos y preferencias.*

29. NUEVA REDACCIÓN DEL APARTADO 2 DEL ARTÍCULO 796

Se trata del art. 796 redactado por el apartado veintinueve del artículo cuarto de la Ley 8/2021, de 2 de junio, por la que se reforma la legislación civil y procesal para el apoyo a las personas con discapacidad en el ejercicio de su capacidad jurídica.

Tras la reforma operada por la Ley 8/2021, el art. 796.2 LEC presenta el contenido siguiente: "Durante la sustanciación del procedimiento de división judicial de la herencia podrán pedir los herederos, de común acuerdo, que cese la intervención judicial. El Letrado de la Administración de Justicia así lo acordará mediante decreto, salvo cuando alguno de los interesados sea menor y no tenga representante legal o cuando haya algún heredero ausente al que no haya podido citarse por ignorarse su paradero".

Según lo prevenido en esta norma, los herederos, como únicos interesados en el procedimiento de división judicial de la herencia por ser los sujetos que tienen atribuido el poder de disposición sobre el patrimonio hereditario, podrán interesar consensuadamente ("de común acuerdo") que cese la intervención judicial sobre el caudal hereditario. En este caso, el LAJ deberá acordarlo mediante el dictado del correspondiente decreto, siempre y cuando no concurra alguna de las situaciones que el precepto configura como excepciones a la señalada posibilidad de solicitar la finalización de la intervención judicial de la herencia, y que son las que se definen por la circunstancia de que (i) alguno de los interesados sea menor de edad y no tenga designado representante legal, o (ii) cuando concurra algún heredero ausente al que no se haya podido citar por ignorarse su paradero.

Con anterioridad a la modificación que se produce por la Ley 8/2021 la norma albergaba otra situación excepcionante de la indicada facultad que se atribuye a los herederos, atinente a las personas con capacidad modificada judicialmente, a quienes el legislador venía a equiparar a los menores de edad sin representante legal y a los herederos que se hallaban en ignorado paradero. La supresión de la indicada excepción nuevamente obedece a la necesidad de adaptar la realidad regulada al nuevo paradigma de la discapacidad que queda plasmado en la Convención y la Ley 8/2021 señala entre sus objetivos, ya anunciados en su Exposición de Motivos.

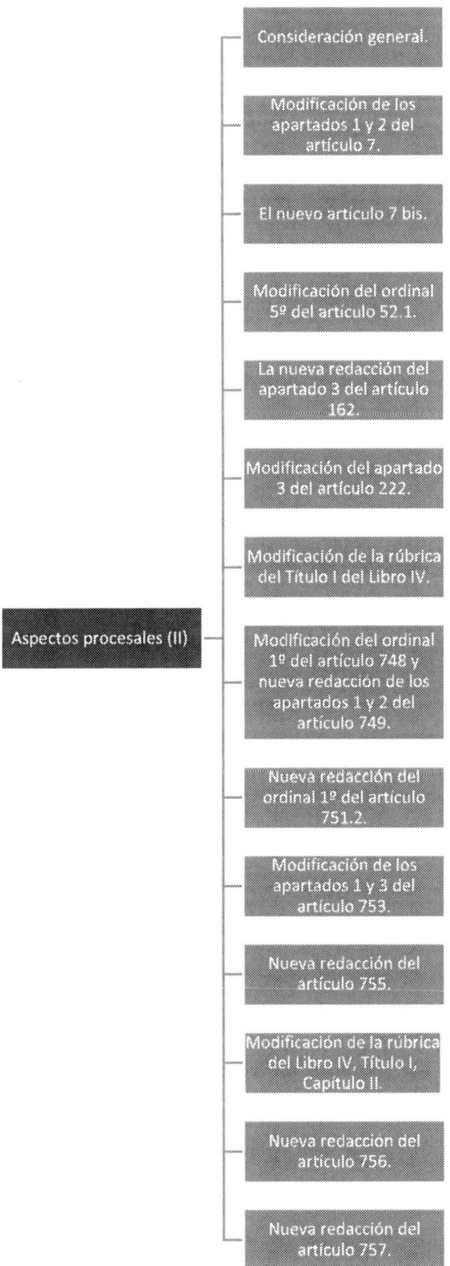
Aspectos procesales (II)
Consideración general.
Modificación de los apartados 1 y 2 del artículo 7.
El nuevo artículo 7 bis.
Modificación del ordinal 5º del artículo 52.1.
La nueva redacción del apartado 3 del artículo 162.
Modificación del apartado 3 del artículo 222.
Modificación de la rúbrica del Título I del Libro IV.
Modificación del ordinal 1º del artículo 748 y nueva redaccion de los apartados 1 y 2 del artículo 749.
Nueva redacción del ordinal 1º del artículo 751.2.
Modificación de los apartados 1 y 3 del artículo 753.
Nueva redacción del artículo 755.
Modificación de la rúbrica del Libro IV, Título I, Capítulo II.
Nueva redacción del artículo 756.
Nueva redacción del artículo 757.

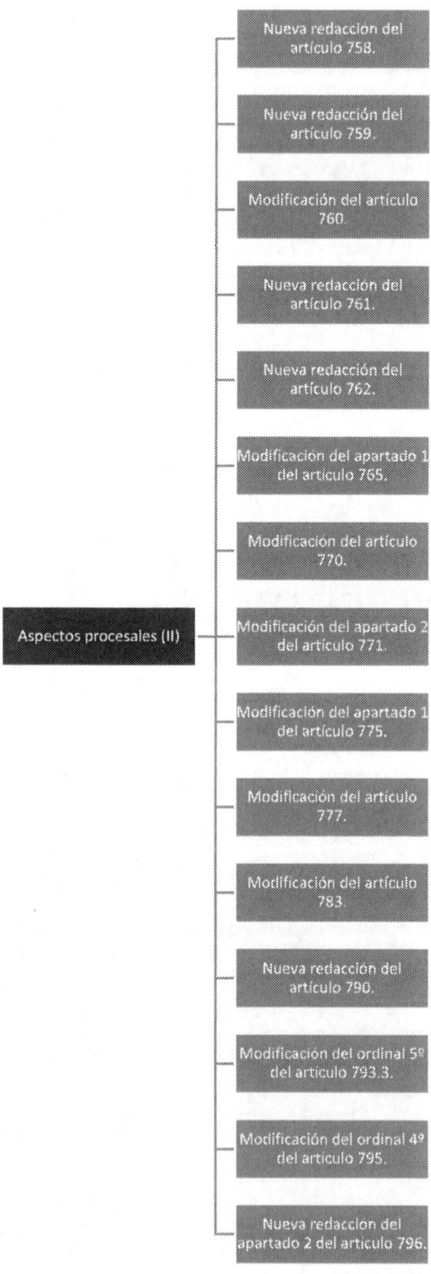
Aspectos procesales (II)
Nueva redacción del artículo 758.
Nueva redacción del artículo 759.
Modificación del artículo 760.
Nueva redacción del artículo 761.
Nueva redacción del artículo 762.
Modificación del apartado 1 del artículo 765.
Modificación del artículo 770.
Modificación del apartado 2 del artículo 771.
Modificación del apartado 1 del artículo 775.
Modificación del artículo 777.
Modificación del artículo 783.
Nueva redacción del artículo 790.
Modificación del ordinal 5º del artículo 793.3.
Modificación del ordinal 4º del artículo 795.
Nueva redacción del apartado 2 del artículo 796.

FORMULARIOS

1. Escrito de promoción de expediente de jurisdicción voluntaria para la fijación de retribución del tutor/curador.

AL JUZGADO DE PRIMERA INSTANCIA DE APOYO A PERSONAS CON DISCAPACIDAD DE ... QUE POR TURNO CORRESPONDA

D/D.ª ..., con DNI num. ...... con domicilio en la calle ......, núm. ...... de la localidad de ... con teléfono ...... y con correo electrónico ......, ante el Juzgado comparezco y DIGO:

Que, mediante el presente escrito, promuevo

EXPEDIENTE DE JURISDICCIÓN VOLUNTARIA DE FIJACIÓN DE RETRIBUCIÓN POR EJERCICIO DE LA TUTELA O CURATELA.

PRIMERO.— Por sentencia/auto de fecha ...... dictado en el procedimiento núm. ...... seguido ante el Juzgado de Primera Instancia núm. ...... de ......, fui nombrado tutor/curador de D/D.ª ...., cargo que una vez aceptado aún sigo desempeñando.

SEGUNDO.— El referido tutelado/curatelado reside en la calle ......, núm. ...... de la localidad de ......

TERCERO.— Se solicita la fijación de una retribución de ...... euros mensuales en atención a los siguientes motivos, que hacen especialmente gravoso el ejercicio del cargo *(explicar aquí brevemente las concretas circunstancias propias del discapaz, de su patrimonio o del tutor/curador que justifican la petición)*: ......

CUARTO.— Los parientes más próximos del referido discapaz son los siguientes *(reseñar nombre y apellidos, domicilio, teléfono y parentesco con el discapaz)*:

—

—

—

—

—

—

En su virtud y con arreglo a lo dispuesto en el artículo 281 del Código Civil y demás normas reguladoras de la jurisdicción voluntaria,

SUPLICO AL JUZGADO que tenga por presentado este escrito con sus copias y los documentos que se acompañan, y previos los trámites legales pertinentes, se proceda a **la fijación en favor del solicitante de una retribución por el ejercicio de la tutela/curatela de ...... euros mensuales.**

En ...... a ...... de ...... de ......

FDO.: ......

DOCUMENTACIÓN QUE SE HA DE ACOMPAÑAR:

1. Copia de la sentencia o auto de nombramiento del solicitante como tutor/curador.
2. Copia del acta de toma de posesión del cargo.
3. Copias del D.N.I. del solicitante y del tutelado/curatelado.
4. Certificación de empadronamiento del tutelado/curatelado.
5. Copia del inventario de bienes y de la última rendición de cuentas presentados ante el juzgado, y de las resoluciones aprobando aquél y ésta.

HAY QUE PRESENTAR DOS COPIAS DE LA SOLICITUD Y DE LOS DOCUMENTOS

2. Escrito de promoción del expediente de jurisdicción voluntaria para autorizar a guardador de hecho para aceptación de herencia.

AL JUZGADO DE PRIMERA INSTANCIA DE APOYO A PERSONAS CON DISCAPACIDAD DE ... QUE POR TURNO CORRESPONDA

D/D.ª ......, con D.N.I. num. ......, con domicilio en la calle ......, núm. ...... de la localidad de ..., con teléfono ...... y con correo electrónico ......, ante el Juzgado comparezco y DIGO:

Que, mediante el presente escrito, promuevo

EXPEDIENTE DE JURISDICCIÓN VOLUNTARIA DE AUTORIZACIÓN A GUARDADOR DE HECHO DE ACEPTACIÓN DE HERENCIA EN NOMBRE DE PERSONA CON DISCAPACIDAD.

PRIMERO.— El solicitante es el guardador de hecho de su ...... *(indicar el parentesco o vinculación con el discapaz)* D/D.ª ......,

con D.N.I. num. ......, domiciliado en la calle ......, núm. ...... de la localidad de ......, que presenta una falta de capacidad para el otorgamiento de cualquier consentimiento válido a causa de padecer ...... *(indicar la o las patologías psíquicas que tenga diagnosticadas el discapaz)*, pero no está judicialmente incapacitado ni sometido a ninguna medida estable de apoyo.

SEGUNDO.— El referido discapaz resulta ser el heredero único de D./D.ª ......, fallecido en fecha ......, habiendo tenido dicho difunto su último domicilio en la localidad de ......

TERCERO.— Los parientes más próximos del referido discapaz son los siguientes *(reseñar nombre y apellidos, domicilio, teléfono y parentesco con el discapaz)*:

—

—

—

—

—

—

En su virtud y con arreglo a lo dispuesto en los arts. 250-6, 264 y 295-5.º del Código Civil y demás normas reguladoras de la jurisdicción voluntaria,

SUPLICO AL JUZGADO que tenga por presentado este escrito con sus copias y los documentos que se acompañan, y previos los trámites legales pertinentes, se proceda a AUTORIZAR LA ACEPTACIÓN DE LA REFERIDA HERENCIA.

En ...... a ...... de ...... de ......

FDO.: ......

DOCUMENTACIÓN QUE SE HA DE ACOMPAÑAR:

1. Certificaciones literales recientes de nacimiento del solicitante y de la persona con discapacidad.
2. Copias del D.N.I. del solicitante y del discapaz.
3. Documentación médica de la que resulten las patologías psíquicas que presente el discapaz.
4. Certificación de últimas voluntades del causante de la herencia.
5. Copia del último testamento del causante o, faltando testamento, de la declaración de herederos abintestato.

HAY QUE PRESENTAR DOS COPIAS DE LA SOLICITUD Y DE LOS DOCUMENTOS

3. Escrito de promoción de expediente de jurisdicción voluntaria para la autorización de partición de herencia de discapaz no sometido a medida.

AL JUZGADO DE PRIMERA INSTANCIA DE APOYO A PERSONAS CON DISCAPACIDAD DE ... QUE POR TURNO CORRESPONDA

D/D.ª ......, con D.N.I. num. ......, con domicilio en la calle ......, núm. ...... de la localidad de ......, con teléfono ...... y con correo electrónico ......, ante el Juzgado comparezco y DIGO:

Que, mediante el presente escrito, promuevo **EXPEDIENTE DE JURISDICCIÓN VOLUNTARIA DE APROBACIÓN DE PARTICIÓN DE HERENCIA AFECTANTE A PERSONA CON DISCAPACIDAD NO SOMETIDA A MEDIDA ESTABLE DE APOYO.**

PRIMERO.— El solicitante es el guardador de hecho de su ...... *(indicar el parentesco o vinculación con el discapaz)* D/D.ª ..., con D.N.I. num. ......, domiciliado en la calle ......, núm. ...... de la localidad de ......, que presenta una falta de capacidad para el otorgamiento de cualquier consentimiento válido a causa de padecer .... *(indicar la o las patologías psíquicas que tenga diagnosticadas el discapaz)*, pero no está judicialmente incapacitado ni sometido a ninguna medida estable de apoyo.

SEGUNDO.— El referido discapaz resulta ser, junto con otros, heredero de D./D.ª ......, fallecido en fecha ......

TERCERO.— A la presente solicitud se adjunta, para su aprobación, borrador literal de la escritura notarial de partición hereditaria que se pretende otorgar.

CUARTO.— Los parientes más próximos del referido discapaz son los siguientes *(reseñar nombre y apellidos, domicilio, teléfono y parentesco con el discapaz)*:

—

—

—

—

—

—

En su virtud y con arreglo a lo dispuesto en los arts. 250-6, 264 y 295-5.º del Código Civil y demás normas reguladoras de la jurisdicción voluntaria,

SUPLICO AL JUZGADO que tenga por presentado este escrito con sus copias y los documentos que se acompañan, y previos los trámites legales pertinentes, se proceda a la **aprobación de la partición de herencia** que es objeto de propuesta, así como también a **autorizar al solicitante para que en el otorgamiento de la correlativa escritura pública particional pueda representar al discapaz** sujeto a su guarda de hecho.

En ...... a ...... de ...... de ......

FDO.: ......

DOCUMENTACIÓN QUE SE HA DE ACOMPAÑAR:

1. Certificaciones literales recientes de nacimiento del solicitante y de la persona con discapacidad.
2. Copias del D.N.I. del solicitante y del discapaz.
3. Certificado de empadronamiento del discapaz.
4. Documentación médica de la que resulten las patologías psíquicas que presente el discapaz.
5. Certificación de últimas voluntades del causante de la herencia.
6. Copia del último testamento del causante o, faltando testamento, de la declaración de herederos abintestato.
7. Borrador literal de la escritura de partición hereditaria que se pretende otorgar.

HAY QUE PRESENTAR DOS COPIAS DE LA SOLICITUD Y DE LOS DOCUMENTOS

4. Escrito de promoción de expediente de jurisdicción voluntaria para la autorización de enajenación de inmueble de discapaz no sometido a medida.

AL JUZGADO DE PRIMERA INSTANCIA DE APOYO A PERSONAS CON DISCAPACIDAD DE ... QUE POR TURNO CORRESPONDA

D/D.ª ......, con D.N.I. num. ......, con domicilio en la calle ......, núm. ...... de la localidad de ..., con teléfono ...... y con correo electrónico ......, ante el Juzgado comparezco y DIGO:

Que, mediante el presente escrito, promuevo **EXPEDIENTE DE JURISDICCIÓN VOLUNTARIA DE AUTORIZACIÓN DE ENAJENACIÓN DE INMUEBLE DE PERSONA CON DISCAPACIDAD NO SOMETIDA A MEDIDA ESTABLE DE APOYO.**

PRIMERO.— El solicitante es el guardador de hecho de su ...... *(indicar el parentesco o vinculación con el discapaz)* D/D.ª ..., con D.N.I. num. ......, domiciliado en la calle ......, núm. ...... de la localidad de ......, que presenta una falta de capacidad para el otorgamiento de cualquier consentimiento válido a causa de padecer ...... *(indicar la o las patologías psíquicas que tenga diagnosticadas el discapaz)*, pero no está judicialmente incapacitado ni sometido a ninguna medida estable de apoyo.

SEGUNDO.— El referido discapaz, es titular de los siguientes bienes inmuebles que está precisado de enajenar *(especificar clase de inmueble —vivienda, local, solar, rústica ......—, dirección, datos registrales, así como el tipo de titularidad —plena o nuda propiedad o usufructo— y si lo es de la totalidad o de una parte indivisa)*:

1 ......

2 ......

3 ......

TERCERO.— La razón que justifica la petición de venta es la siguiente ......

CUARTO.— El importe de la venta será destinado a : ......

QUINTO.— Los parientes más próximos del referido discapaz son los siguientes *(reseñar nombre y apellidos, domicilio, teléfono y parentesco con el discapaz)*:

En su virtud y con arreglo a lo dispuesto en los artículos 250-6, 264 y 295-5.° del Código Civil y demás normas reguladoras de la jurisdicción voluntaria,

SUPLICO AL JUZGADO que tenga por presentado este escrito con sus copias y los documentos que se acompañan, y previos los trámites legales pertinentes, se proceda a **autorizar al solicitante para que, en representación del discapaz sujeto a su guarda de hecho, pueda vender los arriba reseñados inmuebles** pertenecientes a este último.

En ...... a ...... de ...... de ...

FDO.: ......

DOCUMENTACIÓN QUE SE HA DE ACOMPAÑAR:

1. Certificaciones literales recientes de nacimiento del solicitante y de la persona con discapacidad.
2. Copias del D.N.I. del solicitante y del discapaz.
3. Certificado de empadronamiento del discapaz.
4. Documentación médica de la que resulten las patologías psíquicas que presente el discapaz.
5. Copia de las escrituras de titularidad de los inmuebles o nota simple registral de los mismos.
6. Valoración pericial de los inmuebles que se pretenden enajenar, sólo cuando los mismos pertenezcan en su totalidad al tutelado/curatelado.

HAY QUE PRESENTAR DOS COPIAS DE LA SOLICITUD Y DE LOS DOCUMENTOS

5. Escrito de promoción de expediente de jurisdicción voluntaria sobre revisión de medidas estables de apoyo.

AL JUZGADO DE PRIMERA INSTANCIA DE APOYO A PERSONAS CON DISCAPACIDAD DE ... QUE POR TURNO CORRESPONDA

D/D.ª ......, con DNI num. ......, con domicilio en la calle ......, núm. ...... de la localidad de ......, con teléfono ...... y con correo electrónico ......, ante el Juzgado comparezco y DIGO:

Que, mediante el presente escrito, promuevo

EXPEDIENTE DE JURISDICCIÓN VOLUNTARIA DE REVISIÓN DE MEDIDAS ESTABLES DE APOYO respecto del discapaz D/D.ª ...., con D.N.I. num. ......, domiciliado en la calle ...., núm. ...... de la localidad de ......

PRIMERO.— El referido discapaz está judicialmente incapacitado o sometido a medida judicial estable de apoyo en virtud de sentencia/auto de fecha ...... dictado en el procedimiento núm. ...... seguido ante el Juzgado de Primera Instancia núm. ...... de ......, bajo la tutela, curatela o patria potestad rehabilitada del solicitante.

SEGUNDO.— Se interesa la revisión de la decretada incapacitación o medida estable de apoyo en razón de los siguientes motivos *(marcar con un aspa el supuesto o supuestos que correspondan y, donde haya a continuación espacio en blanco, explicar los hechos y circunstancias que lo justifique)*:

1-[ ] No precisarse ya ninguna medida estable de apoyo, por resultar suficiente tanto la supervisión y apoyo que le presta al discapaz su guardador de hecho como, en su caso, la eventual petición por parte de éste, cuando resulte preciso, de medidas judiciales de carácter meramente puntual.

2-[ ] No precisarse ya ninguna medida estable de apoyo, por haber desaparecido las causas que justificaron su establecimiento: ......

3-[ ] Haber experimentado el discapaz cierta mejoría en su patología psíquica y, en consecuencia, resultar excesivo el alcance o la clase de la medida de apoyo actualmente existente, si bien, en cualquier caso, sigue siendo necesaria la existencia de alguna medida: ......

4-[ ] Haber sufrido el discapaz un importante empeoramiento en su patología psíquica y, en consecuencia, resultar insuficiente el alcance o la clase de medida de apoyo actualmente existente: ......

5-[ ] No poder el solicitante seguir ejerciendo el cargo por los siguientes motivos: ......

TERCERO.— *(este apartado sólo se ha de contestar si en el apartado anterior se ha marcado el supuesto número 3, ó el 4 ó el 5)* Los motivos de entender que el discapaz sigue precisando una medida judicial de apoyo de carácter estable, en el sentido de no resultar suficiente ni la supervisión y apoyo que le preste su guardador de hecho ni tampoco la eventual petición por parte de éste, cuando resulte preciso, de medidas judiciales de carácter meramente puntual, son los siguientes *(marcar con un aspa el supuesto o supuestos que correspondan, y explicar en cada uno los concretos hechos y circunstancias concurrentes que integren esa causa de necesidad de un apoyo estable)*:

[ ] Existencia de situaciones de conflicto o de falta de armonía entre los parientes más próximos del discapaz ......

[ ] Titularidad por parte del discapaz de un importante patrimonio que, por sus especiales características, resulta muy complejo de administrar o gestionar: ......

[ ] Realización por parte del discapaz de gastos importantes e inadecuados u otras actuaciones patrimoniales incontrolables y y perjudiciales: ......

[ ] Otros motivos de índole similar: ...

......

CUARTO.— El discapaz es titular de los siguientes elementos patrimoniales *(enumerar aquí cada uno de los inmuebles, empresas, cuentas bancarias, depósitos, fondos, acciones, ... que le pertenezcan, indicando en cada caso si lo son en su totalidad, o en proindiviso —determinando la cuota o porcentaje— o con carácter ganancial; en cuanto a los inmuebles, indicar también si están o no arrendados, y respecto a las cuentas y fondos bancarios, si hay otra u otras personas que tengan la condición de autorizados)*:

1. ......

2. ......

3. ......
4. ......
5. ......
6. ......
7. ......

QUINTO.— Los parientes más próximos del referido discapaz son los siguientes *(reseñar nombre y apellidos, domicilio, teléfono y parentesco con el discapaz)*:

—

—

—

—

—

—

SEXTO.— *(este apartado sólo se ha de contestar si en el apartado segundo se ha marcado el punto número 3 ó el 4)* Los concretos tipos de actuaciones realizables por el discapaz para los que se considera que el mismo está precisado de una medida de apoyo son los siguientes:

1. ......
2. ......
3. ......
4. ......
5. ......

SÉPTIMO.— *(este apartado sólo ha de contestarse si en el apartado segundo se ha marcado el punto número 5)* Para el cargo de curador se propone a la siguiente persona *(indicar nombre y apellidos y número de DNI, y si no es uno de los parientes arriba reseñados, indicar también el domicilio, teléfono y vinculación con el discapaz)*: ......

OCTAVO.– Así mismo, se proponen, en su caso, los siguientes medios de prueba para que sean practicados en el acto de la comparecencia:

1. ......
2. ......
3. ......
4. ......

En su virtud,

SUPLICO AL JUZGADO que, teniendo por presentado este escrito con sus copias y los documentos que se acompañan, se sirva admitirlo y, previos los trámites legales pertinentes, se proceda a practicar la preceptiva **revisión de la medida estable de apoyo constituida al discapaz a que se refiere la presente solicitud**, de conformidad a lo interesado en el cuerpo de este escrito.

En ...... a ...... de ...... de ......

FDO.: ......

DOCUMENTACIÓN QUE SE HA DE ACOMPAÑAR:

A) En todo caso:

1. Certificaciones literales recientes de nacimiento del solicitante y de la persona con discapacidad.
2. Copias del D.N.I. del solicitante y del discapaz.
3. Certificado de empadronamiento del discapaz.
4. Copia de la resolución o resoluciones judiciales de incapacitación o establecimiento de la correspondiente medida estable de apoyo y de nombramiento del solicitante como tutor/curador representativo.
5. Documentación médica acreditativa del estado psíquico actual del discapaz.

B) Además, si se ha pedido el mantenimiento de alguna medida estable de apoyo:

6. Documentación de la que resulte la concurrencia en el caso de la invocada necesidad práctica de ello.

C) En caso de haber fallecido el tutor, curador o titular único de la patria potestad rehabilitada, o padecer el mismo una enfermedad grave y persistente, también, respectivamente, lo siguiente:

7. Certificación literal de fallecimiento.
8. Documentación médica acreditativa de la enfermedad de que se trate.

HAY QUE PRESENTAR DOS COPIAS DE LA SOLICITUD Y DE LOS DOCUMENTOS

6. Escrito de promoción de expediente de jurisdicción voluntaria para la autorización de aceptación de herencia por parte de persona sometida a tutela o curatela representativa.

AL JUZGADO DE PRIMERA INSTANCIA DE APOYO A PERSONAS CON DISCAPACIDAD DE ... QUE POR TURNO CORRESPONDA

D/D.ª ......, con DNI num. ......, con domicilio en la calle ......, núm. ...... de la localidad de ......, con teléfono ...... y con correo electrónico ......, ante el Juzgado comparezco y DIGO:

Que, mediante el presente escrito, promuevo

EXPEDIENTE DE JURISDICCIÓN VOLUNTARIA DE AUTORIZACIÓN DE ACEPTACIÓN DE HERENCIA POR PARTE DE PERSONA SOMETIDA A TUTELA O CURATELA REPRESENTATIVA.

PRIMERO.— Por sentencia/auto de fecha ...... dictado en el procedimiento núm. ...... seguido ante el Juzgado de Primera Instancia núm. ...... de ......, fui nombrado tutor/curador representativo de D/D.ª ......, cargo que una vez aceptado aún sigo desempeñando.

SEGUNDO.— El referido tutelado/curatelado, que reside en la calle ......, núm. ...... de la localidad de ......, resulta ser el heredero único de D./D.ª ......, fallecido en fecha ......, habiendo tenido su último domcilio en la localidad de ......

TERCERO.— Los parientes más próximos del referido discapaz son los siguientes *(reseñar nombre y apellidos, domicilio, teléfono y parentesco con el discapaz)*:

—

—

—

—

—

—

En su virtud y con arreglo a lo dispuesto en el artículo 287-5.º del Código Civil y demás normas reguladoras de la jurisdicción voluntaria,

SUPLICO AL JUZGADO que tenga por presentado este escrito con sus copias y los documentos que se acompañan, y previos los trámites legales pertinentes, se proceda a AUTORIZAR LA ACEPTACIÓN DE LA REFERIDA HERENCIA.

En ...... a ...... de ...... de ......

FDO.: ......

DOCUMENTACIÓN QUE SE HA DE ACOMPAÑAR:

1. Copia de la sentencia o auto de nombramiento del solicitante como tutor/curador representativo.
2. Copia del acta de toma de posesión del cargo.
3. Copias del D.N.I. del solicitante y del tutelado/curatelado.
4. Certificación de últimas voluntades del causante de la herencia.
5. Copia del último testamento del causante o, faltando testamento, de la declaración de herederos abintestato.

HAY QUE PRESENTAR DOS COPIAS DE LA SOLICITUD Y DE LOS DOCUMENTOS

7. Escrito de promoción de expediente de jurisdicción voluntaria para la aprobación de partición de herencia afectante a persona sometida a tutela o curatela representativa.

AL JUZGADO DE PRIMERA INSTANCIA DE APOYO A PERSONAS CON DISCAPACIDAD DE ... QUE POR TURNO CORRESPONDA

D/D.ª ......, con DNI num. ......, con domicilio en la calle ......, núm. ...... de la localidad de ......, con teléfono ...... y con correo electrónico ......, ante el Juzgado comparezco y DIGO:

Que, mediante el presente escrito, promuevo

EXPEDIENTE DE JURISDICCIÓN VOLUNTARIA DE APROBACIÓN DE PARTICIÓN DE HERENCIA AFECTANTE A PERSONA SOMETIDA A TUTELA O CURATELA REPRESENTATIVA.

PRIMERO.— Por sentencia/auto de fecha ...... dictado en el procedimiento núm. ...... seguido ante el Juzgado de Primera Instancia núm. ...... de ......, fui nombrado tutor/curador representativo de D/D.ª ......, cargo que una vez aceptado aún sigo desempeñando.

SEGUNDO.— El referido tutelado/curatelado, que reside en la calle ......, núm. ...... de la localidad de ......, resulta ser, junto con otros, heredero de D./D.ª ......, fallecido en fecha ......

TERCERO.— A la presente solicitud se adjunta, para su aprobación, copia simple de la escritura notarial de partición hereditaria ya otorgada, o borrador literal de la que se pretende otorgar.

En su virtud y con arreglo a lo dispuesto en el artículo 289 del Código Civil y demás normas reguladoras de la jurisdicción voluntaria,

SUPLICO AL JUZGADO que tenga por presentado este escrito con sus copias y los documentos que se acompañan, y previos los trámites legales pertinentes, se proceda a LA APROBACIÓN DE LA PARTICIÓN HEREDITARIA ya efectuada o que es objeto de propuesta.

En ...... a ...... de ...... de ......

FDO.: ......

DOCUMENTACIÓN QUE SE HA DE ACOMPAÑAR:

1. Copia de la sentencia o auto de nombramiento del solicitante como tutor/curador representativo.
2. Copia del acta de toma de posesión del cargo.
3. Copias del D.N.I. del solicitante y del tutelado/curatelado.
4. Certificado de empadronamiento del tutelado/curatelado.
5. Certificación de últimas voluntades del causante de la herencia.
6. Copia del último testamento del causante o, faltando testamento, de la declaración de herederos abintestato.
7. Copia íntegra de la escritura notarial de partición hereditaria, si se hubiese otorgado ya, o, en otro caso, del borrador literal de la partición que se pretende otorgar.

HAY QUE PRESENTAR DOS COPIAS DE LA SOLICITUD Y DE LOS DOCUMENTOS

8. Escrito de promoción de expediente de jurisdicción voluntaria sobre autorización para la venta de valores mobiliarios por persona sometida a tutela o curatela representativa.

AL JUZGADO DE PRIMERA INSTANCIA DE APOYO A PERSONAS CON DISCAPACIDAD DE ... QUE POR TURNO CORRESPONDA

D/D.ª ......, con DNI num. ......, con domicilio en la calle ......, núm. ...... de la localidad de ......, con teléfono ...... y con correo electrónico ......, ante el Juzgado comparezco y DIGO:

Que, mediante el presente escrito, promuevo

EXPEDIENTE DE JURISDICCIÓN VOLUNTARIA DE AUTORIZACIÓN DE ENAJENACIÓN DE VALORES MOBILIARIOS DE PERSONA SOMETIDA A TUTELA O CURATELA REPRESENTATIVA.

PRIMERO.— Por sentencia/auto de fecha ...... dictado en el procedimiento núm. ...... seguido ante el Juzgado de Primera Instancia núm. ...... de ......, fui nombrado tutor/curador representativo de D/D.ª ......, cargo que una vez aceptado aún sigo desempeñando.

SEGUNDO.— El referido tutelado/curatelado, que reside en la calle ......, núm. ...... de la localidad de ......, es titular de los siguientes

valores mobiliarios que está precisado de enajenar *(especificar clase de valor mobiliario —acciones que no coticen en Bolsa, participaciones u obligaciones sociales, bonos o letras del Tesoro ......—, entidad emisora, identificación de los títulos y su número total, y su valor nominal)*:

1. ......
2. ......
3. ......

TERCERO.— La razón que justifica la petición de venta es la siguiente ......

CUARTO.— El importe de la venta será destinado a : ......

QUINTO.— Los parientes más próximos del referido discapaz son los siguientes *(reseñar nombre y apellidos, domicilio, teléfono y parentesco con el discapaz)*:

—

—

—

—

—

—

En su virtud y con arreglo a lo dispuesto en el artículo 287-2.° del Código Civil y demás normas reguladoras de la jurisdicción voluntaria,

SUPLICO AL JUZGADO que tenga por presentado este escrito con sus copias y los documentos que se acompañan, y previos los trámites legales pertinentes, se proceda a **autorizar a este tutor/ curador representativo la venta de los arriba reseñados valores mobiliarios** pertenecientes a mi tutelado/curatelado.

En ...... a ...... de ...... de ......

FDO.: ......

DOCUMENTACIÓN QUE SE HA DE ACOMPAÑAR:

1. Copia de la sentencia o auto de nombramiento del solicitante como tutor/curador representativo.
2. Copia del acta de toma de posesión del cargo.
3. Copias del D.N.I. del solicitante y del tutelado/curatelado.
4. Certificación de empadronamiento del tutelado/curatelado.
5. Certificación de la titularidad de los valores mobiliarios que se pretenden enajenar o copia de la documentación de la que resulte ello.

HAY QUE PRESENTAR DOS COPIAS DE LA SOLICITUD Y DE LOS DOCUMENTOS

9. Escrito de promoción de expediente de jurisdicción voluntaria para la aprobación de partición de herencia y autorización de enajenación de inmueble de persona sometida a tutela o curatela representativa.

AL JUZGADO DE PRIMERA INSTANCIA DE APOYO A PERSONAS CON DISCAPACIDAD DE ... QUE POR TURNO CORRESPONDA

D/D.ª ......, con DNI num. ......, con domicilio en la calle ......, núm. ...... de la localidad de ......, con teléfono ...... y con correo electrónico ......, ante el Juzgado comparezco y DIGO:

Que, mediante el presente escrito, promuevo

EXPEDIENTE DE JURISDICCIÓN VOLUNTARIA DE APROBACIÓN DE PARTICIÓN DE HERENCIA Y AUTORIZACIÓN DE ENAJENACIÓN DE INMUEBLE DE PERSONA SOMETIDA A TUTELA O CURATELA REPRESENTATIVA.

PRIMERO.— Por sentencia/auto de fecha ...... dictado en el procedimiento núm. ...... seguido ante el Juzgado de Primera Instancia núm. ...... de ......, fui nombrado tutor/curador representativo de D/D.ª ......, cargo que una vez aceptado aún sigo desempeñando.

SEGUNDO.— El referido tutelado/curatelado, que reside en la calle ......, núm. ...... de la localidad de ......, resulta ser, junto con otros, heredero de D./D.ª ......, fallecido en fecha ..., y a tal efecto, a la presente solicitud se adjunta, para su aprobación, copia simple de la escritura notarial de partición hereditaria ya otorgada, o borrador literal de la que se pretende otorgar.

TERCERO.— Además, el tutelado/curatelado es también titular, o lo va a ser en virtud de la adjudicación hereditaria que es objeto de esta misma solicitud, de los siguientes bienes inmuebles que está precisado de enajenar *(especificar clase de inmueble —vivienda, local, solar, rústica ......—, dirección, datos registrales, así como el tipo de titularidad —plena o nuda propiedad o usufructo— y si lo es de la totalidad o de una parte indivisa)*:

1. ......

2. ......

3. ......

CUARTO.– La razón que justifica la petición de venta es la siguiente ......

QUINTO.– El importe de la venta será destinado a: ......

SEXTO.– Los parientes más próximos del referido discapaz son los siguientes *(reseñar nombre y apellidos, domicilio, teléfono y parentesco con el discapaz)*:

–

–

–

–

–

–

En su virtud y con arreglo a lo dispuesto en el artículo 287-2.º y 289 del Código Civil y demás normas reguladoras de la jurisdicción voluntaria,

SUPLICO AL JUZGADO que tenga por presentado este escrito con sus copias y los documentos que se acompañan, y previos los trámites legales pertinentes, se proceda a **la aprobación de la partición hereditaria** ya efectuada o que es objeto de propuesta, y a **autorizar la venta de los arriba reseñados inmuebles** pertenecientes a mi tutelado/curatelado.

En ...... a ...... de ...... de ......

FDO.: ......

DOCUMENTACIÓN QUE SE HA DE ACOMPAÑAR:

1. Copia de la sentencia o auto de nombramiento del solicitante como tutor/curador representativo.
2. Copia del acta de toma de posesión del cargo.
3. Copias del D.N.I. del solicitante y del tutelado/curatelado.
4. Certificación de empadronamiento del tutelado/curatelado.
5. Certificación de últimas voluntades del causante de la herencia.
6. Copia del último testamento del causante o, faltando testamento, de la declaración de herederos abintestato.

7. Copia íntegra de la escritura notarial de partición hereditaria, si se hubiese otorgado ya, o, en otro caso, del borrador literal de la partición que se pretende otorgar.

8. Valoración pericial de los inmuebles que se pretenden enajenar, sólo cuando los mismos pertenezcan en su totalidad al tutelado/curatelado.

9. Copia de las escrituras de titularidad de los inmuebles o nota simple registral de los mismos, si tales inmuebles pertenecen al discapaz al margen de la herencia para la que se pide la aprobación de la partición.

HAY QUE PRESENTAR DOS COPIAS DE LA SOLICITUD Y DE LOS DOCUMENTOS

10. Escrito de promoción de expediente de jurisdicción voluntaria sobre autorización para la realización de gastos extraordinarios en el patrimonio del tutelado o curatelado.

AL JUZGADO DE PRIMERA INSTANCIA DE APOYO A PERSONAS CON DISCAPACIDAD DE ... QUE POR TURNO CORRESPONDA

D/D.ª ......, con DNI num. ......, con domicilio en la calle ......, núm. ...... de la localidad de ......, con teléfono ...... y con correo electrónico ......, ante el Juzgado comparezco y DIGO:

Que, mediante el presente escrito, promuevo

EXPEDIENTE DE JURISDICCIÓN VOLUNTARIA DE AUTORIZACIÓN DE REALIZACIÓN DE GASTOS EXTRAORDINARIOS EN EL PATRIMONIO DE TUTELADO O CURATELADO.

PRIMERO.— Por sentencia/auto de fecha ...... dictado en el procedimiento núm. ...... seguido ante el Juzgado de Primera Instancia núm. ...... de ......, fui nombrado tutor/curador representativo de D/D.ª ......, cargo que una vez aceptado aún sigo desempeñando.

SEGUNDO.— El referido tutelado/curatelado, que reside en la calle ......, núm. ...... de la localidad de ......, está precisado de realizar, a cargo de su patrimonio, un gasto extraordinario por importe de ...... euros, consistente en *(explicar aquí brevemente, tanto la actuación que se pretende realizar, que va a exigir dicho desembolso, como los concretos motivos o razones que justifican la necesidad de su realización)*: ......

TERCERO.— Los parientes más próximos del referido discapaz son los siguientes *(reseñar nombre y apellidos, domicilio, teléfono y parentesco con el discapaz)*:

—

—

—

—

—

En su virtud y con arreglo a lo dispuesto en el artículo 287-6.º del Código Civil y demás normas reguladoras de la jurisdicción voluntaria,

SUPLICO AL JUZGADO que tenga por presentado este escrito con sus copias y los documentos que se acompañan, y previos los trámites legales pertinentes, se proceda a **autorizar al solicitante a realizar, a cargo del patrimonio del tutelado/curatelado, un gasto extraordinario por importe de ...... euros** para los fines arriba descritos.

En ...... a ...... de ...... de ......

FDO.: ......

DOCUMENTACIÓN QUE SE HA DE ACOMPAÑAR:

1. Copia de la sentencia o auto de nombramiento del solicitante como tutor/curador.
2. Copia del acta de toma de posesión del cargo.
3. Copias del D.N.I. del solicitante y del tutelado/curatelado.
4. Certificación de empadronamiento del tutelado/curatelado.
5. Copia del inventario de bienes y de la última rendición de cuentas presentados ante el juzgado, y de las resoluciones aprobando aquél y ésta.
6. Presupuesto económico detallado de la actuación que se pretende realizar.

HAY QUE PRESENTAR DOS COPIAS DE LA SOLICITUD Y DE LOS DOCUMENTOS

11. Escrito de promoción de expediente jurisdicción voluntaria sobre autorización para la enajenación de valores mobiliarios por persona no sometida a medidas estables de apoyo.

AL JUZGADO DE PRIMERA INSTANCIA DE APOYO A PERSONAS CON DISCAPACIDAD DE ... QUE POR TURNO CORRESPONDA

D/D.ª ......, con D.N.I. num. ......, con domicilio en la calle ......, núm. ...... de la localidad de ......, con teléfono ...... y con correo electrónico ......, ante el Juzgado comparezco y DIGO:

Que, mediante el presente escrito, promuevo

EXPEDIENTE DE JURISDICCIÓN VOLUNTARIA DE AUTORIZACIÓN DE ENAJENACIÓN DE VALORES MOBILIARIOS DE PERSONA CON DISCAPACIDAD NO SOMETIDA A MEDIDA ESTABLE DE APOYO.

PRIMERO.— El solicitante es el guardador de hecho de su ...... *(indicar el parentesco o vinculación con el discapaz)* D/D.ª ..., con D.N.I. num. ......, domiciliado en la calle ......, núm. ...... de la localidad de ......, que presenta una falta de capacidad para el otorgamiento de cualquier consentimiento válido a causa de padecer ...... *(indicar la o las patologías psíquicas que tenga diagnosticadas el discapaz)*, pero no está judicialmente incapacitado ni sometido a ninguna medida estable de apoyo.

SEGUNDO.— El referido discapaz es titular de los siguientes valores mobiliarios que está precisado de enajenar *(especificar clase de valor mobiliario —acciones, participaciones u obligaciones sociales, bonos o letras del Tesoro ......—, entidad emisora, identificación de los títulos y su número total, y su valor nominal)*:

1. ......

2. ......

3. ......

TERCERO.— La razón que justifica la petición de venta es la siguiente ......

CUARTO.— El importe de la venta será destinado a : ......

QUINTO.— Los parientes más próximos del referido discapaz son los siguientes *(reseñar nombre y apellidos, domicilio, teléfono y parentesco con el discapaz)*:

—

—

—

—

—

En su virtud y con arreglo a lo dispuesto en los artículos 250-6, 264 y 295-5.º del Código Civil y demás normas reguladoras de la jurisdicción voluntaria,

SUPLICO AL JUZGADO que tenga por presentado este escrito con sus copias y los documentos que se acompañan, y previos los trámites legales pertinentes, se proceda a **autorizar al solicitante para que, en representación del discapaz sujeto a su guarda de hecho, pueda vender los arriba reseñados valores** mobiliarios pertenecientes a este último.

En ...... a ...... de ...... de ......

FDO.: ......

DOCUMENTACIÓN QUE SE HA DE ACOMPAÑAR:

1. Certificaciones literales recientes de nacimiento del solicitante y de la persona con discapacidad.
2. Copias del D.N.I. del solicitante y del discapaz.
3. Certificado de empadronamiento del discapaz.
4. Documentación médica de la que resulten las patologías psíquicas que presente el discapaz.
5. Certificación de la titularidad de los valores mobiliarios que se pretenden enajenar o copia de la documentación de la que resulte ello.

HAY QUE PRESENTAR DOS COPIAS DE LA SOLICITUD Y DE LOS DOCUMENTOS

12. Escrito de promoción de expediente jurisdicción voluntaria sobre autorización para la partición herencia y enajenación de inmueble por persona no sometida a medida estable de apoyo.

AL JUZGADO DE PRIMERA INSTANCIA DE APOYO A PERSONAS CON DISCAPACIDAD DE ... QUE POR TURNO CORRESPONDA

D/D.ª ......, con D.N.I. num. ......, con domicilio en la calle ......, núm. ...... de la localidad de ......, con teléfono ...... y con correo electrónico ......, ante el Juzgado comparezco y DIGO:

Que mediante el presente escrito, promuevo

EXPEDIENTE DE JURISDICCIÓN VOLUNTARIA DE APROBACIÓN DE PARTICIÓN DE HERENCIA Y AUTORIZACIÓN DE ENAJENACIÓN DE INMUEBLE RESPECTO DE PERSONA CON DISCAPACIDAD NO SOMETIDA A MEDIDA ESTABLE DE APOYO.

PRIMERO.— El solicitante es el guardador de hecho de su ...... *(indicar el parentesco o vinculación con el discapaz)* D/D.ª ......, con D.N.I. núm. ......, domiciliado en la calle ......, núm. ...... de la localidad de ......, que presenta una falta de capacidad para el otorgamiento de cualquier consentimiento válido a causa de padecer ...... *(indicar la o las patologías psíquicas que tenga diagnosticadas el discapaz)*, pero no está judicialmente incapacitado ni sometido a ninguna medida estable de apoyo.

SEGUNDO.— El referido discapaz resulta ser, junto con otros, heredero de D./D.ª ......, fallecido en fecha ......, y a tal efecto, a la presente solicitud se adjunta, para su aprobación, borrador literal de la escritura notarial de partición hereditaria que se pretende otorgar.

TERCERO.— Además, el discapaz es también titular, o lo va a ser en virtud de la adjudicación hereditaria que es objeto de esta misma solicitud, de los siguientes bienes inmuebles que está precisado de enajenar *(especificar clase de inmueble —vivienda, local, solar, rústica ...... —, dirección, datos registrales, así como el tipo de titularidad —plena o nuda propiedad o usufructo— y si lo es de la totalidad o de una parte indivisa)*:

1. ......

2. ......

3. ......

CUARTO.— La razón que justifica la petición de venta es la siguiente ......

QUINTO.— El importe de la venta será destinado a: ......

SEXTO.— Los parientes más próximos del referido discapaz son los siguientes *(reseñar nombre y apellidos, domicilio, teléfono y parentesco con el discapaz)*:

—

—

—

—

—

—

En su virtud y con arreglo a lo dispuesto en el artículo 287-2.º y 289 del Código Civil y demás normas reguladoras de la jurisdicción voluntaria,

SUPLICO AL JUZGADO que tenga por presentado este escrito con sus copias y los documentos que se acompañan, y previos los trámites legales pertinentes, se proceda a **la aprobación de la partición hereditaria** que es objeto de propuesta, a **autorizar la venta de los arriba reseñados inmuebles** pertenecientes al discapaz sujeto a la guarda de hecho del solicitante, y a **autorizar a éste para que pueda representar a dicho discapaz en el otorgamiento de las correlativas escrituras públicas de partición y de venta.**

En ...... a ...... de ...... de ......

FDO.: ......

DOCUMENTACIÓN QUE SE HA DE ACOMPAÑAR:

1. Certificaciones literales recientes de nacimiento del solicitante y de la persona con discapacidad.

2. Copias del D.N.I. del solicitante y del discapaz.

3. Certificado de empadronamiento del discapaz.

4. Documentación médica de la que resulten las patologías psíquicas que presente el discapaz.
5. Certificación de últimas voluntades del causante de la herencia.
6. Copia del último testamento del causante o, faltando testamento, de la declaración de herederos abintestato.
7. Borrador literal de la escritura de partición hereditaria que se pretende otorgar.
8. Valoración pericial de los inmuebles que se pretenden enajenar, sólo cuando los mismos pertenezcan en su totalidad al tutelado/curatelado.
9. Copia de las escrituras de titularidad de los inmuebles o nota simple registral de los mismos, si tales inmuebles pertenecen al discapaz al margen de la herencia para la que se pide la aprobación de la partición.

HAY QUE PRESENTAR DOS COPIAS DE LA SOLICITUD Y DE LOS DOCUMENTOS

13. Escrito de promoción de expediente de jurisdicción voluntaria sobre autorización para la gestión de cuenta bancaria y productos financieros por persona no sometida a medida estable de apoyo.

AL JUZGADO DE PRIMERA INSTANCIA DE APOYO A PERSONAS CON DISCAPACIDAD DE ... QUE POR TURNO CORRESPONDA

D/D.ª ......, con D.N.I. num. ......, con domicilio en la calle ......, núm. ...... de la localidad de ......, con teléfono ...... y con correo electrónico ......, ante el Juzgado comparezco y DIGO:

Que, mediante el presente escrito, promuevo

EXPEDIENTE DE JURISDICCIÓN VOLUNTARIA DE AUTORIZACIÓN DE GESTIÓN Y DISPOSICIÓN DE CUENTAS BANCARIAS Y PRODUCTOS FINANCIEROS DE PERSONA CON DISCAPACIDAD NO SOMETIDA A MEDIDA ESTABLE DE APOYO.

PRIMERO.— El solicitante es el guardador de hecho de su ...... *(indicar el parentesco o vinculación con el discapaz)* D/D.ª ..., con D.N.I. num. ..., domiciliado en la calle ......, núm. ...... de la localidad de ......, que se encuentra impedido de poder gestionar sus intereses económicos a causa de padecer ...... *(indicar la o las patologías psíquicas que tenga diagnosticadas el discapaz)*, pero no está judicialmente incapacitado ni sometido a ninguna medida estable de apoyo.

SEGUNDO.— El referido discapaz es titular de las siguientes cuentas bancarias y productos financieros, *para los cuales ninguna persona goza de autorización formal del mismo que permita su gestión y disposición (especificar la clase de cuenta o producto, entidad bancaria, número o datos identificativos, y su importe o valor aproximado)*:

1. ......

2. ......

3. ......

4. ......

TERCERO.— Los parientes más próximos del referido discapaz son los siguientes *(reseñar nombre y apellidos, domicilio, teléfono y parentesco con el discapaz)*:

—

—

—

—

—

—

En su virtud y con arreglo a lo dispuesto en los artículos 250-6, 264 y 295-5.º del Código Civil y demás normas reguladoras de la jurisdicción voluntaria,

SUPLICO AL JUZGADO que tenga por presentado este escrito con sus copias y los documentos que se acompañan, y previos los trámites legales pertinentes, se proceda a **autorizar al solicitante para poder gestionar y disponer de las cuentas bancarias y demás productos financieros de titularidad del discapaz sujeto a su guarda de hecho**.

En ...... a ...... de ...... de ......

FDO.: ......

DOCUMENTACIÓN QUE SE HA DE ACOMPAÑAR:

1. Certificaciones literales recientes de nacimiento del solicitante y de la persona con discapacidad.
2. Copias del D.N.I. del solicitante y del discapaz.
3. Certificado de empadronamiento del discapaz.
4. Documentación médica de la que resulten las patologías psíquicas que presente el discapaz.
5. Certificación de la titularidad de las cuentas y productos financieros pertenecientes al discapaz o copia de la documentación de la que resulte ello.

HAY QUE PRESENTAR DOS COPIAS DE LA SOLICITUD Y DE LOS DOCUMENTOS

14. Escrito de promoción de expediente de jurisdicción voluntaria sobre fijación de medidas estables de apoyo.

AL JUZGADO DE PRIMERA INSTANCIA DE APOYO A PERSONAS CON DISCAPACIDAD DE ... QUE POR TURNO CORRESPONDA

D/D. ......, con DNI num. ......, con domicilio en la calle ......, núm. ...... de la localidad de ......, con teléfono ...... y con correo electrónico ......, ante el Juzgado comparezco y DIGO:

Que, mediante el presente escrito, promuevo

EXPEDIENTE DE JURISDICCIÓN VOLUNTARIA DE FIJACIÓN DE MEDIDAS ESTABLES DE APOYO respecto del discapaz D/D.ª ...., con D.N.I. num. ......, domiciliado en la calle ...., núm. ...... de la localidad de ......, el cual es ...... del promovente de la presente solicitud *(indicar aquí el parentesco o vinculación del discapaz con el solicitante —cónyuge, pareja de hecho, progenitor, abuelo, hijo, nieto o hermano—).*

PRIMERO.— El referido discapaz, que no está judicialmente incapacitado ni sometido hasta ahora a ninguna medida judicial estable de apoyo, padece sin embargo las siguientes patologías psíquicas ......

SEGUNDO.— Los motivos de precisar el referido discapaz una medida judicial de apoyo de carácter estable, en el sentido de no resultar suficiente ni la supervisión y apoyo que le preste su guardador de hecho ni tampoco la eventual petición por parte de éste, cuando resulte preciso, de medidas judiciales de carácter meramente puntual, son los siguientes *(marcar con un aspa el supuesto o supuestos que correspondan, y explicar en cada uno los concretos hechos y circunstancias concurrentes que integren esa causa de necesidad de un apoyo estable)*:

[ ] Existencia de situaciones de conflicto o de falta de armonía entre los parientes más próximos del discapaz ......

[ ] Titularidad por parte del discapaz de un importante patrimonio que, por sus especiales características, resulta muy complejo de administrar o gestionar: ......

[ ] Realización por parte del discapaz de gastos importantes e inadecuados u otras actuaciones patrimoniales incontrolables y perjudiciales: ......

[ ] Otros motivos de índole similar: ......

TERCERO.— El discapaz es titular de los siguientes elementos patrimoniales *(enumerar aquí cada uno de los inmuebles, empresas, cuentas bancarias, depósitos, fondos, acciones, ... que le pertenezcan, indicando en cada caso si lo son en su totalidad, o en proindiviso —determinando la cuota o porcentaje— o con carácter ganancial; en cuanto a los inmuebles, indicar también si están o no arrendados, y respecto a las cuentas y fondos bancarios, si hay otra u otras personas que tengan la condición de autorizados)*:

1. ......
2. ......
3. ......
4. ......
5. ......
6. ......
7. ......

CUARTO.— El discapaz sí [ ] no [ ] ha establecido notarialmente medidas voluntarias de apoyo u otorgado poderes preventivos o generales en favor de tercero *(señalar con un aspa lo que proceda, y para el supuesto afirmativo, indicar los datos identificativos del documento notarial y, en su caso, de la persona apoderada):* ......

QUINTO.— Los parientes más próximos del referido discapaz son los siguientes *(reseñar nombre y apellidos, domicilio, teléfono y parentesco con el discapaz)*:

—

—

—

—

—

—

SEXTO.— Los concretos tipos de actuaciones realizables por el discapaz para los que se considera que el mismo está precisado de una medida de apoyo son los siguientes:

1. ......
2. ......
3. ......
4. ......
5. ......
6. ......

SÉPTIMO.— Para el cargo de curador se propone a la siguiente persona *(indicar nombre y apellidos y número de DNI, y si no es uno de los parientes arriba reseñados, indicar también el domicilio, teléfono y vinculación con el discapaz)*: ......

OCTAVO.— Así mismo, se proponen los siguientes medios de prueba para que sean practicados en el acto de la comparecencia:

1. ......
2. ......
3. ......
4. ......

En su virtud,

SUPLICO AL JUZGADO que, teniendo por presentado este escrito con sus copias y los documentos que se acompañan, se sirva admitirlo y, previos los trámites legales pertinentes, se proceda a dictar resolución en que se acuerde **la adopción de una medida estable de apoyo para el discapaz a que se refiere la presente solicitud, con el alcance y contenido que resulte procedente, así como también a la designación de la persona que haya de asumir el correspondiente cargo de curador**.

En ...... a ...... de ...... de ......

FDO.: ......

DOCUMENTACIÓN QUE SE HA DE ACOMPAÑAR:

1. Certificaciones literales recientes de nacimiento del solicitante y de la persona con discapacidad.

2. Copias del D.N.I. del solicitante y del discapaz.
3. Certificado de empadronamiento del discapaz.
4. Documentación médica acreditativa de las patologías psíquicas que presente el discapaz.
5. Documentación de la que resulte la concurrencia en el caso de la invocada necesidad práctica de establecimiento de una medida estable de apoyo.
6. Dictamen pericial de profesionales especializados en los ámbitos social y sanitario que aconsejen las concretas medidas idóneas adoptables.
7. Copia de los documentos notariales de establecimiento de medidas voluntarias de apoyo o de otorgamiento de poderes preventivos o generales, en caso de existencia de los mismos.

HAY QUE PRESENTAR DOS COPIAS DE LA SOLICITUD Y DE LOS DOCUMENTOS

15. Escrito de incoación de internamiento no voluntario.

AL JUZGADO DE PRIMERA INSTANCIA DE ... QUE POR TURNO CORRESPONDA

DATOS DEL SOLICITANTE:

D/D.ª ......

con DNI y domicilio en la localidad de ......

Calle ......

n.º piso puerta C. Postal y Teléfono ......

Ante el Juzgado comparece y como mejor proceda en derecho manifiesta:

Que solicita con el presente escrito **LA INCOACIÓN DEL PROCEDIMIENTO ESPECIAL DE INTERNAMIENTO NO VOLUNTARIO POR RAZÓN DE TRASTORNO PSÍQUICO, conforme al artículo 763 de la Ley de Enjuiciamiento Civil:**

DATOS DE LA PERSONA CUYO INTERNAMIENTO SE SOLICITA:

D/D.ª ......

Grado de parentesco/relación , con DNI ......

Diagnosticado/a de ......

Siendo su actual domicilio en la ciudad de ......

Calle ......

n.º piso puerta C. Postal y Teléfono ......

Manifestar si actualmente reside en su domicilio o en la Residencia

Otros datos o circunstancias particulares o relevantes: (sentencia de incapacidad, medidas cautelares u otros datos)

Que debido a su enfermedad necesita ser atendido en CENTRO ADECUADO O RESIDENCIA DE TERCERA EDAD. No obstante, debido a su falta de capacidad no puede manifestar por él/ella, mismo/a su voluntad de ingreso y permanencia en un CENTRO, por lo que en cumplimiento del artículo 763 de LEC.

SOLICITO: La apertura de EXPEDIENTE DE INTERNAMIENTO que permita su internamiento o ingreso en CENTRO ADECUADO O RESIDENCIA DE TERCERA EDAD.

En ......, a de de.

FDO:

DOCUMENTACIÓN MÍNIMA QUE SE DEBE ACOMPAÑAR:

— Informe médico de la persona a internar.

— Fotocopia del DNI del solicitante y de la persona a internar

— Dos fotocopias de la presente demanda cumplimentada

HAY QUE PRESENTAR DOS COPIAS DE LA SOLICITUD Y DE LOS DOCUMENTOS

16. Escrito de promoción de expediente de jurisdicción voluntaria para la enajenación de valores mobiliarios por persona sometida a tutela o curatela representativa.

AL JUZGADO DE PRIMERA INSTANCIA DE INCAPACIDADES QUE POR TURNO CORRESPONDA

D/D.ª ......, con DNI num. ......, con domicilio en la calle ......, núm. ...... de la localidad de ......, con teléfono ...... y con correo electrónico ......, ante el Juzgado comparezco y DIGO:

Que, mediante el presente escrito, promuevo

EXPEDIENTE DE JURISDICCIÓN VOLUNTARIA DE AUTORIZACIÓN DE ENAJENACIÓN DE VALORES MOBILIARIOS DE PERSONA SOMETIDA A TUTELA O CURATELA REPRESENTATIVA.

PRIMERO.— Por sentencia/auto de fecha ...... dictado en el procedimiento núm. ...... seguido ante el Juzgado de Primera Instancia núm. ...... de ......, fui nombrado tutor/curador representativo de D/D.ª ......, cargo que una vez aceptado aún sigo desempeñando.

SEGUNDO.— El referido tutelado/curatelado, que reside en la calle ......, núm. ...... de la localidad de ......, es titular de los siguientes

valores mobiliarios que está precisado de enajenar *(especificar clase de valor mobiliario —acciones que no coticen en Bolsa, participaciones u obligaciones sociales, bonos o letras del Tesoro ......—, entidad emisora, identificación de los títulos y su número total, y su valor nominal)*:

1. ......
2. ......
3. ......

TERCERO.— La razón que justifica la petición de venta es la siguiente ......

CUARTO.— El importe de la venta será destinado a : ......

QUINTO.— Los parientes más próximos del referido discapaz son los siguientes *(reseñar nombre y apellidos, domicilio, teléfono y parentesco con el discapaz)*:

—

—

—

—

—

—

En su virtud y con arreglo a lo dispuesto en el artículo 287-2.° del Código Civil y demás normas reguladoras de la jurisdicción voluntaria,

SUPLICO AL JUZGADO que tenga por presentado este escrito con sus copias y los documentos que se acompañan, y previos los trámites legales pertinentes, se proceda a **autorizar a este tutor/curador representativo la venta de los arriba reseñados valores mobiliarios** pertenecientes a mi tutelado/curatelado.

En ...... a ...... de ...... de ......

FDO.: ......

DOCUMENTACIÓN QUE SE HA DE ACOMPAÑAR:

1. Copia de la sentencia o auto de nombramiento del solicitante como tutor/curador representativo.
2. Copia del acta de toma de posesión del cargo.
3. Copias del D.N.I. del solicitante y del tutelado/curatelado.
4. Certificación de empadronamiento del tutelado/curatelado.
5. Certificación de la titularidad de los valores mobiliarios que se pretenden enajenar o copia de la documentación de la que resulte ello.

HAY QUE PRESENTAR DOS COPIAS DE LA SOLICITUD Y DE LOS DOCUMENTOS

17. Escrito de promoción de expediente de jurisdicción voluntaria para la autorización de enajenación de inmueble de discapaz sometido a tutela o curatela representativa.

AL JUZGADO DE PRIMERA INSTANCIA DE INCAPACIDADES QUE POR TURNO CORRESPONDA

D/D.ª ......, con DNI num. ......, con domicilio en la calle ......, núm. ...... de la localidad de ......, con teléfono ...... y con correo electrónico ......, ante el Juzgado comparezco y DIGO:

Que, mediante el presente escrito, promuevo

EXPEDIENTE DE JURISDICCIÓN VOLUNTARIA DE AUTORIZACIÓN DE ENAJENACIÓN DE INMUEBLE DE PERSONA SOMETIDA A TUTELA O CURATELA REPRESENTATIVA.

PRIMERO.— Por sentencia/auto de fecha ...... dictado en el procedimiento núm. ...... seguido ante el Juzgado de Primera Instancia núm. ...... de ......, fui nombrado tutor/curador representativo de D/D.ª ......, cargo que una vez aceptado aún sigo desempeñando.

SEGUNDO.— El referido tutelado/curatelado, que reside en la calle ......, núm. ...... de la localidad de ......, es titular de los siguientes bienes inmuebles que está precisado de enajenar *(especificar clase de inmueble —vivienda, local, solar, rústica ......—, dirección, datos registrales, así como el tipo de titularidad —plena o nuda propiedad o usufructo— y si lo es de la totalidad o de una parte indivisa)*:

1. ......

2. ......

3. ......

TERCERO.— La razón que justifica la petición de venta es la siguiente ......

CUARTO.— El importe de la venta será destinado a : ......

QUINTO.— Los parientes más próximos del referido discapaz son los siguientes *(reseñar nombre y apellidos, domicilio, teléfono y parentesco con el discapaz)*:

—

—

—

—

—

—

En su virtud y con arreglo a lo dispuesto en el artículo 287-2.° del Código Civil y demás normas reguladoras de la jurisdicción voluntaria,

SUPLICO AL JUZGADO que tenga por presentado este escrito con sus copias y los documentos que se acompañan, y previos los trámites legales pertinentes, se proceda a **autorizar a este tutor/curador representativo la venta de los arriba reseñados inmuebles** pertenecientes a mi tutelado/curatelado.

En ...... a ...... de ...... de ......

FDO.: ......

DOCUMENTACIÓN QUE SE HA DE ACOMPAÑAR:

1. Copia de la sentencia o auto de nombramiento del solicitante como tutor/curador representativo.
2. Copia del acta de toma de posesión del cargo.
3. Copias del D.N.I. del solicitante y del tutelado/curatelado.
4. Certificación de empadronamiento del tutelado/curatelado.
5. Copia de las escrituras de titularidad de los inmuebles o nota simple registral de los mismos.
6. Valoración pericial de los inmuebles cuando los mismos pertenezcan en su totalidad al tutelado/curatelado.

HAY QUE PRESENTAR DOS COPIAS DE LA SOLICITUD Y DE LOS DOCUMENTOS

18. Escrito de promoción de expediente de jurisdicción voluntaria para la autorización para partición de herencia de discapaz sometido a tutela o curatela representativa.

AL JUZGADO DE PRIMERA INSTANCIA DE INCAPACIDADES QUE POR TURNO CORRESPONDA

D/D.ª ......, con DNI num. ......, con domicilio en la calle ......, núm. ...... de la localidad de ......, con teléfono ...... y con correo electrónico ......, ante el Juzgado comparezco y DIGO:

Que, mediante el presente escrito, promuevo

EXPEDIENTE DE JURISDICCIÓN VOLUNTARIA DE APROBACIÓN DE PARTICIÓN DE HERENCIA AFECTANTE A PERSONA SOMETIDA A TUTELA O CURATELA REPRESENTATIVA.

PRIMERO.— Por sentencia/auto de fecha ...... dictado en el procedimiento núm. ...... seguido ante el Juzgado de Primera Instancia núm. ...... de ......, fui nombrado tutor/curador representativo de D/D.ª ......, cargo que una vez aceptado aún sigo desempeñando.

SEGUNDO.— El referido tutelado/curatelado, que reside en la calle ......, núm. ...... de la localidad de ......, resulta ser, junto con otros, heredero de D./D.ª ......, fallecido en fecha ......

TERCERO.— A la presente solicitud se adjunta, para su aprobación, copia simple de la escritura notarial de partición hereditaria ya otorgada, o borrador literal de la que se pretende otorgar.

En su virtud y con arreglo a lo dispuesto en el artículo 289 del Código Civil y demás normas reguladoras de la jurisdicción voluntaria,

SUPLICO AL JUZGADO que tenga por presentado este escrito con sus copias y los documentos que se acompañan, y previos los trámites legales pertinentes, se proceda a LA APROBACIÓN DE LA PARTICIÓN HEREDITARIA ya efectuada o que es objeto de propuesta.

En ...... a ...... de ...... de ......

FDO.: ......

DOCUMENTACIÓN QUE SE HA DE ACOMPAÑAR:

1. Copia de la sentencia o auto de nombramiento del solicitante como tutor/curador representativo.

2. Copia del acta de toma de posesión del cargo.
3. Copias del D.N.I. del solicitante y del tutelado/curatelado.
4. Certificado de empadronamiento del tutelado/curatelado.
5. Certificación de últimas voluntades del causante de la herencia.
6. Copia del último testamento del causante o, faltando testamento, de la declaración de herederos abintestato.
7. Copia íntegra de la escritura notarial de partición hereditaria, si se hubiere otorgado ya, o, en otro caso, del borrador literal de la partición que se pretende otorgar.

HAY QUE PRESENTAR DOS COPIAS DE LA SOLICITUD Y DE LOS DOCUMENTOS

19. Escrito de promoción de expediente de jurisdicción voluntaria para la aprobación de partición de herencia afectante a persona sometida a patria potestad rehabilitada, tutela o curatela representativa.

AL JUZGADO DE PRIMERA INSTANCIA DE INCAPACIDADES DE ... QUE POR TURNO CORRESPONDA

D/D.ª ......, con DNI num. ......, con domicilio en la calle ......, núm. ...... de la localidad de ......, con teléfono ...... y con correo electrónico ......, ante el Juzgado comparezco y DIGO:

Que, mediante el presente escrito, promuevo

EXPEDIENTE DE JURISDICCIÓN VOLUNTARIA DE APROBACIÓN DE PARTICIÓN DE HERENCIA AFECTANTE A PERSONA SOMETIDA A TUTELA, PATRIA POTESTAD REHABILITADA O CURATELA REPRESENTATIVA.

PRIMERO.— Por sentencia/auto de fecha ...... dictado en el procedimiento núm. ...... seguido ante el Juzgado de Primera Instancia núm. ...... de ......, fui nombrado tutor/titular de patria potestad rehabilitada/curador representativo de D/D.ª ......, cargo que una vez aceptado aún sigo desempeñando.

SEGUNDO.— El referido discapaz, que reside en la calle ......, núm. ...... de la localidad de ......, resulta ser, junto con otros, heredero de D./D.ª ......, fallecido en fecha ......

TERCERO.— A la presente solicitud se adjunta, para su aprobación, copia simple de la escritura notarial de partición hereditaria ya otorgada, o borrador literal de la que se pretende otorgar.

En su virtud y con arreglo a lo dispuesto en el artículo 289 del Código Civil y demás normas reguladoras de la jurisdicción voluntaria,

SUPLICO AL JUZGADO que tenga por presentado este escrito con sus copias y los documentos que se acompañan, y previos los trámites legales pertinentes, se proceda a LA APROBACIÓN DE LA PARTICIÓN HEREDITARIA ya efectuada o que es objeto de propuesta.

En ...... a ...... de ...... de ......

FDO.: ......

DOCUMENTACIÓN QUE SE HA DE ACOMPAÑAR:

1. Copia de la sentencia o auto de nombramiento del solicitante como tutor, titular de patria potestad rehabilitada o curador representativo.
2. Copia del acta de toma de posesión del cargo de tutor o curador.
3. Copias del D.N.I. del solicitante y del discapaz.
4. Certificado de empadronamiento del discapaz.
5. Certificación de últimas voluntades del causante de la herencia.
6. Copia del último testamento del causante o, faltando testamento, de la declaración de herederos abintestato.
7. Copia íntegra de la escritura notarial de partición hereditaria, si se hubiese otorgado ya, o, en otro caso, del borrador literal de la partición que se pretende otorgar.

HAY QUE PRESENTAR DOS COPIAS DE LA SOLICITUD Y DE LOS DOCUMENTOS

20. Escrito de autorización a guardador de renuncia a herencia en nombre de persona discapacitada.

AL JUZGADO DE PRIMERA INSTANCIA DE INCAPACIDADES DE ... QUE POR TURNO CORRESPONDA

D/D.ª ......, con D.N.I. num. ......, con domicilio en la calle ......, núm. ...... de la localidad de ......, con teléfono ...... y con correo electrónico ......, ante el Juzgado comparezco y DIGO:

Que, mediante el presente escrito, promuevo

EXPEDIENTE DE JURISDICCIÓN VOLUNTARIA DE AUTORIZACIÓN A GUARDADOR DE HECHO DE RENUNCIA DE HERENCIA EN NOMBRE DE PERSONA CON DISCAPACIDAD.

PRIMERO.— El solicitante es el guardador de hecho de su ...... *(indicar el parentesco o vinculación con el discapaz)* D/D.ª ......,

con D.N.I. num. ......, domiciliado en la calle ......, núm. ...... de la localidad de ......, que presenta una falta de capacidad para el otorgamiento de cualquier consentimiento válido a causa de padecer ...... *(indicar la o las patologías psíquicas que tenga diagnosticadas el discapaz)*, pero no está judicialmente incapacitado ni sometido a ninguna medida estable de apoyo.

SEGUNDO.— El referido discapaz resulta ser el heredero de D./D.ª ......, fallecido en fecha ......, habiendo tenido dicho difunto su último domicilio en la localidad de ......

TERCERO.— Los parientes más próximos del referido discapaz son los siguientes *(reseñar nombre y apellidos, domicilio, teléfono y parentesco con el discapaz)*:

—

—

—

CUARTO.—Se pretende la renuncia a la herencia por los siguientes motivos:

—

En su virtud y con arreglo a lo dispuesto en los arts. 250-6, 264 y 295-5.º del Código Civil y demás normas reguladoras de la jurisdicción voluntaria,

SUPLICO AL JUZGADO que tenga por presentado este escrito con sus copias y los documentos que se acompañan, y previos los trámites legales pertinentes, se proceda a AUTORIZAR LA RENUNCIA DE LA REFERIDA HERENCIA.

En ...... a ...... de ...... de ......

FDO.: ......

DOCUMENTACIÓN QUE SE HA DE ACOMPAÑAR:

1. Certificaciones literales recientes de nacimiento del solicitante y de la persona con discapacidad.
2. Copias del D.N.I. del solicitante y del discapaz.
3. Documentación médica de la que resulten las patologías psíquicas que presente el discapaz.
4. Certificación de últimas voluntades del causante de la herencia.
5. Copia del último testamento del causante o, faltando testamento, de la declaración de herederos abintestato.
6. Copia de la documentacion de la que resulte el exceso de deudas de la herencia en relación a su activo.

HAY QUE PRESENTAR DOS COPIAS DE LA SOLICITUD Y DE LOS DOCUMENTOS

21. Escrito de autorización para renuncia a herencia en nombre de persona discapacitada sometida a tutela o curatela representativa.

AL JUZGADO DE PRIMERA INSTANCIA DE INCAPACIDADES DE ... QUE POR TURNO CORRESPONDA

D/D.ª ......, con DNI num. ......, con domicilio en la calle ......, núm. ...... de la localidad de ......, con teléfono ...... y con correo electrónico ......, ante el Juzgado comparezco y DIGO:

Que, mediante el presente escrito, promuevo

EXPEDIENTE DE JURISDICCIÓN VOLUNTARIA DE AUTORIZACIÓN DE RENUNCIA DE HERENCIA POR PARTE DE PERSONA SOMETIDA A TUTELA O CURATELA REPRESENTATIVA.

PRIMERO.— Por sentencia/auto de fecha ...... dictado en el procedimiento núm. ...... seguido ante el Juzgado de Primera Instancia núm. ...... de ......, fui nombrado tutor/curador representativo de D/D.ª ......, cargo que una vez aceptado aún sigo desempeñando.

SEGUNDO.— El referido discapaz, que reside en la calle ......, núm. ...... de la localidad de ......, resulta ser el heredero de D./D.ª ......, fallecido en fecha ......, habiendo tenido dicho difunto su último domcilio en la localidad de ......

TERCERO.— Los parientes más próximos del referido discapaz son los siguientes *(reseñar nombre y apellidos, domicilio, teléfono y parentesco con el discapaz)*:

—

—

CUARTO.— Se pretende la renuncia a la herencia por los siguientes motivos:

—

—

En su virtud y con arreglo a lo dispuesto en el artículo 287-5.° del Código Civil y demás normas reguladoras de la jurisdicción voluntaria,

SUPLICO AL JUZGADO que tenga por presentado este escrito con sus copias y los documentos que se acompañan, y previos los trámites legales pertinentes, se proceda a AUTORIZAR LA RENUNCIA DE LA REFERIDA HERENCIA.

En ...... a ...... de ...... de ......

FDO.: ......

DOCUMENTACIÓN QUE SE HA DE ACOMPAÑAR:

1. Copia de la sentencia o auto de nombramiento del solicitante como tutor o curador representativo.
2. Copia del acta de toma de posesión del cargo.
3. Copias del D.N.I. del solicitante y del tutelado/curatelado.
4. Certificación de últimas voluntades del causante de la herencia.
5. Copia del último testamento del causante o, faltando testamento, de la declaración de herederos abintestato.
6. Copia de la documentación de la que resulte el exceso de deudas de la herencia en relación a su activo.

HAY QUE PRESENTAR DOS COPIAS DE LA SOLICITUD Y DE LOS DOCUMENTOS

22. Escrito de autorización de venta de acciones de persona sometida a patria potestad rehabilitada, tutela o curatela representativa.

AL JUZGADO DE PRIMERA INSTANCIA DE INCAPACIDADES DE ... QUE POR TURNO CORRESPONDA

D/D.ª ......, con DNI num. ......, con domicilio en la calle ......, núm. ...... de la localidad de ......, con teléfono ...... y con correo electrónico ......, ante el Juzgado comparezco y DIGO:

Que, mediante el presente escrito, promuevo

EXPEDIENTE DE JURISDICCIÓN VOLUNTARIA DE AUTORIZACIÓN DE VENTA DE ACCIONES DE PERSONA SOMETIDA A TUTELA, PATRIA POTESTAD REHABILITADA O CURATELA REPRESENTATIVA.

PRIMERO.— Por sentencia/auto de fecha ...... dictado en el procedimiento núm. ...... seguido ante el Juzgado de Primera Instancia núm. ...... de ......, fui nombrado tutor/titular de patria potestad rehabilitada/curador representativo de D/D.ª ......, cargo que una vez aceptado aún sigo desempeñando.

SEGUNDO.— El referido discapaz, que reside en la calle ......, núm. ...... de la localidad de ......, es titular de las siguientes acciones que está precisado de enajenar *(especificar clase de acciones)*:

1. ......

2. ......

3. ......

TERCERO.— La razón que justifica la petición de venta es la siguiente ......

CUARTO.— El importe de la venta será destinado a : ......

QUINTO.— Los parientes más próximos del referido discapaz son los siguientes *(reseñar nombre y apellidos, domicilio, teléfono y parentesco con el discapaz)*:

—

—

—

—

—

En su virtud y con arreglo a lo dispuesto en el artículo 287-2.º del Código Civil y demás normas reguladoras de la jurisdicción voluntaria,

SUPLICO AL JUZGADO que tenga por presentado este escrito con sus copias y los documentos que se acompañan, y previos los trámites legales pertinentes, se proceda a **autorizar a este tutor/curador representativo la venta de las arriba reseñadas acciones** pertenecientes al discapaz.

En ...... a ...... de ...... de ......

FDO.: ......

DOCUMENTACIÓN QUE SE HA DE ACOMPAÑAR:

1. Copia de la sentencia o auto de nombramiento del solicitante como tutor/titular de patria potestad rehabilitada o curador representativo.
2. Copia del acta de toma de posesión del cargo de tutor o curador.
3. Copias del D.N.I. del solicitante y del discapaz.
4. Certificación de empadronamiento del discapaz.
5. Copia de las acciones.

6. Valoración de las acciones cuando las mismas pertenezcan en su totalidad al discapaz.

HAY QUE PRESENTAR DOS COPIAS DE LA SOLICITUD Y DE LOS DOCUMENTOS

23. Escrito interesando ingreso en recurso sociosanitario de persona sometida a guarda o curatelada.

AL JUZGADO DE PRIMERA INSTANCIA DE ... QUE CORRESPONDA

D/DÑA. ......

con DNI ......, DOMICILIO EN LA C/ ......

Y TELEFONO FIJO /MOVIL ......

CORREO ELECTRÓNICO ......

ACTUANDO EN CALIDAD DE CURADOR REPRESENTATIVO/ GUARDADOR DE HECHO DE D/DÑA.

A QUIEN LE UNE RELACION DE: AMISTAD O PARENTESCO en su condición de (relacione éste último):

Con DNI ......

Domicilio en ESTE PARTIDO JUDICIAL. C/ Y N.º ......

Localidad de ......

PROMUEVE SOLICITUD DE JURISDICCIÓN VOLUNTARIA INTERESANDO SEA AUTORIZADO EL INGRESO EN RECURSO SOCIOANITARIO DE LA PERSONA SOMETIDA A SU GUARDA O CURATELADA.

I. Y ello por encontrase aquejada de DETERIORO COGNITIVO O TRASTORNO QUE: (REMARQUE CON UN CIRCULO O TACHE CON UN ASPA LA QUE PROCEDA):

   A. LE IMPIDE TOMAR RAZON DE SUS CIRCUNSTANCIAS PERSONALES

   B. EXPRESAR SU VOLUNTAD, DESEOS O PREFERENCIAS

   C. REUNE VOLUNTAD CONTRARIA A SU INGRESO

II. **CAUSAS DE NECESIDAD Y/O UTILIDAD DE CITADA MEDIDA** (REMARQUE CON UN CIRCULO O TACHE CON UN ASPA LO QUE PROCEDA):

   A. CARECE DE APOYO FAMILIAR SUFICIENTE

B. RECHAZA SERVICIO DE ATENCION DOMICILIARIA

C. CARECE DE RECURSOS ECONOMICOS QUE PERMITAN SUS ASISTENCIA PERSONAL EN DOMICLIO

D. OTROS (EXPLICITE CUALES)

III. Que junto al solicitante, resultan **FAMILIARES DIRECTOS** (cónyuge, hijos o descendientes, progenitor o ascendiente, hermanos, parientes o allegados que convivan con el interesado), los siguientes: (A identificar con nombre, apellidos y n.º de teléfono)

IV. Que el solicitante (GUARDADOR/A) **DECLARA, BAJO SU RESPONSABILIDAD**, que las personas anteriormente relacionadas conocen la situación de la persona sometida a su guarda y se muestran conformes con el ingreso del interesado/a en recurso sociosanitario. Si ALGUNO DE ELLOS SE OPUSIERE A CITADA MEDIDA DEBERÁ RELACIONAR A CONTINUACIÓN SU IDENTIDAD Y N.º DE CONTACTO.

En su virtud, y con arreglo a lo dispuesto en los artículos 264 y 287 del CC y demás normas reguladoras de la Jurisdicción Voluntaria, SUPLICO AL JUZGADO, que tenga por presentado este escrito con sus copias y los documentos que se acompañan, y previos los trámites legales pertinentes, se proceda a AUTORIZAR al solicitante para que, en representación de la persona con discapacidad y sometida a su guarda de hecho/curatela pueda llevar a término su ingreso en recurso sociosanitario adecuado a sus circunstancias personales a designar por el Instituto Cántabro del Gobierno de Cantabria.

En ...... a ...... de ...... de ......

DOCUMENTACIÓN QUE SE HA DE ACOMPAÑAR:

1. Copias del DNI del solicitante y de la persona con discapacidad.
2. Certificado de empadronamiento o documento acreditativo del lugar de residencia actual de la persona con discapacidad.
3. Informe médico actual, expresivo de su edad, enfermedad y grado de evolución, afectación de sus habilidades cognitivas y volitivas, con expresa mención sobre sus habilidades para comprender y expresar su voluntad sobre su ingreso en recurso sociosanitario.

4. Optativo, informe social sobre la situación personal y familiar del citado, condiciones de la vivienda que ocupa, y demás circunstancias de interés.

HAY QUE PRESENTAR DOS COPIAS DE LA SOLICITUD Y DE LOS DOCUMENTOS

24. Escrito interesando autorización para comparecer en juicio en nombre de persona con discapacidad y, en su caso, alcanzar acuerdo en causa penal.

AL JUZGADO DE PRIMERA INSTANCIA DE INCAPACIDADES DE ... QUE POR TURNO CORRESPONDA

D/D.ª ......, con D.N.I. num. ......, con domicilio en la calle ......, núm. ...... de la localidad de ......, con teléfono ...... y con correo electrónico ......, en su calidad de guardador de hecho de ..., según consta debidamente acreditado en los autos del *procedimiento de revisión de medidas de apoyo judicialmente adoptadas (o el que fuera)* n.º ..., ante el Juzgado comparezco y DIGO:

Que, mediante el presente escrito, promuevo

EXPEDIENTE DE JURISDICCIÓN VOLUNTARIA DE AUTORIZACIÓN A GUARDADOR DE HECHO PARA COMPARECER EN JUICIO EN NOMBRE Y REPRESENTACIÓN DE PERSONA CON DISCAPACIDAD Y, EN SU CASO, ALCANZAR UN ACUERDO DE CONFORMIDAD CON LAS ACUSACIONES AL AMPARO DE LO DISPUESTO EN LOS ARTS 784.3 Y 787 DE LA LECrim, con fundamento en los siguientes

HECHOS

PRIMERO.— El solicitante es el guardador de hecho de ...... *(indicar el parentesco o vinculación con el discapaz)* D/D.ª ......,

con D.N.I. num. ......, domiciliado en la calle ......, núm. ...... de la localidad de ......, que presenta una falta de capacidad para el otorgamiento de cualquier consentimiento válido a causa de padecer ...... *(indicar la o las patologías psíquicas que tenga diagnosticadas el discapaz)*, pero no está judicialmente incapacitado ni sometido a ninguna medida estable de apoyo.

SEGUNDO.— Ante el juzgado de lo Penal n.º ...... de ...... se sigue actualmente contra ...... (la persona sometida a guarda de hecho), Procedimiento Abreviado n.º ......, por un presunto delito de ...... (describir, en su caso, el estado de la causa penal y, en su caso, la solicitud de pena interesada por el Ministerio Fiscal, así como la cuantía solicitada en concepto de indemnización por responsabilidad civil).

TERCERO.— Visto cuanto antecede, atendidas las funciones que el compareciente tiene atribuidas en calidad de guardador de hecho de ......, y de conformidad con lo acordado en el auto de ......, sobre la necesidad de obtener autorización judicial para los actos enunciados en el art. 287 del Código Civil, dicha autorización resulta imprescindible para que el abajo firmante pueda comparecer en juicio en nombre y representación de ......, con todas las facultades a ello inherentes.

En su virtud y con arreglo a lo dispuesto en los arts. 287 del Código Civil, 61 y ss. de la Ley de la Jurisdicción Voluntaria, en concreto el art. 63 apartado 1.°, y el artículo 65, y demás normas reguladoras de pertinente aplicación,

SUPLICO AL JUZGADO que tenga por presentado este escrito con sus copias y los documentos que se acompañan, y previos los trámites legales pertinentes, se dicte resolución por la que se autorice al abajo firmante, en su calidad de guardador de hecho de ......, para comparecer en los auto del juicio (*identificación de la causa penal*)..., seguidos ante el Juzgado (*identificación del Juzgado ante el que se sigue la causa penal*) ...... y, en el procedimiento de ejecución de sentencia subsiguiente, en nombre y representación de (*persona discapaz sometida a guarda de hecho* ......, facultándole tan ampliamente como fuere necesario y, de modo especial, en el caso de que la persona necesitada de medidas de apoyo así lo consintiese, para poder alcanzar por los trámites de los arts. 784.3 y 787 de la LECrim, acuerdo de conformidad con el Ministerio Fiscal en relación a las responsabilidades penales y civiles que le fueran exigidas.

En ...... a ...... de ...... de ......

FDO.: ......

DOCUMENTACIÓN QUE SE HA DE ACOMPAÑAR:

1. Certificaciones literales recientes de nacimiento del solicitante y de la persona con discapacidad.
2. Copias del D.N.I. del solicitante y del discapaz.
3. Copia del Auto constitutivo de la guarda de hecho.
4. Testimonio de las actuaciones seguidas en la causa penal que, en su caso, acrediten la realidad de los hechos relatados en el presente escrito de solicitud.

HAY QUE PRESENTAR DOS COPIAS DE LA SOLICITUD Y DE LOS DOCUMENTOS